광학적 미디어: 1999년 베를린 강의
예술, 기술, 전쟁

OPTISCHE MEDIEN-BERLINER VORLESUNG 1999
by Friedrich Kittler

Copyright ⓒ Merve Verlag Berlin, 2002
All rights reserved
Korean Translation Copyright ⓒ 2011 Hyunmun Publishing Co.
Korean edition is published by arrangement with Merve Verlag
through Corea Literary Agency, Seoul

이 책의 한국어판 저작권은 Corea 에이전시를 통한
Merve Verlag와의 독점 계약으로 도서출판 현실문화연구에 있습니다.
신 저작권법에 의해 한국 내에서 보호를 받는 저작물이므로 무단 전재와 복제를 금합니다.

광학적 미디어: 1999년 베를린 강의
예술, 기술, 전쟁

첫 번째 찍은 날	2011년 12월 8일
지은이	프리드리히 키틀러
옮긴이	윤원화
펴낸이	김수기
편집	신헌창, 여임동
디자인	김재은
마케팅	김성열
제작	이명혜
펴낸곳	현실문화연구
등록번호	제300-1999-194호
등록일자	1999년 4월 23일
주소	서울시 종로구 교북동 12-8번지 2층
전화	02-393-1125
팩스	02-393-1128
전자우편	hyunsilbook@paran.com

ISBN 978-89-6564-034-9 03070
가격은 뒤표지에 있습니다.

이 책은 저작권법에 따라 국내에서 보호받는 저작물이므로
무단 전재와 무단 복제를 금합니다. 이 책 내용의 전부 또는 일부를 재사용하려면
반드시 지은이와 현실문화연구의 서면 동의를 받아야 합니다.

광학적 미디어: 1999년 베를린 강의
예술, 기술, 전쟁

프리드리히 키틀러 지음
윤원화 옮김

OPTISCHE MEDIEN
BERLINER VORLESUNG 1999

현실문화

차례

해제: 프리드리히 키틀러가 선사하는 빛의 향연   9
_ 존 더럼 피터스

0. 서문   37

1. 이론적 전제   51

2. 조형예술의 기술   77

  2.1 카메라 옵스큐라와 투시도법   77
    2.1.1 전사   77
      2.1.1.1 그리스인과 아랍인들   81
    2.1.2 실현   85
      2.1.2.1 브루넬레스키   87
      2.1.2.2 알베르티   98
    2.1.3 영향   105
      2.1.3.1 투시도법과 활판인쇄   105
      2.1.3.2 자연의 직접 인쇄   108
      2.1.3.3 유럽의 식민 열강   109

2.2 매직 랜턴과 세계상의 시대	111
2.2.1 매직 랜턴의 작용	112
2.2.2 실현	114
2.2.3 영향	115
2.2.3.1 선전	115
2.2.3.2 하이데거의 '세계상의 시대'	119
2.2.3.3 예수회와 광학적 미디어	120
2.2.3.4 유랑 극단	128
2.2.3.5 예수회 교회	129
2.2.3.6 예수회극	134
2.3 계몽과 이미지 전쟁	139
2.3.1 브로케스	140
2.3.2 현상학: 람베르트에서 헤겔까지	147
2.3.3 유령을 보는 사람	153
2.3.3.1 실러	159
2.3.3.2 호프만	169
2.3.4 낭만주의 문학	175

3. 광학적 미디어   183

3.1 사진	183
3.1.1 전사	183
3.1.2 실현	184
3.1.2.1 니에프스와 다게르	193
3.1.2.2 탈보트	204
3.1.3 회화와 사진: 눈알을 둘러싼 투쟁	210

3.2 영화	224
3.2.1 서막	224
3.2.2 실현	237
3.2.2.1 마레와 머이브리지	239
3.2.3 무성영화	246
3.2.4 유성영화	290
3.2.5 컬러영화	310
3.3 텔레비전	318
4. 컴퓨터	**343**
역자후기	352
참고문헌	359

일러두기

1. 이 책은 Friedrich Kittler의 *OPTISCHE MEDIEN-BERLINER VORLESUNG 1999* (Merve Verlag Berlin, 2002)를 완역한 것이다.
2. 본문의 모든 주는 옮긴이 주다. 단 해제는 지은이 주와 옮긴이 주를 하나로 묶어서 처리했다.
3. 본문에서 대괄호 [ ]로 묶인 부분은 옮긴이가 내용의 이해를 위해 추가한 것이다.

해제: 프리드리히 키틀러가 선사하는 빛의 향연 [1]

존 더럼 피터스 John Durham Peters

『광학적 미디어』는 프리드리히 키틀러를 처음 만나는 독자에게 최고의 책이 될 것이다. 이 책은 활기가 넘치고 즉흥적인 재기가 반짝이며, 소위 '키틀러식 독일어'로 통하는 함축적이고 읽기 어려운 키틀러 특유의 문체도 보이지 않는다. 이 책은 주로 광학적 영역에 적용되는 키틀러의 중기中期 미디어 이론을 비교적 알기 쉽게 소개한다. (다시 말해서 키틀러의 주요 관심사인 음향, 음악, 특히 시간의 문제가 이 책에서는 살짝 뒤로 빠져 있다.) 그렇다고 '바보도 이해하는 키틀러 안내서'를 기대하지는 말기 바란다. 이 책은 키틀러가 1970년대에 이단적인 소장파로서 학자 생활을 시작했던 독일 문학 및 문화학 쪽에 관한 최소한의 일반적 지식을 전제하며, 저자가 야심만만하게 제시하는 몇몇 뻔뻔하고 노골적인 주장을 독자에게 순순히 따르라고 요구한다. 이 책은 키틀러의 미디어 이론을 관통하는 대표적인 주제들과 키틀러 특유의 괴팍함을 함께 선사한다. 그래서 영어권 독자는 키틀러와의 첫 만남에서 약간 곤란을 겪을 수도 있으므로, 나는 이 자리를 빌려 키틀러 읽기의 어려움을 조금

---

1) 원래 이 글은 영역판 『광학적 미디어Optical Media』(Polity Press, 2010)에 수록되었다.

이나마 덜고자 한다.[2)]

이것은 당신이 알던 독일산 이론이 아니다

프리드리히 A. 키틀러는 1943년에 조만간 동독이라고 명명될 지역에서 태어나 쭉 거기서 살다가 1958년 가족과 함께 서독으로 이주했다. 그는 프라이부르크에서 독일어 및 독일 문학, 로망어 문헌학, 철학을 공부했고, 그때 처음으로 최신 프랑스 이론과 하이데거 철학을 접했다. (그는 여전히 영어보다 프랑스어를 구사하는 것이 더 편하다고 주장한다.) 1980~90년대에는 스탠퍼드, 버클리, 산타바바라, 컬럼비아 등의 미국 대학에서 방문 교수로 지냈다. 1993년에 베를린 훔볼트대학교에서 미학 및 미디어사史 교수가 되면서 그의 명성과 악명은 나날이 커졌다. 그는 한 지지자가 붙여준 '유럽 최고의 미디어 철학자'라는 별명을 자랑스러워하며, 또 때로는 '디지털 시대의 데리다Jacques Derrida'로 통하기도 한다. (비록 그는 푸코Michel Foucault의 자리를 더 탐내겠지만 말이다.) 키틀러는 음향, 이미지, 문자, 숫자, 기관 등의 기본 요소를 분간하고 그것들이 어떻게 미디어 시스템을 이루는지 파악하는 데 탁월한 능력을 지닌 이론가다. 그가 생산하는 저작들은 지극히 독창적이고 종종 논쟁적이며, 오늘날 '미디어에 포화된 동물'이 돼 버린 우리의 운명에 관심이 있는 사람이라면 누구나 씨름해볼 만한 가치가 있다.

키틀러는 1968년 이후 북미 인문학 및 사회과학계에 수입된 독일

---

2) 키틀러의 저작을 가장 잘 소개하는 영어 텍스트는 다음과 같다: Geoffrey Winthrop-Young and Michael Wutz, "Translator's Introduction: Friedrich Kittler and Media Discourse Analysis," in *Gramophone, Film, Typewriter* (Stanford: Stanford University Press, 1999), pp. xi-xxxviii. 2006년 특별판으로 출간된 《이론, 문화, 사회Theory, Culture & Society》 Vol. 23, no.7-8도 참조하라. 영어권에서 출간된 모든 키틀러 관련 문헌을 나열하는 일은 삼가도록 하겠다. ─원주

의 대표적인 이론들과는 다른 노선을 걷는다. 특히 그의 저작을 영어권에서 많이 읽히는 프랑크푸르트 학파나 해석학 쪽과 혼동해서는 안 된다. 그가 프랑크푸르트 학파처럼 기술적 합리성의 부정적 효과를 근심한다고 생각하는 것은 크나큰 착오다. 키틀러는 기계가 우리의 숙명이라고 말하지만, 이는 인간 조건의 끔찍한 전락을 목도하는 것이 아니라 그저 우리가 처한 상황을 적절히 포착하는 것일 뿐이다.

키틀러는 실제로 자기 자신을 이 두 가지 전통으로부터 차별화하기 위해 많은 노력을 기울인다. 그는 해석학의 엄격한 텍스트 분석은 자신의 방법론과 닮은 점도 있어 비교적 우호적으로 대하지만, 해석학이 망자亡者의 정신과 교감하려는 희망을 품는 것은 비웃는다. 그것은 읽기의 물질적·매개적 조건을 인식하지 못한다는 뜻이기 때문이다. 이 주제는 키틀러의 첫 번째 히트작 『담론 네트워크Aufschreibesysteme』와 『시인, 어머니, 어린이Dichter, Mutter, Kind』라는 얇은 선집에서 장문에 걸쳐 분석되며, 이 강의록에서도 특히 독일 낭만주의를 분석하는 대목에서 두드러지게 나타난다.[3]

하지만 키틀러는 호르크하이머Max Horkheimer와 아도르노Theodor W. Adorno에서 하버마스Jürgen Habermas에 이르는 프랑크푸르트 학파에 대해서는 냉혹하게 조소를 날린다. 그가 프랑크푸르트 학파에 분개하는 이유는 여러 가지지만, 제일 큰 문제는 그들이 정량화定量化를 세계의 탈신비화로 본다는 점이다. 키틀러는 수학의 열정적인 친구로서, 영어권에서 말하는 과학과 인문학의 '두 문화two cultures'나 독어권에서 말하는 '정신과 자연Geist und Natur'의 이분법을 적대시한다. 그는 숫자가 우리의 영혼을 앗아간다거나 인문학이 계산이나 기계와 무관하다는 생각이 터무니

---

[3] 이 책은 키틀러가 1999년 베를린 훔볼트대학교에서 진행한 동명의 14회분 강의를 바탕으로 한다.

없다고 여긴다. (더 근본적으로 들어가자면, 그는 우리에게 빼앗길 영혼이 있다는 생각 자체가 터무니없다고 여길 것이다.) 음악, 무용, 시처럼 시간에 관련된 인간의 모든 예술 장르는 계산하고 계측하고 비율을 조절하는 일에 밀접하게 의존한다. 이것은 그가 지금 진행 중인 4권짜리 대작 『음악과 수학Musik und Mathematik』 시리즈의 탐구 주제이기도 하다. (현재 이 시리즈는 제1권 고대 그리스 편이 2006년 출간됐다.[4] 하지만 『광학적 미디어』에서는 이 같은 고대로의 전회가 거의 나타나지 않는다.)[5] 키틀러는 프랑크푸르트 학파가 우리의 기술적 조건을 일부러 등한시하며 인문학과 인간을 너무 감상적으로 대한다고 비난한다. 제삼자의 눈으로 보면 그의 공격은 너무 지나친 감이 있다. 사실, 기록 장치와 음향 기술에 관심이 있으며 음악을 위반과 복종의 유희적 장場으로 이해한다는 점에서 키틀러와 아도르노의 공통점이 아주 없지도 않다. 키틀러의 독설은 얼마쯤 독일 학계 내부의 영역 다툼에서 발생한 것이고, 또 얼마쯤은 그의 성마른 성격에서 비롯된 것이다. (눈치가 빠른 독자라면 『광학적 미디어』에서도 이런 점을 조금은 간파할 수 있을 것이다.)

어쨌든 키틀러의 저작에서 흔히 생각하는 전후 독일 사상, 이를테면 인간이라는 신분을 변증법적으로 옹호하는 격려의 말을 기대한다면 헛수고가 될 것이다. 키틀러는 전적으로 더 냉정하고 아이러니가 넘치는 타입이다. 그는 언제나 미학aesthetics을 그 어원적 의미인 '감각'으로 이해한다. 그러므로 미학을 연구하는 것은 아름다움 그 자체를 연구하는

---

4) 독일에서 2005년 말에 제1권 1부 『음악과 수학 1: 고대 그리스 1: 아프로디테Musik und Mathematik I: Hellas I: Aphrodite』가 출간됐고, 2009년에 제1권 2부 『음악과 수학 1: 고대 그리스 2: 에로스Musik und Mathematik I: Hellas 2: Eros』가 출간됐다. 하지만 프리드리히 키틀러가 2011년 10월 사망하면서, 이 프로젝트는 미완으로 남게 되었다.
5) 이 전회에 관한 좀 더 충실한 논의로는, 다음을 참조하라: Claudia Breger, "Gods, German Scholars, and the Gift of Greece: Friedrich Kittler's Philhellenic Fantasies," *Theory, Culture & Society* 23 (2006): 111-34.—원주

것이 아니라 인간 지각 기관의 물질성을 연구하는 것이다. 이런 관점에서, 그는 기꺼이 헤르만 헬름홀츠Hermann Helmholtz 이래 베를린을 중심으로 확립된 인간의 감각 기관에 관한 심리물리학적 연구의 오랜 전통에 귀속된다. 이는 『광학적 미디어』에서 "미학적 특성은 언제나 기술적 실현 가능성에 의존하는 변수"라는 키틀러의 유명한 환원론적 발언으로 나타난다. 키틀러의 강의 제목이 '시각적 미디어'가 아니라 '광학적 미디어'로 정해진 것은 이 때문이기도 하다. 광학은 물리학의 하위 분야지만, 시각 연구는 생리학, 심리학, 문화의 하위 분야이기 때문이다. 시각적 스펙트럼은 거대한 광학적 스펙트럼에서 한 줄의 좁은 띠에 지나지 않는다. 키틀러는 주체가 언제나 대상에 종속된다고 보며, 인간의 지각이 물리적 현실과의 인터페이스를 형성한다고 간주한다. 최근 '시각 문화 연구'가 호황을 누리고 있지만, 키틀러는 광학에 초점을 맞춤으로써 지각되는 이미지보다 그 물리·기술적 조건을 우선시하는 특징적인 접근을 보여준다. 감각 기관은 신호 처리 장치로서 비교적 효율이 떨어지는 편에 속한다. 키틀러는 인간의 용량을 만물의 척도로 삼는 것을 엄격히 거부한다. 그는 우리의 몸과 감각이 미디어로 외재화되기 전까지는 우리가 그에 관해 전혀 알 수가 없다고 본다.

　북미에 수입된 독일산 이론과 비교하면 영 낯설게 보이겠지만, 그는 영국 해협이나 대서양을 쉽사리 넘지 않았던 독일 국내의 냉철한 계보에 속한다. 이 계보에서 1968년 이후의 주요 인사를 꼽자면 시스템 이론을 주장한 니클라스 루만Niklas Luhmann을 들 수 있다. 루만 역시 프랑크푸르트 학파와 철학적 해석학에 기반을 둔 인문학 전반에 엄격히 거리를 둔다. 키틀러를 비롯한 최근의 독일어권 이론은 거의 모두 루만의 이론을 원천으로 삼고 있으며, 이들의 작업은 놀라울 정도로 생동력 넘치는 연구와 논쟁의 장을 형성하고 있다. 당연하지만, 독일 미디어 이론계에 키틀러만 존재하는 것은 아니다. 키틀러의 1985년 작 『담론 네트워크』는 독일 인문학계에서 일종의 분수령을 형성했다. 그 이후부터 독일어권에서 미디어 이론이 활발하게 꽃피었고, 이는 키틀러의 혁신이 없었다면 거의 불가능했을 것이다. 그가 발전시킨 미디어 하드웨어의 이론은 1990년대에 엄청난 영향력을 행사했지만, 다른 한편 그는 그때부터 독일 내에서 계속적인 맹렬한 비판과 오이디푸스적인 반란의 표적이 됐다. 그는 과격한 언행으로 논란의 대상이 되는 것을 즐기는 사람이고, 그렇게 해서 다양한 유형의 사람들에게 분노와 짜증을 불러일으켰다. 하지만 늘 그렇듯이, 우리는 이런저런 것에서 지적인 가치를 걸러내야 한다. 예언자는 고국에서 존경받지 못한다는 말도 있지 않은가. 여기에는 모든 토착종이 천적과 더불어 진화한다는 건전한 생태학적 원리도 일부 작용하고 있을 것이다. 키틀러의 저작은 영어권으로 이식되면 그 과격함을 일부 상실하는데, 이는 우리가 키틀러가 속한 지역 내 분란에 별로 신경 쓰지 않기 때문이기도 하다. 데리다와 푸코는 언제나 프랑스보다 미국에서 더 거대한 존재였다. 그리고 더불어 진화하는 천적이 사라지면 수확량이 늘기 마련이다.[6] 하지만 적은 언제나 우리가 모르는 한두 가지를 알고 있고, 그래서 우리가 그것들을 직접 찾아야 하는 수고를 덜어 준다.

그의 정치적 성향, 인간 일반과 특히 여성에 대한 관점, 사료를 다루는 방식은 독일 내에서 오래전부터 불평의 대상이 되어 왔다. 이 글에서도 이런 점들을 짚어 볼 것이다. 마르틴 하이데거 Martin Heidegger 는 확실히 영어권 쪽으로 건너와서 자리를 잡았지만, 여기서도 사태를 바로 볼

---

[6] 다음을 참조하라: John Durham Peters, "Strange Sympathies: Horizons of Media Theory in America and Germany," *American Studies as Media Studies*, eds. Frank Kelleter and Daniel Stein (Heidelberg: Universitätsverlag Winter, 2008), pp.3-23.—원주

필요가 있다. 키틀러는 하이데거를 기술적 반성의 대부이자 철학적 스승으로 모신다. 하이데거는 여태껏 세계상의 시대에 기술의 마술적 권능을 개탄하는 문화적 비관론자이자 기술 공포증자로 독해 됐다. 키틀러는 다른 많은 사람들처럼 강경하고도 설득력 있는 방식으로 이러한 독해에 저항하면서 하이데거를 위대한 기술철학자로 자리매김했다. 키틀러에 따르면, 하이데거는 테크네$^{techn\bar{e}}$를 우리의 운명으로 여겼다. 다만 그는 이 운명의 모든 비인간적 함의를 끝까지 파고들 용기가 있었던 것뿐이다. 하이데거의 분석은 눈물 짜는 이야기가 아니라 우리가 처한 조건을 냉철하게 폭로하는 것이다. 처음에 키틀러는 프랑스 탈구조주의를 독일로 들여오는 데 기여했던 젊은 혁명분자로만 알려졌지만, 최근에는 하이데거의 일관된 지지자로서 자신의 경력을 새로 쓰고 있다. 결국 그것은 데리다나 푸코 같은 외국 사상가들이 하이데거를 나치와 연루됐던 역사적 진흙탕 속에서 정교하게 분리하여 깨끗하게 세탁해 놓은 것을 다시 국내로 역수입하는 일에 다름없지만 말이다. 키틀러는 최근 작업에서 후기 하이데거의 우파 정치학과 그리스 애호적인 시학을 매우 열정적으로 끌어안고 있다. 이는 키틀러가 독일 보수파로서 완전히 '아우팅' 했음을 뜻한다. 독일 보수파는 영국이나 미국 정치계에서 그 등가물을 찾아볼 수 없는 존재로서, 우리에게 엄청난 지적 매혹을 발휘하고 있는 것으로 보인다. 최근 카를 슈미트$^{Carl\ Schmitt}$의 사회·문화 이론이 유행했던 것, 그리고 물론 하이데거가 크게 유행했던 것을 어떤 징조로 읽는다면 그런 생각도 무리는 아니다. 하이데거의 유산은 극히 다양하게 해석됐다. 데리다와 푸코뿐만 아니라 헤르베르트 마르쿠제$^{Herbert\ Marcuse}$, 장 폴 사르트르$^{Jean-Paul\ Sartre}$, 한나 아렌트$^{Hannah\ Arendt}$, 에마뉘엘 레비나스$^{Emmanuel\ Levinas}$, 레오 스트라우스$^{Leo\ Strauss}$, 얀 파토츠카$^{Jan\ Patocka}$, 심지어 밀란 쿤데라$^{Milan\ Kundera}$도 하이데거의 핵심적인 해석자에 속하며, 키틀러는 그중 하나일 뿐이다. 하지만 지난 수십 년 동안 영연방 미디어 연구의 헤게모니를 잡고 있는 좌파 대중주의에 비하면 키틀러의 비전은 확실히 현격한 차이를 보인다.

이것은 문화 연구가 아니다

여러분이 넘어야 할 두 번째 장애물은 키틀러가 인간을 경멸한다는 것, 더 정확히 말해서 경험의 범주를 경멸한다는 것이다. 이는 키틀러가 염세적인 인간 혐오자라는 말이 아니다. 개인적으로 만나면 그는 아주 유쾌하고 매력적인 인물로 보일 수도 있다. 다만 그는 '인류'나 '경험'이라는 범주를 쓰지 않는다. 그는 우리에게 인간이 등장하지 않는 미디어 연구서를 선사한다. 어떤 의미에서 키틀러는 '문화 연구 반대파'라고 불러도 무방한 사람이다. 그는 홉스Thomas Hobbes에서 밀John Stuart Mill에 이르는 경험주의 철학 전체를 거부하며, 더 나아가서 영어권의 철학적 바탕과 지적 성향, 그러니까 자유주의 철학, 경험에 대한 애정, 행위자에 대한 긍정, 귀납적인 방법론 전부에 콧방귀를 뀐다. (미디어 연구에서 '경험주의'가 정량적 연구라는 좁은 의미로 사용될 때도 있지만, 영국의 경험주의 전통은 문화 연구 및 사회과학 연구의 궁극적 철학적 배경이다.) 키틀러는 마르크스적인 의미의 '인민'이나 대중주의적인 의미의 '대중'이라는 말을 결코 용납하지 않는다. 그나마 『광학적 미디어』에 등장하는 유일한 인물은 발명가나 예술가인데, 여기서도 키틀러는 '부르주아 천재'를 숭배하는 자신의 성향을 조롱하지 않고는 못 배긴다. 초기 푸코와 마찬가지로, 그는 일상의 실행을 통한 점진적이고 누적적인 사회적 변화가 아니라 역사적 불연속에 관심이 있다. 그는 살금살금 기는 놈들이 아니라 펄쩍 뛰는 놈들에 의한 진화의 역사를 제시한다. 그는 극 중에서 천천히 길게 전개되는 부분보다 전환점에 더 초점을 맞춘다. 키틀러는 살아 숨 쉬는 인간이 아니라 세계대전처럼 추상화된 것을 행위자로 지목하는 경향이 있다. 그는 관객이나 효과, 저항이나 헤게모니, 스타나 장르에 관심이 없다. 그는 하위문화, 탈식민성, 젠더, 인종, 섹슈얼리티, 민족성, 계급 문제에 전혀 시간을 쏟지 않는다. 그가 설명하는 TV의 역사는 북미 백인 학자가 설명하는 것과 사뭇 다르다. 그는 레이먼드 윌리엄스Raymond Williams처럼 어떤 역사적 조건과 정치적 합의가 TV를 잡다한 '흐름'으로 가득 채웠는지 설명하지도 않고, 그렇다고 데이비드 몰리David Morley, 린 스피겔Lynn Spigel을 비롯한 여러 학자들처럼 TV 수상기가 어떻게 젠더화된 가정 경제에 통합됐는지 이야기하지도 않는다. 키틀러는 그저 엔지니어링에만 관심을 보일 뿐이다. 이게 대체 무슨 미디어 연구란 말인가?

언뜻 보면 그가 제시하는 미디어 연구의 비전은 우리가 아는 어떤 지배적인 양식에도 부합하지 않는 것 같다. 그리고 이것이 키틀러의 저작이 상쾌하게 느껴지는 이유 중 하나이기도 하다. 그렇지만 『광학적 미디어』에서 익숙한 것들을 발견하는 순간도 있다. 이를테면, 독일 영화산업이 부상하는 과정을 살짝 엿볼 때는 일종의 정치경제적 분석이 이뤄진다. 또한 문학 텍스트를 끌어들일 때는 거의 기호학과의 친연성을 드러내는 것처럼 보인다. 하지만 이 경우에도 그는 텍스트의 즐거움 같은 것에 매몰되는 대신에, 텍스트를 알고리즘으로 환원시키려고 애쓴다. 그에게는 언제나 반드시 설명해야 하는 (또는 폭로해야 하는) 더 거대한 현안이 있다.

이처럼 미디어의 외재적 차원에 치중하는 키틀러의 연구 방식은 자연히 이니스Harold Innis와 매클루언Marshall McLuhan으로 대표되는 캐나다 학파와 연결된다. 이니스는 모든 미디어가 시간 또는 공간에 대한 '편향

성bias'을 갖는다는 개념을 주창했고, 매클루언은 인간을 연장하는 것(또는 절단하는 것)으로서의 미디어 개념을 세우는 큰 업적을 남겼다. 이런 맥락에서 키틀러의 핵심 업적은 '시간 축 조작Time Axis Manipulation'이라는 개념을 확립한 것이다. 그는 시간 기반의 미디어에 대한 탁월한 이론가로서, 기술적 수단을 이용해서 시간의 흐름을 편집한다는 것이 무엇을 뜻하는지 명쾌하게 진단한다.[7] 대부분의 학자들처럼 키틀러도 매클루언보다는 이니스에 비교되기를 원할 것이며, 이는 지적으로 매우 정당한 요구다. 키틀러는 역사를 유물론적으로 설명하고, 고대 그리스를 사랑하고, 매클루언의 사상적 핵심을 점하는 일종의 신체적 인본주의를 경멸한다는 점에서 이니스에 더 가깝다. 그래서 영어권에서 키틀러에 대한 가장 명민한 논평을 내놓고 있는 조프리 윈스롭영Jeoffrey Winthrop-Young은 키틀러를 "전쟁 신경증에 걸린 이니스"라고 부르기도 한다. 하지만 키틀러는 재치있고 잘난 체하고 절제를 모르고 정치적으로 올바르지 않은 페르소나를 가졌다는 점에서는 매클루언에 더 근접하다. 말투를 보더라도, 괴팍한 방식으로 세부적 사실을 축적하는 이니스보다는 예언자처럼 현란한 언변을 자랑하는 매클루언에 더 가깝다. 그런데 그는 이 캐나다인들처럼 미디어가 역사에서 어떤 역할을 수행했는지 탐구하면서도 거기서 멈추지 않고 한 걸음씩 더 나간다. 이니스는 띄엄띄엄 몇몇 역사적 사건만 주목하고 매클루언은 일부러 엄격함을 거부하지만, 키틀러가 미디어 분석을 수행하는 방식은 변증법적으로 예리하고 철학적으로 심오하다. 키틀러는 미디어 이론에 헤겔의 야심과 명증성을 들여온다. 『광학적 미디어』의 도입부에서, 그는 헤겔이 미학 쪽에서 했

---

7) Sybille Krämer, "The Cultural Techniques of Time Axis Manipulation: On Friedrich Kittler's Conception of Media," *Theory, Culture & Society* 23 (2006): 93-109.―원주

던 일을 미디어 쪽에서 해보겠다는 "제정신이 아닌, 거의 불가능한" 목표를 솔직히 밝힌다. 설령 키틀러가 완전히 성공하지는 못한다 해도, 그는 분명 미디어 철학을 생산하고 비옥한 발상을 풍부하게 생성하는 데 있어서 다른 누구보다 멀리 나아간다. (그런데 헤겔은 영어권에서 제대로 이해되지 못한 수많은 독일 철학자들 중에서도 첫 손으로 꼽힌다. 키틀러가 영어권 독자에게 당황스럽게 보인다면, 그건 아마 키틀러가 같은 독일 사람들 중에서도 자기 동료들을 따로 구별하기 때문일 것이다.)

자, 그렇다면 키틀러는 '기술 결정론자'인가? 이 단어는 별생각 없이 널리 쓰이는 욕설 중 하나다. 만약 이 질문이 기술과 대면한 인간의 행위 주체성을 문제 삼는 것이라면 키틀러는 저 범주에 속할 테지만, 그는 기술이 결정적이라고 생각하는 것이 아니라 그보다 더 급진적으로 나가서 소위 말하는 인간에게 관심이 없는 것뿐이다. (여담이지만 그는 인간을 입에 올릴 때마다 매번 '소위'라는 말을 덧붙이는데, 이 농담은 점점 진부해지고 있는 것 같다.) 하지만 다른 한편으로 이 질문이 미디어 발전에서 역사적, 정치적, 경제적 우발성의 역할을 문제 삼는 것이라면, 키틀러는 명백히 그런 측면을 인식하고 있으며, 따라서 저 범주에 속하지 않는다. 비록 키틀러가 미디어의 역사보다는 미디어의 철학에 더 능하긴 하지만, 그리고 그의 역사적 해석에는 일일이 발라내야 하는 잔가시가 수두룩하지만, 『광학적 미디어』는 에디슨 연구소 같은 제도가 어떻게 발전했는가, 마케팅의 압력이 소비자와 엔지니어 사이에 어떻게 절충을 강요했는가, 1830년대에 어떤 역사적 조건 아래서 사진이 출현할 수 있었는가, 세계대전의 전시재정이 TV의 발전에 어떤 영향을 끼쳤는가 하는 문제를 흥미롭게 서술한다. 그는 다른 지면에서 납땜인두기를 들고 DOS 스크린을 보면서 기술 비하적이고 사용자 친화적인 인터페이스를 재배치하는 기술적 브리콜뢰르^{bricoleur}를 찬양한 적이 있는데, 이는 키틀러가 적어도 엔지니어링 쪽으로 편향된 사람들에게는 활동적 역할을 부여한다는 것을 암시한다. 실제로 키틀러는 1990년대에 마이크로소프트사의 윈도 운영체제를 반대하는 운동을 하면서, 지배적인 코드를 자기 목적에 따라 새롭게 코딩할 수 있는 보통 사람들의 행위 주체성을 찬양하기도 했다. 그럴 때의 키틀러는 마치 전형적인 문화 연구자 같았다. 이처럼 키틀러가 문화 연구의 스스로 하기Do It Yourself, DIY 윤리와 융합할 수 있었다는 사실은 양쪽 모두 펑크 문화에 공통의 빛이 있음을 시사한다. (더 깊이 들어가자면, 키틀러와 영국 문화 연구는 모두 '문학적 성직자'들의 꽉 막힌 권위주의에서 해방된 독자의 무정부주의적 해석을 사랑한다는 점에서 어떤 '문화적 프로테스탄트 정신'을 공유한다. 톰슨E. P. Thompson의 급진적 감리교도와 키틀러의 펑크 프로그래머를 붙여 놓으면 말이 아주 잘 통할 것이다.)[8] 하지만 결국 '기술 결정론'이 무엇을 의미하든 그 말에 화들짝 놀라는 사람이라면 키틀러의 저작에도 마찬가지로 충격을 받을 것이며, 특히 그의 저작에서 반복해서 제기되는 '미디어의 역사가 디지털 컴퓨터에서 절정에 이른다'는 목적론적 주장에는 아연실색할 것이다.

그리고 젠더의 문제가 있다. 인간이 미디어 조건의 시뮬레이션 또는 효과라는 말은, 전기電氣 시대에 (혹은 다른 어떤 시대든 간에) '포박된' 인간 존재의 조건에 관해 사유하도록 부추긴다. 하지만 인간의 행위 주체성을 부정하는 것은 두 젠더에 서로 조금 다른 방식으로 작용한다. 남성에게는 이것이 철학적으로 새로운 경험일지 몰라도, 여성에게는 예나 지금이나 별 차이가 없는 셈이기 때문이다. 키틀러가 여성을 다루는

---

8) Geoffrey Winthrop-Young, "Silicon Sociology, or Two Kings on Hegel's Throne? Kittler, Luhmann, and the Posthuman Merger of German Media Theory," *Yale Journal of Criticism* 13 (2000): 391–420.—원주

방식은 언제나 문제를 일으켰다. 『담론 네트워크』는 낭만적 독자 주체가 생산되는 과정에서 여성이 어머니로서 텍스트와 어린이, 귀와 눈, 알파벳과 음성을 매개하는 일종의 미디어로 기능했다는 주목할 만한 성찰을 담고 있으며, 『축음기, 영화, 타자기 Grammophon Film Typewriter』는 타자기가 글쓰기 활동에서 전통적 노동 분업을 거세했다는 충격적인 소견을 전달한다. 키틀러는 젠더에 관심이 없는 것이 아니라 섹스에 관심이 있다. 그가 말하는 미디어의 역사는 언제나 에로스의 역사다. 이 같은 사랑과 지식, 음악과 미디어, 최음제와 수학의 결합은 고대 그리스에 관한 그의 이야기에서 핵심 주제로 다뤄진다. 키틀러의 『음악과 수학』 시리즈는 푸코의 『성의 역사』 시리즈를 (퀴어적인 서브텍스트 없이) 다시 쓴 것으로 독해할 수도 있을 것이다. 그의 책과 강의는 종종 외설적인 도판과 말로 얼룩지는데, 이런 것들은 지난 이십 년 동안 영미권 대학에서 거의 찾아볼 수 없었던 케케묵은 젠더의 정치를 노출한다. (하지만 그것은 정치, 스포츠, 연예계라면 얼마든지 찾아볼 수 있을 법한 수준이며, 이런 점에서 키틀러는 본인이 직접 말했듯이 "더럽게 평범하다.") 키틀러의 저작에 나타나는 젠더 역할은 남자=군인, 여자=핀업 걸로 내정될 때가 많다. 이를 문자 그대로 읽지 않도록 주의하라. 키틀러는 젠더 감수성을 가동하는 독해를 권장하며, 그의 저작은 젠더와 기술이 서로 분리될 수 없이 구성된 범주라는 여성주의적 금언을 상기시킨다. 『음악과 수학』의 제1권은 아프로디테, 키르케, 사포 같은 여성들에 대한 찬양으로 가득하지만, 이들은 모두 여신이거나 거의 전설 속의 인물이다. 괴테가 말한 저 유명한 '불멸의 여성성'에 동참하지 않는 평범한 여성들은 키틀러의 저작에서 별로 좋은 대접을 받지 못한다. 여기서도 평범한 사람들은 성별을 막론하고 키틀러에게 좋은 대접을 못 받는다고 말할 수 있겠지만, 둘 중 어느 편의 고충이 더 클지는 명백하다.

학문적 극단성

17세기의 위대한 실험주의자 로버트 보일Robert Boyle은 과학 보고서라는 새로운 유형의 글쓰기를 발명한 것으로 유명하다. 이 장르의 인식적 미덕은 누구나 반복할 수 있는 공개 실연의 방법과 누구나 이해할 수 있는 설명적 문체에 결부돼 있었다. 학술적인 글을 읽는 영어권 독자들은 여전히 기본적인 수준의 타당성과 명료성을 기대한다. 하지만 헤겔 이래의 다른 유명한 독일 철학자들과 마찬가지로 키틀러는 이런 기대를 한결같이 저버린다. 그의 결론은 번개처럼 도약한다. 그는 귀납법을 쓰는 것이 아니라 일화들을 나열하면서 논지를 전개하며, 언제나 지상의 복잡성을 헤치고 나아가는 것보다는 극적인 이야기를 따르는 편을 택한다. 그는 부분으로 전체를 나타내는 제유법을 사랑하며, 어떤 한 국면이 미처 말해지지 않은 다른 많은 것들과 공명하기를 바란다. 이를테면 『축음기, 영화, 타자기』라는 책 제목도 낱낱의 기물 그 자체가 아니라 제각기 근대 음향 기술, 광학 기술, 문자 처리 기술 전반을 가리키는 것으로 이해해야 한다. 근대 문학을 훈련한 다른 모든 사람들처럼, 키틀러도 암시의 기법을 좋아한다. 그는 『광학적 미디어』의 주요 지점에서 명백하다고 여겨지는 것들을 일일이 거명하지 않는다. 프로이트Sigmund Freud가 열차 안에서 자신의 거울상과 마주친 이야기를 하면서 '언캐니한 것Das Unheimlich'이라는 말을 굳이 안 쓴다거나, 만델브로트Benoit Mandelbrot의 컴퓨터 그래픽에 관해 논하면서 '프랙탈fractals'이라는 말을 피해 가는 것이 그 예다. 그는 독자가 그런 것을 다 안다고 전제한다. 그리고 키틀러는 이상한 농담, 논의의 진행과 무관한 언급, 자극적인 과장을 시도할 기회가 있으면 그냥 넘어가지 못한다. 그래서 로널드 레이건Ronald Reagan은 "캘리포니아의 황제"가 되고, 미국은 "무제한적인 연쇄성의 땅"이 되고,

민주주의는 "문맹이 지배하는 시대"가 되며, 시詩는 이천 년이나 계속된 지루한 작업이 된다. 독자로서 최대한 자비롭게 생각하자면, 키틀러는 독자를 수준 높은 (즉, 자기 같은) 교양의 소유자로 취급하면서, 이름을 나열해 봤자 사유에 방해가 될 뿐이라는 헤겔적인 원칙을 따른다. 하지만 그렇게 자비롭지 못한 독자의 관점에서, 그의 문체는 거만하고 고의로 명료성을 해친다. 적어도 키틀러는 전혀 지루하지 않으며 항상 만사를 새롭게 보려고 노력한다.

아리스토텔레스Aristoteles, 헤겔, 미드Margaret Mead, 비트겐슈타인Ludwig Wittgenstein, 그 외 많은 철학자들이 사후 출판된 강의록으로 명성을 얻었다. 하지만 생전에 강의록을 출간하는 경우는 양상이 좀 다르다. 지금은 죽고 없는 경애하는 선생이 한 말이나 그 말을 학생이 받아쓴 것이라면, 역사적 사실이나 인용의 정확성이 떨어지더라도 어느 정도 용서받을 수 있다. 키틀러의 비평가들은 종종 그의 학문적 연구에서 발견되는 세부적 오류를 놓고 불평을 늘어놓곤 하는데, 일필휘지로 논지를 전개하는 그의 성향은 이 강의록에서 심지어 평소보다 더 심하게 나타난다. 이를테면 영화학자들은 그가 무성영화를 다루는 방식에서 상당히 많은 문제점을 발견했다. 실제로 『축음기, 영화, 타자기』에서 영화를 다루는 대목은 진지한 반론의 대상이 된 적도 있었다.[9] 공평하게 말하자면, 그는 『광학적 미디어』에서 자신의 몇 가지 추측이 충분한 증거가 없다는 것을 인정하며, 영화사에 대한 자신의 논지가 제대로 편집이 안 된 '러프 컷' 필름으로 가득 차 있다고 말한다. 하지만 다른 한편에서, 키틀러 본

---

9) 다음을 참조하라: Frank Kessler, "Bilder in Bewegung: Für eine nichtteleologische Mediengeschichtsschreibung," *Apparaturen bewegter Bilder*, ed. Daniel Gethmann and Christoph B. Schulz (Munich: Lit Verlag, 2006), pp.208-20, and "Medienhistorische Erleuchtungen," *KINtop: Jahrbuch zur Erforschung des frühen Films* 13 (2005): 177-9.—원주

인도 항상 그렇게 공평한 사람인 것은 아니다. 그는 이 책에서 영화학 전체를 "문화사적 잡담"이라고 조롱하면서도 영화학 분야의 저작들과 특히 프리드리히 폰 츠글리니츠키$^{Friedrich\ von\ Zglinicki}$의 책 내용을 여기저기 엄청나게 짜깁기했다. 수학의 역사에서 독일 시 문학까지, 컴퓨터 프로그래밍에서 전쟁까지, 고전 그리스 문헌학에서 정신분석까지 방대한 관심사를 자랑하는 헌신적인 지적 밀렵꾼이자 학제적 연구자로서, 키틀러는 학문적 전공 표준을 준수하기에는 너무 참을성이 없는지도 모른다. 또는 어쩌면, 그는 전체 학문 분과가 '차를 놓치고 있다', 말 그대로 '핵심을 놓쳤다'고 호언장담했던 매클루언의 관점을 얼마간 공유하는지도 모른다. (물론 그 차는 두 사람이 운전대를 잡은 차, 다시 말해 '미디어'를 뜻한다.)

키틀러의 경솔한 말투와 종종 거만한 태도가 학문적 규범과 얼마나 어긋난다고 말할 수 있을까? 학문은 정확성, 흥미로움, 판단력, 새로움, 공평성 같은 다양한 가치에 의해 지배된다. 확실히 키틀러는 이들 중 몇몇에서만 비교적 좋은 점수를 획득할 것이다. 하지만 학문적 생태계에는 다양한 유형의 공헌을 받아들일 수 있도록 다양한 공간들이 있으며, 어떤 사람도 모든 측면에서 백 점을 받을 수는 없다. 독일 대학들은 과격한 문체로 야심만만한 지적 주장을 내놓아 논란을 일으키는 사람들에게도 플랫폼을 제공하는 오랜 전통이 있는 한편, 세부 사항에 지루할 정도로 철저하게 천착하는 오랜 전통도 있다. 키틀러가 첫 번째 전통에 속한다는 것은 비밀도 아니다. 그는 이 전통에 프랑스인들에게 배운 현란한 방법론을 덧붙였다. 물론 다른 모든 사람들과 마찬가지로 키틀러도 소금을 좀 쳐야 맛이 난다. 하지만 여러분이 우리의 삶과 우리가 속한 시대의 구조를 형성하는 주요 요인으로서 미디어를 이해하는 데 관심이 있다면, 그런데 키틀러에게서 오직 실수와 과장밖에 보지 못한다면, 그러면 당신은 뭔가 큰 것을 놓치고 있는 셈이다. 전문 역사학자들은 푸코의 논의에서도 오류를 많이 발견하지만, 그렇다고 푸코의 흥미로움이나 중요성이 떨어지는 것은 아니다. 그런 오류는 단지 연구자의 할 일을 더 늘릴 뿐이다. (푸코에 비하면 키틀러가 닦아놓은 길이 좀 더 거칠긴 하겠지만 말이다.) 수많은 위대한 사상가들이 바보 같은 실수를 극복했다. 실제로 멍청한 실수를 저지르는 것은 그들이 하는 일의 일부이다. 한나 아렌트가 지적하듯이, 최고의 모순을 만들려면 최고의 사상가가 필요하다. 키틀러의 문제들을 지적하다 보면, 우리 비평가들이 그의 어깨 위에서 그의 귓속을 쿡쿡 찌르는 게 아닌지 걱정될 때가 있다. 학자들은 다른 모든 사람들과 마찬가지로 자신의 그릇 크기를 기준으로 타인을 측정한다. 예언가는 필사가보다 드문 유형에 속한다. 새로운 스타일의 사상을 발명하기보다는 다른 학자가 어디서 길을 잘못 들었는지 보여주기가 훨씬 쉽다. 미디어의 역사를 연구하는 건전하고 흥미로운 학문의 장이 다채롭게 성장하고 있지만, 키틀러처럼 숨이 멎을 정도로 멋진 상상력을 가진 사상가는 극히 드물다. 그의 저작은 매머드와 같아서 항상 귀찮은 각다귀들이 붙어 다닌다. 그렇다고 각다귀에 눈이 멀어서 그것들을 몰고 온 북실북실하고 거대한 야수의 장엄한 자태를 놓쳐서는 안 될 것이다.

『광학적 미디어』의 맥락과 개요

『광학적 미디어』는 『담론 네트워크』와 『축음기, 영화, 타자기』에서 상당수의 논제를 추출해 가져왔다. 이 책은 최신 연구 성과를 소개하는 것이 아니라 기존 저작을 보기 좋게 재구성한 것에 가깝다. 어빙 고프먼 Erving Goffman이 지적하듯이, 강의는 "기성의 인식적 체제cognitive establishment"

와 공모하는 발화 형태다.[10] 모든 강의는 궁극적으로 세계가 말이 될 수 있다고 약속하며, 키틀러 역시 이 약속을 지킨다. 물론 그중 상당수에서 (그는 안 쓰는 말을 빌자면) '프랑스 탈구조주의'의 영향을 엿볼 수 있지만, 키틀러는 탈구조주의 철학 중에서도 특히 데리다를 신봉하는 북미 백인 학자들처럼 아무 근거도 없는 인식론적 불안을 과시하며 동네 망신을 시키지 않는다. 키틀러는 (해체주의의 클리셰를 몇 가지 '전개'해 보자면) '결정 불가능성'의 '아포리아'에 대한 우리의 '책임'을 '탐문'하는 데 관심이 없다. 그는 계몽의 과업을 이행하기 위해 전력으로 돌진한다. 그는 헤겔적인 날카로운 메스를 능숙하게 휘두르며 헛소리에서 진실을 베어낸다. 그는 몇몇 문화 연구자들과 달리 교수가 됐다고 당황하는 것 같지도 않다. 물론 그가 교수의 역할에 관해 논할 때면 언제나 음흉한 아이러니를 동반하지만 말이다. 실제로 근대적 연구중심 대학의 기원과도 같은 훔볼트대학교(구 베를린대학교)에 미디어 연구 분과가 새로 확립된 것은 『광학적 미디어』가 탄생할 수 있었던 한 가지 맥락을 제공했다. 같은 시기에 나온 키틀러의 『문화학의 문화사 *Eine Kulturgeschichte der Kulturwissenschaft*』(2001)는 대학 생활의 지성사에 관한 연속 강의 내용을 담고 있다. 『광학적 미디어』에서 강의라는 미디어는 언제나 교수와 대학에 관한 내부자용 농담을 수반하는 자기 성찰적 주제다. 이 책은 이성에 내재하는 폭력성에 연연하지 않고, 학생에게 지식을 제공한다는 본연의 임무에 충실하다.

강의 내용은 비교적 쉽게 따라갈 수 있으므로 여기서 꼼꼼하게 요약할 필요는 없겠고, 나는 그저 큰 줄거리만 간략히 개괄하겠다. 키틀러

---

10) Erving Goffman, "The Lecture," *Forms of Talk* (Philadelphia: University of Pennsylvania Press, 1981), pp.160-96; 특히 p.195 참조. —원주

의 설명은 크게 예술적 미디어, 아날로그 미디어, 디지털 미디어라는 세 겹의 서사를 따른다. 각각의 역사는 르네상스, 종교개혁, 반종교개혁, 계몽주의, 낭만주의와 같은 기본적인 시대 구분에 따라 상당히 관습적으로 전개된다. 하지만 키틀러가 미디어를 침투시키면서 그런 평범한 범주들의 내부에서 조금씩 변화가 일어난다. 그것들은 우리가 이미 안다고 생각했던 것을 미디어가 얼마나 잘 설명할 수 있는지 보여준다. 인간의 손이 지배하는 예술적 미디어의 시대는 르네상스 시대에 투시도법이 발명되면서 정점에 달한다. 이 손은 테크닉을 모르는 순수한 손이 아니라 투시도법의 기하학적 규율로 훈육된 손이고, 카메라 옵스큐라에서 빛 자체의 반전된 흔적을 따라가는 손이다. 늘 그렇듯이, 이러한 예술적 미디어는 국가 권력, 종교 권력, 군사 권력과 모의한다. (매직 랜턴을 비롯한 영사 기술이 대표적인 예다.) 반면 진정한 광학적 미디어인 아날로그 미디어의 시대에는 시각적 묘사 활동이 인간의 손에서 해방되고, 시각적 지각 활동이 인간의 눈에서 해방된다. 일련의 사진 촬영 장치들 덕분에 연필이나 붓의 개입 없이도 햇빛을 바로 옮겨 그릴 수 있게 되고, 가시성의 영역이 눈의 생리학에서 벗어날 수 있게 된다. 인간은 더 이상 기록을 지배하고 인식 가능한 우주를 통치하는 군주가 아니다. 여태껏 인간의 고유한 활동이라고 여겨졌던 그리기, 글쓰기, 보기, 듣기, 언어처리, 기억, 심지어 인식까지 기계의 몫이 되고, 어떨 때는 기계가 이런 분야에서 인간보다 더 뛰어나기도 한다. (키틀러는 '인간에 고유한 것'은 디지털 미디어의 맹공격을 당하기 전부터 이미 쇠퇴하고 있었다고 주장한다.) 아날로그 미디어의 가장 큰 혁신은 시간적 과정을 저장하고 조작할 수 있게 됐다는 것이며, 가장 큰 문제는 서로 다른 미디어 시스템 간의 호환성이 떨어진다는 것이다. 키틀러는 영화와 TV를 설명하면서, 광학적 트랙과 음향적 트랙이 상호 호환 및 변환 가능성을 획득하기 위해 얼마나 다양한 미봉책을 동원했는가 하는 다소 목적론적인 이야기를 전개한다. 궁극의 호환 가능성이 실현되려면 디지털 기술이 나타나기를 기다려야만 했다. 그리고 이제 우리는 빛의 효과나 흔적이 아니라 빛 자체를 처리할 수 있는 유토피아적 가능성을 기다린다는 것이 그의 결론이다. 이렇게 미디어의 역사를 어떤 절정을 향해 끌어올리는 것만 보면 거의 천년왕국설[11] 같은 느낌이다. 빛이 어둠에서 분리되니 역사의 종말이 우리를 다시 출발점으로 되돌린다.

빛에 대한 사랑

마지막으로, 키틀러의 미디어 이론을 구성하는 몇 가지 핵심 주제와 제스처들이 이 강의에서 어떻게 나타나고 있는지 부연할 필요가 있다. 행운의 숫자 7까지만 세겠다.

1. 추상화

키틀러는 자신의 연구 주제가 영화나 TV의 역사가 아니라 광학적 미디어라고 명시한다. 그는 미디어를 어느 특정한 구현물과 동일시할 생각이 없으며, "다양한 이미지 구현의 양상들보다는 이미지 저장, 전송, 처리의 일반 원리를" 확립하고자 한다. 더 엄밀히 말하면, 키틀러는 컴퓨터를 기존 미디어의 역사 전체를 다시 쓸 수 있는 편리한 장치로 활용한다. 미디어는 데이터 처리 장치라는 것이 그의 출발점이다. 이 강의는 전신 시스템에서 컴퓨터 시스템에 이르는 원격 통신 기술을 근대적인

---

11) 천년왕국설은 세상이 곧 종말을 맞고 예수가 재림하여 지상에 '천년왕국'을 건설하리라는 초기 기독교의 대망으로, 오늘날에도 여호와의증인이나 모르몬교 등에서 그 영향이 발견된다.

광학적 미디어의 토대로 전면에 부각하면서 저장, 전송, 처리의 세 기능을 살펴본다. 이렇게 사태를 추상화하는 접근 방식이 역사의 복잡한 모서리를 둥글게 쳐내는 것일 수도 있지만, 키틀러는 언제나 미디어 역사가이기 이전에 미디어의 역사를 탐구하는 철학자다. 그의 목표는 역사를 이용해서 전송, 저장, 연산 기술에 관한 철학적 성찰을 전하는 것이다. 카메라 옵스큐라는 이미지를 수신하고, 매직 랜턴은 이미지를 송신하고, 카메라는 이미지를 저장한다. 키틀러는 엄격한 도식을 사랑하며, 특히 삼원적 도식을 애호한다.

2. 유추법

미디어 연구는 잡다한 문헌을 인용하고 여기저기서 그러모은 지식을 과시적으로 전시하는 오랜 전통이 있다. 매클루언은 각각 권위 있는 고급문화와 근대적 대중문화에 해당하는 두 가지 역사적 항목을 초현실주의적으로 병치하는 기법을 즐겨 썼다. 우리는 키틀러의 주장에서도 이와 유사한 것을 엿볼 수 있다. 이를테면, 바로크의 촛불이 일요일 심야 토크쇼를 비춘다거나, 사진의 포지티브/네거티브 프로세스가 초기 불리언 회로 Boolean circuit 또는 트랜지스터라거나, 주기적 운동에 입각하는 시와 무용은 축음기 같은 원통형 저장 장치와 잘 어울린다는 식이다. 훌륭한 구조주의자가 되기 위한 첫 번째 조건이 예상치 못한 방식으로 범주를 나누고 충격적인 유추를 전개하는 재능을 타고나는 것이라면, 키틀러는 바로 그런 재능의 소유자다. 역사적 유추론자의 최고봉인 헤겔은 모든 유추가 얼마쯤은 들어맞지 않기 마련이라고 솔직히 인정했지만, 키틀러는 이에 동의하면서도 바로 그렇게 '들어맞지 않는' 부분에서 기쁨을 찾고 사유를 진전시킨다. 이는 키틀러가 의도적으로 통찰력 있는 실수를 저지르는 한 가지 이유다. 하지만 키틀러의 유추 중에는 명백하게 탁월한 것도 많다. 1840년에 편지와 전보의 관계가 회화와 사진의 관계와 같았다는 지적은 손 글씨에서 기계적 기록으로의 시대적 변환을 명쾌하게 포착한다. 바그너를 초기 영화로 간주하는 것은 매우 시사하는 바가 크다. 르네상스 투시도법을 탄도학의 일종으로 보는 것은, 설령 인본주의 맹신자들을 화나게 하려고 약간 과도하게 계산된 것이라고 해도 여전히 아주 탁월한 접근이다.

3. 글쓰기

문학 연구는 영국, 캐나다, 프랑스, 독일, 이탈리아에서 (미국은 아니지만) 미디어 연구와 역사적으로 단단하게 결합해 있다. 차이가 있다면, 독일 문헌학은 나름의 역사적 이유에서 항상 자기 정체성을 '과학'으로 자리매김했던 반면, 영미권 문학 비평은 (항상 그런 건 아니지만) 과학보다는 감수성을 향상하는 교화적 역할에 만족할 때가 잦았다는 것이다. 키틀러는 독일 철학 전통의 저력을 미디어 연구로 들여오는 한편 독일 문헌학 전통의 자원을 총동원한다. 키틀러는 문헌학자로 훈련을 받았으며, 여전히 문서고를 뒤지면서 고대 문헌을 추적하는 방법에 주로 의존한다. 키틀러가 수행하는 미디어 문헌학은 무언가 글로 써졌다는 근본적인 사실에서 출발한다. 그는 글을 모든 미디어의 어머니로 취급한다. 여기서 글은 기록의 확장된 의미로 이해해야 한다. 이 개념의 절반은 에크리튀르^{écriture}에 대한 프랑스적인 강박에서 왔고, 나머지 절반은 읽기/쓰기가 가능한 저장매체에 관련된 전산학적 용어들에서 왔다. 『축음기, 영화, 타자기』에서 논하듯이 19세기에 빛, 소리, 언어처리가 역사적으로 변신해서 각각 사진$^{photo-graph}$, 축음기$^{phono-graph}$, 전신$^{tele-graph}$이 되었다고 할 때, 이들은 다른 많은 전기식 미디어와 마찬가지로 그 이름 속에 은밀히 글^{graph}에 대한 존경을 숨기고 있다. 키틀러는 명시적으로 써지지 않은 것을 읽어내는 탁월한 기술이 있으며, 이는 그의 미디어 분석에서 핵심을 이룬다.

그의 핵심 개념 중에 '글의 독점Schriftmonopol'이라는 것이 있다. (무척이나 니스적인 개념이다.) 19세기가 되기 전까지는 축축한 생물학적 메모리 아니면 글이 유일한 문화적 저장 형태였다. 글은 저장을 독점했다. 그런데 축음기와 영화가 이 독점을 파괴했다. 이들은 각각 소리와 빛이라는 새로운 질료에 기반을 둔 글쓰기의 가능성을 제공한다. 더 명확하게 말해서, 이들은 시간의 흐름을 저장하고 조작할 가능성을 개방한다. 근대적인 음향 미디어와 광학적 미디어의 핵심 기법인 슬로우모션, 저속도 촬영, 역행 재생, 점프 컷, 콜라주 등을 이용하면 시간적 사건을 편집할 수 있다. 여기서 키틀러는 다시 시간 축을 가지고 놀 수 있다는 것을 기술적 미디어의 결정적인 특성으로 지목한다. 영화나 축음기만큼 급진적인 방식은 아니지만, 글쓰기 역시 훗날을 위해 말을 저장한다는 측면에서 시간의 흐름에 대한 개입으로 볼 수 있다.

4. 읽기

키틀러는 읽기의 이론가이기도 하다. 그는 특히 하버마스가 말하는 '부르주아 공론장'의 탄생 과정에 주목한다. 하지만 그의 분석은 모든 면에서 하버마스와 정반대로 나간다. 『광학적 미디어』는 키틀러의 독창적인 낭만주의 문학 분석을 확실하게 보여준다. 키틀러는 낭만주의를 애정, 갈망, 죽음, 거리에 대한 특정한 태도가 아니라 책이라는 기술을 사용하는 특정한 방식으로 이해한다. 여기서 키틀러는 허위를 폭로하는 거만한 고발자의 태도로 『담론 네트워크』의 기본 논지를 반복한다. 읽기는 어머니의 무릎 위에서 텍스트를 소리와 이미지, 심지어 냄새와 맛의 흐름으로 해독하는 기술을 익힌 독자가 경험하는 "내적 환각"

이다. 낭만주의 시는 글의 독점 체제가 19세기에 시청각 미디어로 용해되기 전에 내뱉는 마지막 헐떡거림이다. 그 이후부터 글은 더 이상 소리와 이미지를 짊어질 수 없게 됐다. 다른 경쟁 미디어들이 그런 기능을 전부 빼앗았기 때문이다. 낭만주의적 독해는 시뮬레이션 장치 내부에서 고독한 자기중심적 위치를 확립한다는 점에서 영화 관람의 원형을 제공하며, 전투기 조종사나 비디오 게이머의 상황과도 크게 다르지 않다. 로맨스는 때때로 신체 접촉을 동반하는 손 글씨 편지의 순환 회로다. 그가 무뚝뚝하게 내뱉는 놀라운 경구 중에, "사랑 없는 미디어 기술은 있어도 미디어 기술 없는 사랑은 없다"는 말이 있다. 그는 비록 언제나 정신의 충실한 지배에 따르는 인본주의적 신체를 조롱하지만, 언제나 에로틱한 신체로 회귀한다. 키틀러는 미디어 혁신이 언제나 에로틱한 것에 맨 처음 흔적을 남긴다고 본다. 그가 이렇게 과잉과 중독에 관심을 보이는 덕분에, 우리는 어떤 기묘한 유형의 행위 주체를 만나게 된다. 그의 주장 중에 가장 과격한 것은 눈과 귀뿐만 아니라 모든 인간 기관을 일종의 미디어 장치로 재독해하자는 것이다. 『음악과 수학』에서 그는 고대 그리스인을 '새로운 미디어 체제('알파벳 체제')의 에로틱한 효과를 탐구한 최초의 탐험가들'로 그려낸다. 이는 고대 그리스인을 우리의 동시대인으로 자리매김하는 또 하나의 방법을 제공한다.

5. 미디어는 메시지다

키틀러에 따르면 미디어는 언제나 미디어 자체에 관한 것이다. 여기서 그는 매클루언을 따라 미디어 내용을 미디어 형식에 종속시킨다. 그러므로 독일 라디오 드라마는 라디오 청취의 조건에 관한 것이며, 영화는 날기와 보기에 관한 것이다. 그는 강의라는 미디어에 관해 성찰하는 것으로 『광학적 미디어』를 시작한다. 강의는 송신부에 텍스트와 목소리가 있고 수신부에 받아쓰는 손과 그보다 두 배 많은 귀가 있는 미디어 시스템으로서, 아직은 시각 매체의 공격을 받지 않고 있다. (다행히도, 그의 강의는 다른 모든 서식지를 완전히 점령한 파워포인트 바이러스가 아직 퍼지지 않은 청정 지역이다.) 키틀러는 공격적인 형식주의자로서, 미디어를 분석할 때 그 내용에 전혀 관심을 두지 않음으로써 충격적인 낯설게 하기 효과를 유발하기 좋아한다. 특히 그는 엔지니어링의 관점에서 미디어의 역량을 분석하는 데 관심이 있다. 예술은 양식에 의거하지만, 미디어는 표준에 의거한다. 예술적 복제는 유사한 판본을 산출하지만, 미디어 사본은 모두 동일하다. 예술은 증거의 구성 요소를 갖춘 세부 정보를 기록할 수 없지만, 미디어는 사실을 입증하는 데이터를 제공하여 법의학적으로 쓰일 수 있다. 예술은 미디어보다 자동화하기 어렵다. (이는 물론 칭찬이 아니다.) 이 모든 것은 구조적 수준에서 예술과 미디어의 결정적 차이를 보인다.

6. 전쟁

최근 키틀러는 그동안 전쟁을 너무 오래 연구해서 이제부터는 사랑을 연구하기로 결심했다고 말했다. 이러한 전회는 『음악과 수학』에서 명백하게 나타난다. 하지만 『광학적 미디어』에서 전쟁은 여전히 모든 것의 어머니로 나타난다.[12] 그는 이 강의에서 미디어의 군사적 맥락에 관해 눈에 띄게 많이 말한다. 일반적으로, 전쟁을 강조하는 키틀러의 접근법은 미디어 역사 연구의 대다수를 차지하는 근시안적인 민간 중심적 접근에 대한 유용한 해독제가 될 수 있다. 그는 상당히 멋진 연결 고리

---

12) 다음을 참조하라: Geoffrey Winthrop-Young, "Drill and Distraction in the Yellow Submarine: On the Dominance of War in Friedrich Kittler's Media Theory," *Critical Inquiry* 28 (2002): 825-54.―원주

를 만든다. 그에 따르면 셀룰로이드 필름은 일종의 조형 가능한 폭발물이고, 반종교개혁은 미디어 전쟁이며, 눈이 멀 정도로 밝은 빛은 역사적으로 전장과 파티장에서 똑같이 중요한 역할을 했고, 광휘는 귀족정의 특권인 동시에 군사적 전술이었다. 제1차 세계대전의 참호가 실험용 생쥐 또는 신병으로 구성된 최초의 대중 관객을 놓고 실험하는 미디어 연구실이었다거나, 전쟁 자체가 갈수록 일종의 미디어 시뮬레이션으로 변모하고 있다는 것 역시 전형적인 키틀러식 주장이다. (『축음기, 영화, 타자기』에서도 이에 관한 장문의 논의를 찾아볼 수 있다.) 키틀러의 '눈眼의 무장' 개념은 폴 비릴리오Paul Virilio에게 일부 빌린 것으로, 카메라 유도식 미사일이 횡행하는 우리 시대에 확실히 부응하는 바가 있다. 나중에 시력 검사를 받을 일이 있으면 안과 의사가 하는 말을 잘 들어보라. 그는 '표적target'을 '추적track'하라고 말할 것이다. 하지만 아무리 훌륭한 유추도 너무 멀리 갈 수 있다. 키틀러가 콜트 연발 권총을 필름 릴과 연관 짓는 것에 대하여, 프랑크 케슬러Frank Kessler는 연쇄적 처리 기술의 전신이라면 차라리 재봉틀이 낫지 않느냐고 심술궂게 질문한다. 물론 키틀러가 그렇게 초라하고 전쟁과 무관한 가정용품을 다정하게 대하지 않을 것임을 알고서 하는 말이다. 키틀러가 전쟁에 너무 열광하는 것을 보면 가끔 살짝 위험해 보일 때도 있지만, 미디어의 역사에서 군산복합체가 빠진다면 전체적인 방향이 크게 어긋나리라는 데는 의심의 여지가 없다.

7. 빛

『광학적 미디어』는 단테와 다 빈치의 말을 빌려 태양을 찬양하는 것으로 시작한다. 그것이 우리 앞에서 빛난다는 것은 기초적 사실이지만, 우리 중 누구도 그것을 똑바로 쳐다볼 수는 없다. 태양은 모든 시각의 조건이다. 태양은 미디어다. 우리는 그것을 볼 수는 없지만 그것을 통해 다른 모든 것을 보기 때문이다. (미디어는 [수단을 나타내는] 조격이나 [동작의 연원을 나타내는] 탈격을 취한다. 그것에 의해, 그로부터 무언가 일어난다.) 태양은 겉으로 명백하게 드러나는 동시에 심오하다. 이러한 태양을 찬양하는 『광학적 미디어』의 도입부는 지중해의 빛을 사랑하며 그 밝음과 도취를 찬양하는 가장 원초적인 모습으로 분장한 키틀러를 보여준다. (그리고 이 대목은 전기의 빛이 제1의 미디어라고 주장하는 매클루언의 기묘한 반복이기도 하다.) 단테에 따르면, 눈이 신체의 빛이라면 태양이라는 위대한 별은 지성의 빛이다. 결국 내가 키틀러를 좋아하는 것은 그가 지성을 한없이 사랑하며 더 높은 지혜를 향해 나아가는 광란적 기쁨에 충실하기 때문이다. 우리 모두와 마찬가지로, 프리드리히 키틀러도 눈이 멀 수 있다. 하지만 우리 대다수와 달리, 그는 절대적인 광휘 속에서 빛나는 법을 안다.[13]

---

13) 유용한 조언을 해준 지나 조타Gina Giotta, 클라우스 브룬 젠슨Klaus Bruhn Jenson, 프랑크 케슬러, 벤자민 피터스Benjamin Peters, 존 톰슨John Thompson, 조프리 윈스롭영에게 감사를 표한다. 그러나 이 글에 게재된 내 의견에 행여 잘못이 있다면 그것은 이들과 무관하며 순전히 내 책임이다.―원주

0. 서문

> 오 영광의 별들이여! 위대한 힘을
> 지닌 빛이여! 나의 문학적 재능은 모두
> 그대들의 빛에서 잉태되어 나온 것!
> – 단테Dante Alighieri, 『신곡 천국편』 22곡

만약 강의가 오로지 진리의 손에 달렸더라면, 광학적 미디어를 다루는 모든 강의는 일단 지상 만물을 볼 수 있게 한 저 별을 찬양하는 것으로 시작해야 했을 것이다. 시인 잉게보르크 바흐만Ingeborg Bachmann은 지상의 겸허한 관점에서 이렇게 썼다. "태양 아래 있다는 것, 태양 아래 그보다 더 아름다운 일은 없다." 그보다 더 거만했던 옛 유럽인 레오나르도 다 빈치Leonardo da Vinci는 같은 말을 태양 자체의 관점에서 이렇게 바꿔 말했다. "태양은 결코 그림자를 본 적이 없다."(Codex Atlanticus, 300r.b)

하지만 태양이 아니라 과학과 기술이 일상을 결정하는 세계에서, 강의는 언제나 빛의 반대편에 선다. 내가 강의 제목으로 올린 '광학적 미디어'라는 것들은 그 어두운 그림자 속에서 모든 것을 처리하고 취급한다. 다 빈치에 따르면 태양은 절대 볼 일이 없다는 그 어둠 속에서 말이다. 예술과 기술로 말하자면, 그것들은 태양을 오용하거나 회피하면서 가시성의 경계를 움직이는 두 가지 상반된 방식일 뿐이다. 이 강의는 먼저 아주 전통적이고 미학적인 쪽에서 출발해서, 르네상스 이래 유럽 회화에서 근대적 시지각視知覺이 조직되는 원리를 읽어 낸다. 이는 광학적 미디어의 '수공업적 단계'로 통하지만, 그마저도 수학적 계산 같은 과

학·기술적 토대가 없었다면 상상도 못 했을 것이다. 덕분에 기술적 장치가 소위 예술가의 눈과 손에서 분리되어 완전히 자율적인 영역권을 형성할 수 있었고, 그 결과 오늘날 우리를 둘러싸고 심지어 우리를 결정하는 광학적 미디어 기술이 성립했다. 그러니까 한 문장으로 요약하면, 이 강의는 르네상스의 투시도법 패널화에서 출발해서 이미 진부해지고 있는 사진, 영화, TV 기술을 지나 최근 이십 년간 급성장한 컴퓨터 그래픽까지 살펴본다.

하지만 그러면 나는 거의 불가능해 보이는 임무를 떠맡게 된다. 상당히 최근의 현실에 관해 텍스트로 이야기해야 하는 것이다. 하지만 현실이란 그 정의상 말이나 글, 구술적인 것이나 문자적인 것이 아니지 않은가. 대체로 인문학 쪽은 사진, 영화, TV 모니터가 설 자리가 없다. 사실, 대학이 대학인 한에는 학과를 불문하고 학문적 강의라면 여태껏 다 그랬다. 그러니까 독일 정부가 경찰 관할처(법정, 감옥, 교통이 혼잡한 교차로)와 대학 강의실에 시청각 기술을 도입한 시점이 완전히 똑같지는 않았다는 말이다. 공식 문서를 인용하자면, 정부가 강의실을 비디오카메라와 모니터로 무장한 것은 "우리 시대의 커뮤니케이션 수준과 그 재정적, 조직적, 교육·정치적 효과에 발맞춰 보통 교육과 직업 교육을 기술적으로 조정하기 위해 꼭 필요한 조치"였다. 그러니까 (호르스트 브레데캄프Horst Bredekamp가 주장하듯이) 위대한 미술사가 하인리히 뵐플린Heinrich Wölfflin이 그렇게 위대해질 수 있었던 것도 뵐플린 혹은 그의 조수가 강의 내용을 전부 시각화할 수 있는 2채널 영사 기법을 개발한 덕분이었다.

하지만 이러한 기술적 불연속이 발생하기 전까지, 강의는 광학에 관해 전혀 아는 바가 없었다. 약 120년 전, 바젤의 젊은 철학 교수 프리드리히 니체Friedrich Nietzsche는 고전적인 독일 대학의 작동 방식에 관해 이렇게 썼다. (이는 「우리 교육기관의 미래에 대하여Über die Zukunft unserer Bildungs-Anstalten」라는 5회분 강의의 마지막 대목이다.)

> 외국인이 우리 대학을 처음으로 알고자 할 때 그가 우선 역점을 두는 질문은 "당신들에게서 학생과 대학은 어떤 관계를 맺고 있는가?"라네. 우리는 "귀를 통해, 청중으로"라고 대답하지—그러면 외국인은 의아해한다네. "오로지 귀를 통해서?" 그는 재차 질문하지. "오로지 귀를 통해서." 우리는 재차 답하지. 학생은 듣는다네. 그가 말하고, 보고, 걸어가고, 동료들과 어울리고, 그가 예술 활동을 할 때, 간단히 그가 생활할 때, 그는 자립적으로, 즉 교양기관에서 독립되어 있다네. [그런데] 종종 학생은 들으면서 쓰기도 하지. 이때가 그가 대학의 배꼽에 매달려 있는 순간이지. 그는 무엇을 들을지 선택할 수 있고, 그가 듣는 것을 믿을 필요가 없으며, 듣기 싫을 때 귀를 막을 수도 있어. {…}
>
> 그러나 선생은 이 듣고 있는 학생들에게 말을 하지. 그가 사유하고 행위하는 것과 학생들이 지각하는 것 사이에는 엄청난 심연이 가로지르고 있지. 교수는 말하면서 종종 낭독한다네. 일반적으로 교수는 그런 청중이 되도록 많이 왔으면 좋겠고, 정 안되면 몇 명으로도 만족하지만, 한 명으로는 결코 만족하지 못한다네. 말하는 입 하나와 아주 많은 귀들, 그 반쯤 되는 수의 필기하는 손들—이것이 학술기구의 외양이고, 작동하는 대학의 교양 기계라네. (니체, 2001, pp.276-7, 옮긴이 일부 수정)

비록 대학의 시청각적 미래를 예견하지는 못했지만, 여기까지 니체는 우리의 일터를 민족지학적으로 기술하여 믿을 수 없이 정확하게 보고한다. 보다시피 (혹은 들다시피) 옛 대학들은 시각적 쾌락이 없다는 것을 거의 자랑스럽게 여겼다. 강의는 귀를 통해, 어쩌면 심지어 라디오를 통해 고전적인 프레임 아래 보존됐다. 그러니까 옛 유럽 대학의 공간을 폭파시키려면, 먼저 강의 주제에 관련된 것들이 학생의 눈앞에 (1908년 프로이센 교육 개혁 이후에는 여학생의 눈앞에도) 보여야, 그러니까 광학적 미디어가 되어야 한다.

하지만 니체의 아이러니를 총동원해도 내 마음을 바꿀 수는 없으니, 나는 이 강의의 주제를 강의의 미디어로까지 격상시키지는 않을 것이다. 다시 말해서, 나는 국가에서 지원하는 비디오 녹화기, TV 모니터, 영사기를 교육용이나 다른 어떤 목적으로도 활용하지 않을 생각이다. 혹시라도 가능성이 생기면, 특히 학기가 끝나기 전에 컴퓨터와 TV 모니터를 연동하는 인터페이스를 확보할 수 있다면 시각 자료를 (그나마 오락적인 것보다는 실험적인 것을, 대중적으로 성공한 영화보다는 무성영화나 컴퓨터 그래픽을) 섞어 쓸 수도 있을 것이다. 하지만 그렇게 안 되면, 니체가 아이러니하게 정확히 기술했던 '음향과 문자의 혼성체'를 계속 강의의 매개체로 쓰겠다. 이는 적어도 방법론적인 장점이 있다. 니체가 당대의 강의 메커니즘을 외부자의 시선에서 민족지학적으로 바라보았듯이, 우리도 오늘날의 광학적 미디어를 정확히 그런 시점에서 조망할 수 있게 되기 때문이다.

그럼 이제 여러분이 기대하는 오늘 수업의 핵심, 즉 강의 내용과 방법을 살펴보자. 혹시라도 (이번 학기의 나 자신처럼) 강의에 뒤늦게 합류하는 사람들이 실망하지 않도록, 오늘은 1) 강의 내용, 2) 강의가 실제 현실과 연결될 수 있는 지점, 3) 강의 방법만 전반적으로 소개하고 끝내겠다.

먼저 내용을 보자. 앞서 말했듯, 이 강의는 지난 백여 년 동안의 인공적 이미지의 세계를 민족지학적으로 조망한다. 그 시간은 니체가 '강의식 교수 방법'을 진단했던 시점에서 현대에 이르는 백여 년의 시간과 정확히 일치한다. 하지만 그러려면 더 멀리 나아가서, 그 이전의 기나긴 전사前史를 먼저 살펴봐야 한다. 이것이 첫 번째 단계다. 이미지가 그려지기는 했지만 움직이기는커녕 저장되거나 전송되지도 못했던 시절, 이미지는 문자로 된 텍스트와 함께 다녔다. 그것은 책의 삽화로, 도면으로, 신화적 패턴의 회화적 표현으로, 급기야 문학이 독자의 '마음의 눈'에 그려내는 심상으로 나타났다. 그런데 벌써 이때부터 근대 기술에 대한 꿈이 싹트고 각종 기계 장치들이 개발되기 시작했으며, 결국 이 장치들이 19세기에 과학화하면서 사진과 영화의 가능성을 개방했다. 그렇다면 그 수백 년의 시간은 이미 광학적 미디어의 역사에 속한다 할 것이다. 여기서 특히 주목할 것이 '카메라 옵스큐라Camera obscura'라는 이미지 기록 장치와 '매직 랜턴Laterna magica'이라는 이미지 재생 장치다. 우리는 이 장치들이 르네상스 시대에 투시도법 회화의 기술적 보조 수단에 국한되지 않고 어떻게 기초적인 인쇄 기술과 연합했는지, 종교개혁파와 반反개혁파 간에 (혹은 인쇄기와 교회 미술 간에) 미디어 전쟁이 벌어졌을 때 이들이 무엇을 했는지 상세하게 살펴본다. 영화는 하늘에서 떨어진 것이 아니라 어떤 '환상과 정치의 연합'에 부응해서 발명됐으며, 따라서 그 연합을 통해서만 제대로 파악할 수 있다. 하지만 TV에 관해서는 그 반대의 사실이 참이다. 내가 아는 한, TV는 실제로 발명되기 전까지 한 번도 진지하게 누군가의 꿈이 되었던 적이 없다. 이는 분석을 요하는 대목이다.

이렇게 전사의 흐름을 훑어보고 나서, 두 번째 단계로 이미지가 어떻게 저장되고 움직일 수 있게 됐는지 그 역사를 추적한다. 알다시피, 이는 모두 19세기에 벌어진 일이다. 19세기는 사진의 개발로 시작해서 영화의 개발로 끝났다. 마르틴 하이데거Martin Heidegger 식으로 말해서 이 '기나긴 19세기'를 미디어 역사의 측면에서 파악하려면, 우리는 특히 새로운 이미지 기술이 수백 년, 수천 년 묵은 예술에 무엇을 유발했는지 질문해야 한다. 사진과 회화의 경쟁 관계는 유명하지만, 영화와 연극의 관계는 그렇게 잘 알려지지 않았다. 한 연극학자의 예외적인 연구 성과를 제외하면, 늦어도 19세기 이후의 발레, 오페라, 연극, 더 나아가 바로크 시대의 혁신적인 '핍 박스형 극장Guckkastentheater'에서 향후 도래할 영화의 기본 요소들이 자연 발생적으로 발전하는 과정은 거의 조명받지 못했다. 하지만 배비지Charles Babbage와 패러데이Michael Faraday의 조명 기술, 바그너Richard Wagner의 총체 예술은 영화와 기존 공연 예술의 연관성을 명쾌하게 드러낸다. 나는 니체가 『비극의 탄생Geburt der Tragödie』에서 예견했듯이 바그너의 바이로이트 축제극장이 정말로 영화관이었음을 입증할 것이다.

이러한 논거들을 내세우는 데는, 훔볼트대학교에서 미디어사, 미술사, 음악학, 연극학의 4개 학과를 단일 학부로 통합하는 것의 정당성을 확실히 입증하고자 하는 지엽적인 의도도 있다. 여기서 핵심은 영향 관계, 특히 영화 기술의 개발이 유서깊은 '글의 독점Schriftmonopol'에 어떤 영향을 끼쳤는가 하는 것이다. 연극에서 배역의 역할, 오페라에서 악보의 역할을 생각하면 금방 이해할 수 있겠지만, 연극과 오페라는 글의 독점에 기생적으로 의존해서 작동하는 예술 형식에 속했다. 그런데 새로 도입된 기술적 미디어는 경쟁보다 더 극단적인 수준으로 작용해서 글의 독점 자체를 거의 붕괴시켰다. 따라서 우리는 영화가 소설가들에게 어떤 형태의 경쟁을 유발했는지를 묘사하는 데서 그쳐서는 안 된다. (1910년 이후의 모든 소설가는 '시나리오를 쓴다'와 '영화를 거부한다'는 양극단 사이에 놓인다.) 우리는 책이라는 것 자체가 시청각적 조건 아래서 어떤 새로운 위상에 놓이는지 탐구해야 한다. 어떤 책은 문자 자체가 한데 어울려 이미지를 형성하고, 또 어떤 책은 영화처럼 환각을 유발하도록 구성된다. 또 카프카의 『선고$^{Das\ Urteil}$』처럼 어떤 삽화도 참고 견디지 않으려는 책도 있다. 분쟁은 이처럼 광범위하게 나타난다. 현대 소설가 토머스 핀천$^{Thomas\ Pynchon}$은 앞으로 이 강의에서 영화와 TV에 관한 주요 목격자 역할을 맡게 될 텐데, 그가 자신의 초상 사진 촬영을 절대로 허용하지 않는다는 사실은 문학과 광학적 미디어 사이에 가로놓인 심연의 깊이를 시사한다.

이쯤 하고 광학적 미디어로 돌아가자. 세 번째 단계에서는 영화와 영화관의 역사를 바탕으로 그 구조를 읽어내려고 시도해 볼 것이다. 영화는 신기하게도 두 차례의 세계대전과 딱 맞물리게 무성영화에서 유성영화로, 다시 컬러영화로 이행했는데, 그때마다 서로 다른 매체특정적 해법(또는 트릭)이 도출됐다. 한편에서, 나는 이 해법들을 아주 기술적인 관점에서 소개할 것이다. 몽타주, 쇼트, 조명, 연출 등에 관한 영화 분석 및 영화 기호학의 가르침은 전부 여기 포함된다. 영화 필름, 관련 장비, 조명 시스템, 녹음 시스템에 관한 기본적 사실들도 여기서 간략하게나마 짚고 넘어가야 한다. 하지만 다른 한편으로, 나는 영화의 발전 단계가 미디어의 역사 일반과 어떻게 연관되는지 살펴볼 것이다. 여기에는 라디오 방송 같은 오락매체의 역사뿐만 아니라 넓은 의미에서 과학·기술적 무장의 역사까지 포함된다. 이제 영화에 대한 소설가들의 반응을 기록하는 것은 문제가 아니다. 토르스턴 로렌츠$^{Torsten\ Lorenz}$의 노작에 따르면, 영화라는 새로운 기술적 스펙터클 장치는 근대적인 '이론의 정립^{Theoriebildung}' 자체를 의문에 부치는 듯하다(Lorenz, 1988 참조). 그리스 철학자들의 핵심어였던 '테오리아^{theoria}'는 결국 (신성한 축제의 행렬이나 사절단을 뜻하는 과거의 제의적 의미는 제쳐 두더라도) 응시, 관조, 눈요기, 볼거리, 심지어 스펙터클을 가리키던 말로, 플라톤에 이르러 혹은 그 이후부터 비로소 학문적 가르침을 의미하게 되었다. 그리하여 베르베르그송Henri Bergson과 사르트르Jean-Paul Sartre, 프로이트Sigmund Freud와 벤야민 Walter Benjamin처럼 영화와 동시대를 살게 된 이론가들은, 물질적 차원에서는 그저 책 속의 문자 더미로 존재할 뿐인 그들의 '스펙터클'이 시각적 조건 아래서 대체 무엇으로 변화하는가 하는 질문에 봉착했다. 이미 짐작하겠지만, 기술적 스펙터클이 이론적 스펙터클과 잘 맞지 않았던 것이다.

영화는 20세기에 연이은 승리를 만끽했지만, 그조차 모든 승리는 일시적인 것이라는 속설을 깨지 못했다. 많은 영화학자들이 건망증 또는 향수에 사로잡혀 있지만(이 경우 건망증과 향수는 하나로 수렴하는 듯한데), 기술적 관점에서 영화는 애초에 전성기에 다다르기 한참 전부터 임시적인 광학 장치였다. 기계·화학적으로 이미지를 촬영하여 기계적으로 저장하고 재생하는 방식은 처음부터 이미 시대착오적이었다. 근본적으로 20세기는 전기적 미디어가 전통적 미디어를 대체하는 대변동에 의해 정의되었기 때문이다. 물론 에디슨Thomas Alva Edison이 전구를 발명하지 않았다면 영화 장치의 발명도 없었겠지만, 전구는 아직 전기 통신 기술이 아니었다. 그러므로 일단은 전기 통신 기술이 어떻게 무성영화에서 유성영화로의 이행을 유도했는지, 그 변동이 어떻게 기술적 차원을 넘어 영화 시장의 자본 구조까지 영향을 미쳤는지 살펴봐야 한다. 하지만 이 대목에서 우리는 결국 완전 전자식으로 작동하는 시각적 미디어에 관해 논해야 하는데, 그러려면 먼저 진공관에 관해 알아야 한다. 진공관은 문자 그대로 에디슨의 '등 뒤에서', 그가 발명한 전구에서 파생됐다. 완전 전자식 광학적 미디어로서, 진공관은 브라운관의 형태로 백여 년 가까이 존속하면서 아직은 LCD 모니터로 완전히 대체되지 않고 있다. 그러니까 나는 지금 TV에 대해 말하고 있는 것이다.

다들 아는 얘기겠지만 꼭 짚고 넘어갈 것이 있다. TV는 완전 전자식 미디어라서, 어디에나 존재하지만 아무도 그것에 관해 잘 모른다. 흔히 말하는 TV의 힘은 바로 여기서 나온다. 여러분 중에 TV 스튜디오 설비를 조작할 수 있는 사람, 아니면 그저 TV 수상기를 고칠 수 있는 사람이 얼마나 되겠는가. TV는 영화보다 극단적으로 복잡한 기술이기 때문에, 전자식 이미지 처리 기술에 관해 뭔가 배우려면 맨 처음 시행착오 단계부터 현재의 이미지 표준에 이르기까지 TV의 역사를 차근차근 추적할 필요가 있다. 그러므로 제2차 세계대전 이전의 케이블 TV, 1945년 이후의 흑백 TV, 오늘날의 삼원색 표준 TV를 순서대로 다뤄야 한다. 레이더는 오락용이 아니라 군용 장비지만 민영 TV가 등장하는 데 결정적으로 기여했으므로 그 역시 강의에 포함된다. 이렇게 TV의 기술적 해법이 도출되는 것이 먼저고, TV 특유의 프로그램 구조가 법적, 사회적, 정치적 차원에서 출현하는 것은 그다음이다. 그러고 보니, 문득 미국의 한 대통령이 떠오른다. 영화 산업 쪽에서 등장해서 TV 인터뷰로 국가를 통치했던 바로 그 사람 말이다.

하지만 여기서 사태가 마무리될 수는 없으며, 따라서 강의도 여기서 종강할 수는 없다. 제국은 이미 반격을 개시했다. TV라는 전자식 미디어는 제국이 우리(소비자)와 마주 보는 하나의 접면일 뿐이다. 그러고 보면, 아까 그 대통령은 TV 인터뷰로 국가를 통치했을 뿐만 아니라 광전자적 미래 전쟁 계획을 수립하지 않았던가. 사적인 거주 공간에 비디오 녹화기와 비디오카메라가 도입되는 것, 특히 컴퓨터 스크린이 등장해서 사무실과 책상뿐만 아니라 강사와 학생까지 혁신하고 있는 것을 보라. 거기에는 제국이 드리우는 권력이, 적어도 그 권력의 그림자가 어른거리고 있다. 극영화는 10년 내에 셀룰로이드 필름 대신 표준화된 광전자공학 방식, 즉 컴퓨터라는 이름의 보편 디지털 신호처리 방식으로 귀결될 확률이 아주 높다. 확실히 밝혀 두건대, 내 목표는 현존하는 최초의 무성영화나 RTL 방송국의 최신 TV 프로그램이 아니라 컴퓨터로 시뮬레이션된 광학적 세계로 강의의 대미를 장식하는 것이다. 베노이트 만델브로트Bernoît Mandelbrot의 '애플맨apple man' 패턴처럼 수학 공식의 비현실을 시각화하는 것도 좋고, 레이트레이싱raytracing이나 라디오시티radiosity 알고리즘처럼 소위 현실을 하이퍼리얼리즘적으로 연산하는 것도 좋다. 실용적, 경제적 관점에서 봐도 영화와 TV의 미래는 이런 시뮬레이션밖에 상상할 수 없기 때문에, 컴퓨터로 이런 이미지가 생성되는 기본 원리나마 이 강의를 통해 전달하는 것이 대단히 중요하다.

 강의 내용과 그 제목에 관한 설명은 여기까지 하자. '영화와 TV의 역사'처럼 훨씬 더 자명해 보이는 제목도 생각을 못 한 것은 아니지만, 일부러 피했다. 많은 독일 대학들이 미디어 관련 제도를 새로 설립해서 영화와 TV 연구에 매진하고 있는데, 이들은 미디어 기술을 위험할 정도로 단순화해서 그 오락적, 사용자 친화적 효과에만 치중하는 듯하다. 반면 '광학적 미디어'라는 제목은 시스템적 문제를 시사하면서, 다양한 이미지 구현의 양상들보다는 이미지 저장, 전송, 처리의 일반 원리를 중시한다. 이러한 일반론과 체계론은 사태를 철학적으로 추상화하는 것이 아니라 그 자체로 사태의 구조를 드러낸다. 결국 모든 기술적 미디어는 신호를 저장, 전송, 처리하는 것이며, 이 같은 저장, 전송, 처리 기능을 전자동으로 결합하는 유일한 미디어가 바로 (이론상 1936년부터, 실행상 제2차 세계대전부터) 컴퓨터다. 이 점만 확실히 알면, 강의의 결말에서 광학적 미디어가 컴퓨터라는 보편 디지털 기계로 통합될 수밖에 없다는 데 전혀 놀라지 않을 것이다.

 여기까지 프로그램을 개괄했으니, 이제 내가 문학, 회화, 연극 같은 과거의 전통적 예술과 기술적 미디어를 억지로 붙여놓지 않았음을 알아주길 바란다. 그러니까 내가 추구하는 것은 (여러분이 동참해 준다면 말이지만) 체계를 그리는 것이다. 훔볼트대학교가 아직도 프리드리히빌헬름대학교라는 이름을 달고 있던 시절, 헤겔Georg Wilhelm Friedrich Hegel이라는 사람이 제6번 강의실에 매주 나타났다. 거기서 그는 책의 독점 아래 존재할 수 있었던 모든 예술을 그 형식, 내용, 장르, 역사적 전개 과정에 따라 체계적으로 정렬했다. 그것은 정녕 미네르바의 올빼미가 날아오르는 순간이었고, 해가 지면서 처음 드러난 장관이었다. 헤겔이 죽은 후 10년도 채 안 되어 사진술이 공개 실연되면서, 책이 정보 저장을 독점하던 시대가 (그 책을 이용한 철학 강의의 시대도) 끝났다. 정신 나간 것처럼, 거의 불가능한 것처럼 보이겠지만, 이제 우리의 임무는 하이테크의 조건 아래서 예술과 미디어의 시스템에 대한 역사적, 체계적 지식을 전개하는 것이다. 헤겔이 비할 바 없이 탁월한 방식으로, 하지만 근본적으로 훨씬 제한된 조건 아래서 그 임무를 달성했듯이 말이다.

그런데 이러한 체계화의 요구나 이를 역사학적으로 이행하는 데 관련해서 경고할 것이 있다. 부디 감독, 스타, 스튜디오, 명사名士의 역사, 그러니까 문학사처럼 중요한 작품 제목을 줄줄이 나열하는 영화와 TV의 역사를 기대하지는 마라. 기술적 미디어의 시대에 '저자'나 '주체' 같은 개념이 이미 진부해진 것은 아닌가 하는 이론적 문제는 둘째 치더라도, 여러분 대다수가 나보다 영화를 훨씬 많이 봤을 텐데 그런 역사 강의는 아무 소용이 없다. 극영화 중심으로 진행되는 영화와 TV의 역사라면 문화학이나 예술학 쪽에 괜찮은 특강이 꽤 있고, 거기에 미디어 실습 과정까지 더하면 더욱 구체적인 학습이 가능할 것이다.

이 강의가 학부 내에 어떻게 놓이는가 하는 문제는 일단 여기까지 하자. 그런데 나는 전직 독문학자로서, 문학·독문학 전공자들에게 할 말이 더 있다. 이미 암묵적으로 확실히 했다고 생각하지만(혹시 나중에 또 말해야 하는 일이 없도록 미리 밝혀두자면), 이 강의는 글쓰기와 그에 따른 미학적 문제를 포함한다. 역사적 견지에서 문자 문화와 이미지 기술 간의 교차점과 경계선에 관해 질문하는 분석적 접근은, 글 또는 문학의 위상이 무엇일 수 있는가 하는 긴급한 질문에 대한 방법론적 준비 작업이다.

우리는 이 질문이 20세기에 보통 어떻게 답해졌는지 잘 안다. 시청각적 소비자 가전이 압도적인 우위를 점하면서, 월터 J. 옹 Walter J. Ong 같은 미디어 이론가들은 문자 발생 이전에 존재했다는 고대 문화와 연관해서 이제 '제2의 구술 문화'가 도래한다고 진단했으며, 여기서 소위 시인은 도매금으로 시나리오 작가나 기술 설명서 작성자 기능을 떠맡았다. 또 다른 이들은 정반대 입장을 취해서, 문학이라면 구조적으로 영상화가 불가능해야 하며, 그것만이 문학을 규정하는 중대한 근대적 규준이라고 주장했다.

그런데 이런 선택지들이 항상 읽고 쓰는 능력을 전제하는 데 반해, 알다시피 시청각적 미디어는 우리를 새로운 문맹으로 이끌었다. 위험과 구원은 나란히 간다는 횔덜린 Friedrich Hölderlin 의 말처럼, 우리는 여기서 글쓰기의 실제 위상에 대한 답변을 구할 수 있을지도 모른다. 8년 전[1991년] 미국의 부시 George H. W. Bush 전 대통령이 아무 소득도 없었던 교육개혁을 하면서 조사한 바로는, 고등학교 졸업생의 상당 비율이 자기 이름도 못 쓴다고 한다. 대체 어떻게 그런 학생이 시험을 통과할 수 있는지는 내게 묻지 마라. 파우스트는 악마와의 계약서에 서명해야 했으므로 자기 이름을 쓰는 능력이 중요했을 수도 있다. 그것은 또한 수표에 서명하는 능력으로서 경제적 중요성도 있을 수 있다. 하지만 단지 그런 능력이 없다는 것이, 이 새로운 문맹이 세상에 알려졌을 때 사람들이 그렇게 충격을 받은 까닭을 모두 설명하지는 않는다. 그리고 실제로, 업계는 고등학교 졸업생의 이런 무능함에 혀를 차면서도 그들에게 알파벳 26자를 가르칠 생각을 하는 대신에, (의미심장하게도 세계 최대의 사진·필름 회사인 코닥Kodak의 지휘 아래) 글쓰기의 완전히 다른 미래를 기획했다. 이제 컴퓨터가 보조하는 설계·생산 체계로 완전히 재정비한 공장은 다음과 같은 문자 구사력에 숙달하지 않은 직원을 더 이상 채용할 수 없을 것이다. 전자 회로의 흐름도를 읽고 쓰는 능력, 짧은 컴퓨터 프로그램을 쓰고 이해하는 능력, 컴퓨터 스크린 상의 그래픽 디스플레이를 읽고 직접 프로그래밍하는 능력. 이는 실제로 1990년대에 산업계가 고등학교 졸업생에게, 그러니까 미국 정부 자체에 제시한 요구 사항이다.

미리 변명하자면, 이 강의는 바로 이러한 업계의 요구 사항을 숙지하고 구성됐다. 모든 정황으로 미루어 보건대, 그들이 기획한 교육 프로그램은 적어도 세계의 절반에서 강제될 것이다. 따라서 구식 손글씨 기술과 새로 개발된 디지털 이미지 처리 기술에 모두 능통한 사람이 더 좋은 직업을 구하게 될 것이다. 나는 그런 건 필요 없지만, 이 같은 미래의 요구 사항은 강의 중에 통상적인 영화나 TV 외에도 감히 디지털 이미징 같은 최신 기술을 다루는 것을 정당화하는 데 좋은 근거가 된다. 앞으로 비디오 분야는 컴퓨터 기술과 접목해서 폭발적으로 성장할 것이므로, 최후이자 최고의 영화감독이 된다는 진부한 꿈을 꾸느니 비디오 쪽을 노리는 것이 더 유망해 보인다. 좁은 대역폭으로 악명 높은 구리선 대신 광섬유 네트워크가 깔리면, 마음대로 전송하고 처리할 수 있는 이미지의 수요가 늘면서 할리우드가 창조한 신화적 이야기들을 설명하는 신화적 이야기들은 그만큼 수요가 줄 것이다. 빌 게이츠가 최근 몇 년간 컴퓨터 운영체제에 대한 준독점 체제를 디지털 이미지 독점으로 완성하려 했던 데는 나름의 이유가 있다. 마이크로소프트 사의 자회사 코르비스Corbis는 가능한 모든 미술관, 아카이브, 이미지 컬렉션을 돌면서 거기 보관된 원본은 관대하게 내버려두고, 그 대신 코르비스가 직접 스캔한 디지털 사본의 저작권만 단돈 몇 푼에 사 갔다(Schmiederer, 1998, pp.230-9). 그리고 피렌체나 베를린 같은 도시가 탤러해시나 페탈루마보다 풍광이 아름답다고 생각할 수 있다면, 코르비스의 전리품 중에서도 핵심은 결국 유럽 대륙에서 나온다. 유럽은 광학적 미디어에 관해 여전히 무지한 탓에, 마이크로소프트에 맞서 고유한 디지털 저작권을 보호할 수 없었다.

강의가 실제 현실과 연결되는 지점들에 관해서는 일단 이쯤 하고, 여기까지의 내용을 발판 삼아 오늘 다룰 세 번째 문제로 넘어가자. 이제 내 연구의 이론적 전제와 기본 개념을 다룰 차례다.

1. 이론적 전제

이 책의 역사 서술 및 분석은 기술적 의미의 '미디어media' 개념에 기초한다. 이것은 해럴드 애덤 이니스Harold Adam Innis의 핵심적인 역사적 선행 연구를 뒤따라 특히 마셜 매클루언Marshall McLuhan이 발전시킨 개념이다. 같은 캐나다 출신인 아서 크로커Arthur Kroker의 표현을 빌자면, 이 '캐나다 학파'는 기술적 미디어가 제2차 세계대전 이후 서구인들에게 직접 파급됐다는 데 주목하여 그 직접성 속에서 기술적 미디어를 사유하고자 했다(Kroker, 1984). 매클루언에 따르면 미디어는 기술과 신체의 교차점 또는 인터페이스다. 심지어 매클루언은 시청각적 조건 아래서 우리의 눈, 귀, 손 등이 더 이상 원래 결합된 신체에 속하는 것이 아니라(철학 이론에서 그 신체의 주인 역할을 맡는 주체는 더 말할 것도 없고), 새로 접속된 TV 방송국에 속한다고 쓰기까지 했다. 그는 기술과 생리 기능의 연합이 변증법적인 것이 아니라 직접적인 것이며 이 관계를 인정하고 더욱 진전시켜야 한다고 주장했다. 매클루언은 원래 전직 문학자라서 전자공학보다 지각知覺을 더 많이 이해했고, 그런 까닭에 기술로부터 신체를 사유하는 것이 아니라 신체로부터 기술을 사유하고자 했다. 당시의 최신 스트레스 이론에 따르면, (미디어와 같은) 감각 기관의 기술적 보철은 자연적, 생리적 기능을 대체하며, 이때 이 생물학적 기능 자체가 대체의 주체로 나타난다고 했다. 매클루언의 표현을 빌자면, 좋게 말해서 안경이나 렌즈로 무장한 눈은 자기 자신을 [기술적으로] 연장하는 동시에 자기 자신을 [신체로부터] 절단하는 역설적 작용을 수행하는 것이다. 이렇듯 매클루언은 에른스트 카프Ernst Kapp와 지그문트 프로이트 이래 기술적 장치를 신체적 기관의 보철로 간주하는 오랜 전통을 계승하고 발전시켰다.

특히 프로이트는 『문명 속의 불만Das Unbehagen in der Kultur』에서, 소위 근대인이 망원경, 현미경, 축음기, 전화에 기초하여 (늘 그렇듯 영화는 빼고) 말하자면 "일종의 인조신人造神, Prothesengott이 된 셈"이라고 극단적으로 표현했다. "인간이 모든 보조 기관을 부착하면 정말로 신처럼 당당하다." 하지만 그게 없으면 진정 비천하다. 왜냐하면 그것들은 "인간이 타고난 것이 아니"기 때문이다(프로이트, 2004b, p.267, 옮긴이 일부 수정).

프로이트와 매클루언은 이렇듯 인간에게 권능과 무능, 위엄과 우스꽝스러움이 혼재한다는 데에 아무 반론도 제기하지 않았다. 하지만 이들이 의심 없이 받아들인 대전제, 즉 인간이 당연히 모든 미디어의 주체라는 관념은 방법론적으로 문제가 있다. 지금 이 강의처럼 전체 역사를 통틀어 미디어의 하위 시스템들이 어떻게 발전했는지 분석해 보면 정확히 정반대의 의심이 샘솟기 때문이다. 마치 군사적 에스컬레이션 전략 모델처럼 전개되는 기술혁신은 어쩌면 기술들이 서로 말 걸고 답하는 과정에 불과하지 않을까? 기술은 인간의 개별적, 집단적 신체와 전혀 무관하게 스스로 발전하기 때문에 감각과 기관 일반에 압도적인 충격을 가하는 것이 아닐까? 국제적 명사가 되기 한참 전에 가톨릭으로 개종했던 매클루언, 결국 현재와 미래의 전자식 미디어가 문학과 문학 연구 전체에 어떤 구원 같은 것을 내려주길 바랐다. 이 대목은 우리 맥락에 결정적이므로 직접 인용하겠다.

인간의 확장 기술로서의 언어—우리는 언어가 사물을 분리, 분할시키는 힘을 잘 알고 있다—는 사람들이 하늘 꼭대기에까지 도달하려고 했던 '바벨탑'이었다고 할 수 있다. 오늘날 컴퓨터는 어떤 종류의 부호나 언어도 다른 종류의 부호나 언어로 즉시 번역할 수 있는 수단을 제공하겠다고 약속한다. 간단히 말해 컴퓨터는 성령 강림 상태, 즉 기술에 의해 세계적 이해와 통일이 이룩된 상태를 약속한다. 논리적으로 볼 때, 다음 단계는 언어를 번역하는 것이 아니라 언어를 넘어서서 보편적인 우주적 의식에 도달하는 것처럼 보일 것이다. (매클루언, 2011, p.165)

이처럼 성령과 튜링 기계를 혼동하는 가톨릭 특유의 미디어 숭배에 대해서는, 컴퓨터 분야든 광학 기술 분야든 간에 여태껏 모든 미디어 기술이 우주적 조화와 정반대되는 목적, 즉 전쟁 기술로서 개발되었다는 사실을 언급하는 것만으로 충분하리라 본다.

하지만 이처럼 매클루언의 미디어 개념이 엄정하지 않다고 해서, 그의 기본 명제를 바탕으로 후속 연구를 진행할 가능성까지 막아서는 안 된다. 아마 여러분도 '미디어는 메시지다'라는 유명한 공식을 알 것이다. 이 공식은 기술적으로 생성된 표면 뒤에서 무언가 다른 것을 찾으려는 시도를 사실상 금지한다. 이런 공식이 없으면, 미디어 연구는 신학이나 얼음 우주론Welteislehre[1] 같은 비의적 학문처럼 계속해서 [가설적인] 연구 대상에 사로잡힐 것이다. 하지만 미디어 연구는 그렇게 방법론적으로 명료하고 고립된 채 존재하지 않는다. 잘 알려지지는 않았지만, '미디어는 메시지다'(또는 매클루언이 말년에 직접 패러디한 대로 '미디어는 마

---

[1] 얼음 우주론은 오스트리아의 기술자 한스 회비거Hans Hörbiger가 주창한 유사과학 이론으로, 얼음을 전 우주의 기본 물질로서 간주한다.

사지다')라는 공식을 풀어서 설명하면 한 미디어의 내용은 언제나 또 다른 미디어라는 것이다. 이것만 기억하면 미디어 연구는 구체적인 연구 영역을 얼마든지 찾아낼 수 있다. 당장 떠오르는 예로, 극영화와 TV의 관계를 생각해 보자. 가장 인기 있는 TV 방송 내용은 당연히 극영화이고, 극영화의 내용은 당연히 소설이며, 소설의 내용은 당연히 타자본이고…… 이렇게 계속 거슬러 올라가면 결국 일상 언어의 바벨탑으로 돌아온다.

매클루언과 결탁하는 편이 더 나아 보이는 또 다른 이유는, 독일 미디어 연구가 대부분 완전히 다른 기반에서 완전히 다른 가설에 따라 진행되기 때문이다. 그 방면의 선도적인 옹호자인 베르너 파울슈티히 Werner Faulstich가 거듭 강조하듯이, 이러한 유형의 미디어 연구는 스스로 1960년대에 급성장한 통속소설 연구와 문학사회학의 직계 후손으로 자리매김한다(Faulstich, 1979, p.15).

문학자들은 이렇게 해서 미디어의 문제를 무시하지 않으면서도 본래의 정신적 고향에 머무를 수 있게 된다. 하지만 매클루언의 반反명제에 따르면 미디어는 그 자체가 메시지일진데, 미디어의 내용 파악에만 국한된 그런 수박 겉핥기 방식으로 미디어의 기술적 복잡성에 접근할 수 있을지 의문이다. 우리는 항상 전자산업이 일부러 보이게 놔둔 쪽만 파악할 뿐, 전문가만 열 수 있다는 껍데기 속 장치 내부는 모른다. 여태까지는 미디어 생산 쪽이 각각 내용 면과 기술 면을 담당하는 별도의 사무소와 조직으로 나뉘었기 때문에, 독일 미디어 연구자들이 자발적 자기 통제 아래 통속적이고 대중적인 미디어 내용만 연구 대상으로 고려해도 타당성이 있어 보였다. 하지만 모든 단계에서 분리를 지양하는 컴퓨터 시대에는 그런 통제가 진부해진다. 이제 남은 일은 매클루언보다도 한 걸음 더 나아가서, 미디어 개념을 물리학 쪽의 본래 제 위치로, 더 구체적으로 말하자면 통신 이론 쪽으로 되돌리는 것이다. 다음 시간 시작할 때는, 우선 클로드 섀넌Claude Elwood Shannon이 1949년에 개발한 수학적 커뮤니케이션 이론, 즉 근대 정보 이론의 기본 개념을 설명하면서 이 문제를 체계적으로 소개하겠다. 우리는 그 이론을 바탕으로, 독일 미디어 연구자들이 맨날 말하는 '서로 다른 미디어들의 집적'이 아니라, 각각의 단편들을 한데 엮을 수 있는 체계적 윤곽 또는 일반적 지침을 찾게 될 것이다.

게다가, 이렇게 통신 기술 쪽의 미디어 개념에 기대면 (간단명료하게 말해서) 공공의, 민간의, 평시의, 민주적인, 유료 관객을 받는 그런 미디어만 국한해서 연구할 수 없게 된다. 이를테면, 파울슈티히가 편집한 『미디어 연구의 비판적 키워드Kritische Stichwörter zur Medienwissenschaft』를 보자. 그는 백화점 보안용으로 쓰이는 폐쇄회로 TV가 미디어 연구의 대상이 되는 일반 TV보다 지엽적인 현상이라고 주장한다. 이는 통계적으로 타당할지 몰라도 방법론적으로 용납할 수 없다. 민간에서 사적으로 사용되는 비디오 녹화기가 바로 그런 감시 장비에서 도출되었음을 입증할 수 있다면, 매스미디어와 하이테크의 경계선이 얼마나 인공적이며 그런 구별 짓기가 두 영역의 연관성을 분석하는 데 얼마나 방해가 되는지 명백해질 것이다. 결국 기술적 미디어를 백화점 가격표와 디스플레이에 따라 분류하는 것은, 죽은 알베르트 아인슈타인이 말하는 '현대의 정보 폭발'을 은폐할 뿐이다. 정보 폭발이 모든 핵폭탄보다 더 위험하다고 여겼다는 점에서, 이상하지만 (그리고 예상하지 못한 일이지만) 아인슈타인은 하이데거와 의견이 일치했다.

그렇지만 방법론적 수준에서 미디어와 정보라는 일반적 개념을 지향하면, 어떻게 특정 분야를 논의에서 제외할 수 있을까 하는 문제가 생긴다. 특히 이 강의에서 문제가 되는 것은 음향적 미디어다. 그것은 강의 제목에 등장하지는 않지만 갈수록 광학적 미디어와 밀접하게 접속되고 있다. 또한 그것은 일반적 정보 개념 아래 들어간다. 정보 개념은 철학적인 것이 아니라 기술적인 것이기 때문이다. 기술적 정보 개념이 부과되면서, 통신 기술 분야에서는 더 이상 소위 감각장感覺場의 미디어 내용에 따라 그 미디어를 규정하거나 정의하지 않는 추세다. 광학적 미디어와 음향적 미디어의 역사는 상당히 평행하게 전개됐고, 일정 부분은 실제로 나란히 붙어 있다. 에디슨이 영화와 축음기를 연이어 개발했던 것, 파울 니프코브Paul Gottlieb Nipkow가 전화를 보고 TV를 개발했던 것을 생각해 보라. 결국 말과 음악을 방송하는 기술이 개발되지 않았다면 TV는 존재할 수 없었을 것이다. 라디오 기술은 말과 음악을 전송하는 데 아무 필요 없는 방향으로 기술적 일탈을 거듭한 끝에 이미지를 전송할 수 있는 수준에 도달했다.

이제 우리 수업을 사회학이나 그 외의 세력권에서 떼어놨으니, 남은 과제는 기술사 자체가 제기하는 문제를 처리하는 것이다. 무슨 수를 쓴들 (심지어 모든 인문학자가 공학자로 변신한다고 해도) 기술사를 문화학의 프레임 아래 놓는 것이 가능하기나 할까? 토르스텐 로렌츠가 초기 무성영화에 관해 쓴 것으로, 매클루언을 변용해서 제목을 붙인 『지식은 미디어다Wissen ist Medium』라는 책이 있다. 그는 여기서 문제의 핵심을 잘 포착해서 이렇게 말한다. 영화는 루이와 오귀스트 뤼미에르 형제Louis et Auguste Lumière가 1895년 발명품 설계도 형식으로 제출해서 프랑스 정부에서 승인을 얻은 특허 ○○○번이다. 영화에 관해 여기다 무슨 말을 덧붙이든 그것은 이미 문화적, 문화학적 잡담이 된다. 로렌츠는 이로부터 급진적인 결론을 도출하여, 당연히 문화 연구서이긴 하지만 영화에 관한 것이 아니라 영화를 둘러싼 문화학적 잡담에 관한 책을 쓰기로 한다.

하지만 앞서 언급했듯이 이 강의는 실제 현실과 연관되므로 그런 급진성은 애초에 배제하고 출발한다. 나는 기술사를 많이 다룰 것이며, 어떤 노하우를 전하기 위해서라면 특히 명세서에 대한 논평도 배제하지 않을 것이다. 그렇지만 기술적 설명을 할 때는 수학적 이해의 어려움을 피하고자 매번 광학적 미디어가 개발되는 초기 단계를 폭넓게 살펴본다. 복잡한 기술적 문제의 해법을 그것이 맨 처음 출현할 때의 시점에서 설명하는 것은 교육적으로 유용하다. 그때는 발명가가 일상 언어에서 기술적 스케치로 이제 막 변환해서 아직 쉽게 이해하고 파악할 수 있는 기초 회로 상태이기 때문이다. 반면, 이제 거의 완성형에 도달한 TV는 너무 많은 개발팀과 연구소를 거쳐온 탓에 아무도 더 이상 모든 부품을 다 설명할 수 없게 됐다.

이렇듯 초기의 문제 해결을 강조하다 보면, 영화사 쪽에서 자주 그러듯이 탁월한 선구자나 개발자 숭배로 전락해서 기존 미디어 업계의 평범성을 망각할 위험이 있다. 하지만 나는 개발사史를 상세하게 그려냄으로써 천재적 개인처럼 보이는 허상을 무너뜨릴 것이다. 영화 촬영 기술과 음향 녹음 기술을 발명한 에디슨은 언젠가 천재가 1%의 영감과 99%의 땀으로 이뤄진다고 말했다. 하지만 매클루언의 법칙에 엄격히 따르자면, 첨단기술의 조건 아래서 한 미디어의 개발은 또 다른 미디어의 개발을, 그러니까 또 다른 사람들의 땀을 전제한다. 따라서 하나의 장치를 논하려면 그에 관련된 개발팀들, 후속 개발, 최적화, 기능 변경 등 전체 개발사를 다 언급해야 한다. 그렇지만 여기서 나는 내 한계를 인정하겠다. 이 강의에서, 영화와 TV의 기술사는 진짜 산업사가 시작되는 지점에서 멈춰 선다. 나는 언론인도 아니고 경제학자도 아니라서, '전지구적 이미지 무역'이라고 부를 만한 어떤 흐름의 경제적, 금융적 배경에 관해서는 기껏해야 사태를 시사하거나 기존 문헌을 인용할 수 있을 뿐이다.

정말 아쉽지만 산업사를 누락하는 대신, 이 강의는 다른 두 가지를 강조한다. 이는 모두 매클루언에 대한 앞의 논평에서 직접 도출되는 것으로, 하나는 기술의 역사와 신체의 역사의 상관관계이고, 다른 하나는 근대 기술과 근대 전쟁의 상관관계다.

먼저 기술과 신체에 관해서. 일단 논제를 있는 그대로 제시하면 다음과 같다. '인간은 미디어가 모델과 은유를 제공하기 전까지 자신의 감각에 관해 알지 못한다.' 이 불친절한 논제에 타당성을 부여하기 위해, 극단적으로 상반된 두 가지 역사적 사례를 들겠다.

a) 아테네에서 알파벳을 이용한 글쓰기가 아테네식 민주주의의 새로운 미디어로서 정부 주도 아래 표준화되었을 무렵, 알다시피 철학 역시 소크라테스의 대화 형식으로 출현하여 그의 제자였던 플라톤에 의해 글로 옮겨졌다. 그러면서 철학하는 활동에 일반적으로 쓰일 수 있는 것이 대체 무엇일까 하는 질문이 논의의 대상이 됐다. 나 같은 미디어 역사가라면 '모음도 표기할 수 있는 최신식 이오니아 알파벳'을 정답이라고 했겠지만, 그때 정답은 인간이 혼을 가지고 철학을 한다는 것이었다. 이제 소크라테스와 우쭐해져서 잔뜩 흥이 난 논객들은 바로 이 혼이 무엇인지 밝히기만 하면 됐다. 그리고 저기 보라. 바로 저 밀랍판이, 그리스인들이 첨필로 메모와 편지를 기록하는 바로 저 '텅 빈 서판tabula rasa'이 혼의 정의를 제시하지 않는가. 이렇게 해서, 말을 매개하는 새로운 미디어 기술이 결국 새로 발명된 혼의 소실점으로 나타났다. 그것은 은유의 탈을 쓰고 있었지만 그냥 은유는 아니었다. 결국 이 혼이라는 것을 불러일으킨 장본인이 바로 그 기술이었으니까.

b) 1900년경, 그러니까 영화가 발명된 직후에는 등산가, 알프스 등

반가, 또는 어쩌면 굴뚝 청소부 중에 산이나 지붕에서 떨어져서 치명상을 입고도 용케 생존한 경우가 증가했던 것처럼 보인다. 그렇지만 실제로는 아마 그런 사례에 대한 관심이 증가했던 것일 테다. 어쨌든 당시 모리츠 베네딕트Moriz Benedict 같은 의사나 루돌프 슈타이너Rudolf Steiner 같은 신비적 인지학자들 사이에서 어떤 이론이 유행했다. 아마 여러분도 어디서 들어본 적이 있을 것이다. 그에 따르면, 높은 데서 떨어지거나 물에 빠지는 순간의 소위 '체험'이라는 것은 (당시 철학의 핵심 개념이었던 바로 그 '체험Erlebnis' 말이다) 그렇게 끔찍하거나 무시무시하지 않다. 오히려 죽음이 임박한 순간에는, 내면의 눈앞에서 여태까지의 삶 전체가 저속촬영된 영화처럼 미친 듯이 흘러간다고 한다. 그 영상이 앞으로 흐르는지 뒤로 흐르는지는 모르겠지만, 어쨌든 이것만은 확실하다. 불현듯 1900년부터, 혼은 더 이상 플라톤의 생각처럼 밀랍판이나 책 형태의 기억이 아니게 됐다. 그것은 기술적으로 진보해서 극영화로 변모했다.

하지만 이 강의는 혼이나 인간을 재정의하려는 어떤 시도도 조직적으로 거부할 것이고, 그래서 저 악명 높은 비인간성에 도달할 것이다. 두 사례에서 자명하게 나타나듯이, 인간이나 그 혼에 관해서는 그것들의 역사적 척도가 되었던 기술적 장치가 무엇인가 하는 것밖에 알 수 없다. 그래서 이 강의는 영화 관객의 체험이나 TV 시청자의 의견에 근거하는 방법을 배제한다. 경험주의적인 대다수 독일 미디어 연구자들은 대부분 (그런 체험과 의견을 다음 단계에서 객관화하기 위한 그 모든 통계학적 속임수에도 불구하고) 계속 그렇게 하고 있지만 말이다. 따라서 그런 쪽을 좋아하는 사람에게는 이 강의가 돈 낭비가 될 것이다.

대체 왜 이런 실망을 줘야 하는가? 왜냐하면, 이미 예증했듯이 기술적 미디어를 모델이나 은유로 삼아서 인간과 혼을 상상하는 경향은 순전히 임의적이기 때문이다. 미디어가 우리의 소위 '자기 이해'를 형성시키는 특권적 모델이 된 까닭은, 미디어의 공공연한 목적이 바로 이 자기 이해를 기만하고 속이는 것이기 때문이다. 영화를 (그럴싸하게 말해서) '체험'하려면, 스크린 상에 초당 24프레임이 나타난다는 사실, 그 24프레임이 매초 전혀 다른 촬영 상황에서 도출됐을 수도 있다는 사실을 무시해야 한다. TV를 볼 때도 마찬가지다. 알다시피 '슬리퍼 영화관'과 안락의자 간에는 권장 최적 거리가 있다. 그보다 더 가까이 가면 눈은 더 이상 형태나 형상을 보지 못하고, 수많은 화소들이 제 전자적 존재와 특히 (모아레 패턴이나 블러 효과로) 비존재를 드러내는 것만 보게 된다.

다시 말해서, 기술적 미디어는 전략적으로 인간의 감각을 능가하도록 개발됐기 때문에 소위 인간의 모델이 된다. 실제로 영화나 TV의 이미지 생성 원리와 똑같은 생리적 등가물이 존재하지만, 이런 등가물 자체는 의식적으로 통제할 수 없다. 영화에서 프레임이 넘어가는 것은 눈꺼풀을 깜빡거리는 것에 해당하는데, 이 움직임은 거의 자동적인 작용이다. 조금만 노력하면 초당 24프레임의 절반 정도까지 속도를 높일 수 있으며, 이렇게 눈을 빨리 깜빡이면서 머리를 움직이면 현란한 스테레오스코프 효과를 시뮬레이션할 수 있다. 하지만 알다시피, 초당 24프레임이 채택된 것은 그것이 눈이나 눈꺼풀이 따라잡을 수 없는 속도이기 때문이다. 마찬가지로, TV의 이미지 생성 원리는 망막의 구조 자체에 부합한다. 망막은 운동을 지각하는 간상세포와 색상을 지각하는 원추세포가 한데 모여 이뤄진 모자이크 같은 것으로, 컬러TV의 휘도와 색차가 각각 간상세포와 원추세포에 해당한다. 하지만 망막 자체가 제 모습을 드러내는 일은 거의 없어서, 망막이 (그러니까 우리 모두가) 보지 못하는 지점, 즉 시신경이 눈에서 빠져나가는 '맹점'의 존재는 17세기에야 생리학적 실험을 통해 처음 발견됐다.

역으로, 이는 기술적 미디어가 영화나 TV처럼 우리의 감각을 침해하기만 하면 그 미디어를 완전히 정당하게 우리의 적으로 간주할 수 있음을 뜻한다. 심지어 호르크하이머와 아도르노가 『계몽의 변증법^{Dialektik der Aufklärung}』에서 (특히 영화와 라디오에 관한 장에서) 유행시켰던 문화적 비관주의에 동조하지 않아도 상관없다. 카를 슈미트^{Carl Schmitt}에 따르면, 적敵이란 우리가 취하는 적의 개념, 적에 대한 우리 자신의 질문이 형태를 얻은 것이기 때문이다. 미디어가 존재하는 것은 (니체에 따르면) 인간이 미결정된 동물인 까닭이다. 그리고 이처럼 인간과 기술적 미디어의 관계가 변증법적 관계가 아니라 배제하고 적대하는 관계일 수도 있다는 사실은, 기술사가 비인간적인 것이 아니라 오히려 인간과 전혀 무관한 것임을 확인시켜 준다.

'표준이냐, 아니면 규범이냐?' 이것이 앞으로 더 상세하게 논의해야 할 문제 영역의 제목이다. 미디어는 표준을 통해 우리가 감각할 수 있는 것이 된다. 알다시피, 구입 가능한 모든 필름은 DIN이나 ASA 같은 표준 규격을 따른다. 여기서 내가 표준이라는 용어를 쓰는 것은, 그런 규제의 공모성, 임의성, 우발성을 강조하기 위해서다. 반면 규범은 예나 지금이나 자연상수에 매달리려는 시도다. 이를테면, 프랑스 혁명기에 원原미터를 구하려고 했던 일을 떠올려 보라. 의학사가 캉귈렘^{Georges Canguilhem}과 그 후계자 푸코는 이 사례를 들어 1790년대 이후의 우리를 더 이상 법의 문화가 아니라 규범의 문화로 정의한다. 이런 의미에서 한 걸음 더 나아가 말하건대, 1880년 이후 우리는 어떤 영역에, (농업적 생장을 함축하는 '문화^{Kultur}'라는 말은 빼고) 표준의 영역에 있다. 미디어 표준과 문화적 양식의 차이는, 영화와 패널화에서 캔버스 천을 씌운 스크린이 각각 어떻게 쓰이는지만 봐도 바로 알 수 있다. 이를 기술적으로 실증하기 전에 먼저 기본 원리를 살펴보자.

눈이 본다. 그것이 보는 것은 영화인가, TV 방송인가, 회화인가, 아니면 (그리스인들이 말하기를) 소위 자연에서 스스로 떨어져 나온다는 박편들인가? 이 질문에 답할 수 있는 것은 1) 눈이 보는 것을 보는 관찰자 아니면 2) 바로 그 눈인데, 그나마 미디어 표준이 상업적 이유로 품질을 절충해서 컬러를 소거시키거나 3D 기능을 지원하지 않거나 미국식 NTSC 시스템처럼 색 손실을 발생시키는 등 허점을 드러내는 한에만 답변을 기대할 수 있다. 그러니까, 핀천의 세계대전 소설 속에서 게르하르트 폰 괼이라는 영화감독이 정확히 지적하듯이 "우리가 아직 영화 안에 있지 않을" 때만 말이다(Pynchon, 1973, p.527).

핀천의 소설 속 감독은 프리츠 랑Fritz Lang이나 에른스트 루비치Ernst Lubitsch처럼 역사상 실존했던 동료들에게 가명을 씌운 것뿐인데, 그는 1945년의 관점에서 (아르놀트 브로넨Arnolt Bronnen의 소설 제목처럼) '영화와 삶'의 차이를 끝장낼 새로운 표준을 약속한다. 실제로 그런 노력은 당시 이미 진전을 보이고 있었다. 알다시피, 이처럼 매개된 것과 현실의 융합은 늦어도 장 보드리야르Jean Baudrillard 때부터 '시뮬라시옹simulation'이라는 이름 아래 논의의 대상이 되었다. 우리 강의에서는 이 논쟁을 꼭 살펴봐야 한다. [실제로 존재하는 것과 그렇지 않은 것 간의] 분리의 지양을 뜻하는 시뮬라시옹 개념을 동원하면, 일반적인 어법을 쓸 때보다 더 날카롭게 전통적 예술과 기술적 미디어를 분리할 수 있으리라 여겨지기 때문이다.

그리스에는 두 화가의 경쟁에 관한 아주 전형적인 일화가 전해진다. 이들은 모두 아리스토텔레스가 제시했다는 '자연 모방μίμησις φυσεως'의 요건을 완전히 충족했다고 주장했다. 그중 제우시스라는 화가는 눈을 속일 정도로 진짜 같은 포도 그림을 창조해서, 그의 경쟁자는 이것이 그림임을 꿰뚫어 보았지만 새들은 그러지 못하고 그림을 향해 곧바로 달려들었다. 칸트라면 이 같은 두 가지 반응에 예술과 삶, 무관심한 만족과 욕망의 그 모든 차이가 다 있다고 여기겠지만, 사태는 그렇게 간단히 끝나지 않는다. 제우시스의 경쟁자 파라시오스가 그림 경연을 한 단계 더 심화시키려고 준비 중이기 때문이다. 그가 제우시스에게 살펴보라고 내보인 그림 위에는 아직 장막이 드리워 있었기에, 제우시스는 장막을 벗기고 그림을 더 잘 보려고 했다. 그런데 장막에 손을 뻗는 바로 그 순간, 제우시스는 그것 역시 그림의 일부임을 깨달았다. 그리하여 첫 번째 시뮬라시옹이 동물의 눈을 속였다면, 두 번째 시뮬라시옹은 인간의 눈도 속였다.

이 일화는 예술과 미디어가 근본적으로 감각 기관을 속이는 문제임을 멋지게 보여주지만(Lacan, 1973, p.95), 멋진 만큼이나 문제가 있어 보인다. 그것은 인간이 그리기, 글쓰기, 작곡 등 손을 쓰는 능력과 관련 도구를 사용해서 다른 인간을 속일 수 있다고, 그러니까 그렇게 생산한 것의 위상을 착각하게 할 수 있다고 주장한다. "인간이 말로 속일 수 있다고 믿는 이는 그것이 여기서 실제로 일어난 일이라 생각할 수 있을 것이다." 고트프리트 벤Gottfried Benn은 자신의 초기 소설에 관해 이렇게 썼지만, 그 자신은 나만큼이나 그것을 믿지 않았다. 오늘날 정말 불량한 상태로 보존된 그리스 벽화의 잔여를 보면, 저 화가들의 일화가 아주 의심스러워질 것이다. 어떤 색은 있고 어떤 색은 없는 팔레트로 그림을 그린 것이 명백해 보이기 때문이다. 거기에는 소위 '자연의 진실'이 아니라, 인간이 환영에 빠져들려면 먼저 무시하거나 간과해야 하는 어떤 관습이 존재한다. 그러니까 회화는 겉보기에는 리얼리즘적인 것 같지만, 본질적으로는 규약 즉 관습이 명백하게 작용하는 음악이나 문학 같은 예술과 다르지 않다. 따라서, 그리스적 개념을 따르는 수공예로서의 전통적 예술은 환영이나 허구를 이룩했을 뿐 기술적 미디어 같은 시뮬라시옹을 창출하지는 못했다. 전반적으로 예술적 양식이나 규약이라는 것들은 기술적 표준과 전혀 상반된 분리의 질서 아래 놓였다.

분명 예술적 양식은 대중의 감각에 작용하는 한 가지 방식이었지만, 그것은 영화에서 프레임 속도의 표준이 정해질 때처럼 시지각 능력과 시지각적 무능력의 측정치에 근거하지 않았다. 그것은 추정과 관습, 그리고 역사적으로 원재료의 이용 가능성을 좌우했던 우연에 의지했다. 유화 물감이 없었다면, 그러니까 석유화합물과 그것을 둘러싼 세계대전이 없었다면, 어떤 회화적 눈속임 효과는 영영 개발될 수 없었을 것이다. 푸코가 『담론의 질서L'ordre du discours』에서 약속했듯이 이용 가능한 안료의 역사를 통해 회화를 논하는 책을 썼다면, 우리는 그에 관해 더 많이 알 수 있었을 텐데. 하지만 안료의 가시성이 캔버스 상에 가시화되는 딱 그만큼인 것도 사실이다. 그래서 유럽 문화는 근대 초기까지 한스 블루멘베르크Hans Blumenberg가 '가시성의 가정Sichtbarkeitspostulat'이라고 명명한 것, 즉 '존재하는 것은 원칙적으로 드러나 보인다'는 가정 아래 놓였다. 앞서 살펴본 플라톤의 테오리아 개념은, 이데아로서 존재하는 최고 존재자가 우둔한 눈에는 안 보여도 오히려 그래서 가시적이라는 관념을 함축한다. 그런데 (이것이 이 강의의 가설인데) 이제는 가시성의 가정이 붕괴되었고, 이는 다른 무엇도 아닌 기술적 미디어 때문이다. 오늘날 높이 평가되는 의미에서의 '존재'는 원칙적으로 비가시적이다. 설령 일차적으로 가시적으로 보이는 것들이 있다고 해도 오히려 그렇기 때문에 더 그렇다. 이런 점에서 광학적 미디어의 역사는 사라짐의 역사이고, 그것이 이제 내게도 사라질 자유를 주고 있다.

놀랍게도, 광학적으로 속아 넘어간 새들의 이야기는 이제 과학 이론으로 되돌아왔다. 첫째로, 행동주의 심리학은 수컷 비둘기가 눈앞에 있을 때뿐만 아니라 연구실에서 이차원의 가짜를 보여줬을 때도 암컷 비둘기에게서 수정에 필요한 배란이 일어난다는 사실을 밝혔다. 둘째로, 프랑스의 구조주의 정신분석가 자크 라캉Jacques Lacan이 이 실험에 의거해서 일련의 전문 용어들을 구축했는데, 이것이 특히 앵글로 색슨 지역의 영화학계에서 성공을 거뒀다. 라캉은 형태 인식의 모든 현상을 상상계Imaginaire라는 방법론적 명칭 아래 묶으면서, 그것이 기만적일 뿐만 아니라 자동적임을 강조한다. 라캉은 고대의 화가와 근대의 암컷 비둘기 일화를 둘 다 인용하는데(Lacan, 1973, p.95), 사례를 들거나 논지를 전개할 때 독창적인 점이 전혀 없다. 인간 유아는 다른 동물과 달리 생후 6개월이라는 극히 이른 시기에 거울상의 자기 자신을 알아보게 된다. 이 같은 유아기 형태 인지의 사례에서 중요한 것은 인지가 또한 오인이라는 사실이다. 거울 속에서 자기 자신이 아니라 경쟁자를 보는 동물의 새끼에 비하면 인간의 유아가 감각 능력 면에서 더 앞서는 것 같지만, 그것은 인간 유아의 뒤처지는 운동 능력이 반전된 것 또는 그 부족분을 벌충하는 것뿐이다. 유아는 아직 달리지도 못하고, 중추신경계가 미성숙해서 정합적인 신체의 피드백도 못 받기 때문에, 광학적으로 완벽하고 빈틈없이 완결된 정체성을 거울상에 투사한다. 이미지 속에서 저 자신을 인지하는 즐거움은 모두 운동 능력이나 감각 능력 면에서 조율이 덜 된 신체의 실재적 상태를 은폐한다. 라캉은 이렇게 해서 상상계에서 '나 자신'이 출현한다고 설명한다. 그런데 라캉이 이처럼 거울 앞에서의 자기 인지/오인을 보여주는 과학적 실험영화에서 자기 가설의 증거를 찾았다면(Lacan, 1973–80, III, p.13), 거울 단계와 상상계는 분명 극영화와 연관이 있을 것이다. 이 복잡한 문제는, 거울과 도플갱어가 우글거리는 독일 초기 무성영화를 다룰 때 다시 살펴 보겠다.

일단은 상상계가 라캉의 구조주의적 이론을 구성하는 세 가지 방법론적 범주 중 하나에 불과하다는 점을 확실히 짚고 넘어가는 것이 더 중요하다. 내가 아까 양식과 미학적 규칙으로 예를 들었던 규약의 차원은 라캉의 이론에서 상상계Symbolique라는 이름 아래 등장하는데, 이는 본질적으로 일상 언어의 규범에서 비롯되는 것으로 나타난다.

마지막으로 세 번째 범주는 실재계Réel라고 한다. 부디 이것을 보통 말하는 소위 '현실'과 혼동하지 마라. 상상계처럼 형태를 가지지도 않고 상징계처럼 구문법을 가지지도 않는 것, 오로지 그것만이 실재계로 규정된다. 다시 말해서, 실재계는 기호의 조합을 통한 조직화나 광학적 시지각 과정에서 누락되는 부분이다. 하지만 바로 그런 이유에서 실재계는 오로지 기술적 미디어를 통해서만 저장하고 처리할 수 있다. (이는 내 강의의 라이트모티프 중 하나다.) 이제 우리는 만델브로트의 프랙탈 기하학 덕분에 순전히 임의적으로 형성되는 구름을 연산할 수 있게 됐고, 그리하여 촬영된 것이 아니라 연산된 구름 이미지를 스크린 상에 띄울 수 있는 시대에 살고 있다. 이것만으로도 현대는 과거의 어떤 시대와도 다르다. 그럼 우리는 뭘 해야 할까? 일단은 보통 '영화 기호학'이라고 총칭되는 핵심적 영화이론을 동원해서 광학적 미디어가 상징계를 다루는 방식이 얼마나 급진적으로 혁신된 것인지 명확히 밝혀야 한다. 구체적으로 말하자면, 몽타주와 커트의 기술, 즉 발터 벤야민 이후 기술적 미디어 특유의 미학으로 간주되는 모든 것을 검토해야 한다. 특히, 미디어가 어떻게 다른 모든 예술과 달리 난공불락의 실재계를 기술적 조작 과정에 포섭할 수 있는지, 어떻게 영화 촬영 대상이나 TV 카메라 세팅에서 나타나는 순수 우연을 예술적 규약 같은 어떤 구조의 산물인 양 처리할 수 있는지 밝혀야 한다. 이렇듯 불투명할 수도 있는 제안을 다소나마 밝게 비춘다는 의미에서, 루돌프 아른하임Rudolf Arnheim의 영화이론을 인용하는 것으로 미디어 기술과 신체에 관한 논평을 마무리하겠다. 그는 초기 영화 기술 개발의 계통도를 그리는 한 에세이에서 이렇게 쓴다. "사진이 알려진 다음부터", 어떤 새롭고 "까다로운 요구가 이미지"에 가해지고 있다. 이제 이미지는 다른 모든 재현적 예술처럼 "대상과 닮아야 할 뿐만 아니라, 대상 자체에 의해 기계적으로 산출된 소위 '대상 자체의 산물'이 됨으로써 그 닮음을 보증해야 한다. 그러니까, 현실에서 빛을 받은 대상이 기계적으로 제 이미지를 감광판에 각인하는 방식으로 말이다."(Arhnheim, 1977, p.27). 이 인용문은 한편에 [상상계의] 모든 형태들, 다른 한편에 [상징계의] 모든 문화적 규약들이 있다면, 실재계의 조작이란 대체 무엇이 될 수 있을지 희망적으로 시사한다. 그리고 라캉의 말대로 신체가 실재계에 속한다면, 광학적 미디어와 신체에 관한 내 짧은 강의도 이제 목적지에 도착한 셈이다.

    방법론에 관한 소개를 마무리하기에 앞서 한마디만 더 하자면, 나는 라캉의 개념들을 불변의 진리가 아니라 유용한 도구 상자로만 쓸 생각이다. 이유는 간단하다. 학기가 더 진행되면, 우리는 최신 이론의 기본 개념들이 진정한 감시 초소를 형성할 수 있을 만큼 확고하게 독립적인 것이 아니라 오히려 우리 시대의 미디어 폭발이 초래한 직접적인 결과가 아닌지 질문해야만 하기 때문이다. 이를테면, 라캉이 말하는 상징계는 의미론, 의미, 형태성 등 모든 인식 가능성이 제거된 순수 구문법이므로, 결국은 통신 기술 쪽의 정보 개념으로 수렴할 수 있다.

    그런데 여기서 한 가지 질문이 떠오른다. 모든 기술적 미디어의 근거이자 목적인 비전통적 정보 개념 자체는 대체 어디서 출현했을까? 그 답은 사진에 관한 1859년의 극히 초창기 문헌에서 찾을 수 있다. 미디어와 전쟁의 관계에 대해서도 실마리를 제공하는 이 인용문은 (내가 아는 한) 미디어 기술의 정보 개념 비슷한 것이 나타난 최초의 사례다. 최초의 진짜 사진 이론가였던 올리버 웬델 홈즈Oliver Wendell Holmes는 당시 이렇게 썼다.

미래에는 형상이 질료에서 분리된다. 실제로 질료는 형상을 본뜨는 모델로서 쓰이는 경우를 제외하면 더 이상 가시적 대상에서 별 쓸모가 없다. 볼 만한 대상을 다양한 시점에서 촬영한 네거티브만 몇 장 달라. 우리는 그 이상 필요하지 않다. 원한다면 그 대상을 부수거나 불태워라. (Holmes, 1859, p.747)

이렇듯 홈즈의 글은 '형상Form'이라는 고대의 철학적 개념 이면에 근대적 '정보'를 함축한다. 그것은 예술적 복제에서 불가피하게 여겨지는 정확성의 손실을 감수하지 않고도 데이터를 비물질 상태로 저장, 전송, 처리할 가능성이다. 이 사례에서 요점은 오직 화학적인 순수 정보가 화학적인 순수 파괴와 연관된다는 것이다. 홈즈의 글은 이미 히로시마의 원자폭탄으로 향하는 길을 어렴풋이 그리고 있다. 토머스 핀천과 폴 비릴리오Paul Virilio는 모두 히로시마의 폭탄이 전면적 파괴뿐만 아니라 사진의 섬광을 나타낸다고 본다. 독일 연방 정부가 우리의 모든 기념비들에 관한 도면과 사진 자료를 핵폭탄에도 끄떡없도록 저장해둔 슈바르츠발트 광업소를 생각해 보라.

다시 말해서, 정보 개념은 그 자체로 군사적, 전략적 요소가 있다. 미디어 기술의 시대가 기술적 전쟁의 시대이기도 한 것은 우연이 아니다. 프랑스의 건축·군사 이론가 폴 비릴리오는 특히 광학적 미디어 쪽에서 이 관계를 명쾌하게 밝혔다는 점에서 여전히 주목할 만하다. 하지만 무성영화와 제1차 세계대전에 관해 명료하게 논한 하이데 슐륌프만Heide Schlümpmann을 제외하면, 독일 미디어 이론가들은 대부분 비릴리오를 그냥 무시한다. 따라서 이 강의는 그렇게 지체된 부분을 채워 넣을 것이고 또 그래야만 한다.

비릴리오는 『전쟁과 영화Guerre et Cinéma』에서 크게 두 방향으로 논지를 전개한다. 첫 번째는 광학적 미디어가 방금 정의한 상상계적 측면에서 생산하는 매혹, 맹목, 위장, 또는 (미디어 기술의 시대에 확립된 형태심리학 용어를 빌자면) '착시'를 일으키는 모든 방식들에 관한 것이다. 그리고 비릴리오는 전쟁을 상호 대립하는 두 집단의 숨바꼭질로 간단히 정의하므로, 미디어의 착시 효과가 어떻게 군사적 전략과 결합하는지 쉽게 보여줄 수 있다. 게다가 이 간단한 모델은 현대의 전 세계적 이미지 무역 및 이미지 전쟁을 설명하기에도 적합하다. 하지만 그것은 이 강의의 주제에서 약간 벗어나므로, 나는 광학적 미디어에 밀접하게 연관된 비릴리오의 두 번째 논지를 따라가겠다. 알다시피 정상 온도에서 330m/s를 주파하는 음파와 달리 (일반 우편이나 마차 속달 우편으로 이송되는 편지와 명령의 속도는 말할 것도 없고), 아인슈타인의 상수 c로 표시되는 광파 또는 광자의 속도는 다른 무엇으로도 능가할 수 없는 절대 속도다. 따라서 더 빠른 정보에 대한 전략적 요구, 즉 아군의 지휘 통제, 적군의 감시 통제, 특히 적군의 군사 행동에 대한 가능한 빠른 지휘 통제의 요구는 지난 백여 년간 광학적 미디어의 폭발적 성장을 촉진한 결정적 요인이었다. 이것이 비릴리오의 두 번째 논지다.

이는 영화와 TV, 심지어 미래의 디지털 이미징 기술에도 일관되게 적용할 수 있다. 비릴리오가 흩뿌려놓은 사실 자료들은 다른 맥락들에서 그저 무시당하기 일쑤였다. 하지만 나는 그 자료들을 바탕으로, 두 차례의 세계대전 사이에 나타난 오락 영화가 (아이젠하워Dwight D. Eisenhower의 유명한 말을 빌자면) '군산복합체'였다는 비릴리오의 과감한 가설에 타당성을 부여하고자 시도할 것이다.

이는 당연히, 앞서 강조했듯이 이 강의가 오락 영화와 TV 프로그램뿐만 아니라 레이더나 야간 투시경 같은 극비 기술까지 광학적 미디어로 취급하는 것과 관련이 있다. 하지만 독일 한가운데를 가로지르던 장벽이 무너지는 시대의 흐름 속에서, 이미지 기술을 민간 부문과 전략적 부문으로 나누는 경계가 얼마나 상대적인 것이 되었는지는 따로 설명하지 않아도 잘 알 것이다. 고르바초프Mikhail Gorbachov가 직접 인정했듯이 동유럽이 정보공학이나 공장의 컴퓨터 제어 기술 분야에서 뒤처졌고 바로 그것이 서방 세계에 대한 개방의 동기가 되었음은 둘째 치더라도, 베를린 장벽의 붕괴는 25년간 TV 방송으로 폭격을 퍼부은 결과였다.

어쩌면 기술적 미디어로 촉발된 이런 사건들은 유럽 전후사의 한 장을 종결짓는 데 그치지 않을지도 모른다. 언제나 '문자로 기록할 가능성'의 동의어였던 역사 자체가, 통신 기술에 의해 극한까지 떠밀려서 더 이상 전통적 의미의 역사가 아니게 되는 지점까지 몰릴 수도 있다. 어쨌든 이러한 소실점에 입각해서 영화와 TV의 역사를 재구성하는 것은 해볼 만한 일이다. 실제로 기록영화나 TV 촬영분으로만 존재하는 사건들이 갈수록 늘고 있다. (이를테면 달라스의 케네디John F. Kennedy 암살 사건이나 뉴욕의 레이건Ronald Wilson Reagan 공격 사건을 생각해 보라.) 이런 사건들은 더 이상 역사학 분야에서 명실공히 인정되는 자료, 즉 문헌 자료로 추적하기가 불가능하다. 이는 (안토니오니Michelangelo Antonioni가 〈욕망Blow-up〉에서 입증했듯이) 영화 기록을 계속 확대했을 때 결국 셀룰로이드의 순수 입자로, 그러니까 더 이상 아무것도 식별할 수 없는 화이트 노이즈로 귀결될 수밖에 없는 것과 같다. 전통적 역사의 시대에는 글쓰기라는 수공예적 예술이 미기록분의 망망대해, 즉 날 것 그대로의 접근 불가능성과 대립하고 있었다면, 미디어의 시대에는 기술적 정보와 화이트 노이즈 사이에, 그러니까 상징계와 실재계 사이에 새로운 대립 관계가 출현한다고 말할 수도 있을 것이다.

이제 정보와 노이즈라는 두 개념을 짧게나마 소개했으니, 앞서 약속했듯이 (혹은 협박했듯이) 섀넌의 기술적 정보 커뮤니케이션 모델을 간략히 살펴보는 것으로 방법론에 관한 논의를 마무리하겠다.

클로드 엘우드 섀넌은 현재까지도 세계 최대의 전기 회사로 군림하는 미국 AT&T사의 수석 공학자 겸 수학자로, 1848년 「커뮤니케이션의 수학적 이론The Mathematical Theory of Communication」이라는 소박하면서도 야심 찬 제목의 논문에서 처음 이 모델을 제안했다. 제2차 세계대전 이후 통신 기술의 전 분야, 특히 TV와 레이더 부문에서 대대적인 혁신이 일어나면서 더 이상 개별 미디어에 대한 이론을 제안하는 것만으로는 충분하지 못하게 됐다. 과거에는, 이를테면 영화라는 하나의 미디어에 대해 휴고 뮌스터베르크Hugo Münsterberg에서 발터 벤야민에 이르기까지 온갖 이론이 난무했다. 하지만 전후의 역사적 조건 아래서는, 통신용 미디어가 일반적으로 무엇을 하는가, 애초에 정보가 발생하는 데 어떤 기능과 요소가 필요한가 하는 단순하고 포괄적인 질문을 제기해야만 했다. 섀넌은 우아한 수학적 접근을 통해 이 같은 일반성을 성취했다. 여기서 그 수학적 측면을 직접 언급하지는 않겠지만, 이러한 접근법은 영화나 TV 같은 개별 미디어의 성과와 그 한계를 처음으로 상호 비교할 수 있는 명확하게 규정된 개념을 제공한다는 점에서 우리의 목적에도 부합한다. 일단 일반적 기능과 요소들을 알고 나면, 구식 책에서 최신 컴퓨터 스크린에 이르기까지 다양한 기술적 복잡성의 수준에서 각각의 기능과 요소들을 찾을 수 있다.

섀넌의 일반 커뮤니케이션 모델에는 상호 접속된 5개 요소가 있다. 그에 따르면, 1) 데이터 송신부data source는 메시지를 발송하고, 2) 한 개 또는 여러 개의 송신기sender는 미리 합의된 코드에 따라 메시지를 신호로 변환해서 시스템상에서 전송할 수 있게 만들며, 3) 채널channel은 실제로 전송을 (다소간의 손실이 있지만) 수행하고, 4) 한 개 또는 여러 개의 수신기receiver는 송신기의 작용을 가능한 한 거꾸로 되돌려서 수신된 신호 흐름을 해독하고 메시지를 재구성하며, 5) 한 개 또는 여러 개의 데이터 수신부data sink는 메시지가 도착하는 지점을 표시한다. 수학적 커뮤니케이션 이론에서는, 메시지를 보내는 데이터 송신부나 메시지를 받는 데이터 수신부가 어떤 존재인지, 이를테면 그것이 인간인지 신인지, 아니면 기술적 장치인지가 전혀 중요하지 않다. 전통적인 철학이나 문학은 메시지가 어떤 존재에게 소위 '의미'나 '지시대상'을 가지는지 질문하지만, 섀넌의 이론은 의미와 지시대상 같은 것을 무시하고 그 대신 커뮤니케이션의 내적 메커니즘을 명확히 밝혀 그 일반성에 도달한다. 언뜻 보면 이렇게 해서 너무 많은 것을 잃는 것처럼 보인다. 하지만 기술적 커뮤니케이션은 의미나 맥락에 대해 독립적이라는 바로 그 이유로, 맥락에 의존할 수밖에 없는 일상 언어로부터 해방되어 전 지구적 승리를 구가할 수 있었다. 섀넌은 수학적 진리나 (내가 하나 끼워 넣자면) 종교적 진리 같은 영속적 진리는 커뮤니케이션 시스템이 필요 없다고 명시적으로 밝혔는데, 왜냐하면 그런 진리는 기술적으로 전송되지 않아도 서로 다른 시공간에서 끊임없이 재생될 것이기 때문이다. 이는 미디어의 본질이 일상 언어의 믿음에서 얼마나 멀리 떨어져 나가는지 소름 끼치도록 명확히 보여준다. 그러니 인간, 말, 의미는 잊고, 섀넌의 5요소와 그 기능을 하나씩 살펴보자.

메시지는 의미론에 의지하지 않고도 파악할 수 있으므로 어떤 유형으로든 존재할 수 있다. 그것은 책과 전신망에서는 문자들의 연쇄로 나타나고, 라디오와 음반에서는 말이나 음악의 진동처럼 시간상에서 변화하는 단일한 분량으로 나타난다 (스테레오 음향은 변수가 두 개지만 일단 무시하자). 상상할 수 있는 아주 복잡한 경우로, 이를테면 컬러TV의 메시지는 시공간 양쪽의 다차원에 걸친 전체 데이터의 집적으로 나타난다. 컬러 이미지 한 장만 보려고 해도 소리의 시간적 차원과 빨강,

녹색, 파랑, 명도 값의 공간적 이차원을 동시에 전송받아야 한다.

송신기는 연쇄의 두 번째 지점이다. 이제 예상할 수 있겠지만, 그 것은 앞서 말한 메시지와 기술 시스템 간의 인터페이스로 기능하며, 따라서 메시지의 복잡성과 채널의 용량 간에 어떤 중간적 절충점을 찾아야 한다. 원칙적으로 해법은 두 가지다. 첫 번째 해법은 송신기가 메시지에 정비례하게 신호를 생성하는 것, 즉 시공간적인 메시지의 변화를 신호에 고스란히 반영시키는 것이다. 이를 가리켜 아날로그 커뮤니케이션 시스템이라 하는데, 축음기, 마이크로폰, 라디오, 사진 같은 것을 떠올려 보면 알겠지만 처음에는 더 익숙해 보여도 수학적으로는 훨씬 처리하기 어려운 방식이다. 두 번째 해법은 메시지를 전송하기 전에 그것을 같은 유형의 분절된 요소들로 해체해서, 원칙적으로 물리적 제한이 따를 수밖에 없는 채널 용량에 끼워 맞추는 것이다. 이를테면, 말을 전송하려면 문자로 바꾸고, 컴퓨터 기술로 처리하거나 모니터 상에 개별 화소로 띄우려면 숫자로 변환하는 식이다. 이런 요소들은 정해진 값만 가질 수 있으므로 메시지의 미묘하고 세밀한 변화에 일일이 호응하지 않는다. 이를테면, 로마자는 우리가 후두와 입으로 낼 수 있는 소리보다 훨씬 수가 적다. 이렇게 기술적, 수학적으로 충분히 통제할 수 있는 신호를 이용하는 커뮤니케이션 시스템을 불연속 시스템 또는 (손가락^{digit}으로 숫자를 센다는 뜻에서 나온) 디지털 시스템이라고 한다.

그리고 영화 연구와 TV 연구 간의 그 모든 차이는, 실질적으로 아날로그 방식인 영화가 디지털 TV 이미지로 이행하면서 일으킨 시지각의 변동 또는 혁명을 명쾌하게 보여준다.

세 번째로 채널은 전송매체라면 공간을 가로질러 연결하고 저장매체라면 시간을 가로질러 연결하는 장치다. 그것은 전화선이나 광섬유처럼 물질적으로 존재하기도 하지만, TV나 라디오 방송의 경우처럼 전자기파가 발산되는 텅 빈 허공이 채널이 되기도 한다. 어쨌든 모든 채널은 물리적 매개체로서, 정보의 반대 개념인 노이즈 또는 간섭을 수반한다. 정규 채널이 아닌 송신 주파수에 TV 수상기를 맞춰 보면 노이즈를 볼 수 있다. 그것은 스파크 플러그와 머나먼 은하계 간의 광대한 영역에서 발생한 우연적 사건에 호응하여, 달리 노이즈를 볼 수 없는 우리의 감각 기관 앞에 순수 화소의 눈보라로 나타난다. 노이즈가 어떤 연속적인 우연적 프로세스에 해당하는지 아니면 그런 프로세스가 무수히 많이 모인 총합인지는 확실히 알 수 없다. 어쨌든 모든 미디어의 기술적 설계는 채널의 노이즈 비중을 (완전히 없앨 수는 없으므로) 낮추고 신호 비중을 높이는 것을 목표로 한다. 그리고 섀넌 이론의 결정적인 전산학적 성과는 이러한 목표 달성이 원칙적으로 가능하다는 것, 즉 메시지를 교묘하게 코딩하기를 반복하다 보면 결국 원하는 만큼의 정확성을 달성할 수 있음을 밝힌 것이다.

마지막 네 번째로, 커뮤니케이션 시스템 내부에서 수신기의 임무는 기술적으로 암호화된 신호를 해독하여 송신부에서 보낸 메시지를 가능한 충실하게 재구성하는 것이다. 책의 경우는 그냥 책을 읽는 행위가 바로 여기에 해당하지만, TV처럼 복잡한 기술적 미디어라면 감각 기관으로 수용할 수 없는 전기 신호를 우리 눈의 생리 기능에 다소간 부합하는 형태로 재변환해야 한다. 특히 전자식 이미지 처리 방식의 디지털 미디어의 경우, 인간의 감각 기관이 접근할 수 있도록 신호를 바꿔 주는 디지털-아날로그 변환기가 수신기 단계에서 요구된다. 따라서 우리가 최종적으로 보는 것은 맨 가장자리 양파 껍질일 뿐이다. 그 이면에는 먼저 발명되고, 연산되고, 최적화돼야 하는 어떤 소환술의 기나긴 행렬이 존재한다. 섀넌은 바로 이 연산의 공식을 확립했고, 이는 모든 기술적 미디어에 일반적으로 변함없이 유효하다. 그런데 여러분은 (이를테면 영화 팬으로서) 내가 커뮤니케이션의 5개 기능을 소개하는 동안 뭔가 이상한 점을 눈치채지 않았는지 모르겠다. 섀넌의 모델에는 저장 기능이 나오지 않는다. 언뜻 보면 꼭 필요한 근본 기능일 것 같은데, 왜일까? 나는 이 문제에 대해 그저 다음의 두 가지 대답만 해줄 수 있을 뿐이다. 첫째, 앞서 간단히 언급한 코드 최적화의 수학은 저장 기능을 은폐하는 동시에 그 실체를 낱낱이 파헤친다. 둘째, 모든 미디어가 저장매체가 아니라 섀넌의 모델처럼 전송매체로 정의된다면, 이는 어쩌면 우리가 처한 상황을 시사하는 것인지도 모른다. 부활절 같은 기독교 축제가 매년 의례적으로 반복되도록 정해진 까닭은, 그것이 이미 정해지고 널리 알려진 메시지, 복음이라는 이름의 '좋은 말씀'을 저장하고 전달해야 하기 때문이다. 그렇지만 TV 재방송에 흥분하는 사람은 없다. 섀넌이 수학적으로 정보량을 계측할 수 있는 모델을 만든 가장 큰 이유는, 메시지의 '새로운 부분,' 그러니까 '개연성이 낮은 부분'을 분간하기 위해서였다. 이제 새로움은 모든 코드에 불가피하게 함축되는 반복적 부분에서 분리되어 따로 측량돼야만 했다.

2. 조형예술의 기술

2.1. 카메라 옵스큐라와 투시도법

2.1.1. 전사

그런데 크리스마스와 기독교 복음에서 저녁 TV 시간과 기술적 신호까지 단숨에 살펴보는 동안, 우리는 이미 광학적 미디어의 전사前史에 깊숙이 진입했다. 요컨대, 지금은 이미지를 전송할 수도 있지만 그전까지는 역사를 통틀어 (적어도 원칙적으로) 이미지를 저장하는 것이 고작이었다. 이미지는 정해진 장소가 있어서, 처음에는 신전에, 그다음에는 교회에, 최종적으로는 (하이데거가 질색했듯이) 미술관에 놓였다. 그리고 벤야민의 아우라 이론에 따르면, 이런 장소는 멀리 떨어진 곳이거나 혹은 어쩌면 '멀리 떨어짐' 자체가 독특하게 현상한 것이어서, 기껏해야 미술관 관람이나 이미지 매매가 이뤄지고 최악의 경우 이미지가 도난당하는 것이 가능성의 전부였다. 하지만 글은 달랐다. 그것은 파피루스와 양피지가 개발되면서 벽이나 기념비에 새기는 비문 형식에서 해방됐고, 덕분에 입으로 말해지는 일상 언어의 저장매체인 동시에 (나도 인정하는바) 대단히 느린 전송매체가 됐다. 책은 지금도 그렇지만 예전에도 매매, 배송, 양도의 대상이었다. 따라서 글은 문학일 뿐만 아니라 이미 항상 우편이기도 했다. 매클루언보다 먼저 미디어 연구의 새 장을 열었던 해럴드 A. 이니스는, 두루마리 책의 휴대 가능성 또는 전송傳送 가능성 때문에 두 유목민족(유대인과 아랍인)이 족히 몇 톤이나 나가는 무거운 신상神像 대신에 신이 주셨다는, 심지어 신이 쓰셨다는 책을 숭배하게 됐다고 추측한다. 이는 매우 신빙성 있는 가설이다. 성경과 코란이 근동과 유럽 지역에서 각종 성상과 (그 무시무시하다는) 우상에 맞서 승리를 구가할 수 있었던 까닭은 오로지 그것이 이동 가능한 성소聖所였기 때문이다. 글은 독창적인 방식으로 정보 저장과 전송을 조합했고, 그래서 새로운 미디어가 나타나 문자와 숫자, 이미지와 소리에 기술적 이동성을 부여하기 전까지는 독점 체제를 유지할 수 있었다. 그러므로 나는 영화와 TV가 등장하기 전의 역사를 단순히 크고 작은 발명의 궤적으로 풀어내지 않을 것이다. 새로 개발된 미디어는 맨 먼저 문학의 독점과 싸워 이겨야 했으므로, 나는 광학적 미디어의 전사를 문학과의 지속적 관계 속에서 조망할 것이다.

일반적으로 이러한 전사는 석기 시대 동굴 벽화나 이집트 무덤 그림을 돌아보는 것으로 시작한다. 그것은 소위 자연의 운동을 한 장의 이미지 또는 연쇄적 이미지에 결박하려는 수공예적인 시도로 여겨진다. 이를테면 프리드리히 폰 츠글리니츠키Friedrich von Zglinicki가 『영화의 길Weg des Films』이라는 훌륭한 책을 쓰면서 그런 접근 방식을 택했는데, 그렇게 한 까닭은 책 자체의 흐름을 한 편의 영화처럼 풀어내기 위해서였다.

더 정확히 말하면 그냥 영화가 아니라 '할리우드 영화'라고 해야 할 것이다. 츠글리니츠키는 '인류'라는 터무니없는 집합단수명사를 써서, 1) "인류"가 이미 언제나 "이미지를 '움직이게' 해서 좀 더 진짜같이 만든다"는 "오랜 꿈"을 품고 있었으며, 2) 1895년 영화가 기술적으로 구현되면서 이 꿈이 행복한 결말에 도달했다는 가설에서 출발한다

(Zglinicki, 1979, l, p.12). 하지만 이렇게 가능한 모든 사실을 뒤틀어서 극영화의 역사를 만들어내지 않고도, 우리는 영화 기술 자체에서 정반대의 교훈을 얻을 수 있다. 그러니까, 츠글리니츠키처럼 수천 년에 걸친 이미지의 연속적 궤적을 따라가지 않아도, 수천 년의 시간 자체를 영화 편집하듯 생각할 수도 있다는 말이다. 그러므로 나는 움직이는 이미지에 도달하기까지 시지각과 수공예적 예술의 측면에서 어떤 중단과 격변이 일어나야 했는지 강조할 것이다.

움직이는 이미지의 문제는 그 자체가 이미지 전송의 문제다. 그런 움직임을 저장하려면 미디어 기술이 필요하기도 하거니와, 전송 자체가 일종의 움직임이기 때문이다. 기술이 없을 때는 지구의 물리 법칙이 제공하는 짧고 불안정한 채널로 기술의 빈자리를 메웠다. 모든 신화는 그림자와 거울에 기초하며 그 핵심에는 이미지 전송의 문제가 있다. 고대의 신들은 신전의 조각상 그 자체였기 때문에 이 문제를 쉽게 해결했다. 신화는 마치 오락영화처럼 에로틱한 목적을 추구하는 신의 반영, 신의 복제물, 이미지로 변환된 신들로 가득 차 있다. 이에 관한 더 자세한 설명은, 피에르 클로소프스키Pierre Klossowski의 『목욕 중인 다이아나Le Bain de Diane』를 추천하는 것으로 대신하겠다.

신에 비하면 필멸자는 상황이 더 가혹했다. 그들은 움직이는 이미지를 조작하기는커녕, 애초에 이미지를 꿰뚫어 보지도 못했다. 오비디우스Publius Ovidius Naso의 『변신Metamorphoses』에 나오는 청년 나르키소스나 플라톤이 『국가Politeia』에서 지어낸 동굴의 비유를 떠올려 보라. 1920년부터 오늘날까지, 폴 발레리Paul Valéry에서 뤼스 이리가레Luce Irigaray에 이르는 모든 영화 이론가들은 여기서 모든 영화에 적용할 수 있는 하나의 모델을 읽어내려고 한다. 하지만 나르키소스가 연못에 비친 자신의 반영을 사랑하게 되는 까닭은, 이 '시뮬라크럼simulacrum'이 자기와 똑같이 사랑스럽고 무상한 제스처를 보여주기 때문이다. 그리고 동굴의 비유에서는 인형을 부리는 사람들이 동굴에 묶인 수감자들 뒤편에서 진흙과 나무로 만든 가짜 일상용품을 광원의 불빛에 비추어 시뮬라크럼을 만드는데, 이렇게 수감자들의 눈앞에서 벽면에 왔다갔다하는 것들은 아무 데도 저장되지 않는 무상한 그림자일 뿐이다. 따라서 동굴의 비유를 영화의 전 단계라고 설명하는 것은 말이 안 된다. 플라톤이 영혼을 움직이는 이미지가 아니라 (그리스 철학의 미디어이기도 했던) 밀랍 글쓰기 판에 비유한 것은, 영혼이 자동 저장 기능을 통해 불멸하는 데 반해 움직이는 이미지는 저장이 안 됐기 때문이다.

따라서 글의 독점을 고려하면, 그냥 빛을 이용해서 기술적으로 이미지를 구현했을 뿐인 역사적 사례들을 광학적 미디어라는 이름 아래 줄줄이 살펴볼 필요가 없다. 이를테면 자바^{Java} 지역의 전통 그림자 인형극이라든가, 고대 알렉산드리아의 헤론^{Heron}이 기계 장치를 발명해서 제의적 의식에서 선보였다는 '데우스 엑스 마키나$^{Deus\ ex\ machina}$'의 거울 효과 같은 것 말이다. 우리는 그런 것을 살펴보는 대신, 이미지가 전송되는 동시에 자동으로 저장돼야 한다는 문제가 어떻게 해결됐는지 그 첫 번째 해법으로 직행하면 된다. 그런데 위대한 물리학자 뒤 부아레몽$^{Emil\ Heinrich\ Du\ Bois-Reymond}$이 1850년에 지적했듯이, "말하자면 자연이 저 자신을 그려내게 하는" 일은 과학자와 예술가들이 15세기 중반부터 추구해 온 과제였다(Busch, 1995, p.90).

여기서 '자연이 저 자신을 그려낸다'는 것은 소위 투시도법^{Linearperspektive}이라는 회화 기법을 말한다. 이 기법은 1420년경에 처음 등장했는데, 모든 선과 각도와 비례가 망막 위에 그려지는 그대로 이미지 위에 나타나도록 하는 효과가 있었다. 투시도법은 모든 그림에 선행해서 다소 명시적인 기하학적 질서를 부과했고, 덕분에 회화는 환영 창출의 기술로 변모했다. 이러한 기하학적 질서는 르네상스부터 인상주의 이전까지 (앞서 논의한 의미의 '예술적 양식'으로서) 회화를 전적으로 지배했고, 사진 이후에는 광학적 미디어로도 편입되었다.

하지만 어째서 그런 기하학적 질서가 항상 이미지를 지배하지 못하고, 잘 정의된 어느 한 시점에 이르러서야 비로소 지배적인 것이 되었을까. 알다시피 이집트 회화는 전면상과 측면상을 과감하게 결합했고, 그리스 도자기 그림도 모든 선이 수평면상의 단일 소실점으로 수렴하는 공간을 확립하지는 못했다. 다만 폼페이 발굴 유적에서 나온 벽화 중에, 특히 예술공예운동 풍으로 그려진 침실 장식과 신비 종교를 형상화한 그림들을 보면 간간이 투시도법적 효과가 발견되는 것이 있다. 하지만 이것들도 조금만 살펴보면 정교하게 구성된 기하학적 질서를 따를 뿐이라는 것을 금세 알 수 있다.

2.1.1.1. 그리스인과 아랍인들

여기에는 그럴 만한 이유가 있다. 그리스 고전기에는 다른 많은 과학 분야와 더불어 과학적 광학이 확립됐고, 굴절의 법칙까지는 아니더라도 최소한 반사의 법칙은 밝혀진 상태였다. 유클리드^{Eucleides}는 저 유명한 『기하학 원본^{Stoicheia}』뿐만 아니라 『광학^{Optika}』도 집필했는데, 그 책에 빛의 경로에 관한 설명이 있는 것으로 보아(Edgerton, 1975, p.68) 늦어도 유클리드 이후에는 그리스인들도 광선이 직선으로 진행한다는 것을 확실히 알고 있었다고 여겨진다. 하지만 원자론을 주장하는 유물론적 학파는 특별한 예외였고, 당대의 지배적 학설은 '시선視線'을 모든 광학 법칙의 기초로 삼았다. 시선은 (오늘날 우리가 이해하듯이) 광원에서 눈을 향해 나아가는 선이 아니라 역으로 눈에서 광원을 향해 나아가는 선이다. 그러니까 눈 자체가 스포트라이트처럼 기능해서, 그 활기가 이 세계의 가시적인 것들과 마주치거나 그것들을 베고 지나가면서 그 결과를 정신에게 피드백한다는 것이다. "눈이 태양과 같지 않다면, 우리가 빛을 어떻게 볼 수 있겠는가." 뉴턴Isaac Newton의 새로운 광학에 대해 깊은 적대감을 가지고 있었던 괴테Johann Wolfgang von Goethe가 이처럼 그리스적인, 모든 면에서 너무나 그리스적인 시구를 쓴 것은 당연한 일이다. 이런 이론이 경험적 연구를 가로막는 얼마나 큰 장애물이었는지 알고 싶다면 제라르 시몽Gérard Simon이 쓴 『고대 광학에서의 응시, 존재, 외관 Le regard, l'etre et l'apparence dans l'optique de l'antiquité』를 읽어보기 바란다.

중요한 것은, 고대의 능동적 시선 이론 때문에 자연이 눈 속에서 제 모습을 스스로 그려낸다는 생각 자체가 원천 봉쇄됐다는 사실이다. 그리스인은 유한하고 닫힌 세계를 '질서정연한 천구'라는 의미에서 '코스모스kosmos'라 부르며 숭상했는데, 이 코스모스에서는 시선이 아무 어려움 없이 모든 것에 (심지어 천구의 내부 표면을 차지하고 있는 별들까지) 닿을 수 있다고 여겨졌고, 빛의 속도도 무제한으로 빠르다고 생각되었다. 반면 투시도법은 암묵적으로 (나중에는 명시적으로) 무한한 우주라는 기본 가정에 입각하며, 각각의 투시도법 회화는 일종의 축소 모형처럼 무한히 큰 우주에 상응하는 무한히 먼 소실점을 포함한다. 브라이언 로트먼Brian Rotman은 『무를 의미하기Signifying Nothing』라는 멋진 제목의 책에서, 이러한 무한성을 '영零'의 개념이 도입되면서 나타난 근대 유럽 고유의 가치로 파악하려는 대담한 기획을 펼친다. 그에 따르면, 투시도법의 소실점, 인도와 아랍에서 수입된 숫자 0, 근대적 금융 시스템의 화폐, 이 모든 것이 1을 무한으로 나눈다는 극도로 까다로운 수학적 함수를 나타낸다. 그런데 여러분도 이미 짐작하겠지만, 이론상에서는 금지된 것이 실행상에서는 폭발적 결과를 낳을 수도 있다. 그러니까, 그 모든 국가, 식민지, 학문을 통틀어 유럽 자체가 잘못된 계산의 산물일 수도 있다는 말이다.

로트먼은 이러한 폭발적 결과들을 거슬러 올라가면 결국 아랍에서 수입된 작은 기호 하나에 다다를 것이라고 시사한다. 하지만 근대 수학의 십진법 체계와 달리 투시도법은 이 가설에 별로 맞아떨어지지 않는다. 알킨디^{al-Kindi}나 알하젠^{Alhazen} 같은 아랍 수학자들은 아리스토텔레스가 카메라 옵스큐라 효과에 관해 가볍게 언급한 것을 보고 실제로 작동하는 카메라 옵스큐라 모형을 (따라서 투시도법 모형을) 처음 만들었다고 한다. 아리스토텔레스는 기원전 350년 당시 알 수 있었던 모든 것에 관해 책을 썼는데, 소위 『난제들^{Problemata}』이라는 책도 확실하지는 않지만 그가 썼다고 추정된다. 그래 봐야 미해결 문제에 관한 메모 모음일 뿐이지만, 그중에는 오늘날까지 그 중요성을 인정받고 있는 천재와 광기에 관한 이론도 있고, 그리고 어떤 간단한 실험에 관한 내용도 있다. 일식이 있으면, 적어도 여기 지상의 시각축에서 봤을 때 보름달이 태양 바로 앞으로 지나간다. 그런데 고대에는 태양이 '다른 모든 것을 가시화하지만 그 자체는 눈을 머는 대가를 지불해야만 바라볼 수 있는 것'이라고 다소 복잡하게 정의됐다. 이것이 바로, 내가 강의 첫머리에 인용한 "태양은 결코 그림자를 본 적이 없다"는 레오나르도의 말이 뜻하는 바다. 그럼에도, 혹은 바로 그런 까닭에, 그리스 수학은 이것만으로 일식과 월식을 예견하는 법을 터득해서 동방의 독재자들을 놀라게 했고, 그리하여 필멸자의 눈에 금지된 저 태양을 보는 것이 중요한 과제로 대두됐다. 여기서 아리스토텔레스는 광학적 필터를 통해 눈부심이나 시력 상실의 위험을 피하는 간단한 방법을 설명했는데, 그것이 바로 달에 반쯤 가린 태양을 직접 관찰하지 말고 바깥쪽 벽에 구멍이 뚫린 방의 맞은 편 벽면에 나타나는 전체 하늘의 모습을 관찰하라는 것이었다.

이렇게 아리스토텔레스는 카메라 옵스큐라의 기본 원리를 이미 진술했다. 하지만 주의할 점은, 그가 다른 모든 것을 능가하는 최고의 광원인 태양에만 이 원리를 적용했다는 사실이다. 지상의 경험적인 조건 아래서 앞서 말한 '구멍'을 처음 탐구한 사람은 아리스토텔레스를 아랍어로 번역한 그의 계승자들이었다. 그들은 신성한 태양을 밀랍 초로 대체해서, 촛불이 작은 구멍을 매개로 빛을 전파해서 상을 형성하도록 했다. 임의의 광원에 대한 카메라 옵스큐라는 아직 이 지상에 실존하지 않았지만, 그것은 중국에서 아랍을 통해 유럽으로 전파된 또 다른 발명품인 종이 문서 속에 존재했다. 일반적으로 아랍 수학은 그리스 수학과 전혀 달랐다. 아랍인은 비스듬히 놓인 임의의 광원이 빛을 투과하지 않는 물체의 저항에 부딪칠 때, 그 물체의 그림자가 똑바로 선 벽면에 투영되는 가능한 모든 경우를 탐구했다. (반면 그리스인은 지면 같은 수평면에 관심을 국한해서, 시곗바늘과 그림자의 길이로부터 시간을 읽어내려고 했다.) 이런 연구의 결과로, 동화에 나오는 하룬 알 라시드$^{Harun\ ar\text{-}Rashid}$의 영토에서 삼각함수가 출현했다. 그것은 새로운 수학, 그 이상도 그 이하도 아니었다. 사인, 코사인, 탄젠트, 코탄젠트 함수의 개념과 용어는 모두 아랍에서 개발된 것이다. 1450년경 유럽에서 군사 작전이나 식민지 경영을 위해 선박을 조종한다는 아주 실용적인 목적으로 이용되기 전까지, 처음에 삼각함수는 평면에 떨어지는 광선의 효과를 탐구한다는 이론적 목적을 따랐다. 이를테면, 카메라 옵스큐라 모형에서 탄젠트는 (모든 원을 레온하르트 오일러$^{Leonhard\ Eule}$가 말하는 단위원으로 환원한다는 전제 아래) 카메라의 평면에 대해 각도 X로 서 있는 물체가 영사면에 떨어뜨리는 상의 길이에 해당한다.

　그렇지만 아랍 수학자나 그를 따랐던 유럽인 학생들, 이를테면 그중 제일 중요한 인물이었던 레기오몬타누스^{Regiomontanus} 같은 사람들이 삼각함수 값을 계산하려면 단순한 경험적 방법에 의지할 수밖에 없었다. 근대적 용어를 쓰자면, 삼각함수는 간단한 계산으로 풀 수 없는 초월함수다. 사인, 코사인, 탄젠트, 코탄젠트는 그냥 끝없이 이어지는 표 형태로 주어졌고, 그나마 시몬 스테빈$^{Simon\ Stevin}$이 십진분수 표기법을 발명하기 전에는 거대한 정수값으로 나타났다. 이를테면, 레기오몬타누스는 45도의 사인값인 0.7071… 같은 숫자를 쓸 수 없어서 모든 사인값에 1천만을 곱해서 표기했다(Braunmühl, 1990, l, p.120 참조). 하지만 그렇게 괴물 같은 숫자로 구성된 괴물 같은 표는 예술가들이 접근할 가능성을 사실상 원천 봉쇄했다. 그러므로 투시도법의 역사는 적어도 처음 수백 년간은 수학의 역사가 아니다. 누가 언제 이 상황을 바꿔놓았는지는 나중에 다시 살펴보겠다.

2.1.2. 실현

그래도 초기 삼각함수의 이러한 약점은 르네상스 시대에 카메라 옵스큐라가 전성기를 맞이하는 데 얼마쯤 기여했을 것이다. 카메라 옵스큐라는 빛을 한 다발의 직선광으로 모아서 각각의 광선이 제 경로를 따라 움직이도록 할 뿐이지만, 바로 그렇기 때문에 전자동 삼각함수 계산기로서 투시도법이 완벽하게 적용된 회화라는 혁명적인 발상을 가능하게 했다. 예나 지금이나, 장치는 인간을 계산으로부터 해방시킨다. 하지만 이집트인도 그리스인도 몰랐던 투시도법 회화에 도달하려면, 아리스토텔레스와 아랍 광학을 넘어 마지막 한 단계를 더 거쳐야 했다. 카메라 옵스큐라는 아리스토텔레스가 말했던 천상의 위대한 태양이든 아랍인들이 말했던 지상의 작은 촛불이든 간에 단순히 빛을 그려내는 것이 아니라 그 빛을 받은 대상을 가시적으로 투영해야 했다. 그런데 바로 여기에 문제가 있었다. 그것은 결국 17세기 초에 광학 렌즈가 개발된 후에야 해결될 문제였다.

카메라 옵스큐라는 엄밀한 의미에서 섀넌이 말하는 '노이즈 필터'로 작용한다. 바늘구멍은 직접 조명과 간접 조명을 통틀어 광원에서 나오는 광선만 통과시키고 편재하는 산란광은 차단해서 일차적으로 상의 선명도를 높인다. 그렇지 않으면, 카메라 옵스큐라에 비친 세계는 한여름 태양이 숲 속을 비출 때처럼 인상주의 풍으로 보일 것이다. 각각의 활엽수마다 각각의 나뭇잎 틈새가 초점이 나간 카메라 옵스큐라처럼 작용하면, 숲 속 바닥에 서로 완전히 어긋난 수많은 영상의 패치워크가 나타난다. 이런 효과는 마네Édouard Manet 같은 인상파 화가들이나 관심이 있을 현상이었지 르네상스 예술공학자들의 관심사는 아니었다. 그들은 궁정이나 교회에 속한 고객들의 전형적인 관심사에 부합하고자 했고 또 그래야만 했다. 따라서 그들은 부르주아의 야외 아침 식사를 그리는 대신에 세계의 기하학적 배치, 특히 건축물을 기하학적으로 정확히 그리는 데 열중했다. 여기서 그들은 섀넌의 이론에 완전히 부합하는 한 가지 문제에 봉착했다. 신호를 필터링하면 언제나 신호의 강도가 약해진다는 것이다. 카메라 옵스큐라의 구멍을 줄이면 이미지가 선명해지지만 더 어두워졌고, 거꾸로 구멍을 크게 만들면 이미지가 밝아지지만 마치 여름의 숲처럼 뭉개져서 나왔다. 그러니 실제로 작동하는 카메라 옵스큐라에 관한 최초의 기록이 이탈리아에서 나온 것도 당연했다. 이탈리아는 서유럽에서 햇빛이 가장 밝은 국가이기 때문이다. 대략 1500년에 레오나르도가 최초의 카메라 옵스큐라 모형을 제시했고, 1560년경에 만물박사이자 마술사였던 잠바티스타 델라 포르타Giambattista della Porta가 좀 더 정교한 모형을 제공했다. 포르타는 그냥 거리의 햇빛 나는 쪽으로 뚫린 방 창문을 가리고 작은 구멍을 낸 다음, 반대편 벽에 사람과 가축들이 머리를 아래로 하고 어슬렁거리는 이상한 광경이 마술처럼 비치는 것을 보라고 말했다. 플라톤이 말했던 동굴의 비유가 이렇게 실현된 것이다.

그 이전에는, 화약의 발명과 관련해서 나중에 또 등장할 로저 베이컨Roger Bacon이라는 사람의 글에서 카메라 옵스큐라가 언급된 적이 있다. 그런데 레오나르도와 포르타에서 중세 후기의 베이컨까지는 200여 년의 구멍이 있고, 투시도법은 바로 이 구멍 속에서 발명됐다. 그렇다면 내가 여태껏 설명한 것과 달리, 실제로 작동하는 카메라 옵스큐라의 기술이 투시도법의 근간은 아니란 말인가? 어떤 근본적인 구멍의 발명과 연관되는 이 200여 년의 구멍은 오로지 역사적 추측을 통해서만 메울 수 있다. 비록 추측이지만, 이는 정말로 구멍이 뚫려 있는 독특한 형태의 투시도법적 이미지와 연관된다는 점에서 나름의 상당한 이점이 있다.

2.1.2.1. 브루넬레스키

지금부터 이야기할 역사의 주인공은 이탈리아 르네상스가 낳은 위대한 인물, 후대의 그냥 예술가들과 차별되는 예술공학자 필리포 브루넬레스키Filippo Brunelleschi다. 여기서 예술공학자란, 브루넬레스키나 그의 나이 어린 친구 알베르티Leon Battista Alberti 또는 레오나르도 같은 사람들, 그러니까 한 이미지를 본떠서 또 다른 이미지를 생산하는 데 만족하지 않고 처음으로 수공예적인 예술의 표준을 확립해서, 그 표준에 따라 하나의 시대 양식을 이루는 수많은 이미지의 가능성을 개방하고 그 이미지들을 실제로 제작할 수 있게 했던 이들을 가리킨다. 이때 이미지란, 교회, 궁전, 나중에는 미술관 벽에 걸려서 감상의 대상이 되었던 유별난 이차원 회화뿐만 아니라, 성채나 교회 돔처럼 추상적이지만 가차 없이 작용하는 사물들까지 포함한다.

필리포 브루넬레스키는 1377년 피렌체에서 태어났다. 그때도 지금처럼 장인 후보생은 반드시 도제 훈련을 받아야 했기 때문에 브루넬레스키는 금 세공사 견습생으로 일했고, 그래서 1401년 시뇨리아[1]에서 주최한 공모전에 견습생 혹은 길드 회원 신분으로 참가할 수 있었다. 공모전 주제는 피렌체 대성당 바로 앞에 있는, 세례 요한에게 봉헌된 세례당을 장식할 새 청동문을 만드는 것이었다. 브루넬레스키가 '이삭의 순종'을 주제로 디자인해서 제출한 (그리고 오늘날까지 전해지는) 청동문 시안은 심사에서 떨어졌지만, 이는 피렌체와 전 유럽에 행운으로 작용했다. 바로 그때부터 브루넬레스키가 중세의 전임자들처럼 돋을새김 작품이나 미술 전반에만 천착하는 대신 수학과 건축을 공부하기 시작했던 것이다. 브루넬레스키가 기술 감독으로서 건설한 저 모든 성채들, 특히 피렌체 대성당이라고도 불리는 산타 마리아 델 피오레 대성당의 경이로운 돔 구조물은 바로 그런 수학적 훈련의 결과다. 그는 1446년 사망했는데, 그때는 마인츠의 궁핍한 귀족 구텐베르크Johann Gensfleisch zum Gutenberg가 최초의 활판 인쇄 책력을 제작할 때까지 1년도 채 남지 않은 시점이었다. 이 공교로운 우연의 일치에 관해서는 잠시 후에 다시 논하겠다.

그보다 먼저, 오늘날에는 전해지지 않는 브루넬레스키의 조그만 작업 하나를 살펴보자. 이것은 언뜻 보면 돔 구조물이나 성채와 비교하면 아무것도 아닌 것 같은 소품이다. 우리가 1425년에 제작됐다고 추정되는 이 그림(Edgerton, 1991, p.88)에 관해 알 수 있게 된 것은, 브루넬레스키 같은 일개 장인이 1450년에 처음으로 (익명성이 지배했던 중세 유럽 문화와 대조적으로) 전기傳記의 주인공이 되는 영광을 누린 덕분이었다. 안토니오 디 투초 마네티Antonio di Tuccio Manetti는 브루넬레스키의 전기에서 이 작업에 관해 다음과 같이 설명한다.

---

[1] 시뇨리아는 중세 이탈리아 도시 국가의 독특한 정부 형태로 군주(시뇨레)가 통치한다.

이러한 투시도법의 경우로, 그는 먼저 피렌체 산조반니 세례당의 외관을 그려넣은 약 0.5 제곱 브라초$^{braccio2)}$의 작은 패널을 보여주었다. 그는 밖에서 한눈에 보이는 대로 세례당의 모든 것을 망라했다. 그림을 그린 위치는 산타 마리아 델 피오레의 중앙문 안으로 3 브라초 정도 들어온 곳으로 보였다. 그는 이 그림을 대단히 꼼꼼하고 우아하게 그렸고, 흑백의 대리석 색상도 참으로 정확해서 어떤 세밀화가도 그보다 더 뛰어나게 만들 수 없을 듯했다. 그는 시야에 들어오는 광장의 일부를 앞쪽에 그리고, 그 너머로 마주 보이는 미세리코르디아 쪽에서 아치 길을 지나 칸토 데 페코리까지, 성 제노비우스의 기적을 기념하는 장식 기둥 쪽에서 칸토 알라 팔리아까지, 이 장소에서 멀리 보이는 것들과 하늘 쪽에서 보일 수 있는 것까지 전부 그림에 포함시켰다. 그림 속에서 벽들이 대기 중에 우뚝 솟아 있는 부분은 광을 낸 은거울을 배경으로 깔아서 자연 그대로의 하늘과 대기가 반사되도록 했으며, 그래서 구름이 있으면 거울 속에 비쳐 바람이 부는 대로 떠다니기도 했다. 이러한 그림을 두고, 화가는 (각 지점마다 눈에 보이는 것이 달라질 수밖에 없으므로, 그림을 볼 때 왜곡이 생기지 않도록) 높이와 깊이, 폭과 거리를 고려해서 그림을 바라볼 딱 하나의 지점을 정해야 했다. 그래서 그는 그림이 그려진 패널에 구멍을 하나 뚫었다. 그림 속에서, 구멍은 그가 그림을 그린 장소인 산타 마리아 델 피오레 중앙문 안쪽에서 산조반니 세례당 쪽을 볼 때 시선이 닿는 바로 그 지점에 해당했다. 구멍은 그림이 그려진 쪽에서는 렌즈콩만큼 작지만, 뒤로 갈수록 여성용 밀짚모자처럼 원뿔형으로 커져서 두카트 금화나 그보다 조금 더 큰 정도[약 2.3cm]였다. 그에 따르면, 보는 사람은 한쪽 손으로는 패널을 잡고 뒤편의 큰 구멍 쪽에 눈을 갖다 대고, 다른 쪽

---

2) 브라초는 팔꿈치에서 손끝까지 약 45cm다.

손으로는 패널화와 마주 보게 편평한 거울을 들어 거기에 그림이 비치도록 자세를 취해야 했다. 거울에서 한쪽 손까지 거리는 그가 그림을 그린 지점에서 산조반니 세례당까지의 실제 거리를 [그림의 축적에 맞추어] 축소한 것에 해당했다. 위에 언급한 다른 조건들, 광을 낸 은거울, 광장, 그 외 모든 것이 갖춰지면, 이 구멍을 통해 보이는 풍경이 마치 세례당을 직접 보는 것과 같다. 나는 그것을 손에 쥐고 여러 번 보았으므로 이를 증언할 수 있다. (Brunelleschi, 1979, p.103)

유독 이 이야기는 투시도법이라는 새로운 세계관의 혁명적 측면을 강조한다. 브루넬레스키는 패널화의 전체성 또는 그 상상계적인 속성을 깨부수거나 아니면 문자 그대로 '구멍을 내서' 그보다 더 상상적인 무언가를 입증하려 한다. 예전에 그가 참가한 청동문 공모전의 무대이기도 했던 피렌체 세례당의 그림이 반신반의하는 동료들과 당대 사람들에게 입증하는바, 투시도법적 시각은 실제로 인간의 눈 속에서 항상 일어나고 있다. 마네티가 브루넬레스키와 같은 시대를 살았던 사람들에게 증언하듯이 인간의 눈이 저 자신의 시뮬레이션에 의해 속아 넘어간 것은 바로 그 때문이다. 이렇듯 당시에는 문자 그대로 '시각적 실연demonstratio ad oculos'이 필요했겠지만, 어안 카메라와 위성 사진의 시대인 오늘날에는 그런 실연이 필요하지 않을 것이다. 이러한 사실은 브루넬레스키의 실험에 관해 이미 무언가 말해 주고 있다.

하지만 그에 관해 더 말해야 할 것이 있다. 첫째, 미디어의 역사라는 측면에서, 브루넬레스키의 구멍이 깨부수고 구멍 낸 그림은 대체 어떤 그림인가? 그리고 둘째, 그렇게 완벽한 눈속임 이미지가 어떻게 1425년에 실현될 수 있었는가?

첫 번째 질문에 관해서는, 조금 옛날로 거슬러 올라가야 한다. 알다시피, 1425년 이전에 유럽에서 의뢰 제작된 그림과 석조 건물의 90%는 '유일하게 복된' 기독교 신앙을 위해 쓰였다. 이 신앙은 세계에 맨 처음 가시성을 부여한 것이 광선이 아니라 시선이라는 그리스 정교회의 개념을 기꺼이 채택했다. 하지만 오늘날 달러 지폐에서도 볼 수 있듯이, 이 눈은 인간이 아니라 신神 자체에 속했다. 생드니 수도원의 쉬제Suger 원장이 한 말을 믿는다면, 기독교 대성당의 유리창은 바로 이 신성한 시선을 이미지화했다. 그리하여 신은 지상의 존재가 그에게 던졌을 법한 왜곡된 시선이 아니라 자신의 시선으로 직접 제 모습을 예술 속에서 드러냈다. 그래서 한스 벨팅Hans Belting이 미술과 숭배의 결합을 보여주는 최고의 사례로 손꼽는 동로마의 이콘icon은 신의 발광하는 시선을 구현하는 황금 바탕을 배경으로 신을 그렸다. 그리고 새뮤얼 에저튼Samuel Edgerton이 멋지게 입증했듯이, 이 황금 배경은 서유럽 최초의 원原투시도법적 미디어로 변모했다. 앞서 카메라 옵스큐라를 설명할 때 등장했던 로저 베이컨 같은 기독교 철학자들은, 신성한 존재의 본질을 오로지 황금 미립자corpuscula가 발산하고 발광하는 모습으로, 그것들이 천상으로부터 발산되어 지상에서 이미지를 보는 인간의 눈으로 이동하는 모습으로 상상했다. 심지어 베이컨은 세계로 퍼지는 신의 은총을 광학적 은유로 설명하려고 '페르스펙티바perspectiva'라는 라틴어 단어를 썼다(Edgerton, 1991, p.44). 경건한 이탈리아 수도사들은 이러한 이동을 신성한 존재의 몸에서 떨어지는 작은 황금 고리 형태로 그렸다.

많다면 많고 적다면 적지만, 브루넬레스키의 혁명을 더 잘 이해하기 위한 배경 지식 설명은 여기까지 하자. 베른트 부쉬Bernd Busch는 『노출된 세계: 사진의 지각적 역사Belichtete Welt: Eine Wahrnehmungsgeschichte der Fotografie』에서 이런 표현을 썼다. "브루넬레스키의 실험 설계가 혁명적이었던 까닭은, 예술적 재현의 생생한 환영을 신중한 기술적·수학적 조작의 결과로 확립했기 때문이다."(Busch, 1995, p.65) 눈, 구멍, 회화, 거울, 외부 세계를 한데 묶는 새로운 조합은 이제 더 이상 신의 눈이 아니라 관람자의 눈에서 출발했다.

하지만 이 눈이 상상되는 방식은 비非기독교적인 만큼 비非그리스적이었다. 브루넬레스키가 그런 이미지를 개발하려면, 먼저 안구 내부가 캄캄한 밤이며 그 속에 광선이 던져진다는 것, 그리고 이 밤으로 들어가는 입구에 위치하는 동공이 카메라 옵스큐라의 구멍과 정확히 똑같이 작동한다는 것을 확실히 규명해야 했다. 그런데 카메라 옵스큐라가 동공과 유사하다고 밝힌 사람은 다름 아닌 레오나르도 다 빈치, 그러니까 카메라 옵스큐라에 관해 아주 상세히 기술하는 왼손 글씨 원고를 남긴 바로 그 사람이었다(Eder, 1905, 1, p.29). 하지만 이렇게 유사 관계가 정립되면서 눈 자체가 조작 가능한 것, 그러니까 늘 그렇듯이 '대체 가능한 것'으로 변모했다. 많은 관람자들이 원뿔형의 시선 형태로 만들어진 브루넬레스키의 작은 구멍에 각자 눈을 갖다 댈 수 있었고, 거울, 구멍, 회화는 그들 모두를 위해 자동으로 이미지 분석을 수행했다.

나는 다른 무엇보다도 이렇게 자동적인 이미지 분석이 허용 범위 안으로 들어왔다는 것 자체가 어떤 역사적 절연을 나타낸다고 본다. 강도나 정확성의 차이는 있겠지만 모든 피조물이 그 자체로 창조주의 이미지라는 (특히 인간은 모세Moshe의 첫 번째 책에서 말하는바 "우리의 형상을 따라 우리의 모양대로ad imaginem et similitudinem nostram" 만들어졌다는[3]) 확고부동한 신학적 조건 아래서는 이미지 분석 자체가 금지의 대상이었다. 그 대신 이미지를 숭배하라는 제의적 명령이 지배적이었고, 따라서 카메라 옵스큐라의 구멍을 통해 신의 닮은꼴을 전달할 가능성은 (원본

---

3) '모세의 첫 번째 책'은 창세기를 말하며, 인용문의 '우리'는 유일신 하느님을 가리킨다.

이미지 자체에 관해서는 입도 뻥긋하지 않더라도) 애초에 배제되었다. 카메라 옵스큐라는 사람들이 자신을 성인과의 닮음 속에서만 인식/오인하고 또한 성인 자체를 신의 닮은꼴로 인식/오인하는 상상계적인 작동에 종지부를 찍었다. 그런 측면에서 카메라 옵스큐라는 단순히 새로운 과학 장치 또는 장난감이 아니라 종교 전쟁의 무기였다. 알다시피, 성경이 인쇄 가능한 활자들로 해체된 것, 그리하여 사적 개인이 교회의 지도 없이 해독할 수 있고 (나중에는) 가장家長이 자신의 아내와 아이들, 하인들에게 읽어줄 수 있는 책으로 변모한 것은 미디어 기술적 측면에서 종교 개혁의 근간이었다. 마찬가지로 이미지가 자유롭게 구성하고 그릴 수 있는 점, 선, 면의 기본 요소로 해체되면서 맨 먼저 이콘 회화가 용해됐고, 그다음에는 말하자면 '텅 빈 서판' 위에서 수학적 분석이 시작됐다. 라이프니츠Gottfried Wilhelm Leibniz와 뉴턴이 새로운 대수학을 내놓았고, 데카르트René Descartes가 평면과 공간에 대한 좌표 체계를 발명하면서 새로운 기하학을 발표했다.

여기서 나는 근대가 우리에게 제공하고 또한 우리에게 근대로서 주어졌던 제3의 '분석 가능성'을 지적하고 싶다. 그것은 바로 생물의 살, 특히 인간의 몸을 화약으로 해체할 가능성이다. 이 가능성은 말과 이미지의 해체 가능성이 도래하기 얼마 전에 등장했다. 결국, 로저 베이컨은 카메라 옵스큐라를 처음 거론한 사람이기도 하지만 정확한 흑색화약 제조법을 처음 발표한 사람이기도 했다. 결국, 니콜 오렘Nicole d'Oresme은 모든 물체가 오로지 본래의 제자리로 돌아가기 위해 움직인다는 아리스토텔레스의 학설에 반대하고 물체의 개별 운동 단계에 대한 수학적 분석을 제안한 사람이기도 했지만(이런 운동학의 발전사는 영화와 관련된다), 근대식 총포를 발명했다는 프라이부르크의 반쯤 신화적인 수도사 베르톨트 슈바르츠Bertold Schwarz와 같은 시대를 산 사람이기도 했다. 그리고 마지막으로, 비릴리오가 거듭 지적했듯이 뒤러Albrecht Dürer 나 다 빈치 같은 화가들은 카메라 옵스큐라의 이론과 실행에도 기여했지만, 최신식 총포에 맞서 성채를 짓고 도시를 방어하는 데도 크게 기여했다(비릴리오, 2004, p.166). 뒤러가 1527년에 완성한 『성채건설학Befestigungslehre』은 탄도학적 관점의 투시도법 이론서라 할 수 있다. 카메라 옵스큐라를 그냥 오락용으로만 쓰였던 당대의 다른 많은 발명품보다 한 차원 높이 격상시켰던 그 심오한 목적은, 결국 투시도법적으로 정확히 조준점에 들어온 적을 쓰러뜨린다는 발포의 심오한 목적과 하나로 합쳐졌다. 이렇듯 근대 초기의 새로운 화기火器와 더불어, 카메라 옵스큐라는 투시도법의 도입으로 요약되는 시각의 혁명을 개시했다. 알다시피 인간은 석기시대부터 그림을 그렸지만, 브루넬레스키 이후에야 비로소 이미지 위에 그려지는 모든 요소들이 중앙에 구축된 단일한 소실점을 따라 정렬됐다.

이제 내가 제기한 두 번째 질문으로 가 보자. 브루넬레스키는 어떻게 전 세계로 확산되는 신성한 은총의 운동이 아니라 수학에 기초하는 회화 기법으로서의 투시도법을 정립하게 되었을까? 이미 살짝 훑어봤듯이, 브루넬레스키는 피렌체 세례당의 청동문 공모전에서 패배한 후 장인에서 수학자 겸 건축가로 변신했다. 그가 이처럼 수학적, 건축구조학적 지식을 갖고 있었음을 고려하면, 그 혁신의 근간이 무엇이었는지 적어도 가설은 세워볼 수 있다.

자크 라캉은 『정신분석의 네 가지 근본 개념Les quatres concepts fondamentaux de la psychanalyse』에서 프로이트가 완전히 간과했던 '응시'의 문제를 상세히 다뤘다. 관련 장을 꼭 읽어보길 바란다. 그런데 라캉이 '전이Übertragung'[4]

---

[4] 이 책의 핵심 개념인 '전송'도 독일어로 똑같이 'Übertragung'이라고 쓴다.

에 관한 세미나에서 투시도법의 기원 서사를 짧지만 극적으로 개괄했다는 사실은 그렇게 널리 알려지지 않았다. 라캉은 헤겔과 마찬가지로, 예술과 (또는) 숭배의 가장 오래된 형태가 건축이었다는 가설에서 출발한다. 하지만 헤겔과 달리, 라캉은 이런 건축의 중심부에 신이 사는 것이 아니라 (피라미드나 교회당 내부처럼) 시체가 있을 뿐임을 명확히 밝힌다. 이러한 시체는 자기가 머물 수 있는 텅 빈 공간, 그러니까 (브루넬레스키의 그림처럼) 어떤 구멍을 요구한다. 라캉은 심지어 신성한 존재 자체를 이처럼 건축구조적으로 열린 구멍, 어떤 부재의 현존으로 정의한다.

그런데 바로 여기서 라캉의 논지가 도약한다. 이집트 피라미드가 잘 보여주듯이, 그런 구멍을 마련하고 유지 보수하는 데는 비용이 아주 많이 들 수 있다. 오로지 하나의 비非장소를 에워싸기 위해 수백만 개의 돌이 쓰인다. 따라서 라캉은 투시도법이 그저 단순한 '절약' 차원에서 발명됐다고 본다. 성스러운 것의 구멍을 건설하는 대신, 그것을 투시도법의 소실점으로 그리면 훨씬 저렴하다는 것이다. 그런데 라캉은 초기 투시도법 회화를 패널화가 아니라 벽화로 간주하고, 이러한 회화적 혁신이 건축에 다시 즉각적으로 영향을 끼쳤다고 본다. 이를테면, 최초의 전前투시도법 회화가 발견됐던 아시시^{Assisi} 유적을 보자. 작년(1997년)의 지진 때문에 상당 부분 땅속으로 꺼져버렸지만, 아시시의 어떤 건물은 벽면이 전부 벽화로 뒤덮여 있었고, 그래서 투시도법적 구멍, 즉 건물에 실제로 구축되는 것이 아니라 저렴하게 상상적으로 존재하는 구멍을 보유할 수 있었다. 이러한 회화와 건축의 융합, 이를테면 바로크의 눈속임 그림 '트롱프뢰유$^{trompe\text{-}l'oeil}$'에 관해서는 나중에 다시 논하겠다.

불행히도 라캉은 브루넬레스키의 구멍 그림에 관해 들어본 적이 없었다. 만약 그 그림의 존재를 알았다면, 그는 모든 투시도법 회화가 하나의 구멍을 중심으로 구성된다는 것뿐만 아니라 건축과 회화의 연관성도 확인할 수 있었을 것이다. 브루넬레스키의 그림은 관람자가 보는 대상도 건축물(피렌체 세례당)이었고 투시도법적 환영이 나타나는 장소도 건축물(피렌체 대성당)이었다. 게다가 이 대성당은 브루넬레스키가 돔 건설에서 건설구조학적으로 탁월한 성취를 이룸으로써 비로소 완성된 건물이었다.

그럼 이제 도무지 끝날 것 같지 않은 브루넬레스키의 그림 이야기를 슬슬 마무리하자. 간단한 질문을 던져보겠다. 브루넬레스키는 대체 어떻게 그 그림을 그렸을까? 마네티가 제작에 관해서는 한 마디도 남기지 않은 까닭에, 모든 대답은 가설로 남을 수밖에 없다. 부쉬도 이 문제에 관해서는 "브루넬레스키의 그림 패널이 정확히 어떻게 제작될 수 있었는지는 알려진 바가 없다"고 입을 닫았다(Busch, 1995, p.402). 그런데 도쿄제국미술학교의 미술사학자 츠지 시게루[Tsuji Shigeru]가 이에 관해 한 가지 가설을 제시했다. 나는 이 가설이 지극히 타당하며 반론의 여지가 없다고 본다.

범죄소설의 모든 훌륭한 탐정들이 그렇듯이, 츠지는 주어진 사실에 의거해서 왜 하필 브루넬레스키가 그런 선택들을 했는지 질문한다. 어째서 이 그림은 대략 27cm^2밖에 안 될 정도로 크기가 작은가? 어째서 그는 대성당 중앙문에서 그림을 그렸나? 어째서 그는 명백하게 거울에 반전된 모습으로 그림을 그려서, 다시 거울을 써야만 세례당의 실제 모습과 광학적으로 일치하도록 했을까? 이 모든 질문에 대한 유일한 대답은, 브루넬레스키가 카메라 옵스큐라를 썼다는 것이다. 그러니까, 14세기의 로저 베이컨과 16세기의 레오나르도 다 빈치 사이의 잃어버린 고리가 바로 브루넬레스키였다는 말이다.

- 제1 논증: 브루넬레스키의 시대에는 렌즈가 없었다. 그래서 투영된 이미지 앞에 놓이는 구멍 뚫린 판은 햇빛이 날 때도 그늘이 지는 곳에 설치해야 했다. 이는 정확히 산타 마리아 델 피오레 성당 중앙문에 해당한다.
- 제2 논증: 투영될 대상 자체는 밝은 햇빛 아래 놓여야 했다. 이는 정확히 아침부터 정오 사이의 세례당에 해당한다.
- 제3 논증: 투영면의 크기는 일정하게 정해질 수밖에 없다. 너무 크면 이미지가 흐릿하게 어두워질 것이다. 그렇다고 너무 작으면 구멍 뚫린 판과 투영면 사이에 브루넬레스키가 손을 넣고 그림을 그릴 공간이 나오지 않을 것이다. 츠지는 피렌체의 실제 건축 구조적 비례와 삼각함수를 꼼꼼하게 활용해서, 브루넬레스키가 자신의 목적에 딱 맞는 그림 크기를 선택했음을 우아하게 보여 준다.
- 제4 논증: 브루넬레스키의 시대에는 한 면의 좌우를 자동으로 역전시킬 수 있는 기하학적 장치가 아직 개발되지 않았다. 다시 말해서, 1425년에 순전히 손으로 좌우 역상逆像을 제작했을 리는 없다. 만약 브루넬레스키가 손으로 그림을 그렸다면, 차라리 거울을 빼고 관람자가 그림 (뒤쪽이 아니라) 앞쪽을 보도록 할 수 있었을 것이다.

적어도 나는 여기까지 츠지의 논증이 완전무결하다고 본다. 아무래도, 어떤 미디어를 누가 발명했는지를 순전히 정황 증거만으로 밝혀냈다는 미디어 역사상 참으로 흔치 않은 사태가 벌어진 것 같다. 하지만 츠지는 브루넬레스키가 정말로 카메라 옵스큐라를 실용적인 드로잉 장치로 발명했다고 해도 그걸로 투시도법 회화의 모든 문제를 해결하지는 못했을 것임을 강조하는데, 이는 전적으로 옳은 지적이다. 카메라 옵스큐라는 실제로 존재하는 세계에서만 작동한다. 카메라 옵스큐라가 사진기로 발전했다는 것 자체가 그 결정적인 증거다. 사진기로는 존재하지 않는 것을 기록할 수 없다. 하지만 콰트로첸토$^{Quattrocento5)}$와 그 이후의 회화는 거의 언제나 신, 성인들, 현세적 권력자의 아름다움 등 존재하지 않는 것을 그리라는 명령을 받고 있었다. 그러니까 브루넬레스키의 계승자들이 답해야 할 질문은 간단했다. 어떻게 해야 카메라 옵스큐라의 기하학적 자동성을 본래의 장치에서 분리해서 다른 미디어로 옮길 수 있을까?

2.1.2.2 알베르티

그때 당시 다른 미디어는 종이뿐이었다. 그것은 중국에서 아랍을 거쳐 유럽에 도착했고, 수학, 과학, 회계학에 일대 혁신을 가져왔다. 이제 문제는 종이에 투시도법 드로잉을 기하학적으로 구성하는 방법, 특히 순수 환상이나 (건축 계획 같은) 미래의 꿈을 투시도법으로 그리는 방법이 무엇이냐는 것이었다. 이 문제를 처음 해결한 사람이 바로 브루넬레스키의 나이 어린 친구이자 제자였으며 또한 예술공학자이자 다방면의 발명가로 명성을 얻었던 레온 바티스타 알베르티다.

알베르티도 브루넬레스키와 마찬가지로 카메라 옵스큐라의 마법으로 피렌체 사람들을 놀라게 할 기회를 그냥 지나치지 않았던 것이 분명하다. 작자 미상의 전기를 보면 관련 일화가 다음과 같이 아름답게 서술되어 있다.

---

5) 이탈리아어로 '400'을 뜻하는 말로, 중세 말기와 르네상스 초기의 양식이 혼합된 1400년대 이탈리아의 문화적, 예술적 양상을 폭넓게 가리킨다.

그뿐만 아니라, 그는 회화 자체를 통해 관람자가 할 말을 잃고 제 눈을 의심할 법한 것을 만들었다. 그는 작은 구멍을 통해 작은 상자 속을 들여 다보게 했는데, 거기에는 엄청나게 넓은 호수 주변에 까마득히 높은 산맥과 드넓은 풍경이 펼쳐져 있었고, 어떤 것은 눈으로 볼 수 없을 만큼 멀리 있어서 시각적으로 분별할 수도 없었다. 그는 이런 것을 '실연實演'이라고 불렀다. 그것은 많이 본 사람이나 처음 보는 사람이나 매번 그림이 아니라 자연 현상 자체를 본다고 생각하게 되는 그런 유형이었다. 종류는 두 가지로, '낮의 실연'과 '밤의 실연'이 있었다. 밤의 실연에서는 아르크투루스, 플레이아데스, 오리온, 그 외 빛나는 별들이 보였고, 저녁 별빛을 받은 산꼭대기와 깎아지른 절벽 너머로 달이 떠올랐다. 낮의 실연에서는 광채를 내뿜는 신, 호머에 따르면 에오스가 한없이 넓은 세계만방에 '아침을 불러오는 자'로 선언했다는 바로 그 존재가 모습을 드러냈다. (Vasari, 1983, p.347, 주석 9번에서 재인용)

카메라 옵스큐라를 이보다 더 명확하게 정의할 수는 없을 것이다. 그것은 모든 기독교 세계에 대적하는 태양숭배이며, 그리스인들에게는 신들의 귀환을 의미한다. 그런 만큼, 이제는 헬리오스와 (또는) 알베르티가 성취한 이 업적, 즉 존재자를 온전히 드러내는 이 새로운 방식을 피렌체 너머 세계만방에 전해야 했다. 알베르티는 펜을 쥐고 (당시는 아직 구텐베르크가 그의 기술을 개발하기 전이었다) 감사한 마음을 담아 스승 브루넬레스키에게 자신의 『회화론*Della Pittura*』을 헌정했다. 이 책은 1435년 이탈리아어로 발표됐고 이듬해 학술 라틴어로도 출간됐다.

이 논문집의 제1권은 "전혀 새로운 분야"를 소개한다고 밝히고 있는데, 이런 표현은 책 내용이 고대의 "선대先代 작가들"과 무관하다고 명시적으로 천명하는 것이다(알베르티, 2011, p.112) 알베르티는 투시도법을 자유로운 기하학적 구성으로 자리매김하기 위해 '이상적인 창' 또는 그저 '상상 속의 창' 개념을 개발했다. 이 '열린 창fenestra aperta'은 지난 20년 동안 컴퓨터 스크린에 소위 '윈도'의 은총을 베풀었던 그 모든 '그래픽 유저 인터페이스graphic user interface'의 시조에 해당할 것이다. 마이크로소프트 윈도와 마찬가지로, 알베르티의 창도 당연히 사각형 형태였고 그래서 더 작은 창들로 쉽게 분해될 수 있었다. 알베르티는 가로 세로로 끈을 엮어서 작은 사각형 모양 구멍을 형성한 그물망을 이러한 격자화의 모델 또는 은유로 제시했다. 그것은 정말 엄청난 발명품이었다. 말하자면, 브루넬레스키의 단일한 구멍이 알베르티에 이르러 수천 개의 눈이 달린 아르고스가 된 셈이었다. 실제로 알베르티는 후대의 뒤러와 마찬가지로, 이렇게 수많은 구멍들 각각을 통해 세계 속에서 그 진정한 모델 또는 이상적인 예술의 형체를 읽어내는 것이 눈의 임무라고 썼다.

하지만 알베르티의 진짜 비결은, 창을 가상적 개념으로 탈바꿈했듯이 이러한 눈의 시각적 활동을 가상화했다는 데 있었다. 그는 1) 화가용 캔버스의 물적 토대인 캔버스 천 대신 종이를 준비하고, 2) 세계를 들여다보기 위한 장치였던 격자 모양 사각형을 드로잉 용지 위에 옮겨 그렸다. 그러면 이제 3) 이 체크무늬 사각형과 그 경계부에 (뒤러가 말하는 '직선자와 컴퍼스'로) 투시도법 법칙에 꼭 맞는 정확한 비례의 드로잉을 기하학적으로 구성할 수 있었다. 알베르티는 제목에서 밝혔다시피 수학자가 아니라 화가를 위해 이 논문을 썼다고 명시적으로 강조했으며, 그래서 선과 각의 정답고 오랜 유클리드적 관계를 넘어선 수학적 지식을 끌고 들어오지 않았다. 다시 말해서, 이 논문은 새로운 삼각함수표의 도움을 전혀 구하지 않았다. 여기에 흥미와 궁금증을 한층 배가시키는 역사적 사실이 하나 있다. 최고의 삼각함수표를 만들었던 레기오몬타누스가 이탈리아 여행 중에 페라라에서 알베르티를 만난 적이 있다는 것이다. 그들이 무슨 대화를 나눴는지 알 수 있다면 얼마나 좋을까.

하지만 그 내용은 영영 알 수 없다. 그러니 우리는 다음과 같은 간단한 역사적 질문 하나 제대로 해명하지 못한다. 대체 15세기에 무슨 일이 있었기에 이렇게 급진적인 변환이 발생했는가? 어떻게 평면적인 세밀화가 투시도법 패널화로 변모하고, 신의 피조물이 본래적으로 회화적 속성을 갖는다는 관념에서 카메라 옵스큐라의 메커니즘이 나타났을까?

앞서 총포의 발명에 관해 논할 때도 살짝 언급했지만, 포탄을 쏠 때 투시도법적으로 보는 법을 배워야 했던 까닭은 따로 설명할 필요도 없다. 하지만 브루넬레스키가 구멍 뚫린 그림으로 실험을 한 후에 화가들이 투시도법적으로 보는 법을 배워야 했던 까닭은 대체 무엇인가? 과거 미술사가들은 단순히 어떤 '양식을 향한 의지Stillwillen'가 새로운 르네상스 미술을 촉구했다는 식으로 이 문제를 설명했다. 하지만 다음과 같은 사실은 더 나은 설명의 가능성을 제공한다. 카메라 옵스큐라 실험은 아주 초기에만 보통 크기의 암실에서 이뤄졌고, 얼마 지나지 않아 휴대 가능한 소형 상자로 대체됐다. (붙박이 교회당과 휴대 가능한 성경의 차이를 생각해 보라.) 그리고 카메라 옵스큐라를 가진 화가는 이제 "자연을 따라 그린다"는 저 아름다운 문구를 문자 그대로 실행할 수 있었다. 빛과 그 빛을 받은 모든 것이 작은 휴대용 상자를 통해 스스로 평면상에 전달되면, 화가는 평면에 맺힌 상을 그저 따라 그리기만 하면 됐기 때문이다. 플라톤의 동굴 비유에서 인형을 부리는 사람들이 항아리나 그 비슷한 물건들의 실루엣을 만들었듯이, 사람들은 언제나 어떤 식으로든 자연을 따라 그렸다. 하지만 화가의 손을 어떤 실험 설계의 하위 기능으로 부속시킨 경우는 여태껏 한 번도 없었다. 그런데 카메라 옵스큐라는 (아른하임의 사진 이론을 예측이라도 한 듯이) 정보의 광학적 전송과 광학적 저장을 최초로 결합하면서, 전송 기능은 완전히 자동화했지만 저장 기능은 그렇게 못 해서 사람 손을 빌렸다.

　이런 수작업적 한계가 있기는 했지만, 해석학적 미술사 연구가 상상할 수 있는 것보다 훨씬 더 많은 이미지와 드로잉이 카메라 옵스큐라의 매개로 생성됐다. 카메라 옵스큐라의 장점은 명백했다. 광학적 수신기(카메라 옵스큐라)와 인간 수신부(화가)가 결합해서 도출한 최종 드로잉은 확실히 예전보다 훨씬 더 정확했다. 그래서 뒤러는 이를 의기양양한 자기 지시적 드로잉의 주제로 삼기도 했다. 그는 화가가 방 안에 설치된 격자 또는 카메라 옵스큐라를 통해 한 여성을 종이에 옮겨 그리는 장면을 (그러니까 교육용으로) 기록했다. 나는 여기서도 새로운 기술의 시험 대상이 여성이었다는 점만 짚고 넘어가겠다. 우리의 관심사는 미디어의 역사이지 사랑 이야기가 아니므로, 전반적인 상황의 목적에 관해 지나치게 추측을 남발하고 싶지는 않다.

　앞서 말했듯이, 알베르티가 페라라의 궁정에서 레기오몬타누스와 더불어 삼각함수와 투시도법에 관해 논했는지는 알 수 없다. 하지만 알베르티가 노년에 나누었던 또 다른 대화의 내용은 알려져 있다. 이 대화는 알베르티 본인에 의해 전해진 것으로, 15세기 중반에 기술적 미디어의 근대화가 추동된 이유에 관해 의외의 정보를 제공한다. 정확히는 알 수 없지만 1462년 혹은 1463년, 레온 바티스타 알베르티는 하필이면 바티칸 정원에서, 하필이면 다토^{Dato}라는 교황청 기밀 서기관과 함께 산책했다. 여기서 꼭 알아야 하는 것이, 텍스트를 암호화하고 해독하는 고급 기술은 고대부터 존재했지만 중세에는 별로 쓰이지 않았다. 암호 전문가는 대개 근대 외교의 발상지로 통하는 바티칸과 베네치아 시뇨리아에서나 필요한 존재였다. 정말 딱 들어맞는 이름을 가진 이 다토라는 사람도 그중 하나였다. ('다토'는 '데이터^{data}'의 단수형이다.)

　그런데 알베르티는 완전히 딴소리로 말문을 열었다. 그는 여기 바티칸 정원에서 담소를 나누며 보낸 한 시간 동안, "마인츠의 그 남자"는 고대 지식이 담긴 희소하고 대체 불가능한 원고를 인쇄기로 수십, 수백 본이나 복제할 것이라고 말했다. 다시 말해서, 알베르티는 아주 명시적으로 자기 자신을 구텐베르크의 동시대인으로 파악했다. 그러자 다토는 (정확하게 알려지지는 않지만) 대략 이렇게 답했다고 한다. 이 세상의 모든 구텐베르크들에도 불구하고, 불행히도 자신의 암호 처리 작업은 여전히 길고 지루한 수작업으로 남으리라고.

알베르티는 이러한 불평을 그냥 흘려 듣지 않았던 모양이다. 그는 즉각 자리에 앉아서 당연히 한 손에 깃털 펜을 쥐고 생각했다. 어떻게 하면 비밀 메시지를 더 빨리 암호화하고 또 해독할 수 있을까? 이를테면 구텐베르크 활자가 필사筆寫를 더 빠르게 (혹은 완전히 불필요하게) 만들었던 것처럼 말이다. 그 결과 탄생한 것이 알베르티의 『암호론*De Componendis Cifris*』이다. 선도적인 암호학 역사가 데이비드 칸David Kahn 은, 이 책이 소위 컴퓨터 시대라는 오늘날까지도 모든 암호학의 근간을 제공한다고 단언한다.

알베르티는 두 가지 혁신을 도입했는데, 하나는 섀넌이 말하는 송신기에 관한 것이고, 다른 하나는 섀넌이 말하는 수신기에 관한 것이다. 카이사르Julius Caesar나 아우구스투스Caesar Augustus 같은 로마 황제들은 그냥 모든 문자를 알파벳 순서대로 한두 자리씩 뒤로 옮겨 쓰는 방식으로 메시지를 암호화했다. 그런데 아우구스투스는 모듈러 연산[6]에 능통하지 않아서 마지막 문자 X를 A로 암호화하지는 않았다고 한다 (Suetonious, 1979, pp.39, 102). 이런 방식을 쓰면 신속하게 암호화할 수

---

6) 모듈러 연산은 정해진 숫자로 나눈 나머지 값을 구하는 연산으로, 일상에서는 시계나 요일처럼 주기를 갖는 값을 계산할 때 사용하며 암호학에도 쓰인다.

있지만 그만큼 암호를 깨기도 쉬웠다. 그래서 알베르티는 구텐베르크 인쇄기에 쓰이는 활자의 원리를 암호학에 적용했다. 그는 정해진 코드에 따라 한 문자를 몇 칸 뒤로 밀어서 쓰고 나면, 그다음 문자는 원래보다 한 칸 더 뒤로 밀어서 종이에 옮겨 적는 방법을 고안했다. 매번 한 문자를 암호화할 때마다 코드 자체를 계속 (일정한 규칙에 따라서) 바꾸는 것이다. 이는 오늘날까지 소위 '다중문자' 암호 처리의 기본 원리로 남아 있다.

암호학 분야에서 알베르티의 혁신은 정확히 구텐베르크적이었다. 인쇄기는 정상적인 텍스트를 인쇄하는 데 E자가 (이를테면) X자나 Y자보다 더 많이 필요하다는 사실을 처음으로 실질적인 수준에서 확인시켜 주었다. 이는 식자공의 활자통을 힐끗 보기만 해도 금방 알 수 있다. 에드거 앨런 포Edgar Allan Poe의 「X투성이의 글X-ing a Paragrab」도 그랬지만,[7] 알베르티도 바로 그런 시선으로 구식 수작업 방식으로 암호화된 (그러니까 자신의 다중문자 기법을 따르지 않은) 텍스트를 살펴보았다. 이런 글에서 Y자가 E자보다 더 많다면, 아마도 E자가 Y자로 암호화된 것이라고 간단히 추측할 수 있다. 다시 말해서, 알베르티는 처음으로 일상 언어적 의미 또는 의미론이라는 신성한 제국 안으로 숫자 또는 수학의 냉정함을 가지고 들어왔다.

---

[7] 소설 속에서, 활자통에 O자가 없어서 그 대신 남아도는 X자로 채워넣고 신문을 조판했다가 한바탕 소동이 벌어진다.

2.1.3 영향

2.1.3.1 투시도법과 활판인쇄

이렇게 텍스트 미디어 쪽으로 한참 우회하는 동안 적어도 이것만은 확실해졌을 것이다. 그것은 바로, 알베르티가 글쓰기나 그리기 같은 오랜 수작업 기술을 수학화했으며, 어쨌든 그렇게 근대화를 이룩하는 과정에서 구텐베르크의 공로를 명시적으로 인정했다는 사실이다. 그렇다면 역으로, 이처럼 알베르티가 구텐베르크의 공로라고 말하는 것을 알베르티 본인이 성취한 그림의 수학화에 대입할 수도 있지 않겠느냐고 질문해볼 수 있다. 내가 입증할 수 있는 것은 아니지만, 여기 부쉬의 흥미로운 인용문이 있다. 다른 사람도 아니고 이 모든 화가들의 동시대인이자 전기 작가였던 조르조 바사리Giorgio Varasi가 1550년에 『이탈리아의 뛰어난 건축가, 화가, 조각가의 생애Le Vite de'più eccellenti architetti, pittori, et scultori italiani』에서 이렇게 썼다고 한다. "1457년, 독일인 구텐베르크가 활판인쇄 기술을 발명했을 무렵, 레온 바티스타도 {회화의 영역에서} 그와 유사한 것을 발견했다."(Vasari, 1983, p.346) 국가적 자부심이 솟구치던 시대에, 이 말의 속뜻은 이탈리아가 독일만큼 기술적으로 명성을 떨치게 됐다는 의미였을 것이다. 이렇듯 동시대인들은 인공적 글쓰기의 기술ars artificialiter scribendi과 인공적 투시도법의 기술perspectiva artificiosa이 실제로 연관되어 있음을 이미 간파했던 것 같다. 이러한 추측은 이론적으로 뒷받침할 수 있다.

매클루언이 선포했듯이, 한 미디어의 내용은 언제나 또 다른 미디어다. 카메라 옵스큐라를 제작하는 방법과 그 장치를 화가와 살아 있는 대상 사이에 최적의 상태로 설치하는 방법을 기술하는 르네상스 드로잉은, 그 자체가 다시 책을 통해서 (특히 교재를 통해서) 저장되고 전수

됐다. 우리는 여기서 처음으로 (하지만 결코 마지막은 아닌데) 미디어 복합체 비슷한 무언가와 마주친다. 한편에는 인쇄된 책이 있고, 다른 한편에는 카메라 옵스큐라나 투시도법적 기하학으로 정확성을 높인 드로잉이 있다. 이렇게 나란히 놓고 보면 두 미디어의 최소공배수가 금세 명백히 드러난다. 구텐베르크의 발명 덕분에 처음으로 어떤 책 또는 적어도 어떤 판본의 모든 사본이 동일한 텍스트, 동일한 인쇄 오류, 동일한 쪽수를 나타내게 됐다. 또는 한스 마그누스 엔첸스베르거Hans Magnus Enzensberger가 구텐베르크에 대한 송시에 쓴 것처럼, "여기 이 페이지가 다른 천 페이지와 똑같이" 됐다(Enzensberger, 1975, p.9). (하물며 내가 강의 원고와 다른 많은 글을 썼던 컴퓨터 소프트웨어가 어느 정도의 동일성을 창출하는지는 더 말할 필요도 없을 것이다.)

여기서 엘리자베스 아이젠슈타인Elizabeth Eisenstein은 아주 설득력 있는 가설을 제시한다. 손으로 직접 쓰던 미디어를 새로이 기계적으로 완벽하게 복제할 수 있게 되면서 다른 수작업 기술에도 경쟁의 압력이 가해졌다는 것이다. 복제 가능한 책의 존재는 그 자체로 똑같이 복제 가능하고 똑같이 정확한 도판을 요구했다. 이는 독자나 예술 애호가를 즐겁게 하기 위해서가 아니라, 기술적 지식을 저장 가능하고 전송 가능하게 만들기 위해서였다. (새로 발명된 활판인쇄술은 그렇게 저장하고 전송해야 하는 기술적 지식의 가장 찬란한 사례였다.) 아이젠슈타인은 근대 유럽에서 기술, 과학, 공학이 엄청나게 발전한 것이 기술 도면, 건축 도면, 계획안의 접근 가능성이 커진 것과 직결된다고 본다. 그런 도판은 확고부동하게 한 장의 원본을 복사한 것이었기 때문에 어느 사본을 봐도 다 똑같이 보였다. 이런 복제 가능성을 확보하지 못한 다른 문화권에서는 드로잉을 계속 복사하고 또 복사하는 과정에서 계속 오류가 늘어나고 노이즈가 발생했지만, 알다시피 당시 유럽에서는 목판·동판 인쇄 기술이 새로 개발되거나 거의 완성 단계에 도달해서 복제 가능성을 보장했다. 하지만 대체 무엇이, 또는 누가, 원본이 진짜 원본(여성 또는 카메라 옵스큐라 그 자체)의 정확한 복제라고 보증했을까? 나는 과학에 입각한 투시도법과 그 기술적 도구, 그러니까 또다시 카메라 옵스큐라가 바로 그 보증의 역할을 맡았으리라고 추측한다. 카메라 옵스큐라는 아직 사진이나 영화에서 말하는 '카메라'가 아니어서 드로잉과 그리기의 수작업을 대체할 수는 없었지만, 그럼에도 이러한 수작업은 카메라 옵스큐라의 과학·기술적 통제 아래 놓였다. 구텐베르크가 인쇄술을 발명하기 전까지 수천 년 동안은 모든 수공업 장인이 오로지 길드 회원에게만 작업의 비밀을 전수해서 다음 세대로 계승시켰다는 것, 게다가 비밀 엄수가 성공을 약속하는 너무나 중요한 문제여서 그것을 중심으로 (이를테면 대장장이들 사이에) 온갖 의례와 의식이 형성됐다는 것을 생각해 보라. 그러면 이제 인쇄본의 등장으로 설명문이 붙은 도면을 믿고 의지할 수 있게 되면서 어떤 변화가 일어났을지 대략 감이 잡힐 것이다. 길드의 진짜 비밀이 원칙적으로 독학 가능한 공학자의 지식으로 대체되면서, 길드의 의례적 비밀은 협회에서 특별히 발명한 보충적 비밀로 대체됐다. (프리메이슨Freemason이 주로 석공의 전통적 실행을 바탕으로 상상적인 이론을 만든 것이 바로 그런 예다.)

    인쇄기술 덕분에 독학자가 나타날 수 있게 됐다는 것, 이것이 핵심이다. 책은 기술 혁신 자체가 싹틀 수 있도록 토양 역할을 하는 미디어가 됐다. 텍스트에 포함된 기술적 드로잉 덕분에, 기술 혁신은 안전하게 저장되고 전승되면서 계속 진행될 수 있었다. 제분소나 카메라 옵스큐라를 이해하려면, 소위 '실물'보다는 모형이 더 파악하기 쉽다. 그러니 여태까지 활판인쇄의 역사를 둘러본 것은 쓸데없이 길을 돌아간 것이 아니었다. 덕분에, 이제 우리는 달리 설명할 방도가 없는 놀라운 사실,

즉 유럽이 다른 문화권과 달리 르네상스 이후 연이어 또 다른 기술적 미디어들을 내놓게 된 역사적 토대가 무엇인지 알게 됐다. 간단히 말하자면, 구텐베르크의 활판인쇄는 그 자신을 능가하게 될 다른 모든 것들, 사진에서 컴퓨터에 이르는 다른 모든 새로운 미디어들의 가능성을 개방했다. 그것은 다른 미디어들을 해방시켰던 독특한 미디어이며, 이런 속성은 뒤러의 시대나 오늘날이나 변함이 없다. 명세서, 안내서, 기술 도면이 없다면 새로운 컴퓨터 세대도 있을 수 없을 것이다.

2.1.3.2 자연의 직접 인쇄

투시도법과 카메라 옵스큐라의 실용적 쓰임에 관한 이러한 가설을 입증하는 몇 가지 증거가 있다. 첫 번째 증거는 사진의 전사에도 들어가는 중요한 일화로, 카메라 옵스큐라의 치명적 약점인 이미지의 수동 저장 문제를 해결하려는 시도가 이미 17세기부터 있었다는 사실이다. 볼로냐의 해부학자 베살리우스Andreas Vesalius와 바젤의 식물학자 게스너Conrad Gessner가 제각기 인간 신체와 식물계에 관해 알 수 있는 모든 것을 인쇄용 잉크와 인쇄 도판으로 찍어낸다는 획기적인 임무를 맡은 다음부터, 정확한 도판에 대한 수요가 크게 늘었다. 그러면서 1657년부터 몇몇 자연학자들이 목판·동판화가를 거치지 않고 연구 대상을 인쇄용지에 바로 옮기는 방법을 실험하기 시작했다. 특히 매직 랜턴과 관련해서 나중에 또 등장하게 될 발겐스테인Thomas Walgenstein이라는 덴마크인은 나뭇잎을 특별하게 처리해서 바로 인쇄하는 데 성공했다고 한다. 그는 처음에는 나뭇잎을 훈증해서 그을음을 묻혔다가 꽉 눌러 찍었지만, 나중에는 구텐베르크의 인쇄용 잉크를 써서 나뭇잎을 찍어냈다. 어느 쪽이든 이미지는 원래 크기와 세부 모양이 그대로 살아 있었지만, 아쉽게도 식물학적인 나뭇잎 한쪽으로는 구텐베르크식 인쇄물 몇 쪽을 만드는 것이 고작이었다. 나뭇잎이 금세 닳거나 찢어져서 다른 나뭇잎을 써야 했기 때문이다. 에더$^{Josef\ Maria\ Eder}$의 크고 오래된 책 『사진의 역사$^{Geschichte\ der\ Photographie}$』에서 강조하듯이, 어쨌거나 이런 시도는 인쇄 기술로 글쓰기를 복제할 수 있게 된 것과 마찬가지로 과학 도판의 기술적 복제 가능성을 확립하려는 명확한 경향을 보인다(Eder, 1905, I, p.20). 이는 분명 에더가 가정하듯이 동판·목판화가에 들어가는 돈을 아끼려는 목적도 있었겠지만, 당시 관점에서 복제의 과학성을 높여서 다른 미디어와 경쟁할 수 있는 정확성을 확보하려는 목적도 있었다. 그럼 이제 투시도법적 재현, 카메라 옵스큐라, 구텐베르크 기술의 연관성이 명백해졌을 것이다. 요점만 간단히 하자면 이렇게 공식화할 수도 있겠다. 즉, 〔나뭇잎〕 한 쪽이 〔책의〕 한 쪽으로 변모했다. 들판, 숲, 초원의 식물이 광학적 미디어의 내용이 된 것이다.

2.1.3.3 유럽의 식민 열강

내가 입수한 두 번째 역사적 증거는 (적어도 정치적 올바름에 연연하지 않는 사람들에게는) 더 재미있거나 더 의미심장할 것이다. 새뮤얼 에저튼은 『조토가 남긴 기하학의 유산$^{The\ Heritage\ of\ Giotto's\ Geometry}$』이라는 멋진 책에서, 예수회 신부들이 1600년경부터 전도 목적으로 중국 명나라를 집단으로 방문해서 나름대로 성공을 거뒀던 일을 거론한다. 그 선교사들이 다른 종파가 아니라 왜 하필 예수회 소속이었는지는 아직도 확실히 해명되지 않았다.

여하간 그때 베이징에서 마테오 리치$^{Matteo\ Ricci}$ 신부와 그 추종자들이 대규모 계몽 운동을 시작했다. 그들은 도서관에 과학 도서를 구비했는데, 믿거나 말거나 그중 19권이 일점투시도법 교재였다고 한다(Edgerton, 1991, p.261). 예수회는 이교도를 개종하기 위해 경건한 기독교 이미지를 제작해서 유포할 계획을 세웠다. 이는 그 자체로는 너무나 추상적인 신학을 보조하는 한 가지 방법으로서 이미 중남미에서 성공을 거둔 바 있었다. 하지만 여기서 바티칸의 예수회 담당자가 큰 실수를 저질렀다. 그는 기독교 이미지를 중국 문화의 도상학적 세계로 번안할 원주민 원화가와 동판화가가 여기 베이징이 아니라 멀리 일본에서 훈련받아야 한다고 결정했다(Edgerton, 1991, p.266). 다시 말해서, 소위 원주민에게 그림 그리는 법을 교육할 목적으로 들여왔던 투시도법 교재 19권은 무용지물이 됐다.

그래서 결국 터질 일이 터지고 말았다. 1627년, 요하네스 아담 샬 폰 벨Johannes Adam Schall von Bell 신부는 "극서極西 지역의 기묘한 기계들에 관한 다이어그램과 설명"을 담은 4권의 야심작을 베이징 인쇄소로 보내기로 결정했다(Edgerton, 1991, p.271). 소위 '기계 극장Theatra machinarum' 이라는 이 장르는 공교롭게도 르네상스 시대부터 널리 유행한 것으로, 대개 실제나 허구의 기계를 투시도법으로 정확히 묘사한 목판·동판화가 실려 있어서, 독자가 그 이차원 이미지를 본떠 삼차원 기계를 제작할 수 있었다. 샬의 원주민, 그러니까 아마도 일본인 목판화가들은 바로 이 책을 놓고 복제 작업에 착수했다. 하지만 중국어 번역문이 달린 유럽의 '기계 극장'이 바로 눈앞에 있었는데도, 그들은 기계 모형을 투시도법적으로 정확한 비율로 똑같이 그려낼 수 없었다.

이렇게 왜곡된 인쇄 도판은 중국 제국에서 백과사전이나 과학·기술 안내서 형식으로 19세기의 처음 수십 년이 지날 때까지도 계속 발행됐다. 그 결과는 쉽게 상상할 수 있을 것이다. 중세에 세계 최고의 기술 대국이었던 중국은 어느 선에서 발전이 정체됐고, 이는 1840년부터 영국과 다른 유럽 열강이 중국과의 전쟁에서 연이어 승리를 거둘 수 있었던 한 가지 요인이었다. 여기서 우리가 알 수 있는 것은, 투시도법이 단순히 미학적이고 예술적인 취향의 변동이 아니라 모든 광학적 가치에 대한 전면적인 기술적 재평가라는 사실이다. 중국 명나라나 만주 제국의 사례에서 볼 수 있듯이, 투시도법은 그것을 수행하는 데 필요한 수학적 노하우가 없으면 제대로 파악할 수가 없었다. 나중에 또 등장할 호프만E. T. A. Hoffman의 소설을 보면, 하필이면 "어떤 중국인"이 어떻게 "대상이 멀리 있으면 작아지느냐"라는 "멍청한 질문"을 제기한다(Hoffmann, 1967, p.420). 투시도법은 1850년경 일본과 다른 지역에 다시 한 번 도달하기 전까지 근대 유럽 열강의 신비로 남아 있었다.

이제 섀넌이 말하는 수신기의 시점에서 투시도법에 관한 논의를 마무리하자. 카메라 옵스큐라는 빛을 포착하여 영사하지만 그것을 수신기에 송신해 주지는 못한다. 송신 기능은 수천 년 동안 거울과 횃불을 이용한 단순한 신호 체계의 몫으로 남았으며, 주로 전투 중에 전세를 결정하는 결정적인 요인으로 작용했다. 아인슈타인이 광속이 더 이상 돌파할 수 없는 속도임을 입증하기 훨씬 전부터, 전사戰士들은 순간적인 정보 전송의 장점을 알고 있었다.

2.2 매직 랜턴과 세계상의 시대

그러므로 내 간략한 미술사 강의의 마지막 과제는, 이미지가 언제 어떻게 왜 송신 장치까지 획득해서 우편 통신 같은 고전적 교통수단 없이 스스로 전송될 수 있게 됐는지 설명하는 것이다. 이 송신 장치는 카메라 옵스큐라의 (역사적 쌍둥이는 아니지만) 기술적 쌍둥이로서, '라테르나 마기카Laterna Magica', 그러니까 '매직 랜턴magic lantern'이라는 애칭으로 통했다.

매직 랜턴은 카메라 옵스큐라를 그냥 안팎으로 뒤집은 것과 같다. 벽에 뚫린 구멍이 내부 시스템과 외부 환경을 분리한다는 점은 동일하다. 하지만 카메라 옵스큐라는 태양 광원이 외부 환경의 이미지를 시스템 내부로 전송하는 데 반해, 매직 랜턴은 인공 광원이 시스템 내부에서 작동한다. 인공 광원은 처음에는 그냥 촛불이 쓰였는데, 중간에 설치된 오목거울이나 (나중에는) 렌즈 장치가 그 빛을 반사광 또는 투과광 형태로 모아서 원판 쪽으로 보낸다. 원판은 윤곽선을 그리고 대개 색깔도 입힌 그림으로, 여기에 빛이 가해지면 앞서 말한 구멍을 통해 좌우 역전된 형태로 그림이 영사되고, 그러면 최종적으로 (모든 영화 스크린의 시조라 할 수 있는) 영사용 판에 상이 맺힌다. 여기까지 기본 원리를 알아봤으니, 이제 역사를 살펴보자.

2.2.1 매직 랜턴의 작용

사진업자이자 사진사를 연구하는 학자로서 고향 뒤셀도르프에 그의 이름을 딴 거리가 생기는 영예를 누리기도 했던 파울 리제강^{F. Paul Liesegang}에 따르면, 매직 랜턴의 직계 선조는 바로 불스아이 랜턴^{bull's eye lantern[8]}이라고 한다. 이러한 계보는 (미셸 푸코와 더불어) 매직 랜턴에 전쟁의 빛을 드리우기에 안성맞춤이다. 공식적으로 불스아이 랜턴은 전쟁터를 밝히는 데만 쓰도록 허용됐지만, 사냥꾼, 어부, 밀렵꾼, 살인자들도 비공식적이고 불법적인 방식으로 이 장치를 사용했다. 오늘날에도 에게 해에서 작업하는 그리스 어선들은 한밤중에 불스아이 랜턴을 써서, 나방을 비롯한 각종 희생양을 결코 빠져나갈 수 없는 빛의 덫으로

---

8) 독일어로는 'Blendlaterne(눈을 부시게 하는 등)'이라고 하는데, 렌즈로 빛을 모아서 쏘는 일종의 구식 스포트라이트다.

꾀어든다. 비슷한 이유로 절대주의 시대에는 불스아이 랜턴의 사용이 금지됐다. 독일 제후국들은 군주가 사냥을 절대 독점하고 있어서, 밀렵꾼들이 불스아이 랜턴을 써서 (자동차, 헤드라이트, 아스팔트 길을 건너다 죽은 야생동물이 발명되기 한참 전에) 군주가 토끼, 노루, 사슴을 추적하는 즐거움을 망치는 것을 문제 삼았다. 프랑스는 살인자들이 불스아이 랜턴으로 마치 뱀처럼 희생자의 움직임을 마비시킬 수 있다고 해서 사용이 발각되면 사형에 처했다. 사진술이 등장하기 훨씬 전부터, 움직임을 고정하는 것은 치명적인 작용이었다. 전투용 조명으로서 불스아이 랜턴의 용도는 아군의 움직임을 용이하게 하는 것뿐만 아니라 적군의 움직임을 불가능하게 하는 것이었다.

그런데 아쉽게도, 불스아이 랜턴의 후손이라는 매직 랜턴은 전혀 다른 문제에 봉착했다. 매직 랜턴은 움직임을 불가능하게 하는 것이 아니라 움직임을 시뮬레이션해야 했다. 카메라 옵스큐라가 움직이는 대상의 이미지도 영사할 수 있게 했다면, 매직 랜턴은 정확히 카메라 옵스큐라를 역전시킨 방식으로 작동했다. 렌즈 장치 앞에서 대상의 이미지를 움직이면, 거울에 반사된 광원의 빛이 그 이미지를 확대 영사했고, 그 결과는 당연히 아주 생생하고 무시무시한 효과를 냈다. 심지어 (믿거나 말거나) 이미지 출력기가 12개나 되는 영사 장치도 있었다고 한다. 송신부에서 군인 한 명이 시범을 보이면, 수신부에서 (여러분도 짐작할 수 있겠지만) 군인 12명이 당시 개발된 군대식 행진법에 따라 발을 맞추며 군인이라면 누구나 알아야 하는 위협 동작을 시행했다는 것이다. 기존의 불스아이 랜턴이 다른 모든 형태 중에서 오로지 빛 자체만 활용하는 전략적 기술을 구사했다면, 이제 그것은 이미지와 형태를 통해서 지배하는 매직 랜턴의 상상적 기술로 변모했다. 한층 근대적인 거울 장치나 렌즈 장치가 장착됐다는 사실만 빼면 매직 랜턴은 카메라 옵스큐라의 역상이다. 그래서 예전의 역사가들은 카메라 옵스큐라의 뿌리를 캐면 나오는 바로 그 르네상스의 연구자들이 매직 랜턴도 발명했으리라 여겼다. 그런데 지금은 잠바티스타 델라 포르타가 살던 시대에는 실제로 작동하는 매직 랜턴이 있을 수 없었음이 입증되었다. 매직 랜턴은 한 세기 후인 1659년에야 처음 등장해서 (사후적으로 말하자면) 믿기지 않는 궤적을 그리기 시작한다. 이렇게 시차가 발생한 데는 과학·기술적 이유가 있다. 오늘날의 모든 광학적 미디어와 마찬가지로, 매직 랜턴이 가능해지려면 먼저 실용적인 렌즈 장치가 개발돼야 했던 것이다. 그런데 상세하게 논의해볼 만한 또 다른 은밀한 이유가 하나 더 있다. 이 두 번째 이유를 추적하다 보면, 우리는 마치 그 옛날 파우스트처럼 먼지투성이 강단에서 마법과 요술의 세계로 이끌려 가게 된다.

2.2.2 실현

먼저 기술적 이유와 관련해서, 매직 랜턴이 카메라 옵스큐라처럼 예술가와 화가의 작품이 아니라 두 명의 수학자가 만든 것으로 추정된다는 사실은 우연이 아니다. 그중 하나는 앞서 나뭇잎으로 자연의 직접 인쇄를 성사시켰다는 덴마크인 토마스 발겐스테인이고, 다른 하나는 네덜란드의 위대한 수학자 겸 물리학자 겸 천문학자 크리스티안 하위헌스Christian Huygens다. 발겐스테인은 당시 명문 학교였던 레이덴대학교에서 크리스티안 하위헌스와 함께 공부했으며, 그래서 하위헌스가 한동안 열중하다가 손을 놓은 "시답잖은 것"을 (그가 그렇게 말했다고 한다) 양산 단계까지 개발해서 큰 파문을 불러왔다(Schmitz, 1981-95, I, p.294). 그리고 하위헌스는 빛의 파동성을 이론적으로 설명해서 훗날 TV 수상기의 과학적 밑거름을 제공하기도 했지만, 광학적 렌즈 장치를 실용적으로 개량한 장본인이라는 점에서 이 시답잖은 것[매직 랜턴]과 그 역상

[카메라 옵스큐라]에 실질적으로 관련이 있었다. 하위헌스는 이 렌즈를 써서 실제로 사용 가능한 망원경을 역사상 처음으로 제작했다. 이렇듯 17세기에 이르러 눈이 안경과 렌즈, 망원경과 현미경으로 무장하면서 어떤 단절을 일으켰는지 여러분도 짐작이 갈 것이다. 현미경이 눈에 안 보일 만큼 작은 대상(이를테면, 정자)의 존재를 입증하고, 망원경이 눈에 안 보일 만큼 큰 대상(이를테면, 금성의 상이나 토성의 고리)의 존재를 입증하면서, 존재하는 것은 모두 가시적이라는 기존의 가정이 산산이 부서졌다. 알다시피, 이 같은 극대와 극소의 문제는 파스칼 철학의 절반이고 라이프니츠 미적분학의 전부이다. 공교롭게도, 라이프니츠가 미적분학을 개발한 것도 하필이면 하위헌스와 어울리던 때였다.

2.2.3 영향

2.2.3.1 선전

카메라 옵스큐라와 마찬가지로, 매직 랜턴이 이후 수 세기 동안 널리 사용된 것을 순전히 과학·기술의 선형적 진보 탓으로 돌릴 수만은 없다. 매직 랜턴의 사용을 기록한 최초의 문헌에 따르면 원래 그 장치는 과학적 목적이 아니라 환영을 생성하는 목적으로 쓰였다고 하는데, 이는 생각해볼 만한 문제다. 과학자 하위헌스는 저명한 시인이었던 아버지에게 환등기처럼 '시답잖은 것'은 만들지 않겠다고 했다(Schmitz, 1981-95, p.294). 하지만 하위헌스 밑에서 수학을 공부했던 발겐스테인은 연구 목적이 아니라 관람자에게 두려움과 공포를 불러일으키려는 목적으로 매직 랜턴을 사용해서 해골로 표현된 죽음의 이미지를 영사했다.

바로 이처럼 무시무시한 용도에 의해 카메라 옵스큐라가 다음 단계에서 나아갈 길이 정해졌다. 매직 랜턴의 사용을 맨 처음 고려한 사람은 당연히 과학에 관심이 있는 문필가들이었는데, 공교롭게도 이들은 종교 전쟁에 뛰어든 가톨릭교도이기도 했다. 이를테면, 예수회의 아타나시우스 키르허Athanasius Kircher와 카스파르 쇼트Kaspar Schott, 그리고 '요술 등불'을 수백 개나 만들었다고 전해지는 프레몽트레 수도회 소속의 요한 찬Johann Zahn 수사가 대표적인 예다(Zglinicki, 1979, p.51). 매직 랜턴은 원래 존재하지만 지금 여기 없는 것뿐만 아니라 유령처럼 원천적으로 존재할 수 없는 것도 눈앞에 꾸며내 보일 수 있었다. 장치의 명칭 자체에 각인된 이 같은 '마법적' 측면도 그 유래를 추적해볼 필요가 있다.

논의가 산만해지지 않도록, 여러모로 당대의 가장 흥미진진한 인물 중 하나였던 키르허에 국한해서 살펴보도록 하자. 아타나시우스 키르허는 독일의 풀다 지역 근처 태생으로, 관행에 따라 아주 어릴 때 예수회에 입문하여 철학 및 수학 교수가 된 후 (당시에는 이러한 조합이 가능했고 심지어 전형적인 것으로 통했다) 30년 전쟁의 혼란을 피해 독일을 떠나 로마 바티칸에 정착했다. 당시 로마 교황청은 갈릴레이나 조르다노 브루노Giordano Bruno[9] 부류의 과학적 추문이 더 이상 있어서는 안 된다고 확고하게 입장을 정한 상태였다. 어쨌든 키르허는 로마에 와서 교황을 위한 일종의 과학적 소방대 역할을 맡았다. 과학적으로 탐사해야 하지만 또한 교회의 이름으로 방어해야 하는 학문적 신천지가 열릴 때마다, 그는 어김없이 특별 임무와 특별 권한을 가지고 그곳을 방문했다. 자연히 키르허의 출판 목록은 수학적 조합론에서 그리스 신화를 거쳐 이집트 상형문자 해독 가설에 이르기까지 다양하게 나타났다. 그는 17세기식 '박식함Polyhistorie'의 고전적 사례였다.

---

9) 조르다노 브루노(1548~1600)는 이탈리아의 신비주의적 자연철학자로, 천동설을 거부하고 우주의 무한성을 주장해 이단으로 몰려서 화형당했다.

그중에서도 1671년 제2판이 출간된 아타나시우스 키르허의 한 호화본을 보면, 그 제목에서 이미 매직 랜턴의 '마법'과 그 사용 목적에 관한 실마리가 드러난다. 아주 정확하지는 않지만 매직 랜턴의 기술 도면도 수록된 이 책의 제목은 『빛과 그림자의 위대한 예술 Ars magna lucis et umbrae』로, 새로운 광학이 과학적 조사 장비가 아니라 예술로 사용되고 있음을 암시한다. 키르허는 명백하게 칸트 미학과 전혀 무관한 이 예술들 중에 유독 두 가지를 강조하는데, 하나는 군사적인 것, 다른 하나는 종교적인 것이다.

먼저, 키르허는 매직 랜턴을 조금 변형하면 전쟁시 신호나 정보를 전달하는 방식을 혁신할 수 있으리라 기대한다. 장군들은 그리스 시대부터 계속 횃불로 신호를 전달하고 있어서, 빛과 어둠으로 '그렇다'와 '아니다'의 이분법이 아닌 다른 명령을 멀리 전하는 데 큰 어려움을 겪었다. 요컨대, 알파벳 방식의 정보를 거의 부호화할 수 없었다는 말이다. 여기에 키르허가 대안을 제시했다. 그것은 전달될 명령에 해당하는 문자 기호를 오목거울에 써서 글자 부분만 빛이 반사되지 않게 처리한 후에, 그 거울을 햇빛 아래 들어 올리는 방법이었다. 중간에서 적이 명령 전달을 방해하지만 않는다면, 이렇게 해서 언어화된 명령을 1만 2천 피트, 약 3.5km나 전송할 수 있었다. 키르허가 제안한 이 같은 신호 교환 시스템은 빛을 이용한 '비밀 글쓰기'라는 뜻에서 '암호술 cryptologia' 또는 '속기술 stenographia'로 통했다. 그때가 클로드 샤프 Claude Chappe 의 광학적 통신 기술이 개발되기 거의 한 세기 전이었다.

이처럼, (리제강이 사진사를 서술하면서 이미 지적했듯이) 매직 랜턴이라는 오락매체는 처음부터 오락용으로 개발된 것이 아니라 원래 군사적 기초 연구의 부산물 또는 폐기물이었다. 대륙간 탄도 미사일과 테플론 프라이팬의 시대에는 이를 '스핀오프 spin-off'라고 부를 수도 있겠다.

키르허가 조직 최상부에 총장이 군림하는 유일한 수도회에 속해 있었음을 고려하면 이는 놀랄 일도 아니다. 리제강이 명쾌하게 표현했듯이, 그는 군부 엘리트들이 완벽하게 기밀을 유지하면서 정보를 전송할 수 있는 원격 통신 시스템을 추구했지만, 결과적으로는 구경꾼 수가 많고 정보 전달이 안 될수록 더 멋지고 더 마법처럼 보이는 광학적 오락매체를 유행시켰다. 통신에서 시뮬레이션으로, 상징계에서 상상계로 이행하는 이 같은 운동은 에디슨이 축음기와 영화를 발명할 때 또다시 반복될 것이다.

이러한 대체의 논리, 또는 스핀오프의 논리는 자연히 다음과 같은 질문을 제기한다. 대체 어떻게 전략적 계획이 상상계의 기술 속에서도 계속 유효할 수 있을까? 이에 답하려면 먼저 키르허의 두 번째 예술, 즉 종교적 예술을 마저 소개해야 한다. 이 예수회 성직자는 소위 '스미크로스코피움 파라스타티쿰smicroscopium parastaticum'이라는 장치를 제안했는데, 이것은 조이트로프zoetrope[10]의 직계 선조이며 따라서 영화의 직계 선조가 된다(Zglinicki, 1979, p.56). 이것은 이름 그대로 현미경처럼 ('스미크로스코피움') 아주 작은 것을 여러 개 나란히 보여주는 ('파라스타티쿰') 장비로, 회전판과 광학적 시각 장치로 구성된다. 쉽게 말해서 작은 이미지들을 회전판 위에 놓고 렌즈 장치로 확대해서 보는 것이다. 1830년 이후의 애니메이션 장치들은 빙빙 돌면서 움직이는 여자 무용수나 누드 모델을 보여 주지만, 당시 키르허는 '십자가의 길Via Crucis'이라는 유명한 기독교 도상을 가져왔다. '십자가의 길'은 예수의 수난사를 보여주는 연속적 이미지로, 원래는 교회 안에 그려졌고 나중에는 상트오틸리엔 수

---

10) 조이트로프는 원통 안에 애니메이션의 각 프레임을 연속적으로 그려넣고 원통을 돌려서 애니메이션 효과를 내는 장치다.

도원의 '수난의 길'처럼 별도로 설치되기도 했지만, 고정된 채 붙박여 있다는 점에서는 수 세기 동안 변한 것이 없었다. 그런데 이제 그 장면들이 키르허의 장치를 통해 띄엄띄엄 풀려나가기 시작했다. 원한다면 그것이 '움직이기' 시작했다고 말할 수도 있을 것이다. 올리브 산의 모습과 골고타 언덕의 모습이 최초의 무성영화로서 상영되고 있었다…….

여기서 바로 다음과 같은 질문이 떠올라야 한다. 어떻게 17세기에 키르허의 제안이 신성모독으로 낙인찍히지 않을 수 있었을까? 어떻게 기독교 복음의 핵심을 요술 랜턴의 환영이라는 광학적 기예로 상연하는 것이 허용됐을까?

나는 광학적 전송 개념 자체에 그 해답이 있다고 추측한다. 키르허의 두 가지 제안은 모두 광학적 정보를 전송해서 그것을 수신하는 쪽에 군사적, 종교적 효과를 불러일으켰다.

2.2.3.2 하이데거의 '세계상의 시대'

계속해서 이런 질문도 떠오른다. 매직 랜턴은 왜 하필 예수회에게 그토록 매혹적으로 보였을까. 이 질문에 답하기 전에, 먼저 드높은 철학의 영토로 잠시만 우회해 보자. 알다시피, 마르틴 하이데거의 후기 사상은 유럽 철학의 기본 개념인 '존재^{Sein}'를 (기존의 철학적 전통과 다르게) 역사적으로 변동 가능한 것으로 사유하려는 시도를 보인다. 이때 하이데거의 가설 중 하나는, 존재의 역사에서 처음으로 유럽의 근대에 존재가 그 '표상^{Vorstellung}'의 형태에 합치되었다는 것이다. 그러니까 표상이 존재를 대상으로 자리매김하여 주체에게 넘겨주게 되는데, 이는 일찍이 그리스나 로마에서는 없었던 일이었다. 그런데 광학적 미디어에 대한 강의는 이 가설을 입증할 수 있다. 하이데거식으로 말하자면, 투시도법과 카메라 옵스큐라가 바로 그런 '표상'의 미디어였기 때문이다.

존재의 역사에서 그다음 단계인 데카르트 철학에서 처음으로, '주체 앞에 내세워지는 것'으로서의 그런 표상 자체가 다시 또 주체에게 표상된다. 코기토 에르고 숨 cogito ergo sum. 나는 내게 표상되는 것은 무엇이나 표상할 수 있다―그러므로 나는 존재한다. 데카르트가 명확하게 밝혔듯이, 코기토에서는 밤과 낮, 각성과 꿈, 현실과 환각의 차이가 중요하지 않다. 그리고 이는 광학적 미디어의 역사를 한층 정확하게 파악할 수 있도록 해 준다. (현실 대신에) 표상 자체를 표상하는 기술적 장치라면 단연 매직 랜턴이다. 그것은 무언가의 이미지, 그러니까 무언가의 표상을 블랙박스에 넣고 빛을 쏴서 그 표상의 표상, 그 이미지의 이미지를 벽에 영사한다. 존재의 역사에 관한 이야기는 이것으로 끝이다. 카메라 옵스큐라 이후 백 년이나 지나서야 비로소 매직 랜턴이 이 세상에 등장할 수 있었던 까닭도 이제 다 설명했다.

2.2.3.3 예수회와 광학적 미디어

하지만 이제 철학에서 신학으로 돌아가야 한다. 카메라 옵스큐라는 활판인쇄와 직접적으로 결합했고, 따라서 투시도법 및 종교개혁과 간접적으로 연관됐다. 왜냐하면, 순수하게 신앙과 글에 기반을 두고 프로테스탄트 기독교 세계를 세운다는 것이 루터의 기본 원칙이었는데, 이는 루터 본인도 인정했듯이 구텐베르크가 없었다면 기술적으로 실현 불가능했을 일이기 때문이다. 그런데 여러분도 쉽게 추측할 수 있겠지만, 이러한 최신식 원칙이 '유일하게 복된' 가톨릭 교회에 마냥 사랑받을 수만은 없었다. 그리하여 이러한 상황에서 구식 신앙을 기술적으로 무장하기 위한 대응책이 요구되었다.

매직 랜턴이 개발되기 얼마 전인 1622년, 교황 그레고리오 15세가 바티칸에 '포교성성 布教聖省, Sacra Congregatio de Propaganda Fide'을 설립했다. 이는 가톨릭 신앙의 선전 또는 포교를 위한 단체로, 명목상으로도 실제로도 역사상 최초의 선전기관이었다. 같은 해, 바로 이 교황 그레고리오 15세가 예수회 창립자를 성인으로 선포했다. 몇 년 후, 베이징에 투시도법을 퍼뜨리려는 시도는 실패로 돌아가게 된다. 광학적 미디어의 역사를 쓰면서 오락매체가 언제나 선전 기계이기도 하다는 사실을 숨기는 사람은 아마도 없을 것이다. 하지만 중요한 것은 시대별로 광학적 미디어가 문자화된 글이라는 적에 맞서서 어떤 전략적 관계를 형성했는가 하는 문제다. 츠글리니츠키가 키르허의 스미크로스코프에 관해 뭐라고 썼는지 보자. "{우리는} 사람들이 헌신적으로 연구했던 움직임의 과정을 시각적으로 나타내고자 하는 당대 세계의 노력을 여기서 또 한 번 {보게 된다}."(Zglinicki, 1979, p.56) 물론 일부러 이렇게 우스꽝스러운 문장을 쓰지는 않았겠지만, 우선은 미디어 전쟁의 역사에서 이러한 동어반복을 제거하는 일이 급선무다. 저 문장에서 그저 결백하게 "사람들"이라고 표기된 이들이 실제로는 더 시커먼 이름을 가졌을 수도 있지 않을까? 1670년 당시 6장, 8장, 14장, 심지어 36장에 이르는 '십자가의 길'이 광학적으로 구현된 것은 도대체 무슨 까닭이었을까?

종교개혁은 적어도 유럽의 절반 가까운 지역에서 중세 교회 의례와 그 모든 광학적 광휘를 혁파하거나 문자 그대로 시커멓게 칠해버리고, 그것을 대신해서 흑백 단색조로 인쇄된 문자의 신비를 내세웠다. 루터에 따르면, 누구나 성상 숭배나 교회 사역 없이도 "오로지 글로부터, 오로지 신앙으로부터Sola scriptura, sola fidei" 축복받을 수 있어야 했다. 영어로 하면, 그것은 킹 크림슨King Crimson이 노래하듯이 "별은 없고 성경처럼 새까만 색starless and bible black"이었다. 유럽의 나머지 절반은 바로 이 '성경처럼 새카만 색'에 맞서 무언가 전략적 행동을 취해야 했다. 알다시피, 그래서 그들이 발명한 것이 바로 반反종교개혁이다. 이것은 무엇보다도 신앙의 선전과 예수회를 의미했고, 바로 이 예수회에 아타나시우스 키르허와 카스파르 쇼트처럼 매직 랜턴을 사용했던 사람들, 그리고 샬 신부처럼 투시도법을 사용했던 선전가들이 속해 있었다.

공교롭게도, 예수회는 직업 군인이었던 한 남자의 작품이다. 훗날 로욜라^{Loyola}라고 알려지게 되는 이니고 로페즈 데 레칼데$^{Inigo\ Lopez\ de\ Recalde}$는 바스크 지방의 귀족 자제로서 1521년 프랑스군에 맞서 팜플로나를 방어했다. 그러니까 그는 예술공학자들이 만든 성채에서 싸웠고, 이 성채는 바로 그 예술공학자들이 만든 대포에 의해 조직적으로 파괴됐다. 로욜라는 이때 포탄을 맞고 오른쪽 다리에 심한 상처를 입었는데, 전쟁의 부상에서 회복하는 길고 지루한 시간을 견디면서 종교적 인물로 변신했다. 로욜라는 (아마도 처음으로) 책을 읽기 시작했고, 성인전聖人傳을 연달아 독파하며 신앙심을 키운 끝에, 급기야 자신의 작업 도구인 무기와 갑옷 일체를 몬세라트 수도원의 기적을 일으킨다는 성모 마리아 상에 봉헌하기에 이르렀다.

부상에 따른 열병과 착란, 책과 성상, 이런 것들이 예수회가 출현하게 된 미디어적인 맥락이었다. 그리하여 예수회 설립자가 집필한 예수회 설립의 기초, 즉 성 이그나티우스의 『영성 수련$^{Exercitia\ Spiritualia}$』은 모든 책에 대항하는 책으로 나타난다. 로욜라는 영성 수련을 신체와 영혼 양쪽 모두의 훈련으로 이해했다. 이는 1600년경 오라녜 공작 마우리츠$^{Prins\ van\ Oranje\ Maurits,\ Graaf\ van\ Nassau}$ 같은 군사 개혁자가 '교련'이라고 명명했던 것, 20세기 초반 영화 이론가들이 '심리기술^{psychotechnics}'[11]이라고 부르게 될 바로 그것이었다. 루터나 그의 학교에 다녔던 수많은 프로테스탄트 가

---

11) 심리학자 후고 뮌스터베르크는 심리학을 응용하여 인간의 심리를 변화시키는 체계적인 기술로서 '심리 기술' 분야를 확립하고 이 이론에 입각해서 초기 영화를 분석했다. 이 책의 3,2,3장을 보라.

장들은 성경을 베껴 쓰고 낭송하거나 이런 글쓰기를 방해하는 악마에게 잉크병을 던지면서 수련했지만, 로욜라의 수련은 전혀 달랐다. 군인 출신인 로욜라에게 글쓰기는 수련과 아무 상관 없었고 읽기는 아파서 누웠을 때나 하는 일이었다. 물론 예수회 설립자나 그를 따라 수련을 하기로 한 제자들이 종교 서적에 찍힌 문자들에 눈을 돌릴 때도 있었다. 이를테면 그들은 지옥에 관한 대목을 유심히 읽었다. (로욜라에 관해 논평할 때면, 나뿐만 아니라 제임스 조이스James Joyce, 롤랑 바르트Roland Barthes 등 거의 모든 사람들이 자연스럽게 지옥을 예로 든다. 하지만 아타나시우스 키르허의 스미크로스코프를 볼 때, 예수 수난극 역시 좋은 소재가 됐을 것이다.) 그리하여 로욜라나 그의 예수회 제자들이 몇 주 동안 수도원 독방에 틀어박혀 지옥을 묵상했을 때, 그들에게 실제로 작용한 것은 전설 같은 현란한 이야기지 성서라는 책이 아니었다. 다시 말해서, 그들은 프로테스탄트의 '유일하게 복된' 책에 나오는 지옥에 관한 빈약한 정보를 이미 언제나 경건한 환상으로 증폭하고 치장해서 받아들였다. 따라서 예수회식 수련의 관건은 이전에 한번 읽은 것을 장시간 동안 강렬하게 시각화해서, 그것이 더 이상 문자나 텍스트가 아니라 오감 자체를 압도해올 때까지 밀어 붙이는 것이었다. 로욜라와 그 제자들이 제5수련에서 무엇을 했는지 읽어보자. 이 수련의 주제는 "지옥에 관한 묵상"이며, 그 내용은 다음과 같다.

> 제1단계는 다음과 같으니, 나는 저 가늠할 수 없이 거대한 불길과 그 불길 한가운데 있는 혼을 상상력의 눈으로 본다.
> 제2단계는 다음과 같으니, 나는 우리 주 예수와 모든 성인들에게 퍼붓는 한탄과 울부짖음, 비명과 신성모독을 상상력의 귀로 듣는다.
> 제3단계는 다음과 같으니, 나는 지옥의 연기와 유황, 오물과 부패를 상상

력의 후각기관으로 느낀다.

제4단계는 다음과 같으니, 나는 지옥의 쓰라림과 눈물, 비탄과 양심의 가책을 상상력의 미각기관으로 느낀다.

제5단계는 다음과 같으니, 나는 {저주받은} 혼을 붙잡아 불태우는 저 화염을 상상력의 촉각기관으로 만진다. (Loyola, 1991, p.90)

그러니까 이 모든 지옥의 수련을 개인적으로 통과한 사람, 특히 저주받은 프로테스탄트들이 지옥의 수렁에서 괴로운 종말을 맞을 때까지 느끼게 될 참혹한 고통을 상상한 사람만이 예수회에 들어올 수 있었다. 그럼 이제 프로테스탄트의 새로운 미디어인 활판인쇄에 맞서 반종교개혁이 무엇으로 응수했는지 명백해졌을 것이다. 그것은 바로 오감을 충족하는 (수련 전반에서 시각이 우위에 놓이긴 했지만) 환영의 극장이었고, 문자에 천착하는 대신 그 의미를 감각적 환각으로 즉각 체험하는 읽기의 방식이었다. 다시 말해서, 루터의 성경에 맞설 수 있는 미디어를 찾으려는 노력은 결국 오래된 종교적 이미지를 변형 또는 향상된 형태로 되돌렸다. 그것은 더 이상 교회 벽면의 이콘이나 패널화, 또는 어린이도 이해할 수 있는 성인전의 종교적 세밀화가 아니었다. 그것은 일종의 사이키델릭한 환각으로서, 종교 전쟁에 나선 예수회 소속의 자칭 '그리스도의 전사들'에게 구식 회화 작품보다 훨씬 효과적으로, 그러니까 무의식 수준에서 동기를 부여했다. 그런데 여러분도 이미 짐작하겠지만, 로마 가톨릭 교회는 예나 지금이나 황홀경의 기술이라면 아무리 경건한 것이라도 너무 쉽고 정당하게 이단이라고 의심한다. 그러니 초창기 로욜라가 스페인에서 몇 번이나 종교 재판소의 지하 감옥에 떨어졌던 것은 별로 놀랄 일도 아니다. 로욜라가 그의 발명품을 검토하겠으니 로마로 올라오라는 교황의 명을 받고 막판에 (즉, 1540년 이후에) 자신의 수련법을 구식 패널화 숭배와 양립 가능하게 만들었던 것, 혹은 그래야 한다는 압박을 받았던 것은 거의 당연한 일이었다(Loyola, 1991, p.17) 이렇게 만들어진 로마 보충 판의 "제6규율"과 "제8규율"은 다음과 같다.

> 성인의 유물을 찬양하라. 성물에 경의를 표하고 성인에게 기도를 올려야 한다. 마찬가지로, 성처 방문, 성지 순례, 면죄부, 십자군 교서, 교회에 촛불 밝히기를 찬양하라.
> {…}
> 교회 장식과 교회 건축을 찬양하라. 교회 그림을 찬양하고 성화 숭배를 찬양하라. 성화는 그것이 재현하는 바에 따라 숭배의 대상이 된다.
> (Loyola, 1991, pp.186-7)

이렇듯 교회의 역사를 둘러보는 짧은 외도의 끝에서, 우리는 예수회 소속의 아타나시우스 키르허와 그가 광학적, 연쇄적 방식으로 제작한 '십자가의 길' 모형을 다시 만나게 된다. 그렇지만 이제는 매직 랜턴에 새로운 빛이 비출 것이다. 로욜라의 "찬양하라!"라는 명령은 새로운 이미지 숭배를 불러왔다. 그것은 새로운 환각적 독해와 마찬가지로 이미지 자체가 아니라 이미지가 재현하는 의미를 겨냥했다. 따라서 그것은 교회 건물이나 '십자가의 길'의 광학적 작용을 건축가나 화가가 구성해 놓은 대로 그냥 놔둘 수 없었고, 어떻게든 수련의 사이키델릭 효과를 바깥으로 끄집어내려고 애썼다. 여기서 '바깥'이란 가능한 모든 방향을 가리켰다. 첫째로, 심상이 나타날 수 있는 실제 영사면의 바깥이 있었다. 여기에는 패널화처럼 아무 힘도 없는 것과 매직 랜턴 스크린처럼 자극적이고 혁신적인 것이 전부 다 포함됐다. 둘째로, 예수회 너머의 바깥이 있었다. 몇 주나 몇 달 동안 칩거하고 가능한 모든 고행을 통해 환각에 도달하려고 애쓰는 수도원 엘리트 집단에 속하지 않는 다른 모든 사람들이 여기에 속했다. 예수회가 종교개혁의 활판인쇄 독점 체제를 그보다 더 효과적인 미디어 기술로 혁파하려고 할 때, 그 궁극적 목표는 결국 수도원에서 영성 수련을 할 시간이 없는 평신도들을 개종시키는 것이었다. 그러려면 로욜라가 독방에서 발명하고 강제했던 것을 단순화, 외재화, 기계화, 대중화해야 했다. 바로 여기서 키르허 방식과 로욜라 방식의 차이가 생긴다. 로욜라가 영성 수련을 통해 '십자가의 길'을 환각으로 보았다면, 키르허는 스미크로스코프라는 광학 장치를 통해 '십자가의 길'을 빠르게 넘어가는 이미지 형태로 평신도들에게 상영했다. 그러니까 영화의 전신이 바로 평신도를 개종시키는 비법이었던 것이다. 반종교개혁이 오스트리아, 보헤미아, 모라비아, 슐레지엔, 독일 남부 절반에서 승리한 데는 30년 전쟁에서 수백만 명을 죽음으로 몰고 간 권력의 어둡고 부정적인 측면도 작용했지만, 이처럼 새로운 이미지 기술이라는 권력의 밝고 광학적인 측면도 작용했다.

키르허의 『빛과 그림자의 위대한 예술』 제2판을 보면 (제목 자체가 빛과 그림자를 통해 과학적 진보가 아니라 위대한 예술을 성취하겠다고 약속하고 있기도 하지만) 본문의 매직 랜턴 관련 삽화에서도 이러한 이미지 기술이 구체적으로 드러난다. 기름등이 하나 보이고, 그 앞에는 그림이 그려진 유리판이 수평 방향으로 줄지어 서서 대기하다가 차례로 (거의 영화처럼) 빛줄기 속으로 들어가서 영사되고 있다. 여기서 특히 눈에 띄는 것은, 기름등에서 뿜어나오는 원뿔 모양의 빛을 통해 캄캄한 맞은편 벽면에 영사된 유리판 속 이미지다. 그것은 벌거벗은 남자가 엉덩이까지 타오르는 불꽃 속에 서 있는 모습이다. 그렇다면 다음과 같이 가정해도 아주 틀린 말은 아니지 않을까. 매클루언의 가르침을 받은 우리의 근대적인 눈이 보기에는, 이 불꽃이 1) 모든 미디어의 메시지는 미디어 그 자체이며 2) 이 경우에는 기름등이 바로 그 메시지에 해당한다는 내용의 신호를 보내고 있다. 하지만 키르허와 같은 시대를 살았던 미디어 수용자에게는 이 불꽃이 전혀 다른 것, 즉 지옥불을 의미했다. 다시 말해서, 예수회 설립자들이 모든 오감을 지옥의 고통을 상상하는 데 집중해서 얻어냈던 고독한 환각은 이제 매직 랜턴을 통해 대중을 겨냥한 기술적 시뮬레이션으로 변모했다. 그리고 상영 이후에도 '유일하게 복된' 신앙을 바로 되찾지 못하는 자가 있다면, 그를 기다리는 것은 그냥 지옥불의 허상만이 아닐 터였다. 키르허는 이렇게 쓴다. "하지만 컴컴한 방에서 상영되는 그림자와 이미지는 햇빛 아래 생기는 그림자나 이미지보다 훨씬 무시무시하다. 이러한 예술을 통해서, 신을 믿지 않는 자들의 크나큰 악행이 쉽게 저지될 수 있을 것이다. 악마의 이미지를 거울에 던져 컴컴한 곳에 영사한다면 어떨까."(Ranke, 1962, p.17에서 재인용) 카스파르 쇼트는 매직 랜턴 실험에 많은 예수회 사람들이 참여했음을 확인시켜 준다. 그럼에도 위 인용문을 제공한 장본인인 랑케Winfried Ranke가 "이때부터 새로운 실연 장치가 교육용으로, 심지어 선교 목적으로 교리를 주입하기 위해 사용되기 시작했다"는 "결론"을 부정한다면, 그것은 랑케 스스로 눈이 삐었다고 떠들고 다니는 꼴이다.

    영화와 TV에 열광하는 우리의 눈에는 새로운 광학적 미디어가 전략적으로 이런 효과를 노린다는 것이 이상해 보일 수도 있다. 하지만 우리는 근대 최초의 위대한 오락매체였던 연극과 문학이 수백 년에 걸친 종교와 이미지의 전쟁 속에서 태동했음을 이해해야 한다. 이는 역사적 기억에 길이 남을 최고의 문화적 공연뿐만 아니라 그렇게 기억되지 못하는 유랑 극단의 공연에도 똑같이 해당된다. 유랑 극단은 1900년경 영화라는 기술적 미디어에 문자 그대로 잡아먹힌 후 망각의 길로 접어들었다.

2.3.3.4 유랑 극단

유랑 극단의 기원과 사회 구성까지 알 필요는 없으므로 장황한 소개는 생략하겠다. 소위 유랑 극단은 거대한 종교 전쟁이 단계적으로 확장되는 상황을 매 국면마다 놀라울 만치 빠르고 조직적으로 포착했다. 구텐베르크와 루터가 인쇄본으로 모든 이미지 숭배에 맞서 승리한 것처럼 보였을 때, 유랑 극단은 전단지가 '모리타트Moritat'[12]의 내용을 복제하고 목판화로 그림도 넣을 수 있는 유용한 미디어임을 간파했다. 그러다가 반종교개혁이 환각적 이미지나 영사된 이미지로 권력을 잡자, 유랑 극단은 깃발을 휘날리며 키르허에게 투항하는 제스처를 취했다. 어쨌든 그의 스미크로스코프는 19세기까지 장터에서 큰 인기를 끌었던 '핍 박스Guckkasten/peep-box'의 직계 선조가 됐다. 핍 박스는 휴대 가능한 작은 상자에 관람용 구멍이 한두 개 뚫려 있는 이미지 상영 장치로, 대개 유랑 극단 사람이 등에 짊어지고 다녔다. 영화의 직계 선조가 되는 훗날의 키네토스코프kinetoscope처럼, 요금을 몇 푼 내면 구멍에 눈을 갖다 대고 상자 속에서 이미지들이 기계 장치를 통해 연쇄적으로 풀려 나오는 것을 보고 즐길 수 있었다. 좀 세련된 핍 박스는 배경막과 극중 인물이 따로 움직이는 미니어처 무대가 설치돼 있어서 간략하나마 플롯이 전개되기도 했다. 이러한 핍 박스를 기계적으로 음악을 제공하는 '뮤직 박스Spieldose/music-box'와 동시에 돌린다고 생각해 보자. 여기에 기술적인 이미지 저장 프로세스만 더해지면 에디슨의 키네토스코프가 되는 셈이다. 유일하게 눈에 띄는 차이는 두 장치가 서로 전혀 다른 이야기를 보여 준다는 것뿐이다. 에디슨은 당연한 듯이 너무나 미국적인 권투 경기 영상

---

[12] 모리타트는 유랑 극단의 레파토리로, 주로 무시무시한 살인 사건의 전말을 노래하면서 약간의 교훈을 곁들였다.

으로 돈을 벌었던 반면, 잘츠부르크 박물관에 보존된 핍 박스는 요셉, 마리아, 예수와 그 제자들이 나오는 신성한 이야기의 장면들을 보여준다. 반종교개혁과 예수회의 선전에 대한 충실성을 이보다 더 잘 전달할 수는 없을 것이다.

2.2.3.5 예수회 교회

핍 박스는 장터를 떠도는 한편으로, 소위 '핍 박스형 극장'의 모델이 되어 궁정과 도시의 엘리트 관객들에게도 결정적인 영향을 끼쳤다. 휴대용 소형 핍 박스에서 볼 수 있는 투시도법적 통일, 전환 가능한 배경막, 무대 조명 등은 모두 기존의 극장에서 찾아볼 수 없는 것들이었다. 나는 여기서 핵심적인 두 가지 키워드로 1) 아테네 디오니소스 극장의 태양 조명과 2) 중세 신비극 특유의 다층적 건축 구조만 거론하겠다. 중세 신비극도 여전히 야외에서 행해졌는데, 단테의 『신곡』과 유사하게 천상, 지상, 지옥의 3개 층에서 평행한 플롯들이 동시에 공연되는 경우도 있었다. 영문학 전공자들은 나보다 더 잘 알겠지만, 1600년 이후의 셰익스피어 극장 무대도 여전히 이렇게 투시도법적 환영이 아니라 알레고리를 구축하는 옛 유럽식 극장 형태에서 크게 벗어나지 못했다. 그런데 성 이그나티우스가 작은 수도원 독방에서 묵상의 기예를 통해 전체 지옥의 모습을 보고 온 이후, 광학적 환영을 동원한 반종교개혁이 전개되면서 기존의 단순한 극장이 뭔가 부족해 보이기 시작했다. 그리하여 앞서 살펴본 것과 동일한 혁신이 이번에는 극장과 교회 건축을 집어삼켰다. 당시의 혁신가들은 (라캉이 말한 바로 그런 의미에서) 회화적 투시도법을 역으로 건축에 투영하기 위한 해법을 찾아야 했다. 브루넬레스키와 알베르티가 패널화의 이차원 평면에 확립한 바로 그 원칙에 따라, 삼차원 공간에서 사용자와 관람자의 눈앞에 나타날 광경을 조직해야 했다는 말이다. 그리고 신앙을 선전하기 위해 극장이 일종의 교회가 되고 또 그만큼 교회가 일종의 극장이 되면서, 종교 건축 역시 이러한 건축적 투시도법의 손아귀에 들어갔다.

널리 알려진 트롱프뢰유 회화는 바로크 건축의 가장 중대한 혁신에 속한다. 이 기법은 교회 건축에서 삼차원 건물과 이차원 회화 사이의 이음매가 눈에 띄지 않도록 해서, 천장에 그려진 천상의 광경과 그 모든 성인들의 모습이 마치 교회 건물과 투시도법적 지각에 통합된 일부분인 것처럼 보이도록 눈속임하는 데 쓰였다. 나중에 낭만주의 시대의 이미지 기술을 다루면서 다시 논하겠지만, 바로크 교회의 성인들은 거의 영화 같은 성적 매력이 느껴진다. 대표적인 예로, 지안 베르니니$^{Gian\ Lorenzo\ Bernini}$가 제작한 아빌라의 성 테레사 상은 교회 건축의 일부인데도 바로 그 때문에 마치 환각 속에서 천사와 섹스하는 것처럼 보인다.

낭만주의 시대를 앞질러 살펴보면, 교회 공간에 도입된 이 새로운 이미지 기술이 매직 랜턴과 기술적으로 연관된다는 증거가 있다. 그것은 E. T. A. 호프만이 쓴 「G시의 예수회 교회$^{Die\ Jesuiterkirche\ in\ G.}$」라는 전형적인 제목의 단편소설인데, 『밤의 이야기^{Nachtstücke}』라는 역시나 전형적인 제목의 소설집 제1부에 수록돼 있다. 호프만은 G시, 즉 슐레지엔의 글로가우에서 겪은 일을 바탕으로 이 이야기를 썼다. (실제로 그 도시에는 큰 예수회 교회가 있었다.) 호프만은 순전히 사실만을 나열하면서 이렇게 소설을 시작한다.

> 도시 전역에 예수회 수도원, 예수회 대학, 예수회 교회가 이탈리아 양식으로 건축되어 있는데, 이 양식은 고대의 형태와 수법에 기초하여 신성한 엄숙함이나 종교적 위엄보다는 우아함과 장엄함을 우선시한다.
> (Hoffmann, 1967, p.413)

소설 속의 예수회 교수는 더 이상 고덕적인 것, 그러니까 초월적인 것을 추구하지 않는 까닭을 다음과 같이 설명한다.

> 우리는 이 세상 속에서 더 높은 (이 세상을 초월한) 왕국을 인식해야 합니다. 그리고 이러한 인식은 마치 삶이 우리에게 부여하는 듯한, 마치 저 왕국에서 지상의 삶으로 내려온 영靈이 우리에게 부여하는 듯한 기쁨 넘치는 상징에 의해 촉발됩니다. 우리의 고향은 저 위에 있습니다. 하지만 우리가 여기에 사는 한, 우리의 왕국은 또한 이 세상의 것이기도 합니다. (Hoffmann, 1967, p.414)

소설 속 주인공은 '예수회의 왕국이 또한 이 세상의 것이기도 하다'는 양가적 설명이 정치적 측면과 이미지 기술의 측면에서 무엇을 뜻하는지 명쾌하게 밝힌다. 주인공은 1795년 G시 예수회의 청탁으로 교회 수리 작업을 하는 화가다. 진짜 대리석은 예수회가 감당하기에 너무 비쌌기 때문에, 화가에게 교회 기둥에 대리석 무늬를 그려넣도록 의뢰한 것이다(Hoffmann, 1967, p.414). 그리고 어느 날 밤, 잠을 이루지 못하던 화자가 교회 곁을 지나가다가 (결국 호프만은 '밤의 이야기' 중 한 편을 이야기하고 있다) 매직 랜턴, 트롱프뢰유 회화, 그리고 기술적으로 원격 조종되는 화가 사이에 대단히 극적인 장면이 연출되는 것을 엿보게 된다.

> 예수회 교회 옆을 지나가는데, 창문에서 뿜어나오는 눈부신 빛이 내 시선을 끌었다. 작은 곁문이 살짝 열려 있기에 안으로 들어가 보니, 높은 '눈속임 벽감^{Blende}'[13] 앞에 밀랍 촛불이 타오르고 있었다. 가까이 다가가

---

13) 원래 'Blende'는 바로크 건축에서 건축구조적 요소를 가짜로 그려넣어 장식하는 것을 총칭하는데, 이 경우는 가짜 제단을 그려서 장식하는 밋밋한 벽감을 가리킨다.

보니, 눈속임 벽감 앞에 노끈 그물이 펼쳐져 있고 그 뒤로 무언가 컴컴한 것이 사다리를 오르내리며 벽감 위에 뭔가 그리고 있는 것 같았다. 그것은 {화가} 베르톨트였다. 그는 그물망의 그림자를 검은색 물감으로 정확히 따라 그리고 있었다. 사다리 옆에는 높은 이젤 위에 어떤 제단을 그린 그림이 놓여 있었다. 나는 그 교묘한 발상에 놀랐다. 친애하는 독자여, 그대가 화가의 고귀한 예술에 관해 조금이라도 안다면, 베르톨트가 어째서 그물망의 그림자를 따라 그렸는지 더 이상 설명 안 해도 알 것이다. 베르톨트는 눈속임 벽감에 부조 형태의 제단을 그려 넣어야 했다. 작은 그림을 정확하게 확대해서 옮겨 그릴 때는 도안과 그것을 옮겨 그릴 평면 양쪽에 그물망을 치는 것이 일반적인 방법이었다. 그런데 이번에는 평면이 아니라 반원형의 눈속임 벽감에 그림을 그려야 했다. 따라서, 우묵한 공간에 떨어지는 그물망의 구부러진 선과 도안상의 직선을 대응시키는 이차방정식을 풀고, 돋을새김처럼 보이게 그려야 하는 건축구조적 비례를 그에 맞추어 변형시키려면, 저 간단한 묘책 외에는 달리 방법이 없었다. (Hoffmann, 1967, p.416)

그러니까 화가 베르톨트는 마치 매직 랜턴처럼 어두운 배경막에 빛을 투사해서 작업하고 있다. 여기서 밀랍 촛불은 광원으로 기능하고, 노끈 그물망은 뒤러의 투시도법 회화 교재에 나오는 그리드처럼 그림의 모델(이 경우에는 제단)을 기하학적으로 분해하는 사각형 패턴으로 기능하며, 소위 '눈속임' 벽감의 반원은 영사면으로 기능한다. 하지만 전체 배치의 목적은 그냥 이미지를 영사하는 것이 아니라 기하학적 문제를 해결하는 것이다. 이것을 이용하면, 데카르트 기하학의 산술적 기법을 써서 이미지를 구성하거나 매핑하는 비非기하학적인 방법을 동원하지 않고도, 임의의 평면(삼차원 물체의 이차원 이미지)을 반쪽짜리 원기둥과 반쪽 짜리 구체를 합쳐 놓은 것 같은 곡면 위에 옮겨 그릴 수 있다. 따라서 화가 베르톨트는 삼각함수 방정식은커녕 이차함수도 풀 필요가 없다. 르네상스 시대의 투시도법 회화 수업에서 설명하는 대로, 화가의 손은 그저 투영된 그물망의 그림자가 만들어내는 선을 기계적으로 따라가기만 하면 된다. 단지 그것만으로 소설 제목에서 말하는 '예수회 교회', 즉 제단이 출현한다. 그것은 실제로 존재하는 것이 아니라 건축구조적 삼차원성을 시뮬레이션해서 세속적인 교회 방문객의 눈을 속인다. 그리하여, 이그나티우스 로욜라의 영성 수련에 의해 '스스로 솟아나는 내적 환각'은 이제 화가나 그의 그림에 깜빡 속는 교회 방문자들, 그러니까 일반 평신도를 위한 지상의 왕국으로 내려온다. 어쨌거나 호프만의 베르톨트는 베를린 왕립건축학교 교장 요한 알베르트 아인텔바인 Johann Albert Eytelwein이 1810년 출간한 총 2권짜리 투시도법 교재를 참고해서(Hoffmann, 1967, p.796) 명시적으로 이렇게 말한다.

> 나는 이 {제단의} 목재 구조부를 눈이 바라보는 시점에서 정확히 그렸으므로, 그것이 관람자에게 돋을새김처럼 보일 것임을 확실히 알 수 있다. (Hoffmann, 1967, p.420)

호프만이 하필 예수회가 교회의 트롱프뢰유 기술을 개발했다고 여긴 데는 그럴 만한 역사적 이유가 있었다. 내가 아는 한, 르네상스의 예술공학자들은 게을러서가 아니라 수학적 경제성을 사랑해서 유클리드적인 직각에만 천착했고, 그래서 투시도법이나 카메라 옵스큐라 효과를 평면에만 영사했다. 반면 바로크 건축은 악마가 성수를 피하듯 그렇게 직각을 피해 다녔고, 그래서 투시도법을 곡면에 투영하는 방법, 즉 건축 자체를 새로운 회화의 눈속임 게임에 진입시키는 방법을 찾고자 했다. 늦어도 1693년에는 『건축가와 화가들의 투시도법De perspectiva pictorum atque architectorum』이라는 전형적인 제목의 책에서 그 이론적 해법이 밝혀졌다. 이 책의 저자 역시 너무나 전형적이게도 안드레아 포초Andrea Pozzo라는 예수회 신부였다. 그리고 아무리 늦어도 포초가 하필 예수회 설립자를 기리는 로마 산티냐죠 성당 천장화를 그렸을 무렵에는 새로운 트롱프뢰유 기법의 전말이 확실히 밝혀졌다. 야콥 부르크하르트Jacob Burckhardt는 이 천장화를 "모든 파렴치의 놀이터"라고 찬사 또는 혹평할 수밖에 없었는데, 왜냐하면 이 그림은 실제의 교회 건축을 환영적인 천상의 높이까지 격상했을 뿐만 아니라, 그 모든 기둥과 성인들, 가로대와 구름들을 괴물처럼 왜곡된 투시도법으로 통합했기 때문이었다. 그 효과는 비천한 지상에서 바라본 경건한 사람들의 시각보다 둥근 천장의 타원형 곡면에 더 많이 의존하고 있었다. 베르톨트는 반半원기둥형 곡면에 그림을 그린다는 점에서 포초의 직계 제자에 속한다. 어째서 낭만주의적 화자, 그러니까 호프만 본인이 베르톨트의 예수회에서 도제살이를 하고 있는가 하는 문제는 일단 열린 질문으로 남겨 두자. 교회 자체의 공간에서 나타난 예수회의 이미지 기술에 관해서는 여기까지 하겠다.

2.2.3.6 예수회극

예수회는 자신들의 새로운 미디어 기술에 맞춰서 지상의 세속적 극장도 개혁하려고 했고, 그리하여 '예수회극Jesuitentheater'이 탄생했다. 예수회극은 키르허의 광학적 장치나 호프만의 교회 화가와 마찬가지로 로욜라의 환각을 평신도에게 전달해야 했는데, 이는 개념을 이해하는 수고를 줄이는 것이 아니라 환각을 보기 위해 묵상하는 수고를 줄이기 위함이었다. 독일 문학에서 그 예를 찾자면, 훗날 예수회 총장의 보좌관 직에 선임되어 로마의 부름을 받게 되는 예수회 신학 교수 야콥 비더만Jakob Bidermann의 1602년작 『체노독수스Cenodoxus』를 들 수 있다. 『체노독수스』의 주인공은 괴테가 결정적으로 개입하기 이전의 전설 속 파우스트와 유사하다. 그는 파리에 사는 학자인데, 기독교 신앙은 겉치레고 지적 자부심만 가득해서 결국 악마에 의해 지옥불 속으로 끌려간다. 따라서 이 희곡은 이미지와 환각이 활판인쇄 기반의 지식에 맞서 승리하는 전투 작전으로 간단히 독해할 수 있다. 하지만 바로 그렇기 때문에, 비더만은 자신의 희곡이 중립적 무대에서 시공을 초월한 알레고리로 상연되는 데 만족하지 않았다. 오히려 그의 예수회극 무대는 어떤 구체적인 내부 공간을 보여주었다. 객석 방향으로 단면을 끊은 이 공간의 끝 부분은 바닥이 푹 꺼져서 지옥까지 직통으로 연결됐다(Bidermann, 1965, p.163). 마지막 장면에서 이 문에서 튀어나온 수많은 악마들이 역청과 유황 냄새를 풍기며 체노독수스의 몸을 끌고 가려고 그의 서재로 난입할 때, 그 자리에 있었던 (우리에게는 실제 관객을 대표하는 셈인) 체노독수스의 학생들은 예수회의 영성 수련을 연극적·감각적으로 확실하게 체험했다.

　여기서 주목할 것은, 예수회극 무대와 그 친척뻘인 이탈리아 오페라 무대가 바로크의 새로운 극장 건축, 즉 절대주의 극장의 모델이 됐다는 사실이다. 그리하여 극장 무대가 처음으로 오늘날 우리가 아는 핍 박스 형태로 변모했다. 이런 부류의 극장은 극장 기술의 수공업적 기예와 재정적 범위에 따라 아주 성공적이거나 조금 미진한 환영을 우리 관객에게 대면시킨다. 투시도법은 더 이상 브루넬레스키나 뒤러의 시대처럼 실험적 증거를 요구하거나 과학·기술적 그리드의 도움을 받을 필요가 없었다. 이제 그것은 핍 박스형 무대로서 단번에 일상생활 또는 '저녁 생활'의 일부가 됐다. 독일 문학의 황금기였던 1670년 슐레지엔의 바로크 문화 속에서, 예수회와 유랑 극단이 매직 랜턴으로 성취했던 그 모든 환영이 드디어 연극으로 구현됐다. 이는 다른 무엇보다도 환영이 축소되지 않고 실제 크기로 보이는 것을 뜻했다. 투시도법으로 그린 배경막은 건축구조적으로 정교하게 구축된 무대 공간과 매끈하게 이어졌고 공연 중에도 교체 가능했다. 의상을 갖춰 입은 배우들은 (그리피우스Andreas Gryphius의 〈레오 아르메니우스Leo Armenius〉나 로헨슈타인Daniel Casper von Lohenstein의 〈아그리피나Agrippina〉에서 볼 수 있듯이) 공개된 무대 위에서 의상을 교체해서 다른 인물로 변신했다. 이런 공연은 관객의 환영을 깨뜨리지 않고 무대 효과, 전환, 마술 기법을 어디까지 얼마나 구사할 수 있는지 확인하는 일종의 시험대가 됐다. 공식적으로 거의 조명된 바 없는 이 같은 대중 극장 기술의 역사는 수백 년 동안 지속됐다. 그리하여 19세기에는 핍 박스가 매직 랜턴에게서 영화적인 회전과 전환의 운동을 배우기에 이르렀다. 1842년, 빈 요제프슈타트의 운터클라쎈 극장이 도나우 강 위에 배가 떠가는 듯한 환영을 관객에게 전달하기 위해 처음으로 움직이는 무대를 도입했다. 1896년에는 카를 라우텐슐레거Karl Lautenschläger가 뮌헨 레지던츠 극장에 최초로 회전무대를 설치했다. 그리고 바로 이 무대에서 바그너 오페라의 등장인물인 구르네만츠와 파르지팔이 그 유명한 대화를 나눴다. 알다시피 이들은 성배의 성을 향해 가던 길이었는데, 이때 (무대 지시문에 따르면) "이미 무대가 미처 알아채지 못하게 전환되기 시작했다." 그런데 순수한 바보 파르지팔은 그것을 알아채지 못했다. 바그너 음악극에서 구경꾼 역할을 하기 위해 전략적으로 등장하는 그 모든 순수 바보들의 원형으로서, 파르지팔은 오히려 자기 자신의 인식이 "망상"이나 환영에 빠졌다고 여겼다. "별로 걷지 않았는데 아주 멀리 온 것 같네요." 그래서 극 중에서 아버지 같은 역할 또는 논평자 위치를 맡은 구르네만츠는 이렇게 설명해 줘야 했다. "젊은이, 자네는 여기서 시간이 공간으로 변하는 것을 보고 있네."(Wagner,

1978, p.833)

교묘한 무대 기술에서 형이상학 전체로, 더 나아가 극영화까지 뻗어 나가는 바그너의 위업에 관해서는 다음 시간에 다시 논하겠다. 일단 여기서는 바로크와 절대주의 극장에 관련해서, 영화사에 결정적으로 작용하게 될 환영적 기술의 핵심만 살펴보자.

반종교개혁의 이미지 기술로 변모한 극장 무대는 거의 모든 것을 조작하고 시뮬레이션할 수 있었지만 광원만은 그러지 못했다. 절대주의 성곽 건축과 거의 동시에 폐쇄식 극장이 생겨났는데, 플롯이 주로 실내 공간에서 진행되고 공연이 주로 저녁 시간대에 있어서 역사상 처음으로 인공광이 필요해졌다. 리하르트 알레빈Richard Alewyn의 『바로크 세계극Barockes Welttheater』은 더 이상 닭과 같은 시간에 잠들지 않는 것이 얼마나 값비싼 대가를 요구했는지 명확하게 보여준다. 이렇게 시간을 뒤로 늦추는 일은 그 이후로도 모든 오락매체에 대단히 중요한 문제가 됐다. 1650년 당시로써는 밀랍 촛불과 횃불이 유일한 해법이었는데, 이 해법은 1) 빛보다 열을 더 많이 내뿜었고 2) 섀넌의 말을 변용하자면 언제나 의도치 않게 '노이즈의 원천'으로 작용했다. 거기서 생성되는 연기나 악취 같은 감각적 노이즈는, 비더만처럼 지옥 장면을 보여줄 때는 연극적 환영을 가중시켰을지 모르지만 그 외에는 환영을 깎아내렸다. 하지만 무엇보다 큰 문제는, 무대와 객석에 설치된 초 수백 자루는 배경막, 배우, 의상과 달리 공연 중 교체가 불가능하다는 점이었다. 이러한 제약 때문에, 지금은 완전히 잊혔지만 대단히 극적인 효과가 발생했다. 코르네유Pierre Corneille나 라신Jean-Baptiste Racine의 유명한 희곡 중에는 알렉산더격[14]으로 3천 행을 넘는 것이 하나도 없다. 해석학적 문학 연구자들은

---

14) 알렉산더격은 한 시행이 12음절로 구성되는 프랑스 시의 주요 운문 형식 중 하나다.

이를 텍스트 내재적인 관점에서 멋지게 설명하기도 했지만, 그것은 아무 의미도 없는 노릇이다. 이러한 미학적 한계는 밀랍 초가 타는 시간이라는 기술적 한계에서 직접 연원한 것이기 때문이다. 요컨대, 그리스 영웅들과 달리 '태양신'의 손녀였던 라신의 페드르가 죽어야 했던 까닭은, 그가 탄식하듯이 의붓아들에 대한 불타는 사랑의 불꽃이 시커멓게 타들어갔기 때문이 아니라, 두 시간 후면 파리 극장에서 연기를 내뿜던 촛불들이 꺼져 버리기 때문이었다.

하지만 광원의 문제와는 별도로, 절대주의 극장은 관객을 정말로 속이기 위해 극장 기계를 동원했다. 라신의 여주인공들이 근본적으로 광휘를 내뿜는 비전과 사랑에 빠진다는 사실을 생각해 보라(Barthes, 1963, p.30). 군주들은 거울의 방, 축제 행렬, 불꽃놀이를 통해 극히 계획적으로 광학적인 '눈속임 작품Blendwerk'으로 변모했고, 초를 그렇게 많이 재어 놓지 못한 가신들은 그 광경에 그저 머리만 조아렸다. 이때부터 절대주의 무대는 시대를 선도했다. 이미지의 정치는 절대주의 시대부터 생겨났으며, 당시에 비하면 오늘날의 정치적 이미지는 거의 미미해 보일 지경이다. 일요일 저녁 TV 인터뷰나 신문의 초상 사진은 낡은 절대주의적 광光 독점을 답습하는 것에 불과하다.

이러한 역사적 배경을 놓고 보면, 베르톨트 브레히트Bertolt Brecht가 아리스토텔레스극, 즉 관람자에게 동일시와 깨달음anagnorisis을 권하는 연극 형식을 공격했던 것도 그리 설득력 있게 보이지 않는다. 미디어의 역사라는 유물론적 견지에서 접근하면 (물론 마르크스Karl Marx나 레닌Vladimir Ilich Lenin이 그 역사를 서술한 것은 아니지만), 브레히트가 『연극을 위한 작은 지침서Kleines Organon für das Theater』에서 전통적 연극을 공격한 것은 불행히도 그냥 타격 대상을 혼동한 것으로 보인다. 관람자를 공격하는 눈속임은 그리스 태양 아래의 개방형 극장에서 비롯된 것이 아니며, 같은 시기 발표된 아리스토텔레스의 『시학 Poetica』은 더 말할 것도 없다. 그것은 반종교개혁과 이미지 전쟁에서 비롯된 핍 박스형 극장의 산물이다. 선전가 브레히트는 자신의 역사적 선조를 오해했던 것이다. 마찬가지로, 그가 과학적으로 근거가 있다면서 극적 환영에 대한 해독제로 극찬했던 '낯설게 하기 효과 Verfremdungseffekt'는 당시 등장한 근대 기술적 광학 장치, 즉 영화에 거의 정확히 부합한다. 영화는 바로크 시대부터 군림했던 핍 박스 형태의 환영적 무대를 순식간에 낡아 보이게 만들면서, 모든 극장의 경쟁자로 무섭게 발전했다.

연극학에 관해서는 일단 여기까지 하겠다. 새로운 기술적 광원이 도입되고 나면 이 주제로 다시 돌아올 것이다. 그런데 연대기 순으로 가자면, 새로운 광학적 미디어가 연극을 거쳐 어떻게 문학을 바꾸어 놓았는가 하는 질문이 제기된다. 책에 가해진 영향은 중요하다. 독자 설문이나 실험 심리학이 없었던 당시로써는, 미디어가 실제로 신체에 끼친 영향을 입증할 수 있는 것이 책밖에 없기 때문이다. 낭만주의가 이미지의 정확성과 경쟁하기 위해 무엇을 했는지 알지 못하면, 영화의 전제 조건과 그 '내용'은 영영 어둠 속에 남게 된다.

2.3 계몽과 이미지 전쟁

이제 우리는 18세기로 진입한다. 이 세기는 독일어로는 '계몽 Aufklärung'의 시대로 통했고, 프랑스어로는 이제 막 만들어진 광학적 발명품들을 찬미하는 듯 '빛의 세기 siècle des lumières'라는 더욱 의미심장한 이름으로 알려졌다. 바로 이때 글쓰기의 기술, 더 정확히 말해서 묘사적 글쓰기의 기술이 출현했다. 그것은 텍스트를 처음으로 (말하자면) 영화 각본과 호환 가능한 것으로 변모시켰다. 종이 위의 문자열을 제대로 읽기만 하면 무언가 눈에 보이는 것이 나타났다. 이는 마치 성 이그나티우스의 고독한 성서 읽기가 대중화된 것 같았다.

이미 오래전에, 독문학자 아우구스트 랑겐August Langen은 이런 기술이 이제 막 개발되기 시작하던 18세기 초반의 독일 문학에서 소위 '액자식 시각Rahmenschau'을 발견했다. 랑겐의 이런 표현이 뜻하는 바는 간단하다. 카메라 옵스큐라, 매직 랜턴, 핍 박스를 통해 이미 회화와 연극 분야에 도입된 바로 그 기술이 이제는 자연을 찬미하는 시의 길잡이가 됐다는 것이다.

2.3.1 브로케스

가장 유명하고 웅변적인 예로, 함부르크 상원위원이었던 바르톨트 힌리히 브로케스Barthold Hinrich Brockes의 시 한 편을 들 수 있다. 그는 자신이 직접 쓴 물리적, 도덕적 시를 모아 『신의 품에서 누리는 현세적 즐거움Irdisches Vergügen in Gott』이라는 아름다운 제목의 시집을 발표했는데, 그 수록작 중에 「검증된 눈 보조기Bewährtes Mittel für die Augen」라는 더욱 아름다운 제목의 시가 있다.

> 우리가 아름다운 풍경 속에서 사랑스러운 것들에 둘러싸인 채
> 저 피조물에 감동을 받아, 과거 어느 때보다 집중하여
> 그 꾸밈을 있는 그대로 바라보고 참으로 이해하고 싶다는
> 이성적 욕구를 또 한번 느낄 때면, 우리의 눈이
> (습관에 의해 거의 눈멀고 말하자면 어눌해진 채)
> 저들의 섬세한 무늬, 색채의 조화와 광휘를
> 죄다 흩트려서 바르게 보기에 적합하지 않다는 것을 깨닫는다.

마치 사유도 시선처럼 그렇게 흩어져 버리는 듯하니

이것이 우리가 세상을 향유하지 못하고

신을 그 피조물 속에서 더 열렬히 찬미하지 못하는 서글픈 이유인가.

우리는 밝은 빛이 우리의 수정체 속으로

너무 많은 것을 한번에, 심지어 모든 쪽에서 쏟아 붓도록 내버려 둔다.

그러지 말고, 우리의 이성에 의해 눈을 각각의 개체로 인도하여

애써 하나씩 차례로 바라보고 감탄하도록 하며

거기서 기쁨을 누려야 하니, 그러면 빛과 시각이

불현듯 다시 솟구치면서 그렇게 정신도 함께 솟구쳐

필요한 대로 물체 안에 꾸밈과 질서를 불어넣지도 않고

우리 안에서 열정과 감사와 고마움을 가려내지도 않을 것이다.

싫증과 배은망덕의 원천, 진정한 불행이 샘솟는 것을

막기 위해, 인류를 바라보면서 무언가 계속 행하기 위해,

그리고 보는 데 능숙해지기 위해, 나는 어떤 도구의 사용을 권한다.

이는 내가 최근에 들판을 거닐다가 우연히

관찰을 통해 터득한 것으로, 사용하기가 전혀 어렵지 않다 {…}

그대가 산책하러 나가는 탁 트인 평평한 들판에서

들판과 하늘 외에는 아무것도 보이지 않는 곳에서

나는 그대에게 하나의 풍경 대신 천 가지 다양한 아름다움을 보이고 싶다.

그냥 우리의 양 손 중에 한 손을 오므리고

눈 앞에 망원경Perspective 모양으로 들고 있기만 하면,

사물이 보이는 그 작은 구멍을 통해

모든 풍경의 세부 요소가 제각기 그 자체로 풍경이 되니

그림을 그릴 줄 안다면 그걸로 멋진 그림을

그리고 칠할 수 있을 것이고, 거기서 조금만 방향을 돌려 보면
즉각 또 새롭고 전혀 다른 아름다움이 보일 것이다.
아름다움이 우리에게 그토록 다채롭게 나타나는 원인은
실제로 설명 가능하니, 너무나 많은 것들이 눈 속에 들어와
그 양이 너무나 많기에 우리가 제대로 분간하지 못하고
포기하게 되며, 그래서 번쩍이는 수정체 속으로
그 물체의 형태를 전하며 얼굴 신경을 때리는 광선들은
정신이 더 명징하게 인식하려 해도 더 이상 또렷해지지 않는다.
오므린 손으로 조그맣게 만들어진 저 작은 그림자는
부드러운 어둠을 통해 눈을 강화하고 따라서 정신이
낱낱의 사물에 주의를 더 많이, 더 날카롭게 기울이도록 하며
그리하여 거기 있는 아름다움을 더욱 힘주어 사유하도록 한다.
이는 전혀 모순됨이 없는 엄격한 진리로서,
예나 지금이나 많은 사람들에게 알려지지는 않았지만
영국의 위대한 뉴턴이 시각에 관해 집필한 바에 따르면,
시각은 글쓰기나 읽기와 마찬가지로 하나의 기예이다.
다른 모든 목적으로 다른 감각들을 쓸 때는 더하지만,
우리가 바르게 보기 위해서는 이성을 사용해야 한다.
(Busch, 1995, p.113에서 재인용)

그리하여 브로케스 이후에는 시인들도 그들의 눈을 무장하게 됐다. 비록 조그만 진짜 망원경을 지상의 목표물에 겨냥하는 것이 아니라 문자 그대로 '수작업'을 통해 무장한 것에 불과했지만 말이다. 당시 최신작이었던 뉴턴의 『광학Opticks』에서, 시각은 핍 박스 식의 인공 보조 장치 없이는 거의 성립할 수 없는 일종의 기예로 변모한다. 그런데 시각이라

는 새로운 기예는 단순히 글쓰기와 읽기라는 구식 기예와 동등한 위상에 오르는 데 그치지 않고, 오히려 문학의 양 축인 읽기와 쓰기에 시각적 혁신을 전파한다.

님프와 신들이 그리스를 떠난 후, 시 쓰기는 궁색한 작업이 되었다. 시인들은 이천 년 동안 마치 님프와 신들이 여전히 존재하는 듯이 텅 빈 수사적 문구를 짜깁기해서 같은 주제를 반복해서 써야 했다. 따라서 읽기는 이제 과거의 텍스트에 나오는 기예를 낱낱이 학습하고 자신의 깃털 펜으로 미래의 텍스트를 연습하는 것일 뿐이었다. 예수회의 영성 수련을 제외하면 모든 학교와 대학이 이러한 수사법적 조건 아래 놓였다. 이런 상황에서는 글쓰기와 읽기가 문제가 아니라 (고대 후기에 아리스토텔레스를 논평했던 어떤 이가 이미 간파했듯이) 발신자와 수신자, 화자와 청자, 필자와 독자 간의 전술적 관계가 문제였다. 어떤 저자를 모방하거나 그를 완전히 능가하는 일은 소위 '글쓰기'와 아무 상관도 없었다. 현란한 수사법과 논증으로 독자에게 깊은 인상을 남기고 심지어 독자를 압도해서 참과 거짓을 분간 못 하게 만드는 일은 그저 순수한 책략에 불과했다.

그런데 브로케스는 전혀 달랐다. 그의 '물리적 시physikalische Gedichte'는 자연물을 시적으로 지각하고, 묘사하고, 심지어 '생산'함으로써 비로소 존재할 수 있었다. 그리하여 시는 (하이데거가 말하는 존재의 역사에 딱 들어맞게) 대상에 대한 주체의 활동, 자연미에 대한 필자의 활동으로 변모했다. 그것은 대상과의 관계를 앞세우면서 독자와의 관계를 거의 단절했다. 「검증된 눈 보조기」에서 시의 독자들이 등장하는 경우는, 필자가 자연 광학을 소개하면서 독자들을 모델로 내세울 때밖에 없다. 필자와 독자들은 더 이상 사물에 관해 이미 한번 만들어지고, 저장되고, 인쇄된 말들, 심지어 파스칼이나 키르허가 조합론을 발전시킨 다음부터는 수학적으로 연산될 수도 있게 된 그 모든 말에 속박되지 않는다. 오히려 그들은 언어 외적인 것, 투시도법적으로 주어진 대상 자체에 천착한다. 이것은 그들에게 새로운 글쓰기, (브루넬레스키 이후 삼백 년 만에 비로소) 투시도법적 글쓰기를 부과한다. 미래의 텍스트는 독자들이 시에 묘사된 대상을 직접 보지 않고도 그 외관을 재구성할 수 있도록, 심지어 그냥 부재하는 대상의 외관이 아니라 부재하는 저자가 대상을 포착한 바로 그 시점에서의 외관을 상상할 수 있도록 작성돼야 한다. 하이데거는 이러한 이미지 기술을 세계관^{Weltanschauungen} 또는 '세계상의 시대$^{Zeit\ des\ Weltbildes}$'라고 아주 적절하게 명명했지만, 그가 이렇게 관심을 보인 것은 오로지 이런 상태에서 해방되기 위해서였다. 물론 이 강의에서 하이데거의 드높은 목표를 분석적 수준에서 뒷받침할 수도 있겠지만, 일단은 인간-사물의 새로운 상호 관계에 떠밀려 필자-독자 관계가 망각되면서 억압된 수사법이 유령으로 되돌아왔다는 것, 그것이 우리를 단숨에 홀리는 유령이 되어 무시무시한 복수를 감행했다는 것만 미리 지적하겠다.

그런데 여기서, 브로케스의 수동식 핍 박스가 어떻게 대상과의 관계를 생산하는지 잠시만 살펴보자. 브로케스는 이에 관해 충분히 명확한 설명을 제시했다. 그에 따르면, 우리는 현세적 현실의 세부 요소들을 충분히 포착해서 신이 원하고 인도하는 대로 현세적 즐거움을 누려야 한다. 그런데 정상적 상태에서는 뿌리 깊은 시각적 습관이 이를 가로막고 있으므로, 본인의 시적 프로세스로 그런 습관을 의도적으로 중단시켜야 한다는 것이다. 그렇다면, 눈 앞에 망원경 모양으로 오므린 손은 브레히트보다 훨씬 이전에 낯설게 하기 효과를 최초로 확립한 셈이다. 왜냐하면, 눈을 무장한 시인이 모든 비무장된 것에 맞서 전쟁을 시작하기 때문이다. 경건한 브로케스를 그보다 더 공격적인 아일랜드나 프랑스의 작가들로 바꿔놓고 보면, 이렇게 과학적으로 계몽된 시각 기술의 날카로움을 쉽게 간파할 수 있다. 이를테면, 스위프트 Jonathan Swift의 걸리버가 거인국에 간다고 하자. 알다시피 샌프란시스코보다 약간 북쪽에 있는 거인국에서는 걸리버가 망원경이나 현미경을 쓸 필요가 없다. 거인은 인간의 눈에 이미 언제나 열 배 확대된 인간으로 보이기 때문이다. 하지만 이렇게 자연적으로 설치된 현미경의 서글픈 결과로, 거인국 왕비의 가장 아리따운 16세 궁녀가 애완동물 다루듯 걸리버에게 가슴 주변으로 기어오르거나 젖꼭지에 올라타는 것을 허락해도 그는 전혀 흥분을 느끼지 못한다. 그에게는 젖꼭지 자체나 그 주변의 모공 하나하나가 모두 거대한 사마귀처럼 보일 뿐이다.

> 시녀들 가운데 가장 아름답고 쾌활하며 장난을 좋아하는, 열여섯 살짜리 시녀는 때때로 나를 가슴 위에 올려놓고 자신의 젖꼭지를 타고 앉게 했다. 온갖 짓궂은 장난을 당했지만 자세하게 이야기하고 싶지는 않다. 독자들은 너그럽게 용서해 주기 바란다. 하여간 나는 아주 기분이 상해서 시녀들을 다시는 만나지 않았으면 좋겠다고 글룸달클리치에게 부탁을 했다. (스위프트, 1992, p.149)

최초의 리얼리즘 문학 이론가 드니 디드로 Denis Diderot는, 필자가 무無에서 창조했지만 독자가 완전히 믿고 생생하게 느낄 수 있는 인물이 성립하려면 바로 이 사마귀 같은 것이 필요하다고 주장한다. 그러니까 독자가 문학 작품 속에서 여주인공 얼굴에 난 사마귀에 관한 언급을 보면서, 필자가 사마귀처럼 눈에 띄지 않는 세부 사항을 발명할 수 있었을 리가 없으므로 소위 진짜 삶을 묘사했음이 틀림없다고 혼잣말을 하게 된다는 것이다. 스위프트가 추함을 리얼리즘적인 텍스트의 내용으로 썼다면, 디드로는 그것을 더욱 강화해서 (또는 추상화해서) 리얼리즘적인 텍스트의 형식으로 만들었다(Jauß, 1969, p.237).

간단히 말해, 디드로와 그의 독일어 번역자 레싱Gotthold Ephraim Lessing이 등장한 다음부터 문학은 의사擬似광학적 미디어로 행세하기 시작했다. 레싱은 『라오콘Laokoon』에서 시를 회화와 체계적으로 비교한 끝에, 시인이 "대상을 지각하게 만들어서 우리가 (즉, 독자가) 시인의 언어보다 그 대상을 분명하게 인식하게" 한다는 일종의 명령에 도달했다(레싱, 2008, p.136). 이러한 임무를 부여받은 문학은 (그 임무가 독자 쪽에서도 자동으로 실현되리라는 보장은 전혀 없었지만) 루텐베르크와 루터 이래 건실하게 구축되었던 문자의 왕국을 폐기하고 묘사된 대상을 비추는 가상적 빛, 즉 계몽으로 변모했다.

하지만 예수회의 반종교개혁 이후 광학적 효과의 장에서는 이미 또 다른 권력이 성립하고 있었다. 문학은 계몽을 요하는 대중의 눈앞에 대상을 제시해야 한다는 새로운 임무를 명받고 불가피하게 전투 위치에 돌입했다. 그것은 헤겔이 『정신현상학Phänomenologie des Geistes』에서 전략적으로 우아하게 공식화한 바 "계몽과 미신의 투쟁"이었다. 그리고 장 스타로뱅스키Jean Starobinski가 『1789: 이성의 엠블럼1789: Les Emblèmes de la Raison』에서 우아하게 덧붙였듯이, 이 전투는 빛과 어둠 사이에서 상연됐다. 그는 이런 맥락에서 프랑스 대혁명 자체를 일종의 광학적 미디어로 묘사하지만, 은유가 아닌 구체적 장치 속에서 벌어진 빛과 어둠의 전투는 추적하지 않았다. 우리는 매직 랜턴의 역사로 돌아가서 어떻게 낭만주의 문학 자체가 매직 랜턴이 됐는지 설명하기 전에, 먼저 이 빈칸부터 메워야 한다.

2.3.2 현상학: 람베르트에서 헤겔까지

계몽과 미신의 투쟁이란, 광학적 환영을 반종교개혁에서 분리해서 그보다 더 나은 목적을 부여하는 것으로 간단히 정의할 수 있다. 이미 브로케스는 광학적 환영을 창출하기 위해서가 아니라 독자에게 과학적으로 계몽된 시각을 교육하기 위해서 액자식 시각을 썼다. 우리는 여기서 광학의 학문적 기능이 바뀌는 것을 볼 수 있다. 아리스토텔레스에서 하위헌스와 뉴턴에 이르기까지, 광학은 원래 거의 우주론에 가까웠고 특히 천문학의 든든한 기반이 됐다. 그런데 18세기에는 투시도법, 카메라 옵스큐라, 매직 랜턴을 통해 생산된 데카르트적 주체가 부상하면서, 광학 역시 그런 주체에 관한 학문으로 변모했다. 이제 광학은 광선이 어떻게 각종 반사와 굴절을 거쳐 세계로부터 눈에 이르는지 질문하는 대신에, (로크John Locke 식으로 말해서) 눈으로 '감각'되는 데이터가 어떻게 재구성되어 광학적으로 주어진 세계를 이루는가 하는 새로운 질문을 제기했다. 그리고 객관적 세계와 주관적 소여所與, Gegebenheit가 어떻게 다른지 진술할 수 있다는 것은, 바로 그 차이를 착취했던 성직자들의 눈속임도 완전히 폭로할 수 있다는 것을 뜻했다.

이 질문을 공식화한 최초의 철학자가 바로 알자스 출신의 요한 하인리히 람베르트Johann Heinrich Lambert였다. 람베르트는 왕립 과학아카데미에 자리를 얻으려고 1764년 베를린에 왔다. 처음에 프리드리히 대왕은 파스타와 달콤한 포도주를 최고로 치는 람베르트의 야만적인 식사습관에 아주 질겁했지만(Lambert, 1990, III, p.1037), 일단 그의 탁월한 수학적 지식이 입증되자 안심하고 그를 신임했다. 그가 '가상Schein'[15]을 철학적, 수학적으로 이론화할 수 있었던 것도 바로 이 수학적 지식 덕분이

---

15) 원래 이 단어는 빛, 외관, 겉껍질, 가짜 등의 의미도 있다.

었다.

　람베르트는 이미 1759년에 「자유투시도법Freye Perspektive」이라는 전형적인 제목의 논문을 제출했다. 여기서 "자유"라는 말은 브루넬레스키와 알베르티가 화가들에게 가르친 투시도법이 아주 부자유스러운 기예라는 의미를 담고 있었다. 카메라 옵스큐라가 기술적 매개체로서 개입할 수 없는 허구적 이미지의 경우, 화가는 일단 전통적인 이차원 미디어를 버리고 건축가들의 낯선 기술과 씨름해야 했다. 알베르티의 가르침에 따르면, 화가는 일단 공간의 평면과 입면을 설계할 수 있어야 비로소 그 공간을 투시도법적으로 수축시켜서 전체적인 비례, 소실선, 소실점을 맞춘 정확한 그림을 그릴 수 있었다. 람베르트는 바로 이러한 고행에서 화가를 해방시키기 위해 자유투시도법을 개발했다. 하지만 뮐하우젠 출신의 수학자가 그렇게 할 수 있었던 것은, 이웃 도시 바젤 출신의 더 위대한 수학자가 이룬 업적을 알고 있었기 때문이었다. 바젤의 선구적인 수학자 레온하르트 오일러는 온갖 삼각함수표와 실측값을 정제해서 순수한 각도의 함수로서의 삼각함수 4종을 얻어내는 데 성공했다. 그는 사인, 코사인, 탄젠트, 코탄젠트가 전개되는 단위원의 반지름값을 1로 지정해서, 기존 삼각함수표를 하나의 실변수나 복소변수에 의존하는 진짜 수학적 함수로 탈바꿈시켰다. 다시 말해서, 처음으로 초월함수를 우아하게 추상적 수준에서 계산할 수 있게 된 것이다. 그 이전까지는 오로지 대수 방정식, 즉 다항 방정식만 그렇게 풀 수 있었다.

　람베르트는 오일러가 구사한 바로 이 계책을 수학에서 회화로 옮겨왔다. 람베르트는 유클리드나 피타고라스Pythagoras처럼 직선들의 비례 관계에 주목하는 대신에, 투시도법의 기하학을 단순히 시선의 각도에 의존하는 초월함수로 규정했다. 굉장하다! 하지만 수학 교육을 받지 않은 화가들이 대체 어떻게 이런 함수를 알았을까? 해법은 간단하다. 람베르트는 그들이 함수 계산을 할 필요가 없도록, 말 그대로 함수를 '씹어서' 화가의 입에 넣어주었다. 어쨌거나 람베르트는 새로운 계측 도구를 발명하는 데 탁월한 재주가 있어서, 유클리드나 뒤러가 봤다면 오금이 저렸을 법한 물건을 만들었다. 그것은 일종의 자로, 유서깊은 등간격 눈금 외에도 −90도에서 90도 범위에서 삼각함수를 나타내는 네 가지 눈금이 함께 표시돼 있었다. 람베르트의 자만 있으면, 화가는 탁 트인 풍경을 앞에 두고 눈으로 세계를 꿰뚫어 보면서 자를 쓱쓱 움직여 (평면이나 입면은 전혀 생각하지 않고) 투시도법적 이미지를 그려낼 수 있었다. 아쉽게도 나는 미술사 전문가가 아니라서, 베를린의 훔멜Johann Erdmann Hummel 외에 람베르트의 자유투시도법을 사용한 유명한 화가가 (아니면 그냥 화가가) 또 있었는지는 잘 모르겠다. 하지만 그 기본 원리만 봐도, 근대적 삼각함수가 어떻게 광학적 가상, 즉 보는 주체의 투시도법을 수학적으로 재구성할 수 있었는지 명쾌하게 감이 올 것이다.

람베르트는 이 같은 삼각함수의 계책을 본인이 직접 개척한 광학의 한 분야인 광도측정술에도 응용했다. 람베르트 이전에는 아무도 우리가 실제로 보는 것이 어느 정도로 밝다 또는 어둡다고 엄정하게 말할 줄 몰랐다. 역으로, 람베르트식 자동 광도측정술이 등장한 후에는 이제 아무도 우리가 과거에 그렇게 무지했었다는 사실 자체를 모른다. 일정한 에너지를 방사하는 이상적 광원이 있고, 그 빛이 (마치 호프만의 예수회 교회처럼) 완전 난반사 하는 이상적 곡면에 떨어진다고 하자. 그러면 문자 그대로 빛/가상Schein 또는 반사광이 눈에 들어오는데, 그 밝기는 광원의 밝기 k와 광원에서 나온 광선이 반사 지점에서 곡면의 법선과 이루는 각도 a에 의존한다. 그래서 $l = k \times \cos(a)$이다(Watt, 1989, p.48).

위에 거론한 자유투시도법과 람베르트의 코사인 법칙(람베르트 본인은 이것을 계속 '사인 법칙'이라고 썼다)은, 오일러와 람베르트의 새로운 삼각함수 덕분에 주관적 가상을 계산할 수 있게 됐음을 보여줄 뿐이다. 이러한 주관의 수학은 전체 철학으로 더 확장돼야만 했다. 람베르트는 『신 논리학 Neues Organon』에서 바로 그 한 걸음을 더 내디뎠다. 그가 베를린에 간 첫해에 발표된 이 책은, "진리를 탐구하고 표기하며 그것을 오류와 가상으로부터 구별하는 것에 관한 사유"라는 부제만 봐도 이미 새로운 문제를 제기하고 있음을 알 수 있다. 여러분도 알다시피, 모든 철학은 진리와 오류 간에 심연이 벌어져 있어서 그것을 가로질러야 한다는 것을 이미 언제나 알고 있다. 반면 진리와 가상의 차이는 그렇게 유서깊은 것도 아니고 또 그렇게 명확하게 구별되지도 않는다. 람베르트처럼 투시도법적인 광선의 운동이나 난반사가 일어나면 필연적으로 광학적 가상이 출현한다는 것을 스스로 깨달은 경우라면 특히 더 그렇다. 람베르트는 『신 논리학』에서 (좋았던 옛 시절의 아리스토텔레스 논리학과 달리) 가상이 주로 광학적 영역에서 출현하고 연구된다는 점을 지적하면서, 이를 더 일반화하여 오감 전체로 확장하기 위해 신조어를 도입한다. 그것이 바로 가상 일반에 관한 이론으로서의 "현상학 Phänomenologie"이다. 이 단어는 이후 철학사적으로 나름의 궤적을 그려가게 된다. 여러분도 상상할 수 있겠지만, 이 학문의 핵심은 계몽과 미신의 투쟁, 또는 람베르트의 말을 빌자면 "눈속임을 피하고 가상을 꿰뚫어 진리에 도달하기 위한 수단"을 강구하는 것이다(Lambert, 1990, ll. p.645). 람베르트는 자신의 프로그램을 "명확히 밝히기" 위해 본인의 광학 연구에서 첫 번째 "보기"를 든다. "물체의 색상은 그 물체를 비추는 빛에 의존하기 때문에, 밤에는 진홍색과 검은색이 거의 분간되지 않으며, 등불 아래서는 파란색과 녹색이 거의 같은 색처럼 보인다. 동일한 벽에 햇빛이 비칠 때와 그늘이 질 때를 보면 밝기뿐만 아니라 흰색의 빛깔에서도 차이가 난다. 따라서 이런 궁금증이 생긴다. 물체는 어떤 빛에서 본래의 제 색상을 보

여주는가?"(Lambert, 1990, ll. p.674)

이렇듯 현상학은 주체와 특히 그 광학적 가상에서 출발해서 사물의 객관적 본성으로 거슬러 올라가는 학문이고, 따라서 감각적 속임수나 그런 속임수를 쓰는 성직자들을 싹 쓸어버린다. 하지만 람베르트는 사유와 인식뿐만 아니라 이런 사유를 표기하는 문제도 다루기 때문에, 현상학이 제기하는 질문은 거꾸로 역전될 수도 있다. 람베르트는 탁월한 수학자로서 기호가 없으면 사유도 없다는 것, 숫자와 연산자를 가리키는 상징이 없으면 계산도 없다는 것을 익히 알고 있었다. 그런 까닭에, 그는 현상학 책의 맨 마지막 "제6장"에서 가상을 퇴거시키는 것이 아니라 오히려 가상을 구성한다. "가장 일반적인 견지에서 {…} 진리로부터 가상을 결정하고 역으로 가상으로부터 진리를 결정하는 한 {…} 현상학은 초월광학"을 의미한다(Lambert, 1990, ll, p.824). 이때 '초월적 transzendent'이라는 형용사가 그 전통적 의미, 즉 '세계 너머에 신이 거하는 장소'를 가리키지 않는다는 것은 명백하다. 오히려 이것은 람베르트가 삼각함수 같은 '초월함수'에서 차용하여 철학에 들여온 수학 용어다. 람베르트의 어린 친구이자 제자였던 칸트는 이 '초월광학'을 소위 '초월철학Transzendentalphilosophie'으로 일반화하기만 하면 됐다. 안타깝게도 철학자들은 입에 담지 않을 말이지만, 달리 말하면 독일 관념론도 광학적 미디어의 역사에서 출현했다. 그러니까 헤겔이 (람베르트에게 충실을 다하는 만큼이나 그를 배신하면서)『정신현상학』이라고 이름 붙인 책에서 스스로 '계몽과 미신의 투쟁'이라 명명한 문제를 다룬 데는 그럴 만한 이유가 있었다. 적어도 초기 헤겔은 독자의 거처에 사전 연락도 없이 불쑥 신을 데리고 들어갈 생각이 없었다. 오히려 그는 절대자를 모든 주관적 가상을 지양한 후에 도래하는 최후의 투시도법적 소실점으로 구성하고자 했다. 그것은 정말 멋지고 아름다운 이야기지만 이 강의에서는 더 다루지 않겠다. 왜냐하면 초월광학은 람베르트에서 칸트를 거쳐 헤겔에 이르는 동안 본래의 수학적 양가성을 전부 박탈당하기 때문이다.

그에 반해, 『신 논리학』의 마지막 장 「가상의 묘사에 관하여」는 이 강의가 여태껏 다룬 거의 모든 것을 요약한다. 그것은 투시도법과 회화, 투시도법과 극장 건축, 심지어 투시도법과 "시 예술Dichtkunst"에 관해 논한다(Lambert, 1990, ll, pp.824–8). 마치 브로케스의 안과학적 조언이나 디드로의 사마귀를 일반화하려는 듯이, 람베르트는 "시 예술"이 "우리 앞에 사물들을 그 가상대로 그려 보이는" 기예로 구성된다고 쓴다. 그것은 "사물들의 표상을 통해서, 마치 사물들의 감각이 우리 안에 만들어내는 듯한 바로 그런 인상을 불러일으킨다. 마치 시인이 그것들을 재현한 바로 그 시점에서 그것들을 바라보듯이, 말하자면 그가 우리를 생각 속에서 그곳으로 옮겨놓은 것처럼. {…} {시인은} 그가 가정한 시점에서 이미 전부 상상해 본 사태의 면모들과, 그로 하여금 인식하고 욕망하게 하는 그 모든 인상들을 그려서 독자들도 그렇게 느끼게 해야 한다." (Lambert, 1990, ll, p.828)

말하자면 빛과 어둠의 전투 덕분에, 예전까지 궁정 같은 귀족적 권력이나 예수회 같은 종교적 권력만 누릴 수 있었던 그 모든 조명 효과가 부르주아 남녀의 일상적인 밤을 밝히기 시작했다. 인공광이 자정까지 모든 곳에 쏟아졌다. 오래된 수공업적 비밀이 인쇄 기술로 노출된 후에야 비로소 존재할 수 있게 된 (앞서 언급한 프리메이슨 같은) 비밀결사들은, 이렇게 반쯤 어둡고 반쯤 불을 밝힌 한밤중에 의식을 치렀다. 이런 어스름 속에서는 비밀결사의 수령이 추구하는 목표가 계몽인지 아니면 반종교개혁인지 아무도 분간할 수 없었다. 그런 까닭에, 18세기에 비밀결사는 가톨릭과 자유사상가, 예수회와 계몽주의자들이 전쟁을 벌일 수 있는 공통의 토대가 됐다. 하지만 그것은 또한 원래 예수회 선전에 쓰이던 광학적 효과가 점차 장사꾼의 영역으로 (사기꾼의 영역이라고 말하지 않는다면) 변모해가는 기반이기도 했다.

이렇듯 계몽문학Aufklärungsliteratur은 대상 자체가 재현할 가치가 있다는 개념을 발명했지만 수신인에 전략적으로 접근한다는 개념을 상실했다. 반면, 사기꾼들은 광학적 미디어로 완전히 환영적인 대상을 생산했지만 전략적으로 정확히 계산된 관객 앞에서만 그랬다. 하지만 이 사기꾼들도 시스템이 남겨둔 (또는 시스템이 제공한) 여러 간극 중에 단 하나만 메웠을 뿐이었다.

2.3.3 유령을 보는 사람

그리하여 매직 랜턴은 더 이상 바로크의 아타나시우스 키르허의 경우처럼 종교 설립자의 수난이나 저주받은 자들의 고통스러운 지옥 생활을 영사하지 않게 됐다. 대신에, 그것은 모험가 칼리오스트로 백작conte di Cagliostro이나 '사랑의 예술가' 카사노바Giovanni Giacomo Casanova 같은 사람들이 사용하는 전방위적 무기로 변신했다. 카사노바의 『회고록Mémoires de J. Casanova de Seingalt』 제2권과 3권을 보면, 그가 어느 날 밤 체세나에서 마법사 놀음을 벌인 이야기가 나온다. 이러한 행각의 목적은 두 가지였는데, 1) 유령의 숨겨진 보물이 있다고 믿는 바보에게 500세퀸을 뜯어내고, 2) 당연하지만 이 바보의 딸도 유혹하는 것이었다. 늘 그렇듯이 두 번째 계획은 순조롭게 성공했다. 하지만 마법사 행세를 하려는데 폭풍이 끼어들어 번개가 치기 시작했고, 마법사는 자기가 속임수로 구경꾼들을 겁준 것보다 훨씬 더 겁에 질리고 말았다…….

그런데 여기 카사노바의 독창적인 실험보다도 더 극적인 한 사기꾼의 인생이 있다. 이름 자체가 그의 뒤틀린 성향을 웅변했던 이 사기꾼은 그냥 '슈뢰퍼Schrpöpher'[16]라고 통했다. 남의 고혈을 짜냈던 슈뢰퍼의 행각에 관해서는 프리드리히 폰 츠글리니츠키의 유쾌한 책 『영화의 길』에서 전문을 인용했으면 한다. 츠글리니츠키의 한 마디 한 마디가 모두 폐부를 찌르기 때문이다.

> 슈뢰퍼는 라이프치히의 클로스터가街에 커피하우스를 소유하고 있었다. 이 가게는 인기가 많아서 늘 손님들로 북적였고, 특히 펀치가 맛있는 것으로 유명했다. 가게 주인은 손님들 앞에서 위대한 마법사의 후광을 두르려면 어떻게 해야 하는지 아주 잘 알고 있었다! 그는 신중하게 자기가 "프리메이슨의 진짜 비전秘傳을 가지고 있다"고 소문을 냈다. 당시 이 '진짜 비전'은 소유자에게 무제한의 힘을 준다고 해서 찾는 사람이 많았다. 라이프히치 클로스터가의 커피하우스에도 그런 비전을 의심하는 사람들과 찾아 헤매는 사람들이 있었는데, 그중에는 신분과 직위가 높은 사람도 적지 않았다. 바로 이런 부류의 사람들이 슈뢰퍼의 관심을 끌었다. 그는 이들에게 조심스레 접근하여 이런저런 질문을 던지다가 결국 이들을 자기 뜻대로 움직였다. 하지만 그는 텅 빈 말만 던지는 것이 아니라 '실연'도 선보였다. 이 '실연'은 소위 '강령술' (요즘 말로 '심령술') 회합으로 구성됐는데, 정교한 극적 연출과 특히 매직 랜턴 효과를 사용해서 번지르르하게 꾸민 탓에 아무리 현실적이고 비판적인 천성의 사람도 꼼짝없이 속아 넘어갔다. 이 신비로운 공연의 무대는 슈뢰퍼가 이런 용도로 쓰려고 새로 수리한 '위대한 코프타Großkophta'[17]라는 가게 당구장이었다. 먼저 모든 관객들은 넉넉한 양의 펀치를 한 잔씩 받았다. 이는 매출도 올리고 기적을 보기 위한 마음의 준비도 하는 한 가지 방법이었다. 일단 펀치가 충

---

16) 'Schröpher'는 말 그대로 '남의 고혈을 짜내는 사람'을 뜻한다.
17) 앞서 언급된 사기꾼 칼리오스트로가 만든 '이집트 프리메이슨'에서 초월적 절대자를 칭할 때 '위대한 코프타'라고 한다.

분히 들어가서 기다리던 손님들의 뇌가 적당히 흐려지고 나면, 슈뢰퍼는 당구장으로 자리를 옮겨서 공연을 시작했다. 깐깐하고 의심 많은 관객들이 속임수를 눈치채지 못하도록, 슈뢰퍼는 온갖 준비를 다 하고 엄격한 제한 규칙을 두었다. 아무도 자기 자리를 벗어나 소란을 피울 수 없었다. 어두운 방에는 작은 등불만 타올랐고 그 희미한 불꽃이 음침한 분위기를 한층 강화했다. 향로, 해골, 그 외 여러 가지 신비한 용구들이 '마법사'의 세간을 완성했다. 그리고 강령회가 시작됐다. 무시무시하게 쿵쿵거리는 소리와 함께 미리 준비한 유령이 일종의 제단 위로 나타나 계속 앞뒤로 펄럭이면서 밝아졌다 어두워졌다 했다. 그것은 틀림없이 연기를 피워 올려 후방 영사하는 전형적인 매직 랜턴 이미지였다. 공연이 절정에 달할 무렵에는 전기 장치로 관객들 몰래 전기 충격을 가하고 조수를 시켜 초자연적인 목소리를 흉내내는 등 여러 가지 효과를 곁들였다.

그럴싸한 호칭을 좋아해서 슈타이나크 백작 혹은 오를레앙 공작의 아들을 자처했던 슈뢰퍼는, 처음에는 라이프니츠 근처에서만 사기 행각을 벌였지만 곧 베를린, 프랑크푸르트암마인, 드레스덴 쪽으로 활동 영역을 넓혀서 출장을 다녔다. 그는 교묘한 재주와 탁월한 인맥 덕분에 얼마 지나지 않아 가장 저명하고 부유한 사람들과 어울리게 됐다. 그러자 그는 새로운 사업 홍보에 열을 올리기 시작했다. 독자적인 프리메이슨 롯지 Masonic Lodge[18]를 세우려고 한다는 것이었다. 그러자 정말 순식간에 여기저기서 자금이 모였다. 후원자들과 친구들이 그를 믿고 다량의 융자를 해주었다. 이름은 운명이라 했던가, 슈뢰퍼는 그 대가로 프랑크푸르트의 한 은행에 맡겨 놨다는 수백만의 보물로 많은 연금을 주기로 약속했다. 마

---

18) 프리메이슨 롯지는 프리메이슨의 지역별 조직 단위다.

법사는 오랫동안 온갖 핑계를 대며 인내심 많은 신봉자들을 피해 다녔다. 그러다 결국, 1774년 10월 7일 저녁, 그는 친구들 모두에게 수백만의 보물을 조금 보여주겠다고 약속했다. 클로스터가는 온통 들뜬 분위기였다. 요란한 호칭을 가진 명망 있고 부유한 신사들까지 전부 다 나타났다. 펀치는 어느 때보다도 훌륭했다. 사람들은 '진정한 지혜'와 '영원한 빛'에 관해 수다를 떨었다. 슈뢰퍼는 지식과 명성을 한껏 뽐내며 광채를 발했다. 거의 인간의 혼을 가진 멋쟁이 피리 부는 사나이 같았다.

그는 특별히 편안해 보였고 어느 때보다 재미있었다. 활력 있고 유쾌했으며 유머가 넘쳤다. 이후의 보고서 기록에 따르면, 그는 마치 파티장에 가려는 것처럼 행동했다고 한다. 일단 자정이 되자 그는 조금 생기를 잃었다. 그는 잠시 물러나서 편지 한 장을 썼다. 이른 새벽 무렵, 그는 친구들에게 '기현상'을 보여줄 테니 로젠탈 공원에 가자고 했다. 시간은 아직 새벽이었고, 슈뢰퍼가 앞장서서 걸어나갔다. 그는 친구들에게 잠시 기다리라고 당부했다. 이들은 그가 주위를 둘러보지 않고 곧장 똑바로 길을 따라 혼자서 걸어나가는 것을 지켜보았다. 그가 모퉁이를 돌자 나무와 덤불에 가려 더 이상 보이지 않았다. 발소리가 끊기고 더는 아무 소리도 들리지 않았다. 마치 검은 천이 덮인 것처럼 부자연스러운 침묵이 공원을 짓눌렀다. 사람들이 서로를 바라보며 술렁이기 시작했다. 그리고 바로 그때 갑자기 탕하고 채찍을 갈기는 듯한 소리가 침묵을 갈랐다. 슈뢰퍼는 숲 속 땅바닥에 죽은 채 발견됐다. 입안에 총을 쏘아 생을 마감한 것이었다. (Zglinicki, 1979, p.67)

이 결말을 소포클레스^{Sophocles}가 쓴 『콜로노스의 오이디푸스$^{Oidipous\ Epi\ Kolono}$』의 결말과 비교해 보라……. 슈뢰퍼의 아름다운 이야기를 따로 해석할 필요는 없겠지만, 이에 관련해서 몇 가지 강조할 것과 언급할 것이 있다.

첫째, 이것은 (내가 앞서 지적했듯이) 중세 석공들의 구술적이지만 기술적인 전통과 18세기 프리메이슨의 마찬가지로 구술적이지만 오컬트적인 전통이 전혀 다르다는 점을 확인시켜 준다. 활판인쇄, 카메라 옵스큐라, 매직 랜턴으로 지식이 자동화되면서 그 부작용으로 가짜 지식이 출현한다. 이렇게 지식을 참칭하는 것들은 온갖 알코올류를 동원해서 매직 랜턴 같은 기반 기술의 존재를 숨기는 것만이 [그래서 희생양들을 속이는 것만이] 유일한 목적이다.

둘째, 이 이야기는 귀족정이나 종교계에서만 쓰이던 야간 조명이 어떻게 부르주아화되었는지 확인시켜 준다. 커피 하우스는 투르크의 빈 포위 공격이 풀리고 바로 투르크의 커피 보급품이 노획된 후 (이 커피는 기본적으로 하시시와 함께 사용되어 사부아의 외젠 공François Eugèène, Prince de Savoie-Carignan에게 크나큰 무의식의 기쁨을 선사했다) 1683년에 처음 생겼는데, 밤이 새로이 환하게 밝혀지면서 상당히 이익을 보았다.

셋째, 이 이야기는 그러한 밤을 영적인 어스름 상태로 빠뜨리기 위해 커피, 펀치, 매직 랜턴 같은 (하시시는 말할 것도 없고) 다양한 향정신성 의약품이 복합적으로 사용됐음을 확인시켜 준다. 실제로 이러한 약들은 낭만주의 문학을 태동시키기 위해 연거푸 사용되어야 했다. 이를테면, E. T. A. 호프만의 『세라피온의 형제들Serapionsbrüder』에서 펀치를 나눠 마시는 의식이라든가, 같은 호프만이 쓴 『밤의 이야기』라는 소설집 제목만 봐도 그렇다.

마지막으로 넷째, (우리 맥락에서는 이게 제일 중요한데) 슈뢰퍼는 매직 랜턴 기술이 18세기에 어떤 도약에 성공했음을 보여준다. 인공적인 밤의 어스름 속에서, 영사된 유령과 귀신들에게 처음으로 기술적 생명을 불어넣을 수 있게 된 것이다. 물론 이 생명은 아직 필름이 연속적으로 돌아가는 기계적 메커니즘이 아니라 연기 장막의 깜빡거림일 뿐이었다. 하지만 슈뢰퍼가 매직 랜턴과 연기 발생용 향로를 장치한 것을 보면, 어떻게 계몽과 미신, 심령 현상과 사기의 소용돌이 속에서 영화 기술을 향한 소망이 역사적으로 생성됐는지 확실히 알 수 있다.

따라서 칼리오스트로와 슈뢰퍼 이후 백여 년 후에 에디슨과 뤼미에르 형제가 충족한 것은 츠글리니츠키가 태곳적부터 존재했다고 가정하는 어떤 전 인류적 꿈, 시간을 초월한 요구가 아니었다. 오히려 그것은 역사적으로 생성된 소망에 대한 응답, 그렇지만 기술적이고 따라서 최종적인 응답이었다.

이처럼 마술사에서 공학자로 이어지는 연쇄적 흐름을 입증하는 증거로서, 1800년경에 슈뢰퍼처럼 환영을 창출해서 돈을 벌기 위해 매직 랜턴을 사용했지만 광학적 미디어 기술의 과학적 향상에도 이바지했던 마술사들이 실제로 있었다. 일례로 벨기에의 에티앵 가스파르 로베르송 Étienne Gaspard Robertson은 슈뢰퍼보다 우아하고 생생하게 유령을 영사했다고 해서 영화사에서 이름이 알려졌다. 로베르송의 비법은 간단했다. 마치 미래의 영화 카메라처럼, 바퀴 소리가 나지 않는 크고 가벼운 수레에 매직 랜턴을 얹어서 사람들 모르게 방 안에서 움직인 것이다. 그는 환영을 더욱 강화하기 위해 낡은 수도원에서 공연하는 것을 좋아했다. 마치 매직 랜턴이 반종교개혁에 뿌리를 두고 있음을 상기시키려는 듯이 말이다. 마찬가지 목적에서 그는 해골, 비석, 뼈로 공연장을 가득 채웠다. 마치 벌써 표현주의적인 무성영화를 찍으려는 듯이, 아니면 축제에서 볼 수 있는 기계 장치식 유령의 집을 꾸미려는 듯이 말이다(Zglinicki, 1979, p.70). 하지만 영화사에서 언급되지 않는 것이 있다. 그것은 바로 이 로베르송이 1802년 3월 2일 프랑스의 국립 아카데미가 지켜보는 가운데 과학사에도 입성했다는 사실이다. 슈뢰퍼는 미신적인 관객에게 가상의 유령이 가하는 충격을 주기 위해 전기를 썼고, 카사노바는 자연적인 번개의 전기 때문에 혼비백산했지만, 로베르송은 최신 발명품인 볼타 전지를 써서 평범한 탄소봉 두 개에 전류를 흘렸다. 그가 두 탄소봉을 서로 가까이 붙여서 스파크를 일으키자 관객들은 얼이 빠졌다. 탄소봉이 다 타서 빛이 사라질 때까지 수 초 동안 눈이 부셔서 앞을 볼 수 없었던 것이다. 이렇게 해서 탄소아크등이 발명되었다. 그것은 태양광이나 번개와 경쟁할 수 있는 최초의 인공조명으로서, 훗날 사진과 영화에 핵심적인 역할을 맡게 된다.

2.3.3.1 실러

잠시 우회해서 18세기와 19세기를 연결하는 로베르송의 사례를 살펴 보았으니, 이제 다시 움직이는 이미지를 향한 소망이 역사적으로 각성됐다는 가설로 돌아가자. 계몽과 미신의 투쟁 한가운데서 처음으로 움직이는 이미지가 대규모로 상영됐고, 그러면서 그 이미지를 향한 소망이 생겼다는 것이 내 가설이다. 하지만 마술사들이 그 소망을 충족시키려고 애쓸수록, 그들이 만든 움직이는 이미지가 그저 환영일 뿐임을 폭로하려는 전략적 대항-소망도 함께 커졌다. 칼리오스트로, 카사노바, 슈뢰퍼의 사례가 모두 서글프게 입증하듯이 이러한 계몽은 거의 언제나 성공했고, 그래서 또 한 명의 자살자가 차가운 아침 햇살 속에서 라이프치히 공원 땅바닥에 몸을 뉘었다. 움직이는 이미지를 향한 소망은 충족되지 못했고, 그리하여 (이것이 내 두 번째 가설인데) 영화가 발명되기 전까지 적어도 상상계에서 그 소망을 충족시킬 수 있도록 또 다른 미디어가 개발되었으니, 그것이 바로 낭만주의 문학이다. 괄호 안에 들어갈 말로 한마디 덧붙이자면, 여기서 나는 다른 많은 독문학자들과 달리 소위 독일 고전주의 또는 '바이마르 고전주의'[19]도 낭만주의의 범주 아래서 이해한다.

일단 이렇게 가정하고 나면 두 번째 가설을 쉽게 입증할 수 있다. 이를테면, 독일 최초의 유령 소설인 실러Friedrich von Schiller의 미완성작「유령을 보는 사람Geisterseher」을 보자. 이 작품은 실러가 직접 발행한 정기간행물 《탈리아Thalia》에서 1787~9년에 연재된 공포소설이다. 주인공은 독일 프로테스탄트 공국의 공자公子로, 늙은 친척 몇 명만 없으면 군주의 권좌가 약속된 인물이다. 1903년 한 독문학자가 극히 실증주의적으로 입증한 바, 이 주인공이 실제로 뷔르템베르크의 공자였을 수도 있다고 한다. 강신술(심령술)을 신봉했고, 실러의 학교 선생 또는 '독재자'였던 카를 오이겐 공Herzog Carl Eugen이 죽은 후 한동안 계승자로서 전도유망했던 그런 공자가 실제로 있었다는 것이다. 어쨌든 소설 속에서, 이 주인공은 당시 귀족 자제라면 거의 필수 코스였던 유럽 순회여행 때문에 베네치아에 가 있었다. 그런데 그의 귀찮은 친척 중 하나가 기이하고 다소 부자연스러운 방식으로 사망한다. 이때 베네치아에 있는 공자에게 묘한 이야기가 들려온다. 신비주의자들, 특히 아르메니아 교회 신도들이 모인 어떤 단체가 귀찮은 친척들을 제거해서 공자를 공국의 계승자로 만드는 데 관심이 있다는 것이다. 하지만 여러분이 특히 눈여겨봐야 할 대목은, 이름 모를 시실리인이 베네치아 내륙 지방의 아름다운 브렌타에서 공자와 그 수행원들을 위해 강신술 의식을 행하는 소설의 맨 첫 부분이다.

> 홀에 돌아와 보니, 우리 열 사람 모두 넉넉히 들어갈 만큼 커다란 원이 숯으로 그려져 있었다. 사방으로 벽에 맞닿는 나머지 부분은 마루판이

---

19) 바이마르 고전주의는 괴테와 실러로 대표되는 18-19세기 전환기의 독일 문학 운동을 일컫는다.

뜯겨 있어서 마치 섬에 와 있는 것 같은 기분이었다. 원의 한가운데는 검은 천을 덮은 제단이 있었고, 그 아래에는 빨간색 비단 융단이 펼쳐져 있었다. 은십자가가 붙어 있는 제단 위에는 칼데아 교회 성경을 펼쳐서 해골로 눌러 놓았다. 은그릇에 담긴 독주가 촛불 대신 타고 있었다. 홀 안은 두터운 유향 연기가 빛을 가려서 어두컴컴했다. 강령술사는 우리처럼 옷을 벗었지만 맨발이었다. 그는 맨살이 드러난 목에 사람 머리카락을 꼬아 만든 끈으로 부적을 꿰어 걸었고, 허리춤에는 비밀 부호와 상징적 형상들이 그려진 앞치마를 둘렀다. 그는 우리에게 서로 손을 잡고 절대 침묵을 지키라고 하면서, 특히 유령에게 질문하지 말라고 했다. 그는 영국인과 나에게 (그는 우리 둘에 대해서 가장 깊은 불신을 키우고 있는 듯했다) 의식이 진행되는 동안 날이 선연한 검 두 자루를 머리 위로 일 인치 정도 높이에 십자 모양으로 들고 있으라고 했다. 우리는 그를 둘러싸고 반원형으로 섰다. 러시아인 관리는 영국인 옆에 바짝 붙어서 제단에 가장 가까운 곳에 섰다. 마법사는 얼굴을 동쪽으로 향하고 융단 위에 올라서서 동서남북 네 방향으로 성수를 뿌리고 성경에 세 번 절했다. 우리는 하나도 이해할 수 없었지만 강신술 의식이 7~8분 정도 계속되었다. 의식이 거의 끝날 때쯤, 그가 바로 뒤에 서 있던 사람에게 자신의 머리카락을 세게 움켜쥐라는 신호를 보냈다. 그는 끔찍하게 부들부들 떨면서 죽은 자의 이름을 세 번 불렀고, 세 번째에 십자가를 향해 손을 쭉 뻗었다. 갑자기 우리 모두 동시에 번개가 치는 듯한 느낌에 서로 잡은 손을 뿌리쳤다. 불현듯 천둥이 치면서, 집이 뒤흔들리고 자물쇠가 덜컹거리고 문이 쾅 닫히고, 은그릇 뚜껑이 떨어져 닫히면서 불이 꺼졌다. 그리고 맞은 편 벽의 벽난로 위쪽으로 피 묻은 셔츠를 입은 어떤 인간의 형상이 나타났다. 창백하고 죽음이 드리운 얼굴이었다. "누가 나를 부르는가?" 텅 빈 목소리가 들릴 듯 말 듯 말했다. (Schiller, 1904-5, II, p.248)

뒷이야기에 따르면, 시실리인이 이렇게 사람 형태의 유령, 주마등처럼 어른거리는 형상을 불러냈는데 다른 사람도 아니고 아르메니아 교회 신도라는 자가 나타나 그것을 격퇴한다. 그는 베네치아 경찰이 시실리인을 체포하게 한 후, 감옥에서 그를 윽박질러서 마술 쇼의 기술적 속임수를 공자에게 전부 털어놓게 한다. 그리하여 왕자는 우리 독자들과 함께 진상을 알게 된다. 망자의 유령은 숨겨 놓은 매직 랜턴으로 인공 연기 장막에 영사한 것이었고, 거기 참가한 모두가 느꼈던 번개는 숨겨 놓은 전기 에너지원으로 (당시는 볼타전지가 없었으므로 아마도 라이덴병으로) 발생시킨 것이었다. 하지만 이 강의를 들은 사람은 더 이상의 과학적 계몽이 필요 없을 것이다. 여러분은 이미 시실리인의 공연에서 슈뢰퍼의 공연을, 소설 속의 베네치아에서 역사적·경험적인 라이프치히의 카페를 알아보았을 테니까.

나는 이 밀레니엄의 마지막 새해(1999년)를 시작하면서, 여러분 모두 새해를 잘 시작했기를 바라고 앞으로도 잘 풀리기를 바란다. 물론 그렇다고 여러분이 새해에 결심하려는 것들이 반드시 전부 다 이뤄지리라는 말은 아니다. 일단은 새해도 됐으니 광학 기술적 미디어에 관한 이 강의도 이제 그만 두 번째 파트로 넘어가야 한다는 내 새해 결심부터 실현시키자. 여태껏 내가 여러분을 즐겁게 하려고 늘어놓았던 미술사와 문학사 이야기는 갑작스럽지만 오늘 강의에서 전부 마무리될 것이다.

내가 강조했듯이, 실러의 소설은 모든 것이 독자의 서스펜스를 극대화하도록 구성된 연재소설이다. 강령술사들 가운데서 갑자기 마법을 쓸 줄 안다는 아르메니아 교도가 튀어나와 사기꾼 시실리인의 속임수를 멈추고 이차원의 유령 대신 삼차원의 존재를 불러내는 것도 다 그 때문이다. 마치 헤겔이 말하는 계몽과 미신의 투쟁을 알레고리로 구현하려는 듯이, 아르메니아 교도는 탈脫환영의 권능과 더욱 기만적인 환영의 권능 사이에서 진동한다. 한편에서, 아르메니아 교도는 공자에게 순수한 기술적 계몽을 선사한다. 그는 시실리인을 베네치아 경찰에게 넘긴 후에 감옥에서 그를 조직적으로 심문하여, 그가 강령회를 꾸미는데 동원한 그 모든 속임수에 관해 실토하게 한다. 하지만 다른 한편, 소설의 제2부가 시작되면 이렇듯 계몽처럼 보이던 것 자체가 전략적 보호막으로 밝혀진다. 아르메니아 교도는 첫 번째 마술을 폭로함으로써 더 이상 의심을 사지 않고 두 번째 마술로 넘어갈 수 있게 된다. 심지어 시실리인은 아르메니아 교도가 직접 고용한 놈들 중 하나로, 진짜 속임수를 준비하려고 일부러 뻔한 속임수를 썼던 것이었다. 결국 이 소설은 소위 순수한 호기심에서 강령술 자체를 다루는 것이 아니다. 이 소설의 핵심은 어떤 독일인, 그러니까 계몽전제군주가 될 공자가 다시 유령을 믿게 됐다는 것이다. 그리고 이러한 광학적 믿음의 완벽한 예가 바로 소설 속에서 로마 가톨릭 교회라 불리는 것, 더 정확히 말해서 예수회다. 중부 유럽 국가 대부분과 심지어 바티칸까지 예수회를 폐지한 이후 고작 백여 년 만에, 독일 제후국들에 대한 권력을 회복하려는 교단의 거대한 음모가 횡행한다. 이들의 전략은 프로테스탄트 군주를 살해하거나 아니면 '유일하게 복된' 교회로 개종시키는 것이다. 나폴레옹Charles Louis-Napoleon Bonaparte이 구舊 제국[신성로마제국]을 박살내기 전까지는 '군주의 영토에는 군주의 종교Cuius regio, eius religio'라는 근대 초기의 규칙이 적어도 형식적으로는 지켜지고 있었다. 그리하여, 실러가 슈뢰퍼에 관한 상세한 지식에서 빌려 온 그 모든 환영의 기술은 독일 사기꾼에서 가톨릭 비밀결사로 넘어간다. 이러한 반종교개혁의 이론은 문학적으로 뒷받침될 뿐만 아니라 철학적으로도 아무 문제없이 보충될 수 있다. 칸트의 『판단력비판Kritik der Urteilskraft』에 따르면, 인간의 상상력에 비추어 가장 숭고한 것이 바로 모세의 율법에서 말하는 '이미지 없는 신'이며 (여기에는 아무런 역설도 없다), 역으로 모든 종교의 시각화는 항상 통치 권력의 남용으로서 반종교개혁적일 수밖에 없다.

> 왜냐하면, 무릇 감관感官이 자기 앞에서 더 이상 아무것도 보지 못하되, 오인할 여지가 없는 불멸의 윤리 이념이 남아 있는 곳에서는, 이 이념들이 무력해질까 봐 두려워 형상이나 유치한 장치들을 가지고 그 이념들을 구조하려 하기보다는, 무제한적 상상력의 활기를 열광에까지 올라가지 못하도록 절제시키는 것이 오히려 필요할 것이기 때문이다. 그래서 정부들도 종교들이 그러한 부속물을 풍부하게 갖추도록 기꺼이 허용했으며, 신민에게 임의로 경계를 설정하고 그렇게 하여 신민을 순전히 수동적으로, 더 쉽게 다룰 수 있도록 하기 위하여, 그 영혼의 힘들을 이 경계 너머까지 신장하는 노고를 신민에게서 감해주고, 그러나 동시에 또한 그렇게 하려는 능력도 빼앗으려 했던 것이다. (칸트, 2009, p.290)

실러의 소설 연재분에서 승리하는 것은 바로 이 반종교개혁의 전략이다. 마지막 연재분에서, 공자는 처음으로 가톨릭 미사에 찾아갔다. 하지만 이러한 개종의 경이에 도달하려면 슈뢰퍼나 시실리인처럼 계몽된 공자의 눈에 대고 매직 랜턴으로 빛을 쏘아대는 것만으로는 부족했다. 아르메니아 교도는 망원경을 이용한 몇 가지 속임수도 썼지만, 제일 중요한 것은 여자였다. 그는 공자 같은 낭만파 예비군이 사랑에 빠질 수밖에 없는 그런 여성을 대령해야 했다. 그리하여, '그리스 여인'이라면서 당연한 듯이 독일 최고의 귀족 출신으로 독일어를 하는 한 여자가 연인 앞에 처음 등장한다. 여자는 독실한 가톨릭 신자로서, 반종교개혁의 성화와 천장화 등으로 둘러싸인 베네치아의 가장 유명한 바로크 교회에서 반쯤 얼굴을 가린 채 나타난다. 이는 낭만적 사랑의 기초라 할 수 있는 '첫눈에 반하는 순간'을 위한 무대 연출이다. 그리고 여러분은 첫눈에 실러의 소설이 기술적 측면에서 슈뢰퍼의 매직 랜턴에서 틴토레토Tintoretto의 전통적 패널화로 회귀했다고 느낄 것이다. 하지만 천만에!

그리스 여인은 교회에 갔다가 금세 홀연히 사라지고, 공자는 하인과 수행원들에게 베네치아에서 그 여자를 찾으라는 명령을 내린다. 그리고 공자에게 이처럼 저항할 수 없는 낭만적 사랑을 불어 넣은 미디어의 실체가 그제야 소설의 지면상에서 밝혀진다. 1999년의 우리 모두가 고통스럽게 인식하고 있듯이, 사랑 없는 미디어 기술은 있어도 미디어 기술 없는 사랑은 없다. 실러의 유령 보는 공자의 경우, 이렇게 성적 욕망을 불러일으키는 미디어는 회화가 아니라 문학이다. 그의 수행원들이 베네치아에서 그리스 여인을 찾을 수 없었던 까닭은, 공자가 문학적인 글에 대한 강렬한 열정에 사로잡혀서 그 여자를 전혀 묘사하지 못했기 때문이었다. 실러의 말을 인용하자면 다음과 같다.

> 불행히도, 공자가 그녀{그리스 여인}를 묘사했지만 그것은 제삼자가 그녀를 알아보는 데 전혀 도움이 안 되었다. 그는 열정적인 관심으로 거의 잡아먹을 듯한 시선을 보냈고 그래서 그녀를 바-라-보-지 못했다. 다른 사람들이 바로 시선을 보낼 만한 온갖 것들이 그에게는 전혀 보이지 않았다. 그의 설명만 들으면 그녀는 베네치아 섬이 아니라 아리오스토Ludovico Ariosto나 타소Torquato Tasso의 작품에서 찾아야 할 것 같았다.
> (Schiller, 1904-5, II, p.335)

지명수배, 출입국 관리, 법의학의 문제는 사진술이 발명되기 전까지 이론적으로나 실질적으로 해결이 전혀 불가능했다. 이에 관해서는 나중에 다시 논하겠다. 일단은 어째서 공자가 사랑하는 그리스 여인을 볼 수 없었고 따라서 기술할 수도 없었는가 하는 문제로 충분하다. 해답은 텍스트 속에 있다. 그는 이 여자의 이미지를 지각한 것이 아니라, 타소나 아리오스토가 쓴 운문 로맨스 형식의 유명한 연애담 속에서 읽었다. 그의 사랑은 연애소설의 사랑이다. 아르메니아 교도의 전략적 계책은 매직 랜턴의 투명한 광학적 환영을 낭만주의 문학의 불투명한 환영으로 대체하는 데 있었다. 하지만 그럼으로써 소설 속의 명백한 악당은 소설을 쓰는 실러와 정확히 같은 미디어를 동원하게 된다. 그리고 실러는 자신의 소설이 가톨릭 계열 비밀결사, 특히 예수회의 음모에 맞서는 수많은 계몽적 반론 중 하나라고 확신했으므로, 소설 속 악당과 소설의 필자가 이렇게 동일한 기술을 구사한다는 사실은, 낭만주의 문학 자체가 이미지의 전쟁에서 반종교개혁 측의 환영 창출 기술이 맡았던 바로 그 자리를 꿰차고 싶어한다는 것을 의미한다. 따라서 실러의 유령 보는 공자는, 레싱이 일종의 목표로서 주장했던 명령, 즉 독자가 읽고 쓰는 말 자체가 아니라 저자가 상상한 것을 의식해야 한다는 그 명령이 이제는 실제 독자로 나타났음을 입증한다. 여기서 나는 1800년경에 어떤 새로운 읽기·쓰기 교육법이 유아 때부터 묵독법을 배우게 했는지, 그것이 역사적으로 얼마나 새로운 일이었는지 더 파고들 수도 있다. 이런 훈련의 목적에 관해서는, 오로지 이런 묵독만이 모든 주체 안에서 내면성Innerlichkeit의 순수 토대를 확립할 수 있으며 그러면 바로 이 내면성이 읽은 내용의 순수 광학적 표상을 불러일으킬 것이라는 헤겔의 유명한 말로 충분하리라 본다. 그래도 실러의 소설 속 공자가 독자로서의 특성이라는 측면에서 모든 실제 독자의 모델 또는 모형을 제공한다는 데 의심이 드는 사람은, 실러가 자신의 정기간행물 독자들에게 일시적인 (불행히도 결국 최종적인 것이 되었던) 소설 연재 중단을 알리기 위해 어떤 문장을 썼는지 읽어 보면 의심이 싹 가실 것이다. 실러는 이렇게 쓴다.

여기서 유령을 보고 싶어 하는 독자여, 내가 보증하건대 아직 더 나올 것이 있습니다. 하지만 지금의 공자처럼 그렇게 믿음이 없는 사람들에게 는 유령이 나오려 하지 않을 것이며, 이 점은 그대도 알고 있을 것입니다.
(Schiller, 1904-5, II, p.426)

실러의 인용문에서 "여기"가 뜻하는 바는 명백하다. 여기 이 정기 간행물에서, 여기 내 소설에서, 구텐베르크 이래 수백 수천 부나 똑같이 만들어낼 수 있게 된 여기 이 인쇄된 한 쪽에서. 나는 그 이전의 옛 유럽에서나 그 이후의 기술적 조건 아래서도 문학이 이렇게 환상적인 주장을 펼치는 것을 본 적이 없다. 하지만 고전·낭만주의 시대에는 이러한 주장이 필자와 독자 모두에게 자명하게 여겨졌다. 실러가 이 소설을 연재한지 몇 년 되지 않아, 라이프치히의 요한 아담 베르크$^{\text{Johann Adam Bergk}}$ 라는 학자가 예나에서 『책 읽기의 기술$^{\text{Kunst Bücher zu lessen}}$』이라는 책을 출간했다. 이 책은 「유령을 보는 사람」만큼이나 종교적 미신에 적대적이었지만, 한 가지 예외를 뒀다. 그 모든 종교적 회의에도 불구하고 만약 '유령/참뜻^{Geist}'이 존재한다면, 그것은 오로지 '영적으로 충만한/지적으로 흥미로운^{geistreich}' 책 속에서만 찾을 수 있으리라는 것이다(bergk, 1799).

이는 '의미'라고 읽을 수도 있지만 '유령'이라고 읽을 수도 있는 독일어 'Geist'의 양가적 진동을 이용하는 역사적 말장난이 아니다. 오히려 이 문장은 영화 및 TV 연구의 측면에서 특히 중요한 어떤 소설 작법에 관해 묘사하고 있다. 일상 언어로 말하자면, 어떤 미디어 연구자들은 프랑스 소설로 박사 학위를 획득하고 교수 자격을 따는 도중에 프랑스 영화를 발견해서 이제는 실행적, 이론적 측면에서 문학의 영화화에 관한 책들을 연거푸 찍어내는 게 자기 일의 전부인 줄만 안다. 하지만 정말 중요한 것은 그런 문헌학적 수공예의 싸구려 근대화가 아니라,

애초에 어떤 역사적 문학 형식이 문학의 영화화를 가능하게 하는 조건을 창출했는지 파악하는 일이다. 이런 개념이 불명확하게 남아 있으면, 알렉상드르 뒤마Alexandre Dumas의 『삼총사Les Trois Mousquetaires』같은 소설은 수백 번이나 영화로 개작됐는데 어째서 오비디우스Publius Ovidius Naso의 『변신Metamorphoses』에서 두꺼운 바로크 책들에 이르는 옛 유럽 문학은 대부분 영화화될 기회조차 얻지 못하는지 설명할 수 없다. 행여나 『오디세이아Odyssey』가 언젠가 할리우드에서 영화화된다면, 그것은 19세기 소설가가 각색했을 법한 정확히 그런 방식으로 개작될 것이다.

로테 아이스너Lotte Eisner는 『귀신 들린 스크린Die dämonische Leinwand』에서 아주 초기의 무성영화가 문학적 낭만주의의 주제와 기법으로 되돌아갔다고 정확하게 지적한다. 하지만 그의 책에서 그에 대한 설명을 찾는 것은 헛수고다.

반면 내가 바로 맞췄다면, 영화화할 수 있는 것과 영화화할 수 없는 것, 낭만주의 이전의 텍스트와 낭만주의 텍스트의 차이는 모두 미디어 이미지의 전쟁으로 생겨났다. 이 전쟁에서, 낭만주의 문학은 천천히 패퇴하는 교회라는 적에 맞서 잠시나마 승리를 맛보았다. 하지만 역사가 언제나 그렇듯이, 계몽과 미신의 투쟁에서 최후의 승자는 '동일자의 회귀'였다. 다시 말해서, 계몽과 동일시됐던 도서 생산 자체가 이미지 기술로 변모했다.

심지어 한 걸음 더 나아가서, 1800년경 문학이 획득한 광학적 환영의 가능성에 근거하여 일상적 지각 방식의 역사적 변동에 관해 추론할 수도 있다. 알다시피, 유럽인과 북미인은 영화가 일으킨 최초의 충격에서 금세 헤어나서 손쉽게 영화 시퀀스 읽는 법을 배웠다. 그들은 영상이 커트된다고 플롯이 끊어지는 게 아니고, 머리가 클로즈업된다고 몸통에서 잘려나가는 게 아님을 눈치챘다. 반면 다른 문화권의 경우, 우리의 미디어 재벌들이 제2차 세계대전 이후 모든 감각적 지각의 전 지구적 식민화를 달성하기 전까지는 생동하는 이미지의 구문론을 따라가는 데 많은 어려움을 겪었다고 한다. 그렇다면, 이미지 시퀀스를 이해하는 능력은 역사적으로 획득된 독특한 문자 시퀀스 독해 능력, 즉 문자들을 있는 그대로 읽지 않고 상상적인 이미지 시퀀스로 읽어내는 능력에서 비롯됐다고 추론할 수도 있을 것이다. 유럽인과 아메리카인은 묵독 훈련을 통해 잠재적인 영화의 신민이 됐던 것이다.

실러의 유령 보는 왕자는 이렇게 대담한 가설을 뒷받침하기에 결코 충분하지 않다. 소설의 독자로서, 우리는 왕자의 실제 독서 기술이 아니라 그의 여성상에 관해 조금 알게 됐을 뿐이다. 게다가 왕자의 여성상도 마치 타소나 아리오스토의 시에서 읽은 것처럼 들린다는 것뿐이지 그 이상은 아니다. 그러므로 문학사의 걸작들을 살펴보는 여정의 마무리이자 순수 화학적 미디어 기술로 향하는 연결 고리로서, 에른스트 테오도르 아마데우스 호프만과 가장 좁은 의미에서의 낭만주의를 살펴보자.

2.3.3.2 호프만

에티앵 가스파르 로베르송이 소리 없이 움직이는 매직 랜턴으로 옛 수도원 교회를 영사된 유령 이미지로 가득 채웠던 바로 그 해에, 호프만의 낭만적 고딕소설 『악마의 묘약 *Die Elixiere des Teufels*』이 출간됐다. 소설의 무대는 바로 그 옛 수도원 교회이며, 소설의 소재는 바로 그 묘약 또는 약물, 즉 일반적인 시각적 환각 증세다. 그런데 이 환각증은 소리 없이 글을 읽는 새로운 기술과 연관된 것으로 입증된다. 실러는 유령이 독자 앞에 나타날 것이라고 공허한 약속만 던져 놓고 소설 연재를 중단해 버렸지만, 호프만은 그 약속을 문자 그대로 또는 기술적으로 이행한다. 그의 소설 속 인물들은 언제나 환영을 보며, 소설 전체도 모든 독자에게 광학적 환영으로 작동한다. 발행인이 썼다는 (실제로는 당연히 소설가 호프만이 쓴) 서문을 첫 단어부터 마지막 단어까지 인용하자면 다음과 같다.

친애하는 독자여, 내가 메다르두스 형제의 기이한 이야기를 읽었던 그 어두운 플라타너스 나무 밑으로 당신을 안내하고 싶소. 당신은 향기를 뿜는 관목들과 가지각색의 화려한 꽃들로 반쯤 숨겨진 돌 의자 위에 나와 함께 앉아 있소. 우리 앞에는 햇살 비추는 계곡이 푸른 나무에 덮여 그늘진 길 끝까지 펼쳐져 있으며, 당신은 나처럼 동경에 가득 찬 눈으로 그 계곡 뒤에 아름답게 우뚝 솟은 푸른 산을 볼 것이오.

이제 당신이 몸을 돌리면, 우리 뒤로 스무 발자국도 안 되는 곳에 고딕양식의 건축물이 보이는데 그 건물의 현관은 입상들로 화려하게 장식되어 있지요. 건물의 넓은 벽에는 방금 그린 것 같은 프레스코 벽화가 아름답게 빛을 발하고 벽화 속의 성자들은 플라타너스 나무의 어두운 가지들을 통해 생기 있는 맑은 눈으로 당신을 바라보고 있소.

태양은 타는 듯한 붉은빛으로 산등성이에 걸려 있고, 저녁 바람이 불어오며 온 사방에는 생명과 활력이 넘쳐나지요. 신기한 소리들이 나무와 수풀을 통하여 속삭이듯 사그락거리고 있소. 그 소리들은 점점 고양되면서 아주 멀리서부터 들려오는 노래나 오르간 소리처럼 느껴진다오.

넓게 주름 잡힌 예복을 입은 근엄한 남자들이 경건하게 하늘을 바라보며 침묵 속에 푸른 나무들로 덮인 그늘진 정원 길을 산책하고 있소. 성자의 그림들이 살아나서 높은 처마 박공에서 내려온 것일까? 그림 속에 묘사된 놀라운 전설이 당신을 비밀스런 전율로 감싸고 있어 마치 모든 것이 당신 눈앞에서 일어나고 있는 것 같고, 당신은 기꺼이 그 사실을 믿고 싶어 할 것이오. 이러한 분위기 속에서 우리가 메다르두스의 이야기를 읽는다면 당신은 그 수도사의 기이한 환상들이 제멋대로 된 상상력의 유희가 아님을 알게 될 거요.

친애하는 독자여! 당신은 이제 막 성자의 그림과 수도원, 수도사들을 보았기 때문에 내가 당신을 안내한 곳이 바로 B 도시에 있는 카푸친파 수도원의 훌륭한 정원이었다는 사실을 덧붙일 필요는 없을 것이오.

언젠가 내가 이 수도원에서 며칠 간 머물렀을 때, 수도원의 도서관에 보관되어 있던, 메다르두스 수사가 유고로 남긴 원고를 수도원 원장이 특기할 만한 것이라며 내게 보여주었소. 그때 원고를 전해 주는 원장의 배려가 내게는 몹시 부담스러웠소. 원장은 원래 그 원고들은 태워버려져야 했다고 말했지요. 당신도 아마 원장과 같은 생각을 하게 될 것이오만, 나는 두려운 마음을 지닌 채 친애하는 독자인 당신의 손에 그 원고로 이루어진 책을 넘겨주겠소.

그러나 당신이 메다르두스의 충실한 동반자가 되어 어두운 수도원의 회랑과 수도실 그리고 다양한 세계를 그와 함께 경험하기로 결정했다면, 무시무시하고 끔찍한, 기이하고 우스꽝스럽기도 한 그의 인생을 그와 함께 참아내기로 결정했다면 당신은 당신 앞에 펼쳐지는 카메라 옵스큐라의 다양한 영상들에 열광하게 될 것이오. 그 영상은 외견상 아무 형상도 지니지 못한 듯 보이지만 당신이 좀 더 예리하게 주시하면 곧 정확하고 또렷하게 자신을 드러내지요. 당신은 그것에 숨겨진 싹을 인식할 수 있을 것이오. 어두운 운명이 배태한 그 싹은 무성하게 자라나 수많은 덩굴로 번성해 나가지만, 열매를 맺을 정도로 성숙해지는 '어떤' 전성기에 이르면 생명의 진액이 모두 빠져나가 결국은 그 싹 자체도 죽어버리고 만다오.

메다르두스 성자가 아주 작고, 읽기 힘든 수도사의 필체로 적었기 때문에 그 책을 끝까지 다 읽는다는 것은 정말 어려운 일이었소. 그렇지만 나는 수도사 메다르두스의 원고를 아주 열심히 읽었소. 그리고 나니 우리가 보통 꿈과 상상이라고 부르는 것이 비밀스런 끈에 대한 상징적인 인식일 수도 있다는 생각이 들었소. 그 끈을 억지로 끊어버리고, 우리를 지배하는 어두운 힘과 대적할 수 있는 힘을 얻었다고 믿는 '사람'이 자신이 파멸했음을 알았을 때, 그는 그 끈이 어떤 조건하에서도 우리의 삶을 확고하게 연결시키며 우리의 삶을 관통하고 있음을 알게 될 것이오.
친애하는 독자여! 당신도 아마 나와 같은 생각을 하게 될 거요. 그리고 아주 중요한 이유에서 그렇게 되기를 진심으로 바라겠소. (호프만, 2002, pp.9-11)

낭만주의 소설에서 책의 기술적 문제가 얼마나 조직적으로 이미지 기술적인 것이 되었으며 그 결과가 어느 정도였는지 보여주기 위해, 일단 이렇게 전문을 인용했다. 호프만은 다른 소설도 마찬가지만『악마의 묘약』도 옛날 책을 편집하거나 베껴 쓴 것이 아니라 (「모래 사나이Sandmann」에서 이야기했던 것처럼) 그 다채로운 비전을 맨 먼저 자기 눈으로 직접 '보고' 썼던 사람이다. 그런 호프만이 낡은 수고본手稿本에서 텍스트를 가져온 척하면서, 그 조악한 가독성을 들어 과거 구텐베르크의 발명 이전에 수도원에서 책을 필사했던 전통을 상기시킨다. 하지만 호프만의 독자들은 문자를 해독하는 문제로 그렇게 고생하지 않아도 된다. 서문에서 독자들에게 제시되는 것은 수도사의 수고본이 아니라 호프만이 그 수고본을 처음 읽었을 당시의 풍경이다. 프로이트의 멋진 말을 빌자면, "알파벳은 야외에서 보기 어려운 것이다."(프로이트, 2004a, p.336) 그런 까닭에, 호프만이 문자를 이용해서 자연스럽게 "플라타너스 나무 밑으로" 인도할 수 있는 그런 독자라면 자기가 지금 글을 읽고 있음을 전혀 인식하지 못한다. 이렇게 말없이 무의식적으로 읽는 독자를 양성하려는 작전은 1800년경에 첫 번째 승리를 거뒀다. 그리고 얼마 안 있어 전략적으로 결정적인 두 번째 승리가 뒤따른다. 호프만이 독자를 이끌고 들어가는, 또는 유혹해서 끌고 들어가는 풍경은 다름 아닌 수도원의 풍경이다. 소설의 플롯 자체가 시작하고 끝나는 지점이 바로 여기다. 유혹당한 독자는 주인공이 보았던 교회 풍경과 성자의 그림을 상상 속에서 본다. 그 그림이 "살아나서 높은 처마 박공에서 내려"올 때, 독자들은 소설의 주인공과 마찬가지로 약물 또는 환각이 작용하는 조건 아래 놓인다. 독자들도 모든 등장인물의 유일한 근친상간적 사랑의 대상인 그림 속 성인에 대한 "기이한 환상"을 공유하는 것이다.

호프만은 그저 이 광학적 황홀경의 내용을 증명하고 좋은 평가를 해주기만 하면 된다. "친애하는 독자여! 당신은 이제 막 성자의 그림과 수도원, 수도사들을 보았기 때문에 내가 당신을 안내한 곳이 바로 B 도시에 있는 카푸친파 수도원의 훌륭한 정원이었다는 사실을 덧붙일 필요는 없을 것이오." 하지만 우리 강의의 맥락에서는 여기에 한 마디 덧붙여야 한다. 낭만주의 소설에서 플롯 상에 등장하는 요소들을 "성자의 그림과 수도원, 수도사" 등으로 낱낱이 열거한다는 사실은, 이런 소설이 이미지 전쟁을 통해서 바로 이런 힘을 얻게 되었다는 내 가설을 한층 강조한다. 소설의 플롯과도 연관되는 인물인 수도원장은, 주인공의 자서전적 수고본을 필자에게 전달하면서도 "그 원고들은 태워버려져야" 한다고 생각한다. 하지만 저자인 호프만의 생각은 다르다. 1803년 2월 25일에 제국령에 따라 모든 수도원 도서관이 대대적으로 약탈당한 지 고작 십여 년밖에 지나지 않았지만 (이 결정에 따라 수도원의 지식이 대학으로 이전됐고, 특히 뮌헨대학교도서관의 유명한 대규모 수고본 컬렉션도 바로 이때 조성됐다), 그는 시대에 뒤떨어진 종교적 금기를 무시하고 바로 그 수고본을 바탕으로 1) 저작권법으로 보호받는 소설과 2) 공무원법으로 보호받는 부업을 만든다. 그 결과, 각각의 소설 독자가 실제로 사는 것은 "그 원고로 이루어진 책"이 아니다. 오히려 그들은 (인용하자면) "당신 (독자) 앞에 펼쳐지는 카메라 옵스큐라의 다양한 영상들"을 얻는다.

이제 나는 수학자들처럼 '증명 끝quod erat demonstrandum, Q.E.D.'이라고 덧붙이는 수밖에 없다. 간단히 말해서, 독일 낭만주의 자체가 르네상스의 카메라 옵스큐라와 바로크의 매직 랜턴이라는 성공적인 유산을 전부 물려받았다. (그렇지만 이 승리는 엄청난 대가를 요구했다. 이미지를 향한, 역사적으로 각성된 욕망이 독자의 상상계에서 이미 충족된 것처럼 보였기 때문에, 독일의 미디어 개발 연구가 반세기 남짓 지체된 것이다. 이에 관해서는 나중에 더 이야기하겠다.) 하지만 문학이 카메라 옵스큐라와 매직 랜턴의 그 모든 특권을 획득한 것은 글의 독점이 이미 역사적으로 끝나갈 무렵이었다. 그것은 노발리스Novalis의 말을 빌자면 "올바른 독서"를 통해, 그러니까 신식 초등학교에서 가르치는 읽기의 기술에 따라 소설가의 "말이 그대로 가시적인 내적 세계로" 펼쳐지는 순간이었고, 헤겔의 말을 빌자면 서구 사상의 전체 역사가 그가 서술하는 일련의 과정을 거쳐 "이미지의 전시장"으로 축소되는 순간이었다. 이미 1820년경에는 문학이 자신의 광학적 마술을 완벽하게 다듬거나 아니면 기술화한다는 가혹한 선택지밖에 없었다. 다음 장에서 논하겠지만, 기술화한다는 것은 문학의 상상적인 카메라 옵스큐라가 의지했던 어떤 근본적 결핍을 해소한다는 뜻이었다. 독자가 계속 낭만주의 소설을 구입하려면, 호프만이 말하는 소위 "내적 얼굴"이 종이 외에 다른 어디에도 저장되지 않아서, 오로지 완벽한 독서 기술을 익힌 독자와 그 내재성 속에서만 그 얼굴들이 생명을 얻고 가시화되어야 했다. 움직이는 이미지가 문학적인 묘사나 카메라 옵스큐라의 화상을 따라 그리는 화가의 손 없이도 종이

위로 옮겨질 수 있게 된 바로 그 순간, 글과 종이의 독점은 끝났다. 이러한 단절이 일어난 것은, 공교롭게도 전쟁과 연관된 이름을 가진 니에프스Nicéphore Niépce와 다게르Louis-Jacques-Mandé Daguerre가 발명한 사진술 때문이었다. 니에프스의 아들이 쓴 논쟁적인 소책자 제목을 인용하자면, "어둠 뒤에 빛Post tenebras lux"이 왔다. 하지만 적외선과 자외선이라는 완전히 새로운 어둠이 바로 뒤따라 오게 되는 이 새로운 빛의 영역을 방문하기 전에, '낭만주의적 독서 기술의 영화사'에 관해 몇 가지 더 언급할 것이 있다.

2.3.4 낭만주의 문학

영화사를 연구하는 학자들 중에서 낭만주의적 묵독과 영화 관람의 관계를 인식한 사람은 결국 또 비릴리오밖에 없었던 것 같다. 일요일마다 신약성경에서 적당한 장을 찾아 온 가족에게 읽어줘야 했던 루터파 가장은, 매직 랜턴으로 이미지를 영사하듯이 텍스트를 환각으로 본다고는 전혀 생각하지 못했을 것이다. 처음으로, 홀로 묵독하는 독자는 텍스트에 언급된 광학적 정보에 의거해서 마치 시각적 장면을 보는 듯이 글을 읽었다(비릴리오, 2004, pp.123-4). 그런데 특히 중요한 것은, 이 독자가 핍 박스형 극장에 모인 수백 명의 관객과 달리 완전히 혼자였다는 사실이다. 독자의 시각적 경험은 객석에 앉은 다른 관객들에 의해 반박될 수 없었다. 독자가 자신의 시야에 믿음과 환영을 투입할 수 있었던 것은 오로지 그 때문이다. 프랑스 사상가인 비릴리오는 아무도 어깨너머로 함께 읽는 것을 좋아하지 않는다는 사실을 보여주기 위해 파리 지하철에서 신문을 읽는 독자의 예를 든다. 전직 독문학자인 나는 괴테의 『친화력Wahlverwandtschaften』에서 고전적인 예를 들겠다. 1809년에 출간된 이 책은 혼자 읽기의 규칙과 그 예외를 처음으로 공식화한 작품이다. 괴테의 소설 속 인물인 고독한 독자 에두아르트가 규칙의 예외를 정하기를, 어깨너머로 함께 읽는 존재가 오틸리에라면, 다시 말해서 그 존재가 텍스트의 환영에 못지않은 상상적 사랑의 대상이라면 괜찮다고 한다.

비릴리오를 따라가다 보면, 고독한 독자의 반박할 수 없는 상상적 시야에서 영화 지각 능력의 역사적 준비 단계를 어렵지 않게 읽어낼 수 있다. 그렇다면 비릴리오에서 한 걸음만 더 나가서, 그 배타적 독서 규칙의 예외에서 영화 스타의 역사적 준비 단계 같은 것을 읽어내기도 그리 어렵지는 않아 보인다. 결국 내 앞에 놓인 과제는 비릴리오의 개념에 핀업 걸을 가지고 들어오는 것이다. 그런 점에서 우리는 호프만의 소설 서문을 넘어 본문 자체를 살펴볼 필요가 있다. 서문에 따르면, 수도원 정원에서 홀로 책을 읽는 독자의 내면의 눈앞에는 성자의 그림들이 높은 처마 박공에서 내려오는 모습이 떠오른다. 이것이 호프만의 소설과 소설 속 이야기가 말하는 전부라고 해도 과언이 아니다. 『악마의 묘약』의 모든 것은 메다르두스라는 수도사의 주관적 시야를 중심으로 돌아간다. 그는 원칙적으로 수도원 교회에 설치된 성녀 로잘리아의 그림과 닮은 여자만 사랑하게 되는데, 이처럼 천상과 지상을 혼동하는 역사적 원인은 이번에도 역시 반종교개혁이다. 더 정확히 말하면, 말썽의 원인은 성화를 그린 화가에게 있었다. 소설 주인공의 선조 격인 이 화가는 바로크 시대에 교회 방문객의 관능을 자극하는 성화를 제작하라는 의뢰를 받고 말 그대로 ('비너스 양'이라고도 알려졌던) 세계 최고의 창녀를 성녀 로잘리아의 모델로 선택했다. 교회는 화가의 일족 전체에 저주를 내리는 것으로 이 불경죄에 보답했지만, 그 창녀/성녀의 그림은 계속 전시해 놓았다. 그러니까 옛 유럽 권력도 명백하게 나름의 핀업 걸을 필요로 했던 것이다.

하지만 불행히도, 화가의 후계자이며 소설의 주인공인 메다르두스는 자신의 모든 육욕이 역사적 권력의 산물이라는 명백한 결론을 도출하지 못한다. 주인공은 모든 낭만주의적 독자의 원형으로서 (여성 여러분은 호프만의 서문이 오로지 남성에게만 말을 건네고 있음을 이미 확실히 알아챘을 텐데) 자신의 어깨너머로 함께 읽는 여성 독자를 로잘리아의 성화와 혼동한다. 그는 이 연인이 자신의 혈육으로 밝혀져도 개의치 않는다. 게다가, 그는 이 젊은 아가씨의 고해신부이자 종교적 스승으로서, 기독교 신앙의 말씀에 에로틱한 함축적 의미를 뻔히 보이도록 곁들이는 데 수단과 방법을 가리지 않는다.

> 아우렐리에의 모습과 그녀가 내 옆에 있다는 사실에 그녀의 옷을 스치기만 해도 내 마음은 불붙는 것 같았다. 정염의 불길이 숨길 수 없을 만큼 강하게 사고의 비밀스런 영역으로 밀려들었다. 나는 종교의 경이로운 비밀을 열정적인 이미지로 묘사했다. 그러나 그 이미지에 숨어 있는 깊은 의미는 뜨거운 욕망의 미친 듯한 쾌락이었던 것이다. 내가 전하는 말씀의 불꽃이 마치 전기 충격처럼 아우렐리에의 마음속에 전해졌으며 그녀는 반항하려 했지만 소용이 없었다. 그녀의 영혼에 던져진 이 이미지들은 그녀도 알지 못하는 사이에 경이롭게 전개되어 더욱 깊은 의미를 지니며 점점 더 강하고 화려하게 나타날 것이다. 그리고 그녀의 가슴을 그녀가 알지 못하는 쾌락에 대한 동경으로 가득 채울 것이다. 그녀가 한없는 동경에 시달리다 스스로 나의 팔에 안길 때까지. (호프만, 2002, p.105)

다시 말해서, 소설은 서문에서 말한 대로 카메라 옵스큐라처럼 작동하지만, 소설의 주인공은 매직 랜턴처럼 작동해서 연인을 유혹한다. 이제 문제는 이미지를 복제하는 것이 아니라 이미지를 제작하는 것, 한 여성의 혼에 에로틱한 심상을 영사하는 것이다. 이것이 성공하면서 아우렐리에는 수도사의 신부^{新婦}가 된다. 그는 대화를 나누는 도중에는 아우렐리에를 유혹하지 못하는데, 왜냐하면 아우렐리에를 안으려는 순간 그와 똑 닮은 성녀 로잘리아의 순결한 이미지가 경고하듯 내면의 눈앞에 나타나기 때문이다. 하지만 아우렐리에가 고독한 낭만적 독자가 되면, 소설의 플롯과 성교, 성화 숭배와 근친상간 사이에는 더 이상 거의 아무것도 남지 않게 된다.

벌써 며칠 전부터 나는 아우렐리에를 보지 못했다. 그녀는 영주 부인과 함께 가까운 별장으로 갔다. 나는 더 이상 참을 수가 없어 별장으로 달려갔다. 저녁 늦게 도착한 나는 정원에서 시녀를 만났고 그녀는 내게 아우렐리에가 묵고 있는 방을 알려주었다. 살그머니, 살그머니 나는 그 문을 열고 들어섰다. 후텁지근한 공기와 신비로운 꽃향기가 정신을 몽롱하게 하면서 밀려들었다.

희미한 꿈처럼 기억이 되살아났다. 그것은 남작의 성에 있던 아우렐리에의 방이 아니었던가. 내가……, 내가 이것을 떠올렸을 때 내 뒤에 어두운 물체가 나타난 것 같았다. 헤르모겐! 나는 마음속으로 그렇게 외쳤다. 나는 놀라 앞으로 달려갔다. 방문은 조금 열려 있었다. 아우렐리에는 등을 돌린 채, 책이 펼쳐져 놓인 등받이 없는 의자 앞에 무릎 꿇고 앉아 있었다. 공포에 휩싸여 나도 모르게 뒤를 돌아보았다. 아무도 보이지 않자 나는 극도의 황홀감을 느끼며 외쳤다.

"아우렐리에, 아우렐리에!"

그녀가 몸을 돌려 일어서기도 전에 나는 그녀 옆에 앉아 그녀를 꼭 껴안았다.

"레오나르트! 내 사랑!"

그녀가 낮게 속삭였다. 내 마음속에서 강한 정욕과 격하고 불순한 욕망이 끓어올랐다. 그녀는 아무 저항 없이 내 팔에 안겨 있었다. 끈으로 묶은 머리가 풀려 풍성한 머리카락이 내 어깨 위에 흘러내렸다. 그녀의 가슴이 팽팽하게 부풀어 오르고 그녀는 가냘픈 신음소리를 냈다. 나는 나 자신을 제어할 수가 없었다! 내가 그녀를 일으켜 세우자 그녀는 용기를 얻은 것 같았다. 그녀의 눈에 낯선 정염의 불꽃이 타올랐다. 내 거친 입맞춤에 그녀는 더욱 뜨겁게 응답했다. (호프만, 2002, pp.285-6)

우리 세기의 섹슈얼리티를 이해하려면, 여기 이 에로티시즘을 미디어 기술 쪽으로 확장시키고 독자 집단을 영화관객과 제작자 집단으로 대체하기만 하면 된다. 토머스 핀천의 세계대전 소설 『중력의 무지개 Gravity's Rainbow』에는 게르하르트 폰 괼이라는 가상의 표현주의 영화감독이 등장하는데, 그의 최고작은 UFA 영화사에서 제작한 〈몽마Alpdrücken〉[20]라는 노골적인 제목의 영화다. 매번 괼의 영화 주인공을 맡았던 영화 스타 마르가레테 에르트만이 (여러 가지 의미로) 절정의 순간에 (이미 예측했겠지만) 반종교개혁이 지배하는 어두운 종교 재판소에서 고문을 당한다. 그리고 속칭 "자칼맨"이라는, 그러니까 자칼로 분장한 UFA 영화사의 엑스트라가 나타나 "묶여 있는 남작부인을 덮쳐서 강간하고 팔다리를 찢어 버린다. 폰 괼은 카메라가 돌아가도록 그냥 놔둔다. 물론 이 부분은 개봉용 프린트에서 삭제됐지만, 미삭제 원본이"—수도사의 수고본이 수도원장에게서 소설가 E.T.A. 호프만에게 전해졌듯이—"괴벨스Paul Joseph Goebbels의 사설 {영화} 컬렉션으로 흘러들어 갔다." 그런데 이 같은 문자 그대로의 클라이맥스에서 여성 스타가 임신을 했고, 아이 아버지를 추측해 보는 게임이 사교계의 인기 있는 오락거리가 됐다

---

20) 몽마는 잠자는 여자를 범한다는 전설 상의 존재로, 악몽의 원인으로 여겨졌다.

(Pynchon, 1973, p.461). 게다가, 수천 명의 여성 영화관객 또는 남성 영화관객의 여자 친구들도 미디어 기술에 의해 '감염'됐다. 이제 미래의 V-2 로켓 공학자가 〈몽마〉를 보고 난 경험을 살펴보는 것으로 이 이야기는 끝내자.

> 그날 밤, 그는 발기한 채 프리드리히 거리의 UFA 극장 밖으로 나왔다. 다른 모든 사람들과 마찬가지로, 그 역시 오로지 집에 가서 누군가와 섹스하고 완전히 나가떨어질 때까지 계속 섹스할 생각뿐이었다……. 세상에, 에르트만은 아름다웠다. 얼마나 많은 사람들이 불경기의 베를린으로 되돌아가서, 신부를 찾는답시고 〈몽마〉에서 본 이미지를 칙칙한 뚱보에 뒤집어씌웠을까? 그날 밤 얼마나 많은 어둠의 자식들이 에르트만에 의해 잉태됐을까? (Pynchon, 1973, p.397)

소설에 따르면, 바로 이 어둠의 자식들이 제2차 세계대전 당시 독일 국방군에 '핀업 걸'(예나 지금이나 대부분 에로 영화의 스틸 이미지 형태로 존재하는 군인의 필수품)을 공급했다고 한다.

하지만 이렇게 정점을 친 다음에는 이제 문학과 그 모든 눈속임과 그림자 이미지를 버리고 떠나야 한다. 진짜 이미지의 고고학, 즉 사진의 전사를 시작할 때가 온 것이다. 다만 그전에, 호프만의 『악마의 묘약』에서 로잘리아와 아우렐리에의 이중 노출로 나타나는 성스러운/부정한 핀업 걸이 아직은 우리 시대 특유의 매스미디어 효과를 발휘하지는 않는다는 점을 지적하고 싶다. 오히려 정반대로, 메다르두스는 아우렐리에를 유혹해서 동침하려다가 번번이 실패한 후에 최종적으로 개인 그 자체, 즉 낭만적 저자가 된다. 그는 세속에서의 죄 많은 삶을 후회하면서, 한때 로잘리아/아우렐리에의 유혹에 이끌려 뛰쳐나왔던 수도원으로 돌아가 다시 한 번 수도원장의 권위 아래 자기 자신을 내던진다. 그런데 수도원장이 그에게 명한 참회의 실천은 옛 유럽 시대에는 통용되지도 않았고 경건하지도 않을 행동, 즉 자서전 소설을 쓰라는 것이었다.

레오나르두스 원장이 어느 날 내게 말했다.
"메다르두스 형제, 자네에게 참회 고행을 하나 더 부과하고 싶네."
겸손하게 나는 어떤 참회 고행이냐고 물었다. 원장이 말했다.
"자네 삶의 이야기를 정확하게 기술하게. 기이한 사건 중 어느 것도, 아주 무의미한 것조차도, 자네가 다채로운 세속의 삶에서 겪었던 어느 하나도 빼서는 안 되네. 상상력이 자네를 그 세상으로 되돌아가게 할 것이며, 자네는 끔찍함과 우스꽝스러움, 전율스럽고 재미있는 것들을 다시 한 번 겪게 될 걸세. 순간적으로는 아우렐리에를 순교당한 수녀 로잘리아로서가 아니라 다르게 바라볼 수도 있겠지. 하지만 악의 영이 자네를 완전히 떠났고, 자네가 세속적인 것으로부터 완전히 등을 돌렸다면, 하나님의 말씀처럼 자네는 모든 것을 초월하게 될 것이며 그것들은 자네에게 어떠한 흔적도 남기지 않을 걸세." (호프만, 2002, pp.447-8)

수도원장은 이러한 명령을 내림으로써 우리를 대신해서 논의를 완결 짓는다. 소설 도입부의 편집자 서문에서, 독자는 메다르두스의 삶을 수놓은 "무시무시하고 끔찍한, 기이하고 우스꽝스럽기도 한" 것들을 마치 눈앞에 펼쳐진 "카메라 옵스큐라의 다양한 영상들"처럼 보게 될 거라는 약속을 받았다. 소설의 결말부에서, 이제 막 소설의 저자로 재탄생한 주인공 메다르두스 역시 글을 써서 자신의 삶을 불러일으킨다는 조건 아래 이와 똑같은 약속을 받는다. 완전히 역설적이지만, 종교 당국은 완전히 경건한 시체로 죽어 있는 아우렐리에가 "상상" 속에서 성적 대상이나 펀업 걸 같은 광학적 환각으로 나타나는 것을 허용한다. 다시 말해서, 교회는 더 이상 교회가 아니다. 교회는 카메라 옵스큐라와 매직 랜턴의 모든 눈속임을 내재화함으로써 낭만주의 문학으로 변형되는데, 그것은 소설을 쓰는 저자와 능동적으로 읽는 독자 모두에게 광학적 환각으로 작용한다. 말하자면, 저자는 매직 랜턴처럼 내적 이미지를 전송하고, 독자는 카메라 옵스큐라처럼 그 이미지를 받는다. 왜냐하면, 낭만주의 문학 자체가 모든 에로티시즘을 자기편으로 끌어들이는 것이기 때문이다.

광학적 미디어에 관한 짧은 미술사 강의는 이것으로 끝이다. 유령이나 섹스에 관한 이야기도 있었으니까, 문학에 관한 대목이 최소한 재미라도 있었기를 바란다. 하지만 이제 무미건조한 새 챕터를 펼칠 (혹은 받아 쓸) 차례다. 한동안 에로티시즘이나 여자는 하나도 안 나올 것이다. 이유는 간단하다. 이제부터는 유럽의 과학을 다뤄야 하니까.

3. 광학적 미디어

3.1. 사진

3.1.1. 전사

앞으로는 호프만의 작품처럼 매직 랜턴과 카메라 옵스큐라가 시적 효과를 위한 소설 속 은유로만 나타나는 경우는 더 이상 거론하지 않겠다. 사진의 전사前史와 초기 역사라는 이름으로 새 장을 연다면, 이제 중요한 것은 15~17세기 당시 이런 장치들의 기술적 실체뿐이다. 카메라 옵스큐라로 최초의 이미지 수신 기술이 구현됐고, 매직 랜턴으로 최초의 이미지 송신 기술이 구현됐다. 하지만 수신된 이미지를 시공간 너머로 전달하고 또 다른 지점으로 송신할 수 있게 하는 이미지 저장 기술은 사진이 발명되기 전까지 아직 존재하지 않았다. 따라서 사진이 출현하려면 (약간 엉뚱하게 들릴 수도 있겠지만, 섀넌의 개념을 빌자면) 적절한 '채널'이 필요했다. 그리고 낭만주의 문학은 바로 이러한 채널의 부재를 조직적으로 착취함으로써 성립했다. 소설이 고독한 독자에게 매직 랜턴 이미지를 불러일으킨다고 할 때, 이 내적 이미지는 원칙적으로 저장이 불가능했다. (이것이 소설이 상업적으로 성공한 비결이었다.) 알다시피, 실제 이미지를 저장하려면 발겐스테인의 나뭇잎처럼 대상의 살을 벗기고 뼈만 남겨서 인쇄용 잉크에 담그는 것이 유일한 방법이었다. 이렇듯 혹독한 대가를 요구하는 자연의 직접 인쇄 프로세스를 제외하면, 이미지 저장은 언제나 인간의 눈과 손이라는 두 단계의 매개를 거쳐야만 가능했다. 그렇게 저장된 이미지는 회화가 되었고, 따라서 예술이 되었다. 그리고 이론적 배경을 설명하면서 이미 살펴봤듯이, 인간의 눈이라는 인터페이스는 우연과 노이즈로 가득 찬 시각적 세계의 단면에서 형태를 인식하는 역량이 있어서 언제나 이미지 안에 상상적인 것을 끌어들인다. 근대 회화는 임의로 분포하는 진짜 빛과 그림자를 저장하는 것이 아니라, 당대의 문학과 마찬가지로 예술가라는 주체에게 표상된 것을 관객에게 표상했다. 바로 이것이 하이데거가 말한 '세계상의 시대'였다. 그리고 이 표상이 성인의 심상과 창녀의 심상을 하나의 그림으로 융합했을 때, 상상계는 완벽해졌다.

그런 까닭에, 아무리 회화를 완벽하게 발전시켜도 광학적 예술을 광학적 미디어로 이행시킬 수는 없었을 것이다. 사람들은 역사가 전진한다고 맹신하지만, 미디어의 역사는 선형적, 연속적으로 발전하지 않는다. 오히려 기술의 역사는 단계적 역사이며, 토머스 핀천의 소설『브이 V』에서 한 대목을 인용하자면 "역사는 계단식 함수다."(Pynchon, 1990, p.331) 괴테가 1797년「예술과 수공예Kunst und Handwerk」라는 전형적인 제목의 글에서 극도로 두려워했던 것과 달리, 회화가 기계에 의해 괴멸되고, 회화 기법이 기계화되고, 유일무이한 원본이 일률적으로 생산된 수많은 복제본으로 대체되는 사태가 역사적으로 발생할 수 없었던 것은 바로 그 때문이다. 기계는 결코 신체적 역량의 단순 복제품이 아니다.

3.1.2 실현

사진의 경우에는, 회화의 결점이나 약점으로 여겨지던 것이 (니체

식으로 말해서) '모든 가치의 재평가'를 통해 새로운 과학적 미디어 기술의 토대로 전도顚倒되면서 역사의 다음 단계로 도약할 수 있었다. 이러한 문자 그대로의 '전도'를 헤겔의 변증법적 부정과 혼동해서는 안 된다. 헤겔은 이중 부정을 통해서 더 높은 철학적 진리가 출현했고, 다른 모든 책을 폐기함으로써 책 중의 책(헤겔 본인의 철학)이 출현했다고 여겼다. 반면 모든 가치의 재평가란 단순히 기호를 전치함으로써 부정이 긍정이 되는 것, 또는 사진 자체의 이미지로 표현하자면 '네거티브'가 '포지티브'가 되는 것이다.[1)]

모든 회화의 네거티브는 그 벌거벗은 물질성, 그 색채에 있다. 빨간색, 녹색, 파란색의 상징적 의미나 상상적 효과가 아니라, 그냥 우리에게 주어진 색채 그 자체 말이다. 그것은 회화 쪽에서 까마득한 옛날부터 '안료'라는 이름으로 알려졌다. 나는 카민 레드, 프러시안 블루, 울트라 마린 같은 이름을 떠올릴 수 있다. 그리고 자기 자신을 마술사 또는 '환상술사'라고 여겼던 유럽 최후의 위대한 소설가 나보코프Vladimir Nabokov도 떠오른다. 가장 널리 읽힌 그의 소설 주인공 험버트 험버트는 맨 마지막 문장에서 롤리타와 자기 자신과 예술에 관해 이렇게 말한다. "나는 오록스[2)]와 천사, 변질되지 않는 안료의 비밀과 예언적 소네트, 예술의 피난처에 관해 생각한다. 그리고 그것이 너와 내가 공유할 수 있을 유일한 불멸이다. 나의 롤리타."(Nabokov, 1958, p.311)

다시 말해서, 안료는 오로지 예술 속에서만 변질되지 않는다. 하지만 이 비참한 세계에서는 아우렐리에나 롤리타들뿐만 아니라 그 이미지들도 늙어가며, 복제와 재생산은 그 비참함을 더욱 심화시킬 뿐이다. 블

---

1) 네거티브와 포지티브는 필름이 사용되던 때의 사진 용어이다. 네거티브는 필름에 맺힌 음화陰畫로서 원본 역할을 하고, 포지티브는 이 원본을 인화지에 전사한 이미지로서 양화陽畫라고도 한다.
2) 오록스는 지금은 멸종한 유럽의 야생 소로, 선사시대 동굴 벽화에도 그려졌다.

라디미르 나보코프는 이를 간파했다는 점에서 낭만주의적 전임자들보다 우위에 있다.

안료가 회화 상에서 광채를 내뿜는 한, 1450년 이후 또는 아무리 늦어도 반 아이크 형제Jan en Hubert van eyck 이후의 예술가들이 유화 물감을 캔버스 위에 바르는 동안에는, 모든 것이 미학적으로 질서정연했다. 하지만 회화가 언제나 빛, 공기, 온도가 기술적으로 여과되고 최적화되는 미술관에 걸리는 것은 아니다. 불리한 상황에 놓이면 태양이나 혹은 정반대로 어둠의 희생자가 될 수도 있다. 그리고 바로 그때 미학적 네거티브가 발생한다. 많은 색상이 처음 칠할 때보다 더 밝아지거나 어두워지며, 어떤 것은 심지어 (미국 컬러TV 표준처럼) 전혀 다른 색이 된다. 화가는 쓰디쓴 경험을 통해 이것을 배웠다. 이 효과 때문에 예술 작품이 의도대로 불멸을 획득하지 못하고 수명을 다했기 때문이다. 그래서 르네상스 이래 화가용 교재는 기린혈, 랙, 진사, 카민 등[3] 흑화 현상이나 백화 현상을 보이는 나쁜 화학적 색소를 쓰지 말라고 경고하면서 더 좋은 다른 안료의 사용을 권했다(Eder, 1905, 1, p.57). 하지만 이미 투시도법과 카메라 옵스큐라를 발견한 화가들 중에서 백화·흑화 현상 같은 악조건을 역이용한 사람은 아무도 없었다. 내가 아는 한, 화가가 나쁜 의뢰인에게 복수하려고 일부러 나쁜 안료를 써서 그림이 30년 후에 문자 그대로 빛이 바래게 했다는 내용의 소설 같은 것도 없다. 그러므로 예나 지금이나 미학적 경험에서 미디어 기술로 향하는 길은 존재할 수 없다는 대담한 가설을 제기해 볼 수 있겠다. 하지만 이 명제의 이裏명제도 거짓은 아니다. 오히려, 미학적 악조건에서 미디어 기술로 가는 길은

---

[3] 기린혈은 용혈수 열매에서 나오는 적색 수지다. 랙은 인도랙벌레의 적색 분비물이며, 진사는 진한 붉은색의 수은 원광을 말한다. 카민은 연지벌레에서 채취하는 적색 안료다.

틀림없이 존재하며 심지어 아주 뻥 뚫렸다는 가설도 성립한다. 19세기에 전화나 축음기 같은 기술적 미디어는 청각 장애인을 위해, 혹은 청각 장애인에 의해 발명된 것이었고, 타자기 같은 기술적 미디어도 시각 장애인을 위해, 혹은 시각 장애인에 의해 발명된 것이었다. 마찬가지로 17세기에 특정 화학 물질의 백화·흑화를 다룬 최초의 실험은 니에프스와 다게르를 거쳐 사진 필름의 개발로 직결됐다. 신체적 장애와 물리적 악조건들은 현대로 향하는 기술적 길 위에 시체처럼 나뒹군다.

이제 괴테가 『색채론Farbenlehre』에서 말하는 "빛의 행위와 고난", 즉 광학에 초점을 맞춰 보자. 빛이 사진 필름의 물질적 등가물인 캔버스나 물감의 빛을 바라게 할 수 있다는 사실은 고대 선진 문명에서도 이미 알려져 있었다. 그렇지만 나뭇잎의 일반적 색상인 (적어도 발겐스테인이 인쇄용 잉크에 담그기 전이라면) 녹색이 우연한 산물이나 열에 감응한 것이 아니라 오로지 빛의 작용에 의해 생성된다는 사실은 17세기에 자연과학을 통해서 처음으로 밝혀졌다. 따라서 엽록소는 여태껏 발견된 최초의 빛 저장 장치였지만, 그것은 인위로 조작할 수 있는 것이 아니라 자연 상에서 작동하는 물질이었다(Eder, 1905, l, p.45).

과학자들만 빛을 연구한 것은 아니었다. 매직 랜턴이 종교적 선전, 마술, 비밀결사의 어슴푸레한 빛 속에서 출현했듯이, 많은 광화학적 발견은 전혀 계획되거나 의도되지 않은 연금술의 부산물이었다. 알다시피, 당시의 절대주의 체제는 오늘날의 하이테크 제국과 달리 지폐나 전자 화폐 대신에 금화와 국가채무에 의존했다. (국가채무는 끊임없는 귀금속 수요 때문에 당시 처음으로 발명 또는 허용됐다.) 그래서 연금술은 고령토 같은 아주 값싼 재료로 금이나 은을 만들려고 했는데, 그 와중에 우연히 도자기가 발견되기도 하고 그랬다. 이를테면, 작센의 한 고위 관료는 헤겔보다 훨씬 전에 철학이 아니라 연금술을 써서 "세계정신을 포착"하려다가, 빛을 저장한 후에 어둠 속에서 재방출할 수 있는 물질을 우연히 발견했다. 장사에는 영 운이 따르지 않았던 어떤 상인도 실험에 착수했다가 이번에는 운이 꽤 따랐는지 '인燐, phosphorus'이라는 원소를 발견했는데, 이 이름은 문자 그대로 '발광한다'는 의미다(Eder, 1905, 1, p.51). 마술사, 비밀결사, 사기꾼들은 이런 인광 물질을 써서 유령이나 해골에서 빛이 나게 할 수 있었다.

그렇지만 미래의 사진에 결정적이었던 발견은 따로 있었다. 1727년, 할레에서 그리스어와 아랍어 교수로 일하던 의학박사 슐체$^{J. H. Schulze}$가 또다시 인을 가지고 실험을 했는데, 이번에는 오랜 연금술 전통에 따라 은을 섞어 보았다. 그는 공교롭게도 해가 비치는 창문 앞에서 실험하다가, 자기가 만든 은염이 햇빛 아래서는 항상 검게 변하고 그늘진 곳에 두면 항상 밝은색 그대로라는 사실을 깨달았다. 그리고 키르허가 매직 랜턴으로 적敵이 모르게 비밀 문자 신호를 전송하려고 계획했던 것처럼, 슐체도 감광성 은염을 데이터 코딩에 응용했다. 그는 검은색 글씨를 쓴 유리판을 태양과 은염 사이에 설치해서 최초의 사진 네거티브를 얻었다. 글자가 빛을 가리지 않은 부분, 그러니까 빛에 노출된 화학 물질 부분만 밝은색이 사라진 것이다. 그렇지만 이 실험은 18세기에는 아직 사진을 생각하는 것 자체가 불가능했다는 증거도 될 수 있다. 왜냐하면, 슐체는 (라캉이 말하는) 실재계의 우연성을 기술적 미디어로 저장할 생각이 없었기 때문이다. 오히려 그는 상징계, 즉 문자화된 코드를 자연에 새겨 넣으려고 했다. 따라서 역사가들은 슐체의 광학적 글쓰기가 이미 사진을 예견했다고 주장하지만(Eder, 1905, 1, p.51), 그의 실험은 '포토그라피^{Photographie}'[4]라는 말뜻에는 부합할지 몰라도 모든 기술적 미디어

---

4) '포토그라피'는 직역하면 '빛으로photo' '글쓴다graphie'는 뜻이다.

의 핵심인 실재계와는 아무 상관도 없다.

시간이 얼마 없으므로, 여기서 실재계의 역사를 (애초에 그런 것이 있다면 말이지만) 낱낱이 추적하지는 않겠다. 우리는 기본적으로 감광물질이 발견되고, 사용되고, 최적화되는 과정이 18세기에 화학이 성립하는 과정과 밀접하게 연관됐다는 것만 확인하면 된다. 모든 존재가 불, 물, 공기, 흙으로 구성됐다는 관념 아래서는 그런 연구 자체가 불가능했다. 불과 빛의 화학적 차이를 정확히 알고 열과 빛을 구별할 수 있어야 비로소 광화학 효과만 따로 분리할 수 있다. 이를테면, 위대한 개혁적 법조인이었던 베카리아$^{Cesare Beccaria}$는 은염 실험도 했는데, 그는 은염을 검게 만드는 것이 열이 아니라 빛이라는 사실을 깨우치기까지 너무나 힘든 시간을 보내야 했다. 또 다른 이름들과 또 다른 배움의 단계들을 일일이 나열하지는 않겠다. 궁금한 사람은 궁정고문관이었던 요제프 마리아 에더$^{Josef Maria Eder}$ 박사가 1905년에 출간한 『사진의 역사$^{Geschichte der Photographie}$』를 보기 바란다. 그 책은 구식이지만 실증적으로 정확한 역사적 내용을 담고 있다.

앞서 언급했듯이, 하위헌스는 광학 렌즈 장치를 발명할 무렵에 때맞춰 빛의 파동설도 고안했다. 당시에는 아직 맥스웰$^{James Clerk Maxwell}$이나 헤르츠$^{Heinrich Hertz}$가 없었으므로, 그는 당연히 이것을 전자기파가 아니라 (위대한 수학자 오일러의 표현대로) '미확인 매질의 탄성파'로 정의했다. 그런데 1700년 무렵에 런던 왕립학회와 그 의장인 아이작 뉴턴 경이 부상하면서, 빛을 극미량의 물체 또는 입자의 흐름으로 정의하는 정반대 가설이 등장했다. 뉴턴은 고전적인 카메라 옵스큐라 실험을 조금 고쳐서, 태양, 벽면 구멍, 어두운 영사면 사이의 빛이 지나는 길에 유리 프리즘을 설치했다. 물론 데카르트 이래 자연의 무지개는 ('중력의 무지개'가 아니라면) 이미 계산 가능한 대상이 됐다. (이에 관해서는 괴테의 『색채론』에서 역사를 개괄하는 부분을 참고하라.) 하지만 뉴턴의 실험이 만들어낸 것은 최초의 인공 무지개였다. 백색 태양광이 보라색에서 빨간색 사이의 무수히 많은 색채 스펙트럼으로 분해되자, 뉴턴은 1) 빛이 부분 또는 입자로 구성됐으며, 2) 볼록 렌즈로 여러 색을 합치면 다시 백색이 될 것이라고 결론 내렸다. 렌즈 실험은 성공이었고, 그리하여 화가의 색상 혼합을 처음으로 '과학적' 색상 혼합과 비교할 수 있게 됐다. 유화 물감을 섞으면 그 합은 언제나 전보다 더 어두워진다. 빛이 줄어드는 감산 혼합이 일어나는 것이다. 그런데 뉴턴의 실험에서는 여러 색을 섞었을 때 그 합이 오히려 더 밝아졌다. 가산 혼합 방식이 발견된 것이다. 이 문제는 컬러TV를 설명하면서 다시 다루겠다.

화학과 물리학이 공식적인 학문으로 정립되던 1800년경, 광화학(슐체의 광화학 효과)과 광물리학(뉴턴의 스펙트럼 분석)이 처음으로 교차하는 사건이 발생했다. 그 주인공은 하노버 궁정 음악가의 아들로 태어나 영국의 수학자 겸 궁정 천문학자가 되었던 프리드리히 허셜Friedrich Wilhelm Herschel이었다. 그는 새롭게 제기된 빛과 열의 구별을 광화학에 도입해서, 뉴턴의 프리즘으로 분해한 태양광이 인간의 눈에는 적색에서 멈추고 그다음부터 어둠이 시작되는 것처럼 보이지만, 온도계 같은 열 저장 장치에는 적색 너머에서도 계측 가능한 효과를 유발한다는 사실을 입증했다. 다시 말해서, 허셜은 열의 물리적 구현이자 훗날 전쟁 무기의 매체로 쓰이게 되는 적외선을 발견했다. (적외선은 제2차 세계대전 당시 나치 무장친위대의 전차에 설치됐던 야간 투시경이나 오늘날 전술 대공 미사일 센서의 근간이 된다.)

허셜의 실험이 알려진 후, 독일의 낭만파 물리학자 요한 빌헬름 리터Johann Wilhelm Ritter가 그 실험의 거울상 단계를 밟았다. 리터는 아주 체계적으로 질문을 제기했다. 태양광 스펙트럼의 가운데 부분이 제일 밝지만 끝 부분이 제일 따뜻하다면, 역으로 가시부의 반대편 끝 너머에도 차가운 빛이 존재하지 않겠는가? 리터가 1801년 「허셜의 새로운 빛 관련 연구에 대한 논평Bemerkungen zu Herschels neueren Untersuchungen über das Licht」에서 썼던 것처럼, 이 질문에 답하려면 "온도계가 적색 너머에서 가장 강한 효과를 보였듯이, 자색 너머에서 그런 식으로 작용할 {화학적} 시약"이 필요했다(Ritter, 1986, p.119). 그래서 드디어, 슐체가 발견하고 화학자 셸레Carl Wilhelm Scheele가 심화 연구한 감광 물질이 뉴턴의 태양광 스펙트럼과 함께 같은 실험에서 만나게 됐다. 리터는 프리즘을 통해 분해된 태양광에서 염화은을 가장 많이 검게 만드는 부분이 우리 눈에는 전혀 빛으로 지각되지 않는다는 사실을 입증할 수 있었다. 그리하여, 허셜이 발견한 '빛없는 열'로서의 적외선과 아주 흡사하게, '열없는 빛'으로서의 자외선이 발견됐다.

하지만 일상적인 빛 개념이 비가시적인 두 경계면을 따라 이처럼 체계적으로 확장되면서, 뉴턴의 입자 이론도 다시 무너지고 말았다. 18세기에는 오일러와 칸트만이 하위헌스의 파동 이론의 지지자로 남아 있었는데, 1802년에 토머스 영Thomas Young이 적외선은 파장이 극단적으로 긴 빛이고 자외선은 파장이 극단적으로 짧은 빛이라고 덧붙이면서 파동 이론을 부활시킨 것이다. 이 같은 파장 또는 진동수 개념은 오일러가 피타고라스와 정반대 관점에서 근대 음악 이론에 도입한 것으로, 1803년경 프레넬Augustin-Jean Fresnel이나 패러데이가 모아레 패턴 같은 빛의 간섭을 연구하는 데도 결정적이었고, 훗날 영화의 동영상 효과 자체에도 중요하게 관여했다.

여러분은 당시 이런 이론이 얼마나 엄청난 스캔들 감이었는지 확실히 알아야 한다. 그때는 독일 지성계를 지배하던 '시인의 왕'이 뉴턴과 뉴턴식 자연과학에 맞서 총력전 태세를 갖추고 독창적인 색채론에 매진하던 시대였다. 괴테는 빛을 자연의 원原현상으로, 오로지 경외하면서 기술하고 숭배해야 할 어머니 자연으로 격상하면서, 그것을 낱낱의 부분이나 파동으로 분해하려는 시도는 사디즘적인 근친상간일 뿐이라고 비난했다. 그의 색채론에 따르면, 모든 색채는 근원적으로 주어진 빛과 어둠이 거의 대등하게 혼합한 결과로서 출현했다. 다시 말해서, 색채는 신과 메피스토, 시인 괴테와 공무원 괴테라는 양극성이 빚어내는 변증법적 효과였다. 최고의 시인은 인간이 자연적으로 주어진 기관(이를테면, 괴테가 사랑하는 눈)으로 더 이상 도달할 수 없는 지점에서 빛(이를테면, 리터의 자외선)이 최대치에 이를 수 있다는 사실을 견딜 수 없었을 것이다. 반면에 낭만파 물리학자 리터는 자신의 발견에서 이러한 종말론적 비전을 읽어낼 수 없었다. 그는 자외선에 관한 자신의 에세이를 1) 전기, 자기, 열 같은 자연의 모든 양극성이 조만간 하나의 동일한 원리로 역추적될 것이며, 2) 그 원리를 구현하는 것이 다름 아닌 빛으로 밝혀지리라는 장엄한 공식으로 마무리했다. 그가 이렇게 믿는 이유는 자명했다. "빛은 생명과 활력을 생성하는 모든 힘의 원천이고, 지구 상에 있는 모든 좋은 것을 만드는 씨앗"이기 때문이다(Ritter, 1986, p.127).

실제로 한 세기도 지나기 전에 리터의 자외선에 뒤이어 엑스선이 발견됐고, 덕분에 토마스 만Thomas Mann의 『마의 산Zauberberg』 주인공은 결핵에 걸린 폐의 엑스선 사진을 보면서 아직 산 채로 자신의 죽음을 볼 수 있다는 것이 무엇을 뜻하는지 알게 됐다. 하지만 토마스 만 풍의 소설에 나오는 미디어 소비자의 공포보다 더 서글픈 것은, [비가시적인 빛의 발견을 둘러싼] 미디어 역사의 아이러니와 그것이 이론에 끼친 영향이었다. 먼저 역사의 아이러니는, 소설 속의 한스 카스트로프뿐만 아니라 자외선을 발견했던 저 불쌍한 낭만파 물리학자 리터도 결핵으로 죽었다는 것이다. 그리고 비가시적 빛이 이론에 끼친 영향은, 그것이 고대부터 전해 내려오던 가시성의 가정을 완전히 뿌리 뽑았다는 것이다. 빈의 위대한 물리학자 루트비히 볼츠만Ludwig Boltzmann의 일화는 이를 잘 보여준다. 섀넌의 정보량 계산 공식과 수학적으로 동일한 엔트로피 공식을 세운 것으로 유명한 이 물리학자는, 모든 생각은 그에 호응하는 물질적 수준의 뇌 생리적 장치가 있어야만 존재할 수 있다는 것을 입증하고 싶어 했다. 그래서 그가 미래의 학자들에게 대뜸 제안한 것이, 우리의 생각도 엑스선 스크린에 영사해 보자는 것이었다(Boltzmann, 1979).

볼츠만은 입자설을 주장했는데, 생전에는 에른스트 마흐Ernst Mach 같은 물리학계의 대항 세력보다 영향력이 미미해서 결국 자살로 생을 마감했다. (하지만 사후에는 그의 입자설이 우위에 서게 된다.) 마찬가지로, 괴테의 생전에는 이 '시인의 왕'이 주창한 색채론이 독일 광학을 지배하고 있었다. 그리고 이 강의의 가설에 따르면, 낭만주의는 모든 광학적 실재를 독자의 마음속 상상계로, 즉 당연히 실재를 저장할 수 없는 곳으로 옮기는 것을 뜻했다.

3.1.2.1 니에프스와 다게르

그러므로 한 번 더 장면을 바꿔서, 이번에는 나폴레옹 시대의 프랑스 제국에 가보자. 하지만 그전에, (나폴레옹식으로 말하자면) 귀중한 예술품과 기술을 약탈하고 신성로마제국이 멸망하는 것을 보기 위해 독일 땅에 조금만 더 머무르겠다.

알다시피 근대 초기의 제국은 활판인쇄에 의존했는데, 책을 인쇄할 때는 종이를 썼고 황실·왕실 문서를 인쇄할 때만 구식 양피지를 썼다. 그런데 18세기 말부터 국가뿐만 아니라 종이도 거대한 혁명에 휘말렸다. 과거의 동물 가죽 양피지가 원칙적으로 크기의 제한이 있었듯이, 종이도 지난 수백 년 동안 제한된 크기의 대형 낱장으로 제작된 다음에 접지, 재단, 인쇄, 제본됐다. 실제로 폴리오folio, 콰트로quatro 등의 옛날식 책 이름은 모두 이러한 불연속적 판형에서 유래한 것이다.[5] 그런데 1799년에 (두루마리 휴지처럼) 길이에 제한이 없는 긴 띠 형태로 종이를 생산하는 기계가 개발되고 1811년에 고속 인쇄기가 발명되면서, 새로운 종이 판형 또는 '무無판형'에 부응하는 새로운 인쇄 기술이 나타났다. 그것이 바로 윤전기다. 구텐베르크 방식은 인쇄용 평판을 제한된 크기의 평평한 종이판에 대고 활자를 인쇄하지만, 윤전기는 무제한으로 회전하는 인쇄용 원통이 무제한으로 길게 이어지는 원통형 종이와 맞물려 빙빙 돌면서 인쇄물을 뽑아낸다. 여러분 중에 영화학 전공자가 있다면 틀림없이 이러한 기술 혁신에서 영화의 필름 롤을 떠올릴 것이며, 오손 웰스Orson Wells가 〈시민 케인Citizen Kane〉이라는 (어느 정도는 실제 인물을 모델로 했던) 신문 재벌에 관한 영화를 통해 윤전기에 불멸을 안겨 주었던 일도 상기하게 될 것이다. 하지만 윤전기가 19세기 초반에 맨 처음 한 일은 옛 유럽 제국이 민주 국가로, 그러니까 종이가 무제한으로 공급되고 신문 지상에서 다양한 의견들이 무제한으로 표출되는 국가로 이행하도록 확실하게 뒷받침하는 것이었다. 1811년 런던에 나타난 최초의 윤전기는 당연한 듯이 신문 인쇄소에 설치되어 근대적 대중 저널리즘을 개시했다. 하인리히 보세Heinrich Bosse는 이를 "기술 복제 시대의 글"이라고 칭하면서, 바로 이러한 글쓰기의 조건 아래서 원 저작자의 무제한적 권리와 저작권이 법적으로 새로이 구성됐음을 입증했다.

그런데 여기서 구텐베르크 시대에 있었던 일이 다시 반복됐다. 역사적으로 규정되는 임의의 인쇄매체는 언제나 그에 상응하는 광학적 미디어가 필요하다. 구텐베르크의 인쇄매체가 목판·동판 인쇄를 요구했

---

5) 폴리오와 콰트로는 각각 이절판과 사절판을 뜻한다.

다면, 윤전기는 19세기 중반부터 '도판 신문Illustrierte Zeitung'이라고 불리던 것, 다시 말해서 '잡지'를 요구했다. 사진이 최종 해결사로 등장하기 전에 이러한 필요에 부응했던 것이 바로 알로이스 제네펠더Aloys Senefelder라는 사람이 1796년 발명한 석판인쇄였다.

처음으로 신문 도판의 대량 인쇄를 가능하게 했던 석판인쇄의 기술적 원리에 관해서는, 인쇄용 석판이 동판(음각)이나 목판(양각)과 달리 평판이었음을 언급하는 것으로 충분하리라 본다. 훗날의 사진과 마찬가지로 판은 한 장만 쓰는데, 그래도 인쇄가 되는 까닭은 이 판의 어떤 부분은 기름을 머금고 또 다른 부분은 물을 머금기 때문이다. 물과 기름은 정상 상태에서 서로 섞이지 않기 때문에 제네펠더는 석판인쇄로 그림의 명암을 날카롭게 표현할 수 있었다. 심지어 1827년에는 제네펠더의 계승자가 (18세기 동판화가들이 각고의 노력 끝에 간신히 구현했던) 완벽한 4색 인쇄에 성공하기도 했다. 덕분에 미술품, 또는 더 정확히 말해서 조잡한 구닥다리 유화의 복제품이 처음으로 부르주아 응접실을 집집이 장식했다. 그리하여 발터 벤야민은 석판인쇄에서 「기술 복제 시대의 예술작품Das Kunstwerk im Zeitalter seiner technischen Reproduzierbarkeit」의 물적 토대를 구할 수 있었다.

하지만 그런 이론가뿐만 아니라 나폴레옹 궁정도 제네펠더의 덕을 보았다. 유명한 라파예트 장군Gilbert du Motier, marquis de Lafayette의 사위였던 필리베르 드 라스티리 뒤세양Philibert de Lasteyrie-Dusaillant 백작은 1812년 뮌헨에서 발명가 본인에게 직접 석판인쇄를 배웠다. 그는 러시아 전투의 패배 때문에 어쩔 수 없이 프랑스로 돌아갔다가, 거기서 부르봉 왕정복고 하의 파리로 최초의 석판인쇄기를 수입하는 데 성공했다. (그러고 보면, 루이 11세가 자신의 신생 국가에 구텐베르크 인쇄기를 들여왔던 것과 아주 흡사해 보인다.[6])

이제 우리는 정말로 미디어 연구 본연의 영역으로 들어온 셈이다. 바로 이 석판인쇄기를 중심으로 니에프스와 다게르라는 두 사람의 협업이 전개됐고, 바로 거기서 사진 기술이 출현했기 때문이다.

먼저 간단한 인물 소개부터 하겠다. 조제프 니에프스는 샬롱쉬르손 근처에서 태어났다. 그는 원래 목사가 될 생각이었지만 프랑스 혁명 이후 또는 더 정확히 말해서 혁명 때문에 무관의 길을 선택했다. 그리고 반혁명의 '승리를 불러오는 자'는 국가 간 전쟁의 전투원으로 변신했다. 니에프스는 자기 자신에게 '니세포르Nicéphore'라는 비非기독교적인 이름을 붙였는데, 이는 '승리를 불러오는 자'라는 뜻이었다(Jay, 1981, p.11). 그런데 니에프스의 동생 중에는 선박용 내연기관을 만든 사람도 있었다. 그가 만든 엔진은 나폴레옹 치하에서 특허도 받았으나, 영구기관이라는 오래된 환상을 추종했던 또 하나의 사례가 아닌가 하는 의심을 샀다. 이제 여러분도 슬슬 감이 오겠지만, 니에프스 형제는 발명 자체를 발명한다는 꿈, 에디슨이 최초로 실현하게 될 바로 그 꿈을 절망적으로 좇았다. 이 형제에 관해 궁금한 사람은 샬롱쉬르손을 방문해 보기 바란다. 그 지역 도심부에는 좋은 와인도 있지만 특히 니에프스에게 헌정된 사진 박물관이 있다. 거기에는 니에프스의 내연기관 '피레올로포르Pyréolophore'의 제작 도면도 전시돼 있는데, 니에프스 형제는 모든 자동차와 전차의 선조 격인 이 장치로 역사상 최초의 잠수함을 만들어 손Son 강에 띄웠다고 한다.

루이 자크 망데 다게르 역시 앞서 언급했듯이 전쟁과 연관된 이름을 가졌지만,[7] 니에프스 같은 전직 군인은 아니었고 잠시 공무원으로

---

6) 루이 11세(1423~1483)는 백년전쟁 이후 프랑스를 재정비하고 왕권을 강화하여 근대 프랑스의 기틀을 다진 인물로, 산업을 장려했고 인쇄 기술을 프랑스 내에 처음 도입했다.
7) 프랑스어로 '게르guerre'는 전쟁을 뜻한다.

일한 적은 있었다. 다게르는 화가로서 경력을 시작해서 투시도법과 조명에 특별한 재능을 보였고, 그래서 회화 자체보다 회화의 상상적 측면을 우선시해서 조금 다른 분야로 옮겨갔다. 그가 택한 것은 19세기에 예술과 미디어 사이에 성공적으로 정착했던 혼성적 혼합 장르였다. 처음에 그는 소위 '파노라마panorama', 즉 지평선의 전 방향에서 투시도법적으로 관객을 에워싸는 초대형 회화를 그렸다. 그리고 1822년에는 그가 직접 파리에서 '디오라마diorama'를 개발했다. 이름만 봐도 알 수 있겠지만,[8] 이것은 불투명한 부분과 투명한 부분을 조합해서 전통적 회화 작품에 매직 랜턴 효과를 덧붙인 파노라마였다. 다게르의 디오라마에 돈을 내고 들어간 관객은 반사광 아래서는 베수비오 화산의 온화한 낮 풍경을 볼 수 있었지만, 조명이 투과광으로 바뀌면 갑자기 캔버스 뒤에 숨어 있던 같은 화산의 밤 풍경이 나타나 폭발, 화염, 번개, 번쩍이는 구름에 휩싸이는 모습을 보게 됐다. 다게르는 이런 식으로 회화를 근대화했다. 그것은 투시도법을 이용한 알베르티의 '자연의 밤과 낮 풍경'에서 출발해서 슈뢰퍼와 로베르송의 매직 랜턴 공연을 통해 더욱 전진했던 저 명백한 [시각적 환영을 향한] 운동의 연장선에 있었다. 그리고 계몽과 미신의 투쟁이 다게르 생전에 여전히 격렬하게 진행 중이었던 탓에, 어떤 교회가 자체적인 환영 창출을 목적으로 다게르의 디오라마 중 하나를 구입하는 조그만 기적이 일어났다(Eder, 1905, I, p.168). 그러니까 다게르는 니에프스보다 훨씬 전부터, 맨 처음부터 '사진적 세계관'이라는 현상을 실현하도록 미리 운명으로 정해져 있었던 셈이었다.

이제 간략한 인물 소개도 했으니 두 선구자가 어떻게 협업했는지 보자. 처음에는 니에프스 혼자 자연의 이미지를 영구 보존할 수 있는

---

8) '디오라마'는 직역하면 '꿰뚫어보는di' '광경orama'이라는 뜻이다.

프로세스를 찾으려고 했는데, 영구기관을 만들려고 했던 동생보다는 성공적으로 연구가 진척됐다. 이 연구의 명시적인 목적은, 그가 1813년에 처음 소문으로만 접했던 석판인쇄의 제작 과정을 자동화하는 것이었다. 발겐스테인이 연구했던 '자연의 직접 인쇄'가 구텐베르크 체제에서 무엇을 의미했는지 안다면, 니에프스의 헬리오그래피heliography 또는 '태양의 글쓰기'가 윤전기와 석판인쇄의 멀티미디어 체제에서 어떤 위치에 놓이는지 금방 알 수 있을 것이다. 그는 화가의 손이 중간에 개입하지 않고도 태양이 그 빛을 받은 대상을 금속판 위에 바로 새길 수 있도록 했다. (원래 대상이라는 것은 그 자체로 이미 이미지임을 유념하라.) 니에프스는 이 금속판이 제네펠더식 석판의 대체물로 돈벌이가 될 거라고 기대했다. 그는 당시 알려진 거의 모든 감광 물질을 시험한 끝에, 아스팔트(이제 독일 땅의 절반을 뒤덮고 있는 바로 그 물질)가 최적의 소재임을 밝혀냈다. 하지만 아스팔트를 써도, 니에프스의 카메라 옵스큐라로 르네상스 시대 추기경의 모습이 새겨진 동판을 촬영하고 흑백으로 현상해서 고정하기까지는 몇 시간에서 며칠씩 걸렸다. 따라서 이는 순수하게 이미지 복제 기술로서, 우연 그 자체인 소위 자연을 기록하는 새로운 방법으로서는 실질적으로 전혀 고려된 바가 없었다(Eder, 1905, l, p.177). 왜냐하면, 태양과 그 그림자는 언젠가 구약성경에서 그랬던 것처럼 항상 가만히 서 있어 주지 않기 때문이다.[9]

바로 여기에 (파리의 카메라 옵스큐라 판매업자가 다리를 놓아서) 다게르가 개입했다. 화가이자 환영의 예술가였던 그의 일차적 관심사는 이미지를 영구 저장하고 복제하는 것이 아니었다. 디오라마만 봐도 금

---

[9] 여호수아 10장을 보면, 여호수아의 기도가 받아들여져서 태양이 하루 종일 정지했다는 일화가 나온다.

세 알 수 있듯이, 그는 스쳐 지나가는 것이나 시간적 과정을 포획하기를 원했다. 니에프스는 형식적인 공증 계약을 통해 자신의 모든 기술적 비밀 지식을 다게르에게 양도했다. 다게르는 그 계약에 내놓을 것이 실험에 대한 애정과 끈기밖에 없었지만, 1833년 니에프스가 죽은 이후까지 살아남아 소위 '다게레오타이프daguerréotype'라고 전형적으로 명명된 신기술의 유일한 발명가로 숭상됐다.

그리고 실제로, 1839년 당시 다게레오타이프는 니에프스의 원래 계획과 닮은 데가 별로 없었다. 전문가 의견에 따르면 그걸로 석판인쇄용 판을 제작하려는 희망은 망상에 불과했는데, 왜냐하면 섬세한 사진을 "인쇄기나 롤러"로 누르면 "돌이킬 수 없이 망가질 것"이기 때문이었다(Eder, 1905, 1, p.191). 하지만 이처럼 내구성이 약하고 복제가 안 된다는 단점은 두 가지 엄청난 장점의 다른 한 면이었다. 첫째, 다게르는 더이상 동판처럼 상징적으로 부호화된 모델을 촬영하지 않았다. 동판을 촬영하는 경우, 실재적인 것은 불완전한 헬리오그래피에 뒤따르는 노이즈에 불과했다. 그런데 다게르는 실재적으로 주어진 것들, 태양광과 함께 자연히 변화하는 것들을 오히려 출발점으로 삼았다. 둘째, 따라서 그는 촬영 속도를 실질적으로 향상시켜야 했다. 전문가로서, 위대한 물리학자 아라고François Arago는 "정오의 기상 조건에서" 2~3분이면 자연을 다게레오타이프로 찍어내기에 충분하다고 추산했다. 모든 정적인 값을 동적인 값으로, 확고부동한 것을 속도로 대체하는 것은 근대 미디어 기술의 근본적인 추세였다. 클로드 샤퍼의 광학적 통신 기술에서 진일보한 근대 미디어 기술은 이제 광학적 이미지 저장 기술에 도달하고 있었다. 동시대인의 증언에 따르면, 다게르의 프로세스는 니에프스의 프로세스보다 60~80배 더 빨랐다(Eder, 1905, 1, pp.184-90).

백만분의 일 초나 십억분의 일 초 단위로 돌아가는 오늘날의 기준에서는 완전히 구식처럼 보이겠지만, 당시 이것은 일대 사건이었다. 그런데 다게르가 이런 혁신을 성취할 수 있었던 것은 두 가지 우연한 발견 덕분이었다. 첫 번째 우연. 어느 날 실험 중에 은 스푼을 요오드 처리한 은판 위에 올려뒀는데, 햇빛이 스푼을 비추자 은판에 스푼의 상이 맺혔다. 그때부터 니에프스의 아스팔트는 당연히 폐기 처분됐다. 두 번째 우연. 다게르는 "어느 날, 빛에 짧게 노출시켜 아무 이미지도 나타나지 않은 요오드화은판 몇 장을 낡은 찬장에 넣어뒀다. 그런데 일주일 후에 은판 한 장을 꺼내보니 놀랍게도 이미지가 떠올라 있었다. 그는 즉시 찬장에 있던 뭔가가 이미지를 발생시킨 게 틀림없다고 추론했다. 찬장에는 다양한 화학 물질이 있었고 그중에는 수은 그릇도 있었다. 다게르는 수은에 별로 신경 쓰지 않고 찬장에 든 것을 하나씩 빼냈다. 그래도 일정 시간이 지나면 이미지가 떠오르는 현상은 계속됐다. 찬장은 마치 요술에 걸린 것만 같았다. 하지만 그는 결국 수은의 존재에 눈길을 돌려서, 수은 증기가 (수은은 실내 온도에서 쉽게 휘발한다) 은판에 작용했다는 추론에 도달했다. 그는 빛에 노출한 요오드화은판에 수은 증기를 가해서 이미지를 얻는 데 성공했다. 이는 다게레오타이프 프로세스의 핵심이라고 할 수 있다."(Eder, 1905, l, p.182)

이처럼 일단 우연을 끌어들인 다음에 체계적으로 우연을 제거하는 연구 방법론에 관해 간단히 덧붙일 말이 있다. 첫째, 여러분은 요오드 처리한 은판과 수은이 우연히 같은 찬장에 놓일 수 있기까지 얼마나 기나긴 화학의 역사가 필요했는지 알아야 한다. 훗날 로트레아몽Comte de Lautréamont이 '해부대 위에서 재봉틀과 우산의 만남'이라고 정의한 초현실주의적 우연도 결국은 해부대와 재봉틀과 우산의 기술적 발명을 전제했다. 하지만 어떤 인공물이나 기계라도 일단 존재하게 되면 인간의 개입 없이도 상호 작용할 수 있으며, (오늘날 컴퓨터의 근간이 되는) 규소와

산화 규소의 무작위적 프로세스에 이르러서는 급기야 인간에게서 모든 생각의 짐을 덜어주는 수준에 이르고 있다. 둘째, 리터가 자외선을 발견했을 때도 그랬지만, 다게르의 발견 이야기는 1800년 이래 연구자들이 이론적으로 미리 주어진 기대치를 얼마나 계획적으로 추구했는지 확인시켜 준다. 자연이 흑백으로 저 자신을 그려내게 한다는 것은 순전히 '그렇게 하겠다'는 것이지 다른 데서 이미 입증된 가정이 아니었다. 다게르는 그런 가능성을 가정한다는 전제 아래 실험을 시작했기 때문에, 아무리 선반이 요술에 걸린 것처럼 보여도 옛날처럼 그 현상이 터무니없는 요술이나 마술 때문이라고 생각하지 않았다. 다시 말해서, 다게르의 선반에서 일어난 것과 같은 우연적 효과가 200년 전에 일어났다면 (전혀 불가능한 일은 아닌데) 그 모든 사태가 무위로 돌아갔을 것이다. 아무도 그것을 자연의 기술로서 파악, 저장, 기록, 활용하지 않았을 것이기 때문이다. 따라서 원한다면 니에프스와 다게르를 기점으로 새로운 시대를 선언할 수도 있다. 발명이라는 '역사상의 우연한 사건'이 지속성과 반복가능성을 획득해서 성공의 반석에 놓이는 시대가 열린 것이다. 물론 지금 우리가 보고 있는 1839년은 아직 레이건 대통령이 캘리포니아 황제로서 신성한 할리우드의 이름으로 '미래의 미합중국 발명가는 악의 제국이 캘리포니아를 향해 발사하는 모든 미사일을 막을 수 있는 확실한 방어벽을 확실히 발명할 수 있을 것이며 반드시 그래야만 한다'고 엄숙하게 선포할 수 있는 그런 시대는 아니다. 하지만 그런 시대가 그리 멀지도 않다.

이렇게 일반적인 수준에서 발명 가능성이 새롭게 보증되면서, 다게르의 발명이 공적으로 수용되는 양상도 예전에 비해 사뭇 달라졌다. 고독한 죽음을 맞은 선구적 영웅 니에프스의 일화도 그렇지만, 여태껏 이 강의는 비극적이고 빈곤한 삶의 이야기를 전할 수밖에 없었다. 그러나 이제부터는 좀 더 밝은 시대로 진입한다. 부르주아 사회에서 천재는 숭배의 대상이 됐고, 다게르처럼 발명가 연합에서 하급자에 속했던 사람도 예외는 아니었다. 프랑스에서 가장 유명한 물리학자와 아카데미 회원들, 특히 아라고와 기체학자 게이뤼삭Joseph-Louis Gay-Lussac이 다게르를 지지한 결과, 이 발명가는 시민왕 루이 필리프에게 레지옹 도뇌르 훈장을 받았고, 특별법으로 지정된 "국가적 보상", 즉 매년 6천 금金프랑의 종신연금도 얻어냈다(Eder, 1905, I, p.187). 그리하여 다게르는 성공한 사람이 되어서 죽었다. 그는 사진기 한 대당 400금프랑을, 다게레오타이프 한 장당 60~120금프랑을 받았고(Eder, 1905, I, p.202), 특허권이나 저작권을 처분해서 돈을 벌 수도 있었다. 다게르라는 개인의 입장에서, 이 모든 일은 노후를 대비해서 큰 정원이 딸린 주택을 지을 수 있다는 것을 뜻했다. 여기에는 작은 호수와 폭포, (심지어 이 강의의 가설을 입증하려는 듯) 폐허가 된 성과 고딕 예배당까지 있었다(Zglinicki, 1979, p.149). 하지만 프랑스라는 국가의 입장에서, 다게르의 이 모든 명예는 명백하게 근대 저작권법과 직결됐다. 이 법은 프랑스 혁명이 (전신 기술의 후원자였던 라카날Joseph Lakanal의 지휘 아래) 정신적 영웅들과 특히 소설가들을 위해 1794년 발명한 것이었다. 문학에서 미디어 기술로 시선을 돌려보면, 결국 이 법을 발명한 것은 발명 자체를 발명한 것과 같았다.

아라고가 다게르의 면전에서 그에게 바친 기념 연설 내용을 보자. 이 연설은 초창기에 다게레오타이프가 어떤 역사적 목적을 부여받았는지 보여준다. 일단 아라고는 나폴레옹의 이집트 원정 당시 다게레오타이프가 있었다면 사태를 왜곡하는 화가의 손을 빌지 않고도 미술품과 비문을 정확히 복제할 수 있었을 것임을 강조했다. (다름 아닌 근대 파동 이론의 창시자 조제프 푸리에Joseph Fourier 남작이 나폴레옹의 명을 받아 총 10권짜리 『이집트의 묘사Description de l'Égypte』를 출간했지만, 이 책은 아직 기술적 미디어가 아니었다.) 하지만 역으로, 화가들도 다게레오타이프를 스케치나 모델의 값싸고 정확한 대용품으로 활용할 수 있었다. 사진은 영화의 발명에도 광범위한 영향을 끼치게 되지만 미술 쪽에도 뚜렷한 흔적을 남겼다. 이를테면 유명한 앵그르Jean-Auguste-Dominique Ingres 의 〈샘La Source〉을 보라. 이 그림에는 전형적인 그리스풍의 벌거벗은 여성이 물병을 든 모습이 그려져 있지만, 앵그르가 보고 그린 사진에는 당시 화가들이 보통 모델로 썼던 파리의 평범한 매춘부가 나타나 (또는 숨겨져) 있었다. 예술과 미디어 기술, 그림과 다게레오타이프의 새로운 경쟁 관계에 대해서는 이쯤 해두자. 아라고는 이 주제를 살짝 언급만 하고 지나갔다. 여러분도 짐작할 수 있겠지만, 그는 과학자로서 이 발명의 "과학적 용도"를 훨씬 중요하게 여겼기 때문이다(Eder, 1905, l, p.191).

이런 관점에서 아라고가 가장 극적으로 강조했던 첫 번째 용도는, 다게레오타이프를 통해 빛의 세기를 절대적으로 측정할 수 있다는 점이었다. 인간의 눈으로는 상대적 광도 측정밖에 못 했는데, 다게레오타이프가 등장하면서 광도 측정술에 일대 변화가 일었다. 그것은 마치 1790년 파리 표준미터가 도입되면서 토지 측량 및 지도 제작술에 대변혁이 일어난 것과 같았다. 덕분에 람베르트의 광도 측정술은 모든 현상적 가상, 즉 주관적 가상에서 탈피해서 기술적으로 정확한 계측법으로 변모했다. 두 번째로, 아라고는 이 새로운 미디어가 눈보다 감광성이 더 크기 때문에 달이나 토성의 고리 관측 자료를 얻는 데도 도움이 될 것이라고 했다. 마지막 세 번째로, 아라고는 다게레오타이프가 정확성 면에서 다른 모든 예술을 능가하기 때문에 그 이미지를 자와 컴퍼스로 계측해서 촬영 대상의 길이 및 각도의 비례를 도출할 수 있다고 지적했다. 앞서 인용했던, 모든 건축물을 사진 촬영한 직후 (화약 같은 것으로) 파괴한다는 웬델 홈즈의 위대한 생각은 바로 여기서 출현했다. 그리고 두 차례의 세계대전이 전개되면서 더욱 위대한 생각이 출현했다. 그것은 바로, 항공·위성 정찰 사진으로 촬영된 모든 대상을 조직적으로 파괴한다는 것이었다…….

3.1.2.2 탈보트

정직한 아라고에 따르면, 다게레오타이프를 가로막는 장애물이 딱 두 개 있었다. 하나는 모든 책과 글의 토대인 종이였고, 다른 하나는 (초기 자본주의 이론에 따르면) 모든 발명의 토대라는 인간이었다. 다게레오타이프를 종이에 인쇄하려면 석판인쇄공이나 동판화가의 매개를 거쳐야 했고, 사람은 자꾸 움직여서 다게레오타이프로 촬영하기가 극히 어려웠다. 그래서 인간의 사진 촬영은 '무제한의 가능성의 땅'에서만 가능했다. 1839년, 뉴욕의 모스Samuel Morse와 드레이퍼John William Draper 교수는 사람 얼굴에 하얗게 분칠을 하고 눈을 감긴 채 삼십 분 동안 땡볕을 견디게 해서 최초의 초상 사진을 촬영했다. 더 정확히 말하면 '촬영한' 것이 아니라 '기다렸다'는 표현이 옳을 것이다(Eder, 1905, 1, p.212). 그들의 뉴욕 스튜디오는 세계 최초의 초상 사진 스튜디오로서, 그 자체가 진정한 의미에서 역사상 최초의 인간 얼굴 저장 기술이었다. 나는 이 업적을 기리면서 모스가 여기 참여했음을 꼭 언급하고 싶다. 새뮤얼 모스는 1837년 결정적인 근대적 방송 기술인 전기통신, 즉 전신을 상용화한 인물이었지만 결국은 화가이기도 했다. 모든 미디어는 이미 항상 멀티미디어일 뿐, 개별 미디어란 존재할 수 없는 법이다.

그런데 여러분도 상상할 수 있겠지만, 광화학적 저장 기술과 종이와 인간이 결합된 멀티미디어는 (새뮤얼 모스가 전신을 표준화했던 것처럼) 미국식으로 완성되기를 원했고, 다른 한편 형식적 측면에서도 어느 정도 완결되기를 원했다. 여기서 그 발전사를 다 다룰 수는 없지만, 다게르 프로세스는 단계적으로 변화해서 최종적으로 즉석 사진이 됐고, 이때부터 움직이는 이미지를 저장하는 영화 기술도 생각할 수 있게 되었다. 나는 이러한 발전 단계와 관련 개발자들 중에서 제일 중요한 것 하나만 언급하겠다.

다게르만큼 유명하지는 않지만, 영국 출신으로 다게르와 경쟁했던 윌리엄 헨리 폭스 탈보트William Henry Fox Talbot는 최초로 종이에 사진을 제작한 인물이다. 이 부유한 영국인은 이탈리아 여행 중에 카메라 옵스큐라로 낭만적 아름다움을 포착해서 (르네상스 이래 관습화된 방식대로) 손으로 저장하려고 몇 번이나 시도했지만 영 만족스럽지 않았다. 뒤러 이래 모든 화가들은 자연을 투시도법화 하는 것을 자랑스럽고 기쁘게 여겼지만, 다게르가 물리적 실재를 저장하는 법을 밝혀낸 다음부터 그런 즐거움도 사라졌다. 그래서 실패한 화가 탈보트는 요오드화은과 질산은에 담근 종이로 바로 사진을 제작하는 기술적 프로세스를 탐구해서 마침내 성공했다. 그는 카메라 옵스큐라로 근대적 의미의 카메라를 개발했다. 그래서 그때까지 기술적 촬영과 도서 생산을 매개했던 석판 인쇄공의 손이 더 이상 필요하지 않게 됐다. 새로운 광학의 전체 작동 과정에서 예술이 전부 빠지고 오로지 미디어만 남았다. 탈보트는 자기가 개발한 '캘러타이프calotype' 또는 '아름다움을 각인하는 기술'을[10] '자연이 저 자신을 그리는 연필', 그러니까 "자연의 연필pencil of nature"이라고 불렀다. 그는 실제로 이 기술을 이용하여 (미디어의 내용은 언제나 또 다른 미디어라는 매클루언의 법칙에 딱 들어맞도록) 유럽의 자연적·예술적 아름다움을 담은 호화본을 출간하기도 했다. 하지만 그는 상점 카운터 아래에 놓고 파는 그 모든 책자들과 사진 잡지를 향해 길을 닦은 셈이

---

10) '캘러타이프'는 직역하면 '아름다운calo' '각인type'이라는 뜻이다.

었다.

　탈보트의 또 다른 혁신은 네거티브를 도입한 것이다. 종이의 도입은 예술과 연관됐지만, 네거티브의 도입은 과학과 연관됐다. 사진의 포지티브/네거티브 개념이 수학의 유서 깊은 마이너스/플러스 개념에서 왔는지 아니면 당시로서는 50년밖에 안 됐던 전기 이론의 음극/양극 개념에서 왔는지는 아쉽지만 알려진 바가 없다. 언젠가는 밝혀질 것이다. 기존의 다게르 프로세스는 촬영과 고정이 모두 포지티브 방식으로 이뤄지기 때문에 흑백의 포지티브 이미지 딱 한 장만 얻을 수 있었다. 네거티브 이미지를 이용한 실험도 있었지만, 포지티브로 변환할 방법이 없다는 것이 문제였다. 탈보트는 바로 이 문제를 해결했다. 그는 네거티브로 촬영한 사진을 한 번 더 네거티브로 촬영해서 포지티브 사본을 원하는 만큼 찍어내는 방법을 고안했다. 이 발명은 두 가지 중대한 영향을 끼쳤는데, 하나는 잘 알려져 있지 않고 다른 하나는 공공연히 알려져 있다. 먼저 잘 알려지지 않은 것은, (아라고가 기념 연설에서 밝혔듯이) 다게르 덕분에 사진으로 빛을 증폭·증대할 수 있게 된 데서 한 걸음 더 나아가, 이제 탈보트 덕분에 네거티브 이미지의 크기를 원하는 만큼 확대·축소해서 사본을 만들 수 있게 됐다는 점이었다. 전 세계가 항상 확대의 효용만을 맹신하므로 (불현듯 안토니오니의 〈욕망〉이 떠오른다) 나는 축소도 전략적 효과가 있음을 강조하겠다. 이를테면 1870년 프랑스-프로이센 전쟁이 터지고 몇 주 후, 몰트케Helmuth von Moltke가 통신망으로 군대를 원격 지휘해서 파리를 완전히 포위했다. 공화국 군대는 프랑스의 성스러운 심장부를 해방시키려고 거듭 시도했으나 모두 수포로 돌아갔다. 파리 내부와 공화국 군대 간의 커뮤니케이션이 급선무였지만 딱히 방도가 보이지 않던 바로 그때, 누군가 번뜩 사진을 이용할 생각을 했다. 그는 파리에서 군대로 보낼 편지를 촬영해서 축소 사본을 만들고 이를 다시 축소해서, 전체 텍스트가 무고한 전서傳書 비둘기 발에 딱 맞을 때까지 축소한 후에 강베타Léon Gambetta의 참모본부로 날려 보냈다. 독일의 독수리가 비둘기를 낚아채지만 않는다면, 인간의 눈으로 읽을 수 없는 이 텍스트는 "전기로 빛을 밝힌 매직 랜턴의 도움으로" 스크린 상에 확대 영사되어 해독될 것이었다(Ranke, 1982, p.49). 20세기의 정보기관은 여기서 한 걸음 더 나가서, 비밀 메시지 전체를 그냥 타자기의 점 하나 크기로 축소하는 기술을 개발하기도 했다.

탈보트의 혁신이 가져온 공공연한 효과에 관해서는 이렇게 길게 말하지 않아도 될 것이다. 무제한 복제의 효과는 자명했다. 원본, 네거티브, 네거티브의 네거티브로 이어지는 일련의 연쇄를 통해 사진은 매스미디어의 가능성을 획득했다. 헤겔의 경우 부정의 부정은 결코 원점으로의 회귀를 뜻하지 않지만, 매스미디어는 바로 이 회귀적 진동에 의존한다. 같은 시기에 불George Boole이 고안한 회로대수라는 논리 연산도 바로 이런 진동에 의존해서 컴퓨터의 가능성을 열었다.

구텐베르크가 인쇄 기술에 공헌했듯이 탈보트는 광학적 복제 가능성에 공헌했지만, 그는 모든 사본을 혐오하는 영국 속물이기도 했다. 슈트라스부르크에서 소송에 휘말린 구텐베르크가 인쇄기에 구멍을 뚫고 큰 말뚝을 박아서 더 이상 움직이지도 못하고 쓸모도 없게 된 그 기계를 무덤 속에 처넣으라고 요구했듯이,[11] 탈보트도 자신의 프로세스를 모방하려는 사람들에게 일일이 소송을 걸었다. 왕립협회가 거의 위협에 가까운 투로 이 문제에 개입한 다음에야, 그는 예술과 과학을 위해 "좀 더 부드럽게 행동할" 것을 약속하고, 비록 상업적 사용을 금한다는 상

---

[11] 구텐베르크는 활판인쇄술을 개발하는 과정에서 동업자들에게 계속 소송을 당했고, 결국 패소해서 자신의 기술과 설비를 전부 잃었다.

당히 큰 예외 조항을 붙였지만 어쨌든 특허권을 포기했다(Eder, 1905, 1, p.241).

사태를 단순화하기 위해 이렇게 가정해 보자. 바로 이 같은 즉각적인 활용의 제약 때문에 탈보트의 종이와 사진의 최종 해법(이스트먼 셀룰로이드 필름) 사이에 그토록 많은 각종 사진 소재들이 탄생했다고 말이다. 이를테면, 1847년 니에프스의 사촌이 한 용기병龍騎兵 부관과 함께 개발했던 끔찍하게 무겁고 깨지기 쉬운 감광 유리판을 생각해 보라. 유리가 사진에서 핵심 역할을 담당하긴 하지만 그 기능은 저장용 판이 아니라 렌즈 장치다. 다게르나 탈보트가 쓰던 렌즈는 매우 어두웠기 때문에, 사람들은 사진기 안에 초상 사진이 맺힐 때까지 땡볕 아래 삼십 분이나 부동자세로 있어야 했다. 이 문제를 해결하기 위해 더 밝은 렌즈를 개발하려는 실험 연구가 시작됐고, 예나에 위치한 아베Ernst Abbe의 차이스 광학 제작소는 그것을 진정한 과학의 경지로 끌어 올렸다. 감광제를 개량하려는 연구도 마찬가지 맥락에서 시작해서 디지털 사진 기술이 개발될 때까지 계속됐다. 새로운 광학 기술은 탈보트 덕에 전통적 인쇄기와 굳건하게 통합됐지만, 영화가 발생할 수 있는 조건을 갖추려면 결국 인쇄기와 다시 결별해야 했다. 다시 말해서, 새로운 광학 기술은 금속, 종이, 유리와 다른 고유한 물질성, 그 기묘한 반투명성의 물질성을 획득해야 했다. 이제 우리는 아무 거부감 없이 그것을 '필름'이라고 부른다. 내가 좀 찾아본 게 있으니까 이제부터 여러분에게 복음을 전하겠다. 앵글로색슨어로 '알의 속껍질'을 뜻하는 'aegfelma'와 프리슬란트어로 '부드러운 피부'를 뜻하는 'filmene'가 만나서 서게르만어로 '피부'를 뜻하는 'felmon'이 되었나니, 이 모든 단어들의 어근은 '짐승의 가죽'을 뜻하는 'Fell'이다. 양피지 형태의 짐승 가죽은 1891년부터 사라졌지만, 그것을 대신해서 'Film'이라는 사진·영화용 감광지가 등장했다. 아쉽게도

클루게 독일어 어원사전은 아직까지 필름과 양피지의 상관성을 전혀 포착하지 못하고 있다.

두 번째 복음은 필름을 발명한 사람에 관한 것이다. 종이 롤을 만드는 기계가 신문 인쇄에 회전 운동을 불러왔듯이, 필름 롤은 광학 기술을 변화시켰다. 언젠가 핀천은 자신의 소설 주인공 슬로스롭의 선조에 관해 쓴 적이 있다. 그에 따르면, 슬로스롭의 경건한 미국인 조상들은 종이 제조업자 또는 신흥 종교의 창시자였다. 왜냐하면 종이는 달러화, 휴지, 성경,[12] 그러니까 [새로운 삼위일체인] 돈, 똥, 말씀의 물적 토대이기 때문이다. 하지만 핀천이 역사적으로 말씀 또는 책을 대체했다고 분석하는 새로운 미디어 권력에 대해서도 똑같이 말할 수 있다. 우리에게 롤 필름을 처음 가져다 준 사람이 다름 아닌 목사였기 때문이다. 그렇지만 롤 필름이 있으려면 먼저 셀룰로이드가 있어야 했다. 이 물질은 미국인 세 명이 비싸고 희귀한 상아 재질의 당구공을 싸게 만들려고 니트로셀룰로오스로 실험을 하던 중에 처음 만들어졌다. 그렇다면 결국 그보다 먼저 니트로셀룰로오스가 있어야 했다. 소위 무연화약無煙火藥이라고도 하는 이 물질은, 내가 투시도법과 연관 지었던 옛날 수도사 방식의 흑색화학을 대체하는 새로운 폭약으로, 스위스의 한 화학자와 프란츠 폰 우하티우스Franz von Uchatius라는 오스트리아 육군 원수 부관이 처음 개발했다. (여기 이 우하티우스는 다음 강의에서 영화 기술의 직계 선조로서 다시 등장할 것이다.) 이름만 봐도 알 수 있겠지만, 무연화약은 결코 영화나 평화를 목적으로 쓰이지 않았다. 하지만 이 물질은 근대식 당구공으로 변신한 후, 무겁고 다루기 어려운 유리판을 쓰기 싫어했던 열정적인 아마추어 사진가 한니발 굿윈Hannibal Goodwin 목사에 의해 롤 필

---

12) 실제 핀천은 소설 속에서 지폐, 휴지, 그리고 (성경 대신에) 신문지를 꼽는다.

름으로 재탄생했다. 그는 1887년 5월 2일 롤 필름 특허를 신청했지만, 정부의 특허 승인은 (수백만 달러의 배상금과 함께) 11년 후에야 떨어졌다. 그 사이에 이스트먼코닥Eastman Kodak사가 이미 굿윈의 특허를 활용해서 수십억의 부를 쌓았기 때문이었다.

이제 드디어 고도 자본주의 시대까지 왔다. 다음 시간부터는 영화의 발명을 논의하게 될 것이다. 그렇지만 오늘 또 기술의 연관 관계를 끊고 싶지는 않으므로, 잠시만 우회해서 앞서 거의 생략하고 지나갔던 사진의 한 측면을 최소한으로 간략히 살펴보겠다. 그럼 진짜 영화의 역사에 진입하기에 앞서, 사진이라는 이미지 저장매체가 19세기 문화와 미학에 어떤 영향을 끼쳤는지 알아보자.

3.1.3 회화와 사진: 눈알을 둘러싼 투쟁

1836년부터 (나폴레옹 참모부뿐만 아니라) 모든 사람이 편지나 책을 쓸지 아니면 전보를 보낼지 선택할 수 있게 됐듯이, 1839년부터는 그림을 그릴지 아니면 사진을 촬영할지 선택할 수 있게 됐다. 아라고가 다게르를 칭송하는 연설을 하면서 최초의 이미지 저장매체의 과학적 사용 가능성만 주로 강조하고, 이 미디어가 화가들에게 미학적 경쟁의 압력은 전혀 인정하지 않았다면, 그는 19세기를 과소평가한 셈이었다. 특히 드레이퍼와 모스가 초상 사진을 촬영한 다음부터 초상화가들은 큰 곤경에 빠졌다. 여러분도 잘 알다시피, 한때 대규모로 번성하던 초상화 산업이 거의 전부 사진으로 넘어갔던 것이다. 화가는 기술의 경쟁적 압력을 받으면서 본질적으로 (니클라스 루만Niklas Luhmann 식으로 말해서) 두 가지 독립분화Ausdifferenzierung의 선택지 중 하나를 골라야 했다. 첫 번째 선택지는, 눈에 보이는 것이나 구식 카메라 옵스큐라 대신에 사진에서 회화의 소재를 구함으로써 스타일을 바꾸는 것이었다. 앵그르(앞서 언급했듯이 그는 누드사진을 바탕으로 〈샘〉을 그렸다)에서 게르하르트 리히터Gerhard Richter에 이르는 포토리얼리즘의 오랜 역사는 미술사학자들에게 넘기자. 여기서는 드가와 그의 어린 발레리나들이 명백히 보여주듯이, 사진이 회화의 새로운 모델로 부상하면서 형태 인식에 고착됐던 전통적 회화(상상계)가 완전히 순간적인 우연적 명암 분포와 완전히 비대칭적인 이미지의 단편(실재계)으로 대체됐음을 지적하는 것으로 충분하다.

그렇지만 차근차근 따져 보면, 첫 번째 선택지는 다른 화가들이 새로운 스타일을 도입한 화가에 비해 사진적 효과를 능숙하게 흉내 내지 못할 때까지만 유효하다는 문제가 있다. 그리하여 역사적으로 좀 더 성공적이었던 두 번째 선택지는, 예술적 미디어와 기술적 미디어를 실질적으로 독립분화시켜서 사진 촬영할 수 없는 것만 그리는 것이었다. 대상을 전혀 보여주지 않거나 화가의 행동 자체를 보여주는 회화가 대표적인 예다. 이 선택지가 소위 모더니즘 회화의 주류를 형성했으며, 역사적으로 일상생활에는 거의 아무런 영향도 끼치지 않았다는 것은 굳이 강조할 필요도 없으리라 본다.

일상생활에 관해서는, 석판인쇄 같은 단순한 미디어로 돌아가서 이 강의의 라이트모티프 중 하나인 '이미지의 정치'에 관해 다시 곱씹어 보는 편이 나을 것이다. 1800년에 낭만주의자 노발리스가 광학 기술적 미디어와 전혀 무관하게 이런 주장을 펼쳤다. 기존 절대주의 군주정, 특히 여기 베를린의 프로이센 군주정은 개혁을 통해 더욱 강력해져야 하며, 그러려면 우선 신민들의 "믿음과 사랑"을 얻어야 한다는 것이다. 그리하여 군주를 매혹적이고 무시무시한 광휘를 발산하는 고독한 지배자로 그렸던 바로크 양식의 초상화가 사라졌다. 프로이센에서는 고독한 '늙은 프리츠'[프리드리히 빌헬름 3세]의 그림 대신 왕이 루이제 왕비와 함께 다정하고 친밀한 부부로 묘사된 그림이 벽에 걸렸다. 당시에는 신민들도 '행복한 가족'으로 새롭게 조형되고 있었으므로, 역사상 처음으로 지배자와 피지배자의 그림이 일치하게 됐다.

플로베르는 화가, 미술상, 그리고 1848년 혁명을 다룬 소설 『감정교육 L'Éducation sentimentale』에서, 프로이센의 사례가 여러 나라를 물들였다고 극히 냉소적으로 이야기한다. 이는 이미지의 세계사에서 발견되는 또 하나의 아이러니일 것이다. 플로베르에 따르면, (다게르에게 종신 연금과 레지옹 도뇌르 훈장을 안겨준) 시민왕 루이 필리프는 자기 자신을 수백만 부르주아 가족의 일원으로 아주 소박하게 묘사한 석판화를 프랑스 전역에 유통했다.

> 그러고 나서 그들은 아르누 저택에서의 저녁 식사에 대해 이야기를 나누게 되었다.
> "그림 상인 말인가요?" 하고 세네칼이 물었다. {소설 속에서, 세네칼은 처음에는 열정적인 혁명 지지자였지만 나중에는 최악의 변절자가 된다.}
> "정말, 한심한 양반인데!"
> "그건 또 왜?" 펠르랭이 물었다.
> 세네칼이 대꾸했다.
> "정치적인 파렴치한 짓으로 돈을 버는 사람이니까요!"
> 그리고 그는 교훈적인 일에 몰두하는 왕가 전체를 표현한 유명한 석판화에 대해 말하기 시작했다. 그 석판화는 법전을 든 루이 필리프, 기도서를 들고 있는 왕비, 수를 놓는 공주, 칼을 찬 {젊은} 느무르 공작, 어린 동생들에게 지도를 보여 주는 주앵빌 씨의 모습을 그리고 있다. 그리고 그 뒤로는 두 칸 짜리 침대가 보인다. 선한 가문이라는 제목이 붙은 그 이미지는 부르주아들이 무척 애호하는 것이지만 애국자들에게는 비탄을 자아낸다는 것이다. (플로베르, 2010, p.110, 옮긴이 일부 수정)

이 평이한 텍스트를 따로 해석할 필요는 없어 보이지만, 그래도 두 가지만 언급하겠다. 첫째, 이 글은 끝없이 복제하고 인쇄할 수 있는 석판인쇄로의 전환이 일어나면서 이미지의 정치가 얼마나 효과적으로 기능하게 됐는지 보여준다. 둘째, 이 글은 미디어가 어떻게 역으로 그 재현 대상에 영향을 끼치는지 보여준다. 석판인쇄라는 매스미디어에서, 왕가는 모든 주권자적 속성을 벗고 프랑스 대중을 이루는 부르주아 가족들과 나란히 선다.

사진은 일종의 자동 석판인쇄 기술로서 이러한 추세를 더욱 강화했다. 독일에서 가장 작은 축에 드는 데사우의 궁정에서 초상 사진은 그 자체만으로 상당한 변화를 불러왔다. 초상화를 그릴 때면 제복과 장신구로 완전히 의관을 갖추던 귀족들이 카메라 앞에서는 부르주아의 소박한 검정색 정장을 입고 싶어 했던 것이다(Buddemeier, 1970, p.86). 부르주아 리얼리즘은 문학과 회화의 양식적 경향뿐만 아니라 일상의 양식까지 선도했다. 혹자는 여기서, 귀족을 은밀히 숭배하는 부르주아들이 귀족의 얼굴을 충분히 자주 보지 못하는 데서 생기는 결핍을 보충하기 위해 미디어가 필요했다고 추론할 수도 있을 것이다. 일례로, 〈씨씨Sissy〉[13] 같은 천진난만한 극영화를 생각해 보라. 또한 매클루언이 날카롭게 포착했듯이 1850년경 외알 안경이 유행했던 것도 사진과 연관돼 있었다. 귀족은 의관을 갖추고 초상화로 그려지는 대신 19세기의 간소한 검정색 정장을 입고 사진으로 촬영되는 것을 참고 견뎠지만, 그에 대한 복수로 일종의 안경을 썼다. 이 안경은 브로케스의 '액자식 시각'을 이루는 (손을 오므려 만드는) 카메라 옵스큐라보다 훨씬 더 폭력적으로

---

13) 〈씨씨〉는 동명의 오페레타를 영화화한 1936년 작품으로, 귀족 소녀 씨씨가 우여곡절 끝에 젊은 황제와 결혼한다는 내용이다.

작용해서, 외알 안경 착용자 앞에 선 다른 모든 것을 광학적 미디어 기술의 피사체로 환원시켰다. 에리히 폰 슈트로하임Erich von Stroheim 같은 배우들은 독일 귀족 관료의 이러한 계책을 할리우드로 수출 또는 매음했고, 그 결과 새로운 장르가 탄생했으니 그것이 바로 '나치 영화'다(매클루언, 2011, p.336).

하지만 진정한 부르주아화를 실행한 것은 부르주아 본인들이었다. 문학적 리얼리즘을 살펴보면, 사진이 (디드로의 소설 속 사마귀와는 또 다르게) 어떤 역할을 수행했는지 금세 알 수 있다. 새로운 부르주아 리얼리즘을 대중화하는 데 가장 크게 공헌한 소설가 발자크는 『인간 희극 La Comédie humaine』의 서문에서 '이 소설 전체가 당대 프랑스 사회의 다게레오타이프와 같다'고 썼다. 여기서 문학은 처음으로 기술적 미디어의 보증을 받았다. 과학의 세기에는 이런 일이 흔했다. 회화와 달리, 문학의 맥락에서는 미디어가 실질적 경쟁자라기보다 은유적 경쟁자에 가까웠기 때문에 이런 일이 좀 더 수월하게 일어났다.

하지만 은유적 모델로서의 사진은 글쓰기 방식에 실질적인 영향도 끼쳤다. 플로베르의 장대하고 암울한 작품인 『보바리 부인 Madame Bovary』을 보면 석고로 만든 성직자상이 반복해서 언급된다. 이 석고상은 대량 생산되는 정원 장식용 난쟁이상 비슷한 것으로 원래 보바리 부인의 정원에 놓여 있었다. 그것은 처음 움직일 때 약간 흠집이 생기고, 결국 부르주아식 결혼이 깨어질 때 같이 산산조각이 난다. 하지만 이 석고상은 플롯 상에서 아무 기능도 없다. 그것은 오로지 소설이 스스로 만들어낸 허구적 세계의 시각적 세부 요소를 하나도 망각하지 않음을 보여주는 장치다. 지난 세대의 괴테나 다른 고전주의 작가들은 그런 것을 망각하는 것이 거의 원칙이었지만, 리얼리스트 플로베르는 달랐다. 사진의 가호 아래, 문학은 더 이상 호프만의 고독한 낭만적 독자로 재탄생한 카메라 옵스큐라를 위해 내적 이미지를 생산하는 데 만족하지 않고, 훗날 아무 문제 없이 영화화될 수 있을 정도로 객관적이고 일관된 방식으로 광학적 라이트모티프들을 조립하기 시작했다.

그렇지만 리얼리즘 소설가들도 화가들과 마찬가지로 사진을 위협적으로 느낄 때가 있었다. 발자크는 자신의 소설 속 인물들을 다게레오타이프처럼 만들고 싶어 하면서도, (프랑스 최초이자 최고로 유명한 초상사진가였던 친구 나다르Nadar에게 말한 바에 따르면) 본인의 사진 촬영은 피하고 싶어 했다. 신비주의 경향이 있었던 발자크는 다게레오타이프의 상이 맺히는 과정을 전혀 다르게 설명했다. 그에 따르면 모든 인간은 양파 껍질 같은 여러 겹의 광학적 껍질로 구성되는데, 모든 사진은 최외각 껍질을 포획해서 저장하는 식으로 작용한다. 그러니까 사진을 촬영하는 것은 피사체에서 겉껍질을 벗겨 내는 것으로서, 다음 사진을 찍으면 그다음 껍질이 벗겨지고, 또 찍으면 또 벗겨지고, 그래서 종국에는 피사체가 사라지든가 아니면 육체를 잃은 유령으로 변한다는 것이다(Nadar, 1899 참조). 사진을 세계의 불가사의로 논하기도 했던 에드거 앨런 포는, 이러한 환상을 일반화해서 대상의 이미지를 뜨는 것 자체가 그 대상에 치명적이라고 암시했다(포, 2002, pp.91-4). 포의 소설 속에서, 한 화가가 아내의 초상을 그린다. 유화가 인간의 낯빛 또는 안색을 얻는 만큼 아내는 점점 더 창백해졌지만, 화가는 그 사실을 깨닫지 못한다. 회화는 앞서 상세하게 논했던 안료 변색의 악조건에 힘입어, 마치 사진처럼 인간에게 광화학적 영향을 끼친다. 결국 회화가 완성되는 바로 그 순간, 화가의 아내는 쓰러져 숨을 거둔다. 여기서 미디어 분석은 역사적 환상 또는 (위르겐 링크Jürgen Link 식으로 말해서) '집단적 상징Kollektivsymbole'이 얼마나 기술에 밀접하게 의존하는지 다시 한 번 강조할 수 있을 뿐이다. 발자크와 포가 사진에 대해 느끼는 두려움은 훗날 아른하임이 사진 이론에서 입증한 사실을 이미 암시하고 있다. 즉, 사진이 개발되면서 인간의 상상을 넘어서는 피사체의 물질성까지 복제할 수 있는 저장매체가 처음으로 등장했다는 것이다.

우리는 이러한 역사적 환상을 해명해서 소멸시키려고 애쓸 것이 아니라 오히려 환상을 그 자체로 인정해야 한다. 왜냐하면 소위 인간이라는 것, (푸코에 따르면) 1800년경 처음으로 전 분야에서 학문적 연구대상으로 발명됐다는 이 '인간'의 환상적 두려움이 명백히 또 다른 기술적 결과들을 일으켰기 때문이다. 첫째, 슈뢰퍼와 로베르송 때부터 매직 랜턴으로 생성되던 유령들이, 발자크의 환상 속에서 인간 최후의 모습으로 동일시되고 나서, 또 다른 최신식 미디어로 옮겨갔다. 오컬트는 1850년경에 특히 전신 시스템을 흉내 내는 것으로 처음 시작됐는데,[14] 이 방면의 인기 있는 여흥 거리 중 하나가 바로 심령사진을 이용한 유령 사냥이었다. 이것은 아무것도 보이지 않는 어둠 속에 카메라 셔터를 열어 두었다가 그 비非이미지를 현상해 보는 게임으로, 비가시적인 유령이 사진 필름상에 오롯이 물질화되기를 바라는 아른하임적인 소망에 의해 추동되었다. 이 프로세스의 성공률은 오늘날 우리가 상상하는 것보다 훨씬 더 높았다. 그러니까, 철학적 관념론의 정신Geist이 미디어 기술에 의해 무너지면서 역사에 유령Geister이 등장하게 되었다는 아도르노의 의견이 절반은 맞았던 셈이다. 내가 절반만 맞는다고 하는 것은, 아도르노가 키르허의 매직 랜턴 때부터 존재했던 반종교개혁의 유령들을 전혀 고려하지 않았기 때문이다.

그리고 두 번째 결과는 (이것이 결정적인데) 소위 심령사진을 통해

---

14) 심령술의 초기 사례로, 1848년 뉴욕 하이즈빌에 살던 폭스 자매Kate and Margaret Fox는 벽을 두드리는 똑딱거림을 통해 유령과 대화를 나눴다고 주장했다.

유령에게 자행된 일이 인간에게도 똑같이 발생할 수 있었다는 것이다. 샤미소Adelbert von Chamisso 의 소설 『페터 슐레밀의 이상한 이야기』Peter Schlemihls wundersame Geschichete 에서 불쌍한 슐레밀이 사악한 힘에게 그림자를 팔아치우고 곤경에 처했던 것처럼, 그와 비슷한 일이 실제로 벌어졌다. 기술의 발전으로 즉석 사진을 제작할 수 있게 되면서, 본인의 의지와 무관하게 (심지어 알지도 못한 채로) 촬영당하기가 그만큼 더 쉬워졌다. 그리고 늦어도 알퐁스 베르티용이 파리 경찰 감식국 국장으로 승진한 1880년에는 발자크의 악몽이 현실로 다가왔다. (여담이지만, 당시 베르티용의 형은 파리 통계국 국장이었다.) 베르티용은 인간이 노화나 의도적 위장으로 생김새가 바뀌더라도 평생 일정하게 변치 않는 가시적이고 계측 가능한 특성이 무엇인지 고민했다. 그가 찾은 답은 머리 길이와 너비, 가운뎃손가락 길이, 발길이, 팔뚝 길이, 새끼손가락 길이 등이었다. 경찰에서 이 모든 치수를 기입하고 인종, 흉터의 유무, 모반, 문신에 관한 꼼꼼한 묘사를 덧붙여 색인 카드 형태로 저장한다면, 관련자를 다른 사람과 착각할 확률은 거의 없었다. 그냥 11개 계측 값만 가지고도 177,147가지 서로 다른 조합이 나올 정도였으니 말이다.

통계학에 관해서는 이쯤 하고 사진으로 돌아가자. 문학적 리얼리즘의 시대에, 베르티용이 부정확할 수밖에 없는 언어적 묘사를 가능하면 사진으로 대체하려 했던 것은 당연한 처사였다. 그리하여 범죄자나 혐의자가 체포되면 즉각 두 장의 초상 사진(전면과 측면)을 촬영하는 절차가 도입됐다. 처음에는 사진 촬영 중에 범죄자가 직접 자기 얼굴 옆에 자를 들고 있도록 했다(Busch, 1995, p.316). 범죄자가 혁명적인 원原미터 사본을 손에 쥐고 자기 자신을 계측했던 셈이다. 아라고가 선포한 대로, 그는 새로운 기술의 계측 대상으로 변모했다. 아주 자발적으로 일어난 일은 아니었지만, 혁신은 혁신이었다. 아른하임의 위대한 정의에 따르면, 사진은 (범죄자든 아니든 언제나) 무언가 실재적인 것이 저장매체에 자신의 흔적을 남기는 것을 말한다. 다시 말해서, 당국은 더 이상 범죄자 자체에 흔적을 남길 필요가 없었다. 그것은 미학적 조건 아래서 부득이 시행했던 관행이었다. 베르티용은 역사적으로 텅 빈 백지에서 출발한 것이 아니라, 범죄자에 낙인을 찍는 기존의 미학적 관행을 대신해서 사진으로 범죄자 기록을 저장하는 방법을 도입했다. 유럽에서 범죄자에 낙인을 찍는 관행은 1831년까지, 그러니까 다게르가 사진을 발명하기 8년 전까지 계속됐다고 하지만, 새로운 저장 기술을 찾으려는 탐구는 이미 그 이전부터 시작됐다. 베르티용은 바로 이러한 탐구에 부응했다. 그의 범죄학은 옛 유럽 권력의 자의적 글쓰기를 대신해서 근대적 권력의 (훨씬 더 효율적인) 과학적 독해법을 도입했다. 당국의 입장에서 보면, 낙인찍기의 글쓰기는 몇 년 후 다시 읽었을 때 원래 새겨진 동어반복적인 정보만 제공할 뿐이었지만, 범죄자 사진 읽기는 수동적으로 보일지 몰라도 신민에 관한 일차적이고 새로운 정보를 제공했다. 디드로의 사마귀는 도저히 꾸며냈다고 믿기 힘들다는 점에서 리얼리즘적이었지만, 범죄자 사진은 신원 자체를 생산한다는 점에서 그보다 더 리얼리즘적이었다.

하지만 이걸로 충분하지 않다는 듯이, 베르티용은 소위 인간측정학Anthropométrie의 국제 표준을 확립해서 이 절차를 상습범뿐만 아니라 일반인에게도 적용했다. 마이어 백과사전을 인용하자면, "이것은 어떤 사람의 신원이 다른 사람으로 의심되는 경우 (법정에서 여권이나 지명수배서의 인상착의를 보고 신원을 확인할 때, 도망친 광인이나 사상자, 물에서 건진 시체를 식별할 때, 기타 등등) 사회적, 법적, 법의학적 측면에서 유용한 것으로 입증되었다." 어쨌든 범죄자 모델은 이미 우리의 모든 일상 속으로 들어왔다. 그리하여 사진 촬영과 인터뷰를 거부하는 토머스 핀천은 독자에게 이렇게 물을 수 있게 된다. "그것이 당신인가? 신분증에 박힌 범죄자 같은 그 얼굴이? 교수대의 칼날이 떨어지듯 정부의 카메라가 낚아챈 그 영혼이?"(Pynchon, 1973, p.134)

만프레드 프랑크Manfred Frank가 슐라이어마허Friedrich Schleiermacher와 사르트르를 멋대로 추종하면서 인간을 개별적 보편자individuelles Allgemeines로 찬미할 때, 의도한 바는 아니겠지만 그의 말은 정말로 옳았다. 글의 독점 아래서, 괴테는 개인이란 존재하지 않으며 오로지 다양한 유형들이 존재할 뿐이라고 설명할 수 있었다. 소설가들은 매직 랜턴으로 독자의 내면의 눈앞에 소설 주인공을 영사하려고 최선을 다했지만, 주인공이 실제로 어떻게 보이는지 아는 사람은 아무도 없었다. 헤겔의 통찰에 따르면 언어는 보편적인 것에 속하기 때문에, 언어적 묘사는 개별적인 것을 이미 언제나 보편적인 것으로 변화시킨다. 게오르그 뷔히너Georg Büchner는 이러한 문자 그대로의 '실체적 변화Transsubstantiation'[15]를 가장 뚜렷하게 보여주는 사례를 제공한다. 그는 1835년 헤센 경찰에게 쫓기던 씁쓸한 경험을 바탕으로, 자신의 희극『레온세와 레나Leonce and Lena』에 지명수배서에 관한 대목을 집어넣었다.

> 경찰 1: 신사 여러분, 우리는 어떤 사람, 어떤 신민, 어떤 개인, 어떤 인물, 어떤 범법자, 어떤 조사 대상자, 어떤 놈을 찾습니다. (다른 경찰에게) 저기 봐, 얼굴 붉어진 놈 없나?
> 경찰 2: 아무도 얼굴이 붉어지지 않았는데.
> 경찰 1: 그럼 다른 걸 시도해 봐야겠군. 지명수배서, 인상착의서, 증명서

---

[15] 원래 기독교 용어로 '성변화聖變化'라고도 하며, 성찬식 때 빵과 포도주가 외형은 그대로라도 실체적으로는 예수의 살과 피로 변한다는 뜻이다.

가 어디 있나? (경찰 2가 주머니에서 종이 한 장을 꺼내 그에게 건넨다.)
내가 읽을 동안 신민들을 잘 살피게. '이 사람은—'

경찰 2: 부질없네. 두 사람밖에 없는걸.

경찰 1: 멍청이! '이 사람은 두 발로 걷고, 두 팔이 달렸고, 입이 하나, 코가 하나, 눈이 둘, 귀가 둘 있다. 특징: 극도로 위험한 사람.'

경찰 2: 그건 저 둘에게 모두 들어맞네. 둘 다 체포할까?

(Büchner, 1967, I, p.139)

옛 유럽식 지명수배서의 우스꽝스러운 측면에 관해서는 여기까지 하고, 이제는 그 서글픈 측면을 살펴보자. 실제로 헤센 대공국이 1835년 6월 18일자 《프랑크푸르트 저널Frankfurter Journal》에 도망자 게오르크 뷔히너를 찾는다고 지명수배서를 게재한 적이 있는데, 그 내용이 고작 다음과 같았다.

지명수배서. 게오르크 뷔히너는 다름슈타트 출신의 의학도로서, 정부에 대한 반역 모의에 가담한 정황이 포착되어 법적 조사를 받기로 되어 있었으나, 조사를 피하기 위해 고국에서 도망쳤다. 이에 국내외 공공당국은 이 자를 체포하여 아래 기입된 곳으로 넘겨줄 것을 요청한다.

다름슈타트, 1835년 6월 13일. 헤센 대공국 상上헤센 지방 궁정재판소에서 치안판사로 임명된 궁정재판소 고문관 게오르기. 인상착의. 나이: 21세, 키: 6피트 9인치 (신규 헤센 도량법 기준), 머리색: 금발, 이마: 매우 아치형, 눈썹: 금발, 눈: 회색, 코: 날카로움, 입: 작음, 수염: 금발, 턱: 둥글다, 얼굴: 타원형, 안색: 맑음, 몸집: 단단하고 호리호리함, 특징: 근시.

(Büchner, 1985, p.92)

뷔히너가 문학 작품 안에서 교묘히 단순화한 지명수배서를 보면, 고도 절대주의 체제의 경찰 당국이 어떻게 그를 하나의 신민으로 발명했는지, 그러니까 어떻게 그를 모든 실제 신민들을 융합해서 만들어낸 '단일한 신민'으로 탈바꿈시켰는지 알 수 있다. 그것이 《프랑크푸르트 저널》처럼 경험주의적인 대중지에 실리면서 사태는 더욱 복잡해졌다. 뷔히너의 지명수배서가 실제로 헤센 대공국의 모든 신민들에 꼭 들어맞았던 것은 아니지만, 그것은 '건강한 금발의 학생'의 이상에 정확히 부합했으며 거기 묘사된 패턴과 일치하는 학생이 최소 수백 명은 됐다. 반면, 카를로 긴즈부르그Carlo Ginzburg가 말하는 근대 법의학은 이제 예술이 아니라 미디어의 도움을 받아서 작동한다. 그리고 법의학이 상관하는 것은 순전히 통계적 처리를 통해 식별되는 개인, (포의 유명한 「군중 속의 남자The Man in the Crowd」에서 잘 드러나듯이) 그 자체로 대중 속에서 낚아 올릴 수 있는 그런 개인이다.

그럼 이제 근대 법의학과 연관된 사진의 사례를 두 가지만 살펴보자. 첫 번째 사례는 허구적인 것이고, 두 번째 사례는 첫 번째 사례를 역사적으로 확증하는 것이다.

먼저 문학 작품에 나오는 허구적 사례는, 내가 게르하르트 플룸페Gerhard Plumpe의 『생명 없는 시선Der tote Blick』이라는 책에서 발견한 것이다. 이 책은 19세기에 이제 막 도입된 (당연히 수작업으로 제작된 그림을 염두에 두고 제정된) 이미지 관련 저작권법이 사진의 등장으로 얼마나 법적인 혼선에 휘말렸는지 약간 장황하게 보여준다. 미디어 기술보다 법적인 문제에 천착하기는 하지만, 『생명 없는 시선』은 우리가 감사히 여겨야 마땅할 몇 가지 관찰 내용을 담고 있다.

책 속에서, 플룸페는 고위 법무관이자 잊힌 시인인 아폴로니우스 폰 말티츠Apollonius von Maltitz의 1865년작 『사진과 보복Photographie und Vergeltung』

의 내용을 요약한다. "순회 사진사가 해수욕장에 도착하자 소란이 일어난다. 사진 촬영을 한 손님들이 자기 초상화가 완전히 얼토당토않다고 여기기 때문이다. '그러니까 내가 이렇게 생겼다고?' 한 젊은 여성이 탄식한다. '소름 끼치게 못생긴 정도가 아니야. 아니지, 사악해, 전과자 같아. {…} 이것이 불쌍한 우리 아버지, 축복받으실 우리 아버지가 가장 사랑한 아이라니! 나의 불쌍한 로돌프, 당신은 어쩜 이렇게 섬뜩한 얼굴을 보고도 사랑을 느낄 수 있었나요? 나를 이렇게 보는 이들은 모두 내가 공장주의 딸로 태어난 부유한 노처녀였는데 오로지 돈 덕분에 귀족과 결혼한 줄 알겠지.' 마찬가지로 사진 촬영을 한 이 여성의 어머니도 이렇게 진저리친다. '좋은 가문에서 태어나 교회에서 아름다운 이름을 얻고, 화가의 손으로 신격화되고 {…} 토르발센Bertel Thorvaldsen의 손으로 대리석 조각품이 됐던 내가 이제 협잡꾼의 손에 놀아나는구나.' 이런 식의 탄식이 한창 계속되던 중에, '미술을 좀 안다'는 어떤 사람이 초상화가 잘 만들어졌다고 인정하면서 혼란에 빠진 해수욕장 손님들의 분노가 극에 달한다. '조금이라도 닮은 데가 있습니까?' 누군가 이렇게 묻자 전문가가 답한다. '이상적이지는 않지만 완벽하군요. 닮은 것이 아니라 동일합니다!' 손님들의 감정이 너무 극심하게 고조되자 결국 해수욕장 의사가 어쩔 수 없이 사진사에게 영업 금지를 명한다. 그런데 우연히 이 사진사가 그곳에서 말썽을 일으키고 손님들의 주머니를 털려던 악당을 촬영하는 데 성공하면서 처음으로 이야기가 반전된다. 사진은 그 '리얼리티' 때문에 도둑을 체포하는 데 도움을 준다. 그리하여 사진은 명예를 회복하고, 해수욕장 손님들은 사진사의 뛰어난 '예술'에 찬사를 보낸다." (Plumpe, 1990, p.193)

여기까지가 『사진과 보복』이라는 희극에 관한 내용이다. 이 이야기는 평범한 시인도 훌륭한 법무관이자 탁월한 미디어 이론가가 될 수 있음을 보여준다. 한편에서, 사진이라는 미디어 기술은 조각가나 화가가 직분에 충실하게 모델을 "신격화"하면서 거듭 복제했던 "이상적"인 것 또는 상상적인 것을 파괴한다. 그 대신에, 사진은 지체 높은 귀족의 딸도 갑자기 "전과자"처럼 (또는 편견식으로 말해서 '교수대 위의 일그러진 얼굴'처럼) 보이게 하는 어떤 실재적인 것을 처음으로 시각화한다. (그러고 보면, 독일제국은 바로 이런 이유에서 1902년부터 모든 남녀에게 '자신의 이미지에 대한 권리'를 법적으로 부여하여 사진의 오남용에 대항했다.) 하지만 다른 한편에서, 바로 이 사진은 '정말로 교도소에 가둬야 할 사람을 식별해서 체포당하게 한다'는 전혀 새로운 역량을 입증한다. 그리고 마지막으로, 사진이 범죄학적으로 성공한 다음에야 비로소 옛 유럽에서 말하는 "예술"로 이름을 떨친다는 사실은 (여기서부터 나와 플룸페의 견해가 갈리는데) 사진의 예술성을 주장하는 말들이 실제로 사진의 전략적 기능을 은폐하고 있음을 입증한다.

그러므로 이제 새로운 미디어의 문화적 효과에 관한 재담을 마무리하는 시점에서, 사진이 허구적인 문학 작품 속에서만 법적인 보복을 성사시키고 찬양됐던 것은 아니라는 사실을 지적하고 싶다. 베르티용은 지명수배서 배포에 활용할 목적으로 급속 사진인화 프로세스를 채택해서 표준화했는데, 이 기술은 이미 1883년에 대도시 빈에서 "위험한 무정부주의자 슈텔마허Hermann Stellmacher"가 체포되는 데 크게 공헌했다(Eder, 1905, l, p.302). 여러분도 기억하겠지만, 니트로셀룰로오스로는 무정부주의자처럼 폭탄도 만들 수 있고 빈 경찰처럼 롤 필름도 만들 수 있다. 어느 쪽이든 간에, 개별적 보편자로서의 인간은 무정부주의의 폭격과 사진의 폭격을 맞고 산산이 폭발한다.

3.2 영화

3.2.1 서막

이제 부연설명 없이 영화의 전사로 직행하겠다. 드레이퍼가 처음에 초상 사진을 제작할 때는 모스 교수에게 삼십 분만 가만히 있으라고 지시하는 것으로 충분했고,[16] 베르티용이 인체를 측정할 때도 범죄자를 꽁꽁 묶어 놓는 것으로 충분했지만, 움직이는 이미지를 저장하려면 그런 걸로는 충분하지 않다. 대상이 움직일 때를 노려서 고정해야 하고, 그렇게 고정된 운동을 재생할 수 있어야 하기 때문이다. 이 두 가지 이유로, 나는 배에서 허드렛일을 하던 미국인 새뮤얼 콜트^{Samuel Colt}에 관한 이야기로 영화의 전사를 시작할 참이다. 그의 이야기는 실제로 조금 전설에 가깝고, 적어도 무기 기술의 역사에 관한 강의가 있다면 그때는 사실 관계를 정확히 교정해야겠지만, 우리 맥락에서는 그냥 전해지는 대로 이야기하는 것으로 충분하다. 1828년, 선박 잡일꾼이었던 한 소년이 동인도제도로 향하는 배를 탔다가 문득 기술적 영감을 얻었고, 그리하여 이 소년의 이름을 따서 '콜트'라고 불리게 되는 회전식 연발 권총이 탄생했다. 콜트 권총은 서부극에서 찬미의 대상이 되었는데 여기에는 그럴 만한 이유가 있었다. 그것은 한 사람이 다른 사람을 향해 여섯 발 쏘는 총이 아니라, 백인 한 명이 인디언 또는 멕시코인 여섯 명을 단번에 쏴 버리는 총이었기 때문이다. 그래서 콜트는 권총 공장 때문에 거의 도산 위기에 처했다가 1847년 미국-멕시코 전쟁이 터진 후에야 비로소 무기 제조업자로 성공했다.

군인들이 여전히 구식 라이플총으로 매번 1분씩 걸려서 총구에 탄

---

16) 확실하지는 않으나, 드레이퍼와 모스가 최초로 촬영한 초상 사진의 모델이 모스였다는 설이 있다.

약을 쑤셔 넣던 시절에, 콜트는 한 번에 여섯 개의 움직이는 표적을 향해 신속하게 연속 발포할 수 있도록 기술을 혁신했다. 뿐만 아니라, 그는 산업 생산 프로세스에도 근본적인 혁명을 불러일으켰다. 콜트 대령이 홍보 목적으로 즐겨 선보이던 한 가지 묘기가 있다. 탁자 위에서 콜트 여섯 대를 가장 작은 부품까지 낱낱이 해체해서 마구잡이로 뒤섞은 다음에, (이렇게 일부러 임의적 혼돈 상태 또는 '노이즈'를 도입했음에도 불구하고) 뒤섞인 부품들로 또다시 제대로 동작하는 콜트 여섯 대를 조립해서 방문객을 놀라게 하는 것이다. 이 방법은 루이 16세의 포병대에서 시작해서 (거의 망각됐지만 결코 중요하지 않다고 할 수는 없는) 1812년 미국-영국 전쟁을 거쳐 미 군수성에 이르는 복잡다단한 역사를 자랑한다. 여기서 그 역사를 다 살펴볼 필요는 없지만, 나는 다만 콜트가 부품의 교환 가능성에 입각한 산업적·연쇄적 대량생산 원리를 발명하지 않았다고 해도 그런 식으로 자사 상품을 홍보하는 데는 아무 문제도 없었으리라는 점만 지적하겠다. 발포의 시간적 연쇄와 장치 제작의 공간적 연쇄는 단일한 혁신의 양 측면으로서 똑같이 중요했다. 거의 같은 시기에, 나폴레옹의 대규모 육군과 거래했던 무기 제조업자들도 이와 유사한 표준화 작업에 매달렸다. 특히 영국의 컴퓨터 선구자 찰스 배비지 Charles Babbage는 나사 제작을 비롯한 정밀 기계 제작에 관심이 있었다. 그렇지만 알다시피 특히 미국에서는 콜트 방식이 지배적이었는데, 그 이유는 간단했다. 달리 불러 주는 데가 없었던 온갖 직종의 온갖 이민자들이 이 무제한적인 연쇄성의 땅으로 쏟아져 들어왔지만, 숙련 노동자와 군인만은 업무 조건이 훨씬 좋은 유럽을 떠나지 않았기 때문이다. 생각해 보라. 콜트 연발 권총의 대량 생산 기술은 숙련 노동자의 부족분을 벌충했고, 총기 기술은 군인의 부족분을 벌충했다.

그런데 이러한 양 측면은 영화에도 결정적이었다. 한편에서, 영화는 생산 프로세스의 연쇄성이라는 측면에서 사진과 뚜렷하게 구별된다. 영화의 경우, 송신자의 완제품(상자에 든 필름 릴)은 수신자 측에 동일한 표준을 따르는 영사기가 없으면 말 그대로 무용지물이다. 사진을 구입하는 사람은 카메라가 없어도 되지만, 영화를 구입하는 사람은 상영 공간과 상영 장치가 있어야 한다. 앞서 말했듯이, 섀넌의 채널 개념은 시대적으로도 사진보다 한참 이후에 등장했고 그 의미가 사진 기술에 잘 들어맞지도 않는다. 반면 영화는 사진에 비하면 채널 개념에 훨씬 가까이 다가와 있으며, 이는 영화가 사진보다 훨씬 고도의 산업적 조건을 요구한다는 것을 뜻한다. 상당수의 초기 영화 제작자가 정밀 기계 쪽 경력이 있는 것은 우연이 아니다(Faulstich, 1979, p.159).

다른 한편, 연발 권총의 연쇄적 발포는 자연스럽게 영화의 연쇄적 시간에 호응한다. 영화는 대상의 운동을 촬영하면서 그것을 낱낱이 분해하여 연쇄적 시간으로 변모시켜야 한다. 순수 수학적 관점에서는, 적어도 근대 초기에 아리스토텔레스의 운동 이론이 혁파된 다음부터는 이렇게 운동을 분해하는 데 아무 문제도 없었다. 앞서 언급했듯이, 이미 14세기에 니콜 오렘이 탄도를 단계별로 분해해서 종이에 그렸고, 특히 1690년경에는 라이프니츠가 포탄의 탄도를 계산하기 위해 미분법까지 개발했다. 미분법에서 dy/dt는 시간 t의 간격을 극소화했을 때 임의의 수학적 함숫값 y의 변화를 해석하는 것으로, t의 간격이 0에 수렴할 때 미분값은 해당 지점에서 함수 그래프의 탄젠트 값에 수렴하며, 이는 시간의 각 지점에서 해당 함숫값 자체가 얼마나 변화하는지 보여준다.

그렇지만 기술적 측면에서는, 〔정지와 운동 사이의〕 이 경계를 넘는다는 것이 원천적으로 불가능하다. 왜냐하면, 섀넌이 지적하듯이 〔대상의 움직임을〕 스캔하는 속도가 무제한으로 커질 수 없기 때문이다. 따라서 수학적으로 엄밀히 그런 경계를 넘으려고 할 것이 아니라, 시간의 단편을 얼마나 작게 잘라야 적어도 겉보기에 그런 경계를 넘은 것처럼 보일지 고민해야 한다. 찰스 배비지가 라이프니츠의 미분방정식을 기술적으로 실현 가능한 계차방정식으로 변환해서 첫 번째 원형적 컴퓨터를 만들던 바로 그때, 19세기의 미디어 기술은 생리적으로 지각 가능한 최소한의 차이보다 더 세밀한 수준에서 작동하는 기계로 탈바꿈하고 있었다. 하지만 바로 그 때문에, 기술적 질문이 갑자기 생리적 질문으로 전환되고, 기계를 만드는 일이 갑자기 인간의 감각을 측정하는 일로 바뀌었다.

이 새로운 감각 생리학에 관해 말하자면, 일단 19세기 이전에는 그런 과학적 구조를 상상조차 할 수 없었음을 지적하는 것으로 충분하리라 본다. 푸코식 역사서술의 영향을 받은 조너선 크래리Jonathan Crary의 탁월한 저작 『관찰자의 기술Techniques of the Observer』을 보면, 람베르트식으로 물리적 자연의 광학에서 생리적 신체의 광학으로 이행한 것이 과학의 진정한 패러다임 변환이었다는 과감한 가설이 제기된다. 이 가설을 입증하는 가장 유력한 증인은 다름 아닌 괴테다. 괴테의 색채론은 근본적으로 광학적 잔상 현상에 기반을 둔다. 누구나 1분 동안 빨간색을 보다가 눈을 감으면, 빨간색의 보색인 녹색이 감은 눈앞에 곧바로 나타난다. 괴테는 바로 여기서 (내가 강의의 맨 첫머리에 이미 언급했듯이) '눈은 태양과 같다'는 과감한 결론을 도출했다. 눈은 자체적인 창조적 활동을 바탕으로, 수동적으로 주어지는 모든 색상에 대해 그에 맞는 보색을 생성하며, 따라서 최종적인 색의 총합은 언제나 완전무결하다는 것이다.

크래리의 가설은 사진과 영화를 향해 길을 냈던 과학사의 많은 사건들을 하나의 탁월한 공통분모 상에 집결시킨다. 그렇지만 그의 작업에 경의를 표하는 뜻에서 두 가지 반론을 제기하겠다. 첫 번째 반론. 비단 크래리뿐만 아니라 요즘에는 전반적으로 신체의 문제를 너무 강조하는 경향이 있다. 어떤 학자들은 '신체'라는 말을 백 번 정도 쓰지 않으면 아무 말도 하지 않은 것이나 마찬가지라고 여기는 듯하다. 브루넬레스키부터 람베르트까지 한 시대를 풍미했던 기하학적 광학 모델이 19세기에 유물론적 모델로 대체된 것은 의심의 여지가 없다. 하지만 그렇다고 해서 빛의 유물론적 효과가 인간의 신체와 눈에만 작용한다는 말은 아니다. 앞에서 봤듯이, 이러한 패러다임 변환은 슐체가 발견한 은염의 광화학적 효과라든가, 특히 허셜과 리터가 각각 적외선과 자외선을 발견한 것에도 마찬가지로 잘 들어맞는다. 따라서 크래리가 생리학적 측면에만 논의를 국한하지 않고, 인간 신체뿐만 아니라 기술적 저장매체에도 작용할 수 있는 유물론적 효과 일반에 관해 말했다면, 그의 가설은 한층 정확해졌을 것이다.

두 번째 반론. 나는 크래리가 어떻게 괴테의 온화한 실험을 그 후계자의 훨씬 험악한 실험과 대등하게 놓을 수 있는지 이해할 수 없다. 괴테는 자신의 '온화한 경험주의'를 자랑했고 색채론을 위해 어떤 고통도 가하지 않았지만, 그의 후계자들은 자기 자신을 실험체로 사용해서 자신의 눈에 최초의 실질적인 생리적 실험을 자행했다. 이를테면, (19세기 식으로 말해서) '운동의 과학'에 크나큰 기여를 했던 베버 형제Brüder Weber는 이런 실험을 통해서 괴테가 말하는 눈의 '창조력' 가설이 거짓임을 입증했다. 그들은 자신의 눈에 그냥 기계적으로 충격을 가한 후에도 망막에 번쩍거리는 잔상이 생기는 것을 목격했다. 그것은 완전무결을 이루는 것이 아니라 그저 충격이 남긴 흔적일 뿐이었다(크래리, 2001).

라이프치히의 과학자 구스타프 테오도르 페히너Gustav Theodor Fechner는 심지어 베버 형제보다 더 심한 꼴을 당했다. 괴테의 잔상 이론을 최초로 실험을 통해 확증하려다가 그 대가를 톡톡히 치렀던 것이다. 페히너는 물리학자로서 잔상 효과의 양과 지속 시간을 정량적으로 알고 싶어 했다. 그래서 그는 3년 동안 관련 도서를 전부 탐구하고 태양을 응시하는 등 자신의 눈을 대조적인 양 극단에 노출한 끝에, 시력을 상실하고 정신병원에 가야 할 처지가 됐다(Lasswitz, 1910 참조). 이렇듯 19세기 감각 생리학은 오늘날처럼 그냥 실험용 토끼나 쥐를 훼손하는 데 그치지 않고 선구적인 연구자 본인을 파괴했다. 미디어는 언제나 악조건을 요구한다. 광학적 미디어가 요구한 것은 천연 안료의 결함과 연구자의 맹목성이었다. 계몽은 순수한 빛 그 자체여야 하므로, 디드로나 콩도르세Marquis de Condorcet 같은 계몽주의 철학자들은 오로지 타인의 맹목에 관한 이론만 세웠다. 반면 페히너는 인지 주체로서의 자신을 희생하고 눈을 잃는 등 순수한 의지력만으로는 거의 회복이 불가능한 손실을 겪었기 때문에, 모든 감각적 지각에 일반적으로 적용되는 수학적 공식, 소위 정신물리학Psychophysik의 기본 법칙을 확립할 수 있었다. 이 법칙에 따르면, 객관적 자극이 선형적으로 증가하면 주관적 감각은 로그함수 형태로 증가한다. 역으로 감각을 선형적으로 증가시키려면 자극을 지수함수 형태로 증가시켜야 한다. 이를 페히너의 비극적 경우에 대입하자면, 태양이 네 배로 밝게 빛나야만 눈이 두 배로 멀게 된다. 페히너가 이처럼 낙관적이고 반박의 여지가 있는 저항력 가설을 바탕으로 자신의 눈을 얼마나 많은 태양 에너지에 노출했을지, 여러분도 충분히 상상이 갈 것이다.

그렇지만 영화의 생리학이라는 측면에서는, 페히너와 그의 정신물리학 법칙보다는 이제 우리가 만나게 될 또 다른 맹인이 더 중요하다. 페히너는 지각의 과정과 특히 자극역刺戟閾[17]을 정량적으로 밝히려는 연구 경향의 한 가지 사례일 뿐이다. 눈이 영화적 운동의 외견상 연속성

---

17) 자극역은 생체에 반응을 일으키는 최소한의 자극 수준을 말한다.

을 믿을 수 있으려면, 영사된 이미지가 충분히 빠르게 깜빡여야만 (그래서 개별 프레임들이 정해진 시간적 역치보다 더 낮은 수준에서 연쇄적으로 움직여야만) 한다. 그러면 소위 양성 잔상이 작용한다. 양성 잔상은 괴테가 찬미했던 음성 잔상과 반대로, 아까 본 대상이 이미 사라지거나 치워졌는데도 순간적으로 같은 자리에 계속 보이는 현상을 말한다. 이것은 신경섬유의 자극이 가라앉는 데 시간이 걸리기 때문에 발생하는 현상이라서, 음성 잔상처럼 보색으로 나타나는 것이 아니라 원색 그대로 나타난다. 이미 1750년경에는 양성 잔상이 1/8초 정도 지속되기 때문에 그보다 빠른 운동은 눈이 분간하지 못한다는 사실이 밝혀졌다. (프톨레마이오스 Claudius Ptolemaeos 의 『광학 Optica』에서 이미 잔상 효과가 거론되었다고 하니까, 어쩌면 그때는 '재발견'된 것일 수도 있다.) 하지만 연구자들이 이 효과를 활용해서 환영을 유발하는 작은 장난감 장치들을 만들기 시작한 것은 19세기부터였다. 이를테면, 적외선을 발견한 바로 그 천문학자의 아들인 존 허셜 John Herschel 경은 1824년에 동전을 빨리 돌려서 앞뒷면의 숫자와 그림이 동시에 한 이미지로 떠오르게 하는 눈속임을 선보였다(Zglinicki, 1979, p.109).

하지만 잔상 효과만으로는 영화를 구현할 수 없다. 프레임 전환 속도를 높이면 깜빡거림이 점차 약화되며 프레임 융합 속도에 이르면 깜빡거림이 완전히 억제된다는 점에서, 잔상 효과는 영화의 환영을 뒷받침하는 한 가지 요인이 된다. 하지만 하나의 동일한 대상이 프레임 A의 한 장소에 있다가 프레임 B의 또 다른 장소로 움직이는 듯한 환영을 생성하려면 또 다른 광학적 효과가 필요한데, 그것이 바로 스트로보스코프 stroboscope 효과다. 이제는 이 효과의 효용에 관해 길게 설명할 필요가 없는 시대가 됐다. 웬만한 디스코텍은 전부 스트로보스코프 조명이 설치돼 있어서, 춤추는 사람의 움직임을 영화로 촬영하지 않고도 영화처럼 낱낱이 분해해서 보여주기 때문이다. 이렇듯 20세기에는 영화적 효과가 일상생활로 재진입하기에 이르렀다. 하지만 19세기에는 먼저 스트로보스코프 효과를 발견해서 영화의 가능성을 열어야 했다.

여기서 정말 유쾌한 일은, 스트로보스코프 효과를 발견한 사람들 중 하나가 다름 아닌 위대한 물리학자 마이클 패러데이Michael Faraday라는 사실이다. 나중에 극장 조명의 천재로 또 등장할 이 인물은 1831년 전자기 유도 현상을 발견한 장본인이기도 하다. 전자기 유도는 자기장에서 전기 회로를 회전시키면 전압이 생성되는 현상으로서, 교류 전기 생산의 기본 원리를 제공한다. 패러데이가 광학 분야에서 발견한 효과는 광학적 미디어가 언젠가 영화나 TV처럼 전기화될 가능성을 준비했다는 점에서 전자기 유도와도 연관되는 점이 있다. 그리고 윤전기나 연발 권총에 뒤이어 이번에도 회전 운동이 결정적인 역할을 담당하는데, 이러한 기세는 두루마리 형태의 롤 필름에 이르러 절정에 달하게 될 것이다. 패러데이는 전자기학의 핵심적 발견 이후 회전 운동에 주목하게 됐다. 전해지는 말에 따르면, 그는 광산에서 이상하게 보이는 톱니바퀴 두 개를 발견했다고 한다. 그것들은 분명히 움직이고 있었지만, 속도와 잔상 효과 때문에 정상적인 상태에서는 그 움직임이 더 이상 지각되지 않았다. "하지만 그 광경을 자세히 들여다보니, 톱니바퀴 하나가 반대편으로 돌아가는 다른 톱니바퀴 위를 덮고 있어서, 한 방향으로 일정하게 돌아가는 사슬톱니의 모습이 어렴풋이 보였다."(Zglinicki, 1979, p.114) 패러데이는 이러한 관찰을 바탕으로 별도의 톱니바퀴 장치를 만들어서 실험한 끝에, 주기적 이미지를 주기적으로 분절하면 환영이 발생한다는 새로운 광학 법칙을 수립했다. 이를테면 앞쪽 톱니바퀴가 뒤쪽 톱니바퀴에 달린 낱낱의 톱니들을 보여줬다가 가리기를 반복하는 경우, 우리의 눈은 프레임 1의 톱니 A, 프레임 2의 톱니 B, 프레임 3의 톱니 C 등

등을 모두 같은 톱니로 착각한다. 그래서 가상적 운동이 출현하며, 회전 주기나 속도가 딱 맞아떨어지면 가상적 정지 상태가 나타나기도 한다. 전기 기술자들이나 섀넌 같은 정보 이론가라면, 이를 보고 '샘플링 주파수와 샘플링 대상의 주파수가 간섭해서 앨리어싱 효과 aliasing effect 를 산출한다'고 말할 것이다. (그러고 보면 앨리어싱 효과를 브레히트식 '낯설게 하기' 효과의 영미권 버전이라고 생각할 수도 있겠다.) 샘플링 주파수가 샘플링 대상의 주파수보다 최소 두 배 이상 크지 않으면 상호 간섭으로 앨리어싱 효과가 발생할 수 있다. 그래서 이를테면 디지털 포맷으로 음향을 녹음하고 CD로 재생할 때는 섀넌의 샘플링 법칙에 어긋나지 않도록 정교한 필터들이 사용된다. 그렇지만 영화 쪽에서는 스트로보스코프 효과가 문제 요소가 아니라 필수 요소이며, 이는 (나중에 다룰 내용을 조금 앞질러 가자면) 영화와 전자 음향의 차이, 상상적인 것과 실재적인 것의 차이를 낱낱이 보여준다. 물론 영화에서 스트로보스코프 효과가 눈에 거슬리고 영화 감상을 방해하는 경우도 없지는 않다. 애초에 스트로보스코프 효과에 의존하는 영화 속에서 스트로보스코프 효과가 또 발생하면 문제가 된다. 여러분도 한 번쯤 봤을 텐데, 이를테면 초당 24프레임으로 재생되는 서부 영화에서 미국 개척 시대의 명물인 짐마차가 특정 주파수대로 움직이면 바퀴살이 정지하거나 심지어 뒤로 가는 것처럼 나타난다.

패러데이에 관해서는 여기까지 하자. 그는 주파수의 기본 이론에만 관심이 있었지 그것을 미디어 기술로 응용할 생각은 안 했던 모양이다. 이 물리학자는 톱니바퀴의 톱니와 슬릿만 썼을 뿐, 이미지를 이용한 스트로보스코프 효과 실험은 시도해 보지 않았다. 영화에 도달하는 데 작지만 결정적인 한 걸음을 더 내딛지 않은 것이다. 그런데 그 무렵, 벨기에 헨트대학교의 실험 물리학 및 천문학 교수 조제프 플라토 Joseph

Plateau도 패러데이와 별도로 광학적 눈속임을 연구하고 있었다. 그리고 그가 1832년에 단계별로 조금씩 움직여 원 상태로 돌아오는 무용수 그림 16장을 장착한 스트로보스코프 장치를 구상했다.

장치는 원반 모양이었는데, 원반 가장자리에 이미지 16장이 있고 그 사이로 슬릿 16개가 있었다. 관람객이 거울 앞에 원반을 놓고 어느 한 슬릿에 눈을 갖다 댄 채 원반을 회전시키면, 발끝으로 선 무용수가 끝없이 빙글빙글 도는 모습이 눈앞에 나타났다. 석기시대 이래 모든 재현적 예술의 관람 조건이었던 제로 주파수를 원하는 만큼 높은 주파수대로 변조할 수 있는 기술적 방법을 역사상 최초로 개발한 것이다.[18] 플라토는 여기에 너무 매료됐던지, 광학적 실험에만 매달린 끝에 시력을 잃었다. 먼 동료였던 페히너는 그래도 시력을 조금 회복했었지만 그의 시력 상실은 영구적이었다.

플라토가 이렇게 큰 희생을 치렀던 것만 봐도, 소위 '활동 원반'으로도 불리던 이러한 스트로보스코프식 원반의 발명이 얼마나 결정적인 진보였는지 충분히 가늠할 수 있을 것이다. 아타나시우스 키르허의 스미크로스코프가 '십자가의 길'을 이루는 14개의 이미지를 차례로 보여 줬던 것을 생각해 보면, 플라토가 만든 장치는 그림 속 무용수의 단계별 모습을 보여준다는 점에서 확실히 새로웠다. '십자가의 길'은 기본적으로 14장의 서로 다른 이미지로 구성됐다. 하나는 올리브산, 하나는 빌라도, 하나는 골고다, 이렇게 성聖금요일 전날 밤에서 저 유명한 제6시에 이르는 각각의 장면들이 모여서 '십자가의 길'을 이뤘다.[19] 반면 무용

---

18) 원래 플라토는 이 장치를 '페나키스티스코프phénakistiscope'라고 명명했다. 이런 류의 장치는 유럽 각지에서 크게 유행했고 '마술 원반disques magiques', '활동 원반Lebensrad', '판타스코프fantascope' 등 다양한 이름으로 통했다. 여기서는 문맥에 맞게 '스트로보스코프식 원반'으로 통일한다.
19) 성금요일은 예수가 십자가에 매달린 날을 말한다. 이날 히브리 시간으로 제6시, 즉 정오에 해가 빛을 잃었다고 성경에 전한다.

수의 그림 16장은 동일한 대상의 스냅 샷이었는데, 당시는 다게르가 사진 촬영 시간을 2~3분대로 단축할 수 있게 되려면 아직 7년이나 남은 때였다. 독실한 예수회 성직자였던 키르허가 '십자가의 길'을 끝없이 빙빙 도는 춤으로 상연했다고 상상해 보라. 이렇게 가상적 회전 운동을 구현했다는 것만으로도, 플라토는 소리를 기록하기 위해 애쓰던 당대의 모든 음향학 연구자들에게 중대한 의미를 지니게 된다. 1830년부터 1880년까지 베버에서 에디슨에 이르는 수많은 사람들이 마치 즉석 사진처럼 아날로그 방식으로 소리를 (특히 음성을) 즉석 기록하기 위해 실험을 거듭했다. 결국 1877년 에디슨이 포노그래프를 발명한 것은 바로 이런 흐름의 연장선에 있었다.

하지만 다른 한편으로, 우리는 여기서 플라토의 생전에는 영화가 아직 기술적으로 구현될 수 없었음을 알 수 있다. 이유는 간단하다. 스트로보스코프 장치로 빠른 회전 속도를 구현할 수 있었던 데 반해, 즉석 사진은 기술적으로 아직 극히 뒤처진 상태였기 때문이다. 그래서 처음에는 스트로보스코프 효과를 이용한 과학적 장치와 장난감만 등장했다. 먼저 크리스티안 도플러Christian Doppler가 제안한 과학적 장치를 보자. 소위 '도플러 효과'의 발견자로 잘 알려진 이 과학자는, 너무 빨라서 광학적으로 지각할 수 없는 운동을 분석하기 위해 스트로보스코프식 원반을 체계적으로 역전시켰다. 이미지와 슬릿으로 주기적 운동을 출현시키는 것이 아니라, 광원 자체를 이를테면 고주파 전기 스파크로 대체하는 것이다(Zglinicki, 1979, p.120). 바로 그것이 디스코텍에 설치된 (아마도 우리의 지각 속도를 타고난 생리적 한계에도 불구하고 기술적 전쟁의 극단적인 요구치에 맞추어 훈련시킬 목적으로 설치된) 깜빡이 조명이다.

스트로보스코프를 이용한 장난감 개발 역시 이와 유사한 군국주의적 방식으로 전개됐다. 기억하겠지만, 라이프니츠가 미분법이라는 놀라운 계산법을 개발한 것은 포탄의 탄도를 계산하기 위해서였다. 그리고 1811년, 당시는 아직 '오스트리아 제국'이라는 이름으로 알려져 있던 지역에 프란츠 폰 우하티우스라는 사람이 태어났다. 1829년, 우하티우스는 자원해서 제2 야전 포병대에 견습 부사수로 들어갔다. 1837년, 그는 포병 학교의 교육 과정을 이수하고 총포 기술병으로 임명되어 생도들에게 물리화학을 가르치는 일도 맡게 됐다. 1841년, 그는 적어도 오스트리아 포병대 최초로 포탄 제조에 관한 획기적 연구를 시작해서, '스틸브론즈'라는 새로운 합금과 앞서 언급한 (구식 롤 필름과 화학적으로 밀접하게 연관됐다는) 우하티우스 화약을 발명했다. 프란츠 요제프 황제는 이 공을 치하하여 우하티우스를 육군 원수 부관으로 진급시켰고, 당시 규정상 이렇게 높은 직위를 주려면 다른 방도가 없었기 때문에 남작의 지위도 함께 주었다. 이렇듯 오스트리아-헝가리 제국은 군주정의 존립 근거인 상징적 질서는 철저히 관리했다. 하지만 기술적 실재의 차원은 관심 밖의 문제였다. 남南티롤 출신의 미터호퍼Peter Mitterhofer라는 사람이 길고 지루한 도보 여행 끝에 직접 만든 (우리가 아는 한 최초의) 목재 타자기를 같은 황제에게 선보인 적이 있었는데, 그는 개인적으로 상금을 하사받았지만 타자기가 대량 생산되는 것을 보지는 못했다. 우하티우스의 경우, 상황은 이와 흡사하거나 심지어 더 나빴다. 제국군에 우하티우스 대포를 도입하는 데 관료들의 저항이 계속됐고, 포병이자 육군 원수 부관이었던 우하티우스는 결국 자기 자신을 표적으로 삼았다. 그는 1881년 6월 4일 머리에 총을 쏘아 자살했다(Zglinicki, 1979, pp.130-5).

장송곡을 뒤로 하고 다시 영화사로 돌아가자. 육군 원수 부관 프란츠 폰 우하티우스는, 자기 머리에 총을 겨누기 전에 모든 생도와 사관 후보생들에게 발포의 원리를 가르치는 데 매진했던 모양이다. 그리고 플라톤가 새롭게 찾아낸 스트로보스코프식 원반은 여기에 딱 맞는 교육 도구였다. 그런데 이 장치는 (나중에 등장하는 에디슨의 키네토스코프처럼) 결정적인 약점이 있었다. 그것은 관람용 슬릿으로 한 번에 한 사람만 볼 수 있어서 아직 '매스미디어'로 기능할 수 없었다. 그래서 우하티우스는 얼마 안 되는 자유 시간을 할애하여, 최초로 스트로보스코프식 원반을 구식 매직 랜턴과 조합해서 무기 기술을 주제로 강의할 때 사용했다. 그랬더니, 보라. 이제 모든 생도들이 강의실 벽면에 영사된 우하티우스의 탄도 그림을 다 함께 볼 수 있었다. 여기서 매직 랜턴은 더 이상 슈뢰퍼식으로 연막에 가상적 운동을 생성하는 데 그치지 않고 훗날의 초기 영화와 훨씬 비슷하게 바뀌었다. 크랭크가 돌아가면 단계별 프레임이 고정된 광원 앞에 불려 나와 실제로 춤을 추었다. 그러니 장터를 도는 유랑 극단이 우하티우스의 장치를 구입해서 무기를 다시 돈으로 바꾸는 마법을 부렸다 해도 전혀 놀랄 일이 아니었다(Zglinicki, 1979, p.133).

하지만 여기서 흥미로운 것은 이러한 반복이 아니라, 촬영 장비, 저장매체, 영사 장치 같은 영화의 기술적 요소들이 단계적으로 아주 천천히 하나로 조합됐다는 사실이다. 기술적 미디어는 결코 천재적 개인의 발명품이 아니다. 오히려 그것은 때때로 합심해서 뭉치고 때때로 (스탕달Stendhal적인 의미에서) 자연스레 '결정화'하는 아상블라주의 연쇄로 나타난다.[20] 우하티우스가 스트로보스코프식 원반과 매직 랜턴을 조합한 후, 마지막 남은 요소는 탈보트가 자동화한 카메라 옵스큐라였다. 하지만 카메라 옵스큐라를 영화라는 커뮤니케이션 시스템에 통합하려면,

---

20) 스탕달은 사랑에 빠지면서 상대방을 이상화하게 되는 것을 암염 광산의 나뭇가지에 소금 결정이 달라붙는 것에 비유한다.

노출 시간이 너무 길다든가 하는 기술적 장애뿐만 아니라 예술의 시대에 형성된 전통주의의 저항을 극복해야 했다. 실제로 이러한 실험이 시도되던 바로 그 무렵에, 제네바의 로돌페 퇴퍼Rodolphe Töpffer나 괴팅겐 근교의 빌헬름 부시Wilhelm Busch 같은 도안가들은 새로 등장한 단계별 드로잉을 잽싸게 또 다른 예술 형식으로 만들었다. 요컨대 그들은 만화를 발명했고, 이것이 나중에 애니메이션으로 발전했다. 하지만 이렇게 눈과 손을 훈련해서 운동을 단계별로 분해하는 법을 배웠기 때문에, 19세기 화가들은 새로운 예술을 포기하고 기술적 미디어를 도입하지 않으려 했다. 1888년 12월 1일, 에밀 레노Emile Reynaud라는 사람이 프락시노스코프praxinoscope라는 영사기로 프랑스 특허 194,482번을 취득했다. 그 이름이 이미 시사하는 바,[21] 이 장치는 연속적으로 구멍이 뚫린 유연성 있는 띠에 레노가 애니메이션 형태로 그린 움직이는 이야기를 영사했다. 전반적으로, 특히 영상과 음악의 완벽한 동기화를 보장하는 구멍과 걸쇠 장치의 상호 작용 면에서, 이 장치는 에디슨의 키네토스코프를 거의 예견하고 있었다. 그렇지만 레노는 죽을 때까지 자신의 '예술적' 드로잉을 사진으로 대체하지 않겠다고 고집했다(Zglinicki, 1979, p.136). 원천 가까이 있으면 그 곳을 떠나기 어렵다는 횔덜린의 말은 참으로 옳았다. 유럽의 전통에 따르자면, 도대체 무엇이 예술보다 원천에 더 가깝겠는가?

3.2.2 실현

그래서 마지막 단계는 19세기에 유럽을 떠난 미국 이민자들의 몫으로 남았다. 그중에 킹스턴어폰템스 출신의 에드워드 머거릿지Edward Muggeridge라는 사람이 있었는데, 그는 앵글로색슨 혈통의 자부심 때문

---

21) '프락시노스코프'는 직역하면 '활동을praxino' '보는 장치scope'라는 뜻이다.

이었는지 미국적인 홍보욕 때문이었는지 스스로 '에드워드 머이브리지 Eadweard Muybridge'라는 선사시대 풍의 낯선 이름으로 고쳤다. 바로 이 사람이 즉석 사진, 매직 랜턴, 스트로보스코프식 원반 등 영화의 요소들을 최초로 전부 조합해서 1879년 '주프락시스코프 zoopraxiscope'를 개발했다. 머이브리지의 주프락시스코프는 이름 그대로 '생명 활동'을 보여줬다 (Zglinicki, 1979, p.175).[22]

여기서 '생명'이라는 키워드도 나왔으니, 이참에 여태까지의 물리학적 세계상은 접어 두고 19세기 동물학을 잠깐 살펴봤으면 좋겠다. 그렇지만 지금 우리는 영화의 역사만큼이나 머이브리지의 위업을 파악하기 딱 좋은 위치에 와 있다. 이제는 앞에서 언급된 요소들을 전부 합치기만 하면 된다. 콜트의 연발 권총, 다게르의 사진, 베버의 음향 실험, 이 모든 요소가 다시 한 번 등장할 차례다.

맨 처음에는 음향학이 추진력을 제공했다. 인간 음성의 주파수를 기록하는 실험은 에디슨이 나타나기 훨씬 전부터 시행됐지만, 이 음성을 또 다른 시공간에서 재생할 생각을 한 것은 에디슨이 처음이었다. 기록 방법은 간단했다. 집음기로 음성을 보내면 맞은 편 끝의 진동판으로 진동이 전해졌다. 이 진동판 반대편에는 돼지 털이 한 올 달려 있었는데, 이것이 최종적으로 소리의 주파수를 그을음 묻은 유리판에 기록했다. 물론 이때는 실험자가 돼지 털에 면한 유리판을 적절한 속도로 밀어줘야 했다. 이렇게 간단한 방법으로, 이를테면 버나드 쇼 George Bernard Shaw 의 『피그말리온 Pygmalion』과 뮤지컬 〈마이 페어 레이디 My Fair Lady〉에서 히긴스 교수로 그려진 바로 그 영국인 음성학자의 목소리가 오늘날까지 영구 보존되고 있다. 처음으로, 특정 문자들을 조합해서 상징의 연쇄를 구

---

22) '주프락시스코프'는 직역하면 '생명의 활동을 zoopraxi' 보는 장치 scope'라는 뜻이다.

성하는 글쓰기가 아니라 기술적인 저장의 미디어가 살아 있는 인간의 생리 작용과 결합한 것이다.

3.2.2.1 마레와 머이브리지

당시 '가시적 발화visible speech'라고도 불리던 이 같은 음성 기록은 유럽 생리학자들 사이에서 큰 관심을 끌었다. 프랑스에서도 파리 콜레주 드 프랑스의 박물학 교수 에티엔-쥘 마레Étienne-Jules Marey가 그런 기록 장치를 제작하는 데 열중했다. (여담이지만, 그가 차지한 박물학 교수 자리는 에밀 졸라Émile Zola의 자연주의에 근간을 제공했던 위대한 생리학자 클로드 베르나르Claude Bernard가 만든 것이었다.) 의사들은 마치 메피스토처럼 마레에게 접근해서 환자의 맥박을, 특히 여성의 사랑스러운 맥박을 기록하는 장치를 만들라고 강력하게 권했다. 마레가 의사의 손을 그런 장치로 대체한다는 생각을 하기 전까지는 어떤 의사도 그런 즐거움을 맛볼 수 없었기 때문이었다. 그리하여 콜레주 드 프랑스에 새로운 장치가 속속 등장했다. 심장 기록기, 맥파 기록기, 심지어 동물의 사지 말단부에 연결해서 움직임을 기록하는 장치도 나왔다. 하지만 이런 장치들은 사진 촬영용 카메라와 전혀 닮지 않았으며, 오히려 일정하게 움직이는 종이 롤과 연필을 사용한다는 점에서 '가시적 발화'와 훨씬 유사했다.

그런데 아주 우연히, 마레는 말을 좋아하는 프랑스의 한 육군 대위를 알게 됐다. 그는 교수의 계측 값을 전통적 예술로 변환해서, 말의 네 다리를 측정한 값을 그래픽적으로 재구성했다. 그랬더니 믿을 수 없는 사실이 밝혀졌다. 말이 달릴 때 순간적으로 발 하나만 땅에 닿을 때가 있다는 것이다. 특히 앵글로색슨 지역에서는 말과 기수를 그린 수채화가 수없이 많았지만, 다리 위치가 그렇게 그려진 것은 하나도 없었다.

영화가 인도에서 발명되었고, 그래서 문제의 다리가 말의 것이 아니라 카마수트라의 규칙을 따르는 남녀의 것이었으면 어땠을지 잠시 상상해 보라…….

그렇지만 이야기는 청교도의 땅 아메리카에서 계속된다. 릴랜드 스탠퍼드 시니어Leland Stanford Sr.는 이 땅에서 퍼시픽 철도 건설로 백만장자가 됐고, 덕분에 로널드 레이건보다 한참 전에 캘리포니아 주지사가 됐다. 스탠퍼드는 속보말 사육장을 직접 운영하는 말 애호가로서, 말 다리의 계측치를 봤지만 마레의 연구 결과를 믿을 수가 없었다. 그냥 추측일 뿐이지만, 아직 영화를 보지 못한 사람들의 무의식 속에 수채화로 그려진 말 다리가 너무 깊숙이 박혀 있었던 모양이다. 하지만 믿음이 부족한 아메리카에는 돈과 실험이 있었다. 스탠퍼드는 풍경 사진가 머이브리지를 불러서 말 다리 문제를 해결할 수 있는 증거 사진 제작을 맡기기로 했다.

그리하여 머이브리지는 캘리포니아의 황무지를 캘리포니아의 문명과 교환했다. 그리고 그가 풍경 사진의 형태로 불멸화했던 요세미티 계곡의 영속성을 전기 통신의 0.001초 단위와 교환했다.[23] 스탠퍼드의 속보말 사육장은 팔로알토의 사설 목장 구내에 있었는데, 오늘날 전자공학 방면에서 높은 명성을 자랑하는 릴랜드스탠퍼드주니어대학교가 바로 이 부지에 지어진 것이다. 머이브리지는 백색으로 칠한 벽을 세우고 그 앞에 짧은 경주용 트랙을 깐 후, 다시 그 앞에 즉석카메라 12대를 전선으로 상호 연결해서 일렬로 설치했다. 머이브리지는 계전기를 써서 카메라 12대가 0.04초 간격으로 셔터가 눌러지도록 했는데, 이때 셔터속도는 0.001초밖에 되지 않았다 (이때 사용된 계전기는 샌프란시스코 텔레그래프 서플라이San Francisco Telegraph Supply 사라는 또 다른 미디어 관련 기

---

23) 머이브리지는 미국 이민 후 별로 빛을 보지 못하다가 요세미티 계곡의 풍경 사진으로 처음 이름을 알렸다.

업에서 공급됐다.) 이제 말을 달리게 하고 그 트랙을 따라 사진을 촬영하기만 하면 됐다. 그리고 스탠퍼드 주지사는 말이 달리는 동안 말굽 하나만 땅에 닿은 바로 그 순간의 흑백사진을 얻었다.

보다시피, 머이브리지의 실험은 스트로보스코프식 원반 실험과 전혀 달랐다. 그것은 실험자가 원하는 만큼, 경주용 트랙이 허용하는 만큼 계속해서 운동을 기록했다. 플라톤에서 마레에 이르는 회전식 저장매체는 반복과 주기로, 다시 말해 무용과 시詩로 한정됐던 반면, 이제 산문 형식의 과학 실험이 등장하고, 앞으로는 산문적인 오락매체도 등장할 터였다. 알다시피, (예전에는 무용과 동일시되던) 시에서는 모든 것이 마치 스트로보스코프식 원반처럼 한 바퀴 돌아서 제자리로 돌아와야 한다. 반면 소설에서는 언제나 예측할 수 없는 우발적 미래가 나타나며, 이를 중단시킬 수 있는 것 역시 우발적인 단절뿐이다. 그렇다면, 소위 근대적 삶은 전적으로 19세기의 미디어 기술에 의존하는 셈이다.

머이브리지가 마레의 실험을 경험적으로 확증한 것은 1878년의 일이었다. 그로부터 5년 후, 머이브리지식 즉석 사진 기술은 육군 원수 부관 폰 우하티우스가 품었던 포병 교육의 꿈도 완전히 실현시켰다. 물리학자 에른스트 마흐가 즉석카메라의 셔터와 연결된 전선을 유리관 안에 넣고 봉해서 발사시킨 것이다. 이렇게 해서, 스트로보스코프식 원반에 그린 그림이 아니라 진짜 총알이 상자 속으로 들어가면서 공기 중에 파동을 일으키는 장면을 담은 속도의 사진 기록이 생산됐다. 별로 놀랄 일도 아니지만, 마흐는 정반대의 기록 형식, 즉 한없이 느린 운동을 분석하기 위한 저속도촬영 영화를 처음 홍보한 장본인이기도 했다(Eder, 1905, ll, p.730).

내 광학적 메모리를 신뢰할 수 있다면, 머이브리지는 또 다른 기법도 발명했다. 늙은 주지사는 유럽의 돌팔이 의사 때문에 아들을 잃은 후, 그를 기념하는 한편 과학의 힘으로 그런 비극이 두 번 다시 일어나지 않게 하려고 속보말 사육장 부지에 스탠퍼드대학교를 지었다. 이 대학 도서관에는 머이브리지가 제작한 엄청난 양의 사진 앨범이 보관돼 있는데, 처음에는 말과 소 같은 동물이 피사체로 등장하다가 나중에는 결국 인간이 촬영 대상이 된다. 그런데 이 사진들을 보면, 건장한 스탠퍼드대학 학생이나 단거리 육상선수가 뒷모습으로 촬영될 때는 나체였다가 카메라를 향해 앞으로 돌아보면 갑자기 사진이 보정돼서 수영복이 나타난다. 그러니까 머이브리지가 조르주 멜리에스Georges Méliès 보다 훨씬 먼저 '스톱 모션 기법stop trick'을 발명했다고 말할 수도 있을 것이다. 내가 아는 한, 머이브리지의 전면 누드사진은 훗날 그가 펜실베이니아대학의 후원을 받을 무렵에야 처음 나타난다.

캘리포니아에서 수영복의 용도는 명백하다. 부연 설명이 필요한 것은 오히려 누드사진 쪽이다. 머이브리지는 지난 세대의 레노가 그토록 대체 불가능하다고 여겼던 소위 '예술가의 손'을 제거해서 드디어 순수한 멀티미디어를 만들어 놓고, 웬일인지 회화를 개혁하려고 했다. 그는 『동물의 운동Animal Locomotion』이라는 호화본을 출간하면서, 나체 즉석 사진으로 가능한 모든 운동 자세의 과학적 모델을 제공해서 화가들이 더 이상 달리는 말을 종이나 캔버스에 잘못 그리지 않도록 하는 것이 이 책의 목적이라고 명시했다. 즉석 사진은 예전 르네상스 시대의 투시도법과 카메라 옵스큐라처럼 예술을 훈육해야 했다. 그렇지만 이번에는 중세 성화에서 볼 수 있는 상징계의 지배를 혁파하고 인간 중심의 투시도법을 도입하는 수준의 문제가 아니었다. 19세기 말에는 상상계 수준에서도 변화가 필요했다. 공중에 뜬 말 다리 세 개가 보이지 않는 까닭은 우리가 동물이 움직이는 매 단계마다 친숙한 일반적 형태를 투사하기 때문이라는 새로운 믿음을 주입해야 했던 것이다.

기쁘게도, 머이브리지의 선전이 적어도 한 번은 성공했음을 알려주는 유명한 사례가 있다. 머이브리지의 후견인 릴랜드 스탠퍼드 시니어가 유럽에 갔다가 파리에 들렀는데, 거기서 (아마도 머이브리지와 함께) 메소니에라는 화가와 만나게 됐다. 장 루이 에르네스트 메소니에Jean Louis Ernest Meissonier는 불행히도 살바도르 달리와 나 외에는 모두가 무시하는 인물로, 한번은 나폴레옹의 "천재적 조직력"을 대놓고 찬양하면서 (Gréard, 1897, p.47) 엄청나게 비싼 캔버스에 나폴레옹 대군의 말 다리를 전부 다 옮겨 그린 적도 있었다. 그런데 본인이 직접 고백한 바에 따르면, 그는 말이 평보나 속보로 걸을 때는 다리를 따라 그릴 수 있었지만 달리는 말은 스케치할 엄두도 못 냈다(Gréard, 1897, p.194). 그래서 스탠퍼드가 이 화가에게 초상화를 그려달라고 의뢰했을 때, 화가는 머이브리지의 즉석 사진 비법과 그렇게 촬영한 말 사진 일체를 넘겨받는 조건으로 의뢰를 승낙했다. 그리고 그때부터 메소니에는 완전히 딴사람이 됐다. 그는 그림 같은 상상적 말 다리 대신에 사진 모델을 본뜬 실재의 말 다리만 그렸고, 직위상으로도 파리 순수예술 아카데미 부회장까지 올라갔다. 메소니에의 전기를 보면, 그는 "확인할 목적으로만" 사진 자료를 썼다고 한다. 하지만 메소니에는 베르사유 근처 푸아시에 있는 개인 정원에 소형 철도를 깔아 놓고, 속도를 임의로 조절할 수 있는 썰매형 기관차를 타고 움직이는 화가의 눈으로 달리는 말을 연구했다(Gréard, 1897, p.73). 이는 미디어의 역사라는 측면에서 철도가 어떻게 말을 대체했는지 보여주는 또 다른 예다. 메소니에의 멋진 사례는 볼프강 쉬벨부쉬Wolfgang Schivelbusch가 『철도 여행의 역사Geschihite der Eisenbahnreise』에서 찬미했던 19세기 철도 여행이 수동적 운송에만 그치지 않고 때로는 능동적 운송을 구현했음을 보여준다. 그것은 말 그대로의 '자가 운동 기술'이라는 의미에서 이미 '자동차'였다. 그렇지만 이렇게 어마어마한 비용을 들인 덕분에 메소니에의 전쟁화가 더 값이 오르거나 더 리얼리즘적인 것이 되었는지는 알 수 없으며, 알 필요도 없다. 스탠퍼드가 메소니에를 만나고 머이브리지가 마레를 알게 됐던 바로 그 파리의 살롱에서, 전통적 회화의 사망 시각이 임박하고 있었기 때문이다.

그리하여 우리는 발명의 역사에서 처음으로 양의 피드백과 마주치게 된다. 60년 전만 해도, 니에프스와 다게르는 같은 프랑스 땅에 살았지만 순전히 우연의 힘으로 서로 만났고 민사 계약을 체결해서 협업을 보증해야 했다. 그런데 1882년에는 파리에 있는 마레의 운동 계측 기계가 캘리포니아에 있는 머이브리지의 후속 발명을 촉진하고, 머이브리지의 연쇄 사진이 다시 (이 모든 것을 촉진한 장본인인) 마레의 후속 발명을 촉진했다. 앞서 말했듯, 머이브리지는 그림이 아니라 사진 이미지 시퀀스를 스트로보스코프식 원반에 끼워 넣기만 하면 실재적 운동을 영사할 수 있는 단계까지 도달했다. 하지만 이것은 아직 영화가 아니었는데, 왜냐하면 머이브리지는 말 다리 사진을 분당 12장밖에 못 찍었지만 실제로는 270장이 필요했기 때문이다(Clark, 1977 참조). 하지만 더 중요한 장애물은 머이브리지의 직업적 기질이랄까, 그의 고집이었다. 그는 전직 풍경화가로서, 니에프스의 사촌이 1847년 도입한 육중하고 휴대할 수 없는 감광 유리판을 죽을 때까지 포기하지 않았다. 이렇듯 기술 혁신의 쇄도를 파악하기에는 인간의 삶이 너무 짧아서 공동 작업과 피드백의 회로가 불가피하게 요구되는 것이다……

머이브리지와 마레, 영화 탄생의 순간을 함께했던 이 쌍둥이 디오스쿠로이Dioskouroi[24]는 둘 다 1830년에 태어나 1904년에 사망했다. 그래서 두 사람의 인생은 아주 매끄럽게 교차할 수 있다. 메소니에의 심야

---

24) 디오스쿠로이는 그리스 로마 신화에 나오는 쌍둥이 신 카스토르와 폴리데우케스를 말한다.

파티를 다녀온 후, 마레는 자기가 만든 심장 기록기, 맥파 기록기, 말 다리 기록기보다 머이브리지의 연쇄 사진 기술이 역사적으로 더 앞서 나갔음을 깨달았다. 하지만 한 가지 면에서는 마레가 더 앞섰다. 마레는 모든 것을 선형적으로 종합하는 힘이 있는 기록 용지를 계속 붙들고 있었기 때문에 장치 한 대만 있으면 됐지만, 머이브리지는 촬영 지점에 카메라 12대를 설치해야 했다. 그러므로 남은 과제는 카메라 11대를 안 쓰면서 연쇄 사진을 얻는 방법을 찾는 것이었다. 여기서 콜트의 저 그리운 '콜트'가 다시 관심의 대상이 됐다. 콜트를 쓰면 권총 6대가 필요할 때 5대를 안 쓸 수 있었기 때문이다. 이미 1874년에, 프랑스 천문학자 피에르 쥘 세자르 장센$^{\text{Pierre Jules César Janssen}}$이 인디언과의 전투에 쓰이던 연발 권총을 천문 기록을 위한 연발 장치로 변환해서 금성의 18개 위상을 사진판 한 장에 묶어놓는 마술을 부린 적이 있었다. 이 천문학적 연발 장치의 원리는 간단했다. 즉석 사진 18장을 촬영하는 사이사이에 몰타 십자형 덮개를 씌워서 피사체의 빛을 차단하는 것이다(Zglinicki, 1979, p.170). 마레는 여전히 스트로보스코프식 원반에 단계별 이미지를 일일이 손으로 장착해야 했지만, 이 새로운 장치는 저 혼자서 원반에 이미지를 공급했다. 이렇게 예비 작업이 이미 진행된 상태에서, 마레는 장센의 천문학적 연발 장치를 손쉽게 개량할 수 있었다. 그리하여 약 50cm 길이의 장치가 만들어졌는데, 사진을 다루는 방식이 흡사 총과 같았기에 발명가가 직접 '연발 사진총$^{\text{fusil chronophotographique}}$'이라고 명명했다. 촬영자는 장치가 움직이지 않도록 어깨에 고정하고, 조준기로 표적을 겨냥하고, 방아쇠를 당겨서 즉석 사진을 촬영했다. 그러면 마치 연발 권총을 발사할 때처럼, 새 네거티브 11장이 든 원통이 30도 회전하면서 다음 네거티브가 준비됐다. 사진을 '쏜다$^{\text{schießen/shoot}}$'는 은유를 문자 그대로 읽으면 마레의 사진총이 될 것이다. 심지어 마레의 조수 조르주 드므니Georges Demeny는 1904년에 프랑스 참모부의 의뢰로 표준화된 군대식 행진을 연쇄 사진으로 촬영하고 최적화하는 일을 맡았다.

프랑스가 전쟁의 패배와 알자스 로렌 지방의 상실을 애통해하던 당시로써는, 연쇄 사진이 군의 재무장에 쓰일 수 있다는 점이 마레의 경력에 꽤 도움이 됐을 것이다. 당시 이미 자기 관할의 생리학 연구소를 가지고 있었던 이 생리학자는 프랑스 사진협회장의 지위에도 올랐다. 그는 이 위치에서 영화 기술의 바로 전 단계까지 나아갔다. 플라토의 스트로보스코프식 원반에서 연발 사진 총에 이르기까지 변함없이 사용됐던 단단한 원통·원반 형태 대신에, 카메라 내부의 기계 장치를 통해 자동으로 렌즈 앞에 장착될 수 있는 유연한 롤 형태를 채택한 것이다. 아직 셀룰로이드 재질은 아니었지만, 이것으로 필름 촬영의 기본 원리는 이미 정해진 셈이었다. 마레는 종이 재질의 사진 롤을 그냥 기계 장치로 돌아가는 영사기에 끼워 넣기만 하면 됐는데, 거기서 멈춰 서는 바람에 뤼미에르 또는 기술적 빛 그 자체가 되는 영예를 놓쳤다.[25] 따라서 이제 우리가 긴급히 해야 할 일은, 반은 군사적이고 반은 과학적인 즉석 사진이 어떻게 에디슨과 뤼미에르 형제의 손을 거쳐 상품화됐는지 그 궤적을 재구성하는 것이다.

3.2.3 무성영화

이러한 산업화의 역사를 다룰 때는, 이제 더 이상 개별 발명에 관한 이야기를 상세히 소개할 필요가 없다. 여태껏 나는 각각의 발명을 설명할 때마다 매번 광학적 미디어 기술의 근본 문제에 대한 가장 초창기의 가장 단순한 해법을 예로 들었다. 하지만 더는 그렇게 할 수 없다. 영

---

25) 프랑스어로 'Lumière'는 빛을 뜻한다.

화에 관련된 발명·특허가 1890년부터 폭증하기 시작하기 때문이다. 전 세계적으로 영화 관련 특허는 1875~90년에 200여 건이었던 데 반해, 1890~1910년에는 500여 건에 달했다. 영화는 산업의 시대로 진입하고 있었다. 그것은 순전히 집단적 작업의 산물이었다. 그런 까닭에, 나는 부득이 대략적으로 시대를 구분하고 무성영화, 유성영화, 컬러영화를 각각의 시대별 구조로 접근할 것이다. 여기서 양차 세계대전은 대략적인 시대 구분의 표식으로 기능한다.

무성영화가 실제로 어떻게 발전했는지 논하기 전에, 마레가 연쇄사진을 영사하려고 시도한 적은 없었지만 개념적으로 그에 얼마나 근접했는지 거듭 지적하고 싶다. 1891년, 앞서 언급한 마레의 조수 조르주 드므니는 '발화의 사진photographie de la parole'이라는 놀라운 기술을 개발했다. 전화를 발명한 알렉산더 그레이엄 벨Alexander Graham Bell과 마찬가지로, 드므니도 미디어 기술로 생리적인 청각 및 발성 장애를 치료하고 싶어했다. 그래서 그는 마레의 연발 사진총을 에디슨의 포노그래프와 조합해서 실험용 장치를 만들고, 이를 (당시에 흔히 그랬듯이) 자기 자신에게 겨눈 후에, "비-브 라 프랑-스Vive la France!"와 "쥬 부 제-엠Je vous aime"이라는 전형적인 두 문장을 연이어 외쳤다.[26] 이것은 여성이 아니라 영화라는 미디어를 향한 역사상 최초의 사랑 고백으로서, 그 이후로 이런 고백은 아주 일반적인 것이 되었다. 하지만 이것은 또한 청각 장애인용 훈련 교재이기도 했다. 실제로 청각 장애인이 드므니의 입 모양을 하나하나 흉내 낸 끝에 누구도 겨냥하지 않는 사랑 고백을 알아들을 만하게 산출하는 데 성공했다고 한다.

이렇듯, 사람들은 유성영화가 도입되기 훨씬 전부터 광학적 미디어

---

26) 이는 각각 '프랑스 만세!'와 '나는 당신을 사랑한다'는 뜻이다.

와 청각적 미디어의 기술적 조합을 간절히 원했다. 드므니도 그렇지만, 실제로 이 조합을 상업적 영화관 형태로 구현하려 했던 발명가 토머스 앨버 에디슨의 경우가 특히 그렇다.

에디슨은 미국 남북전쟁 당시 풋내기 전신기사로 일하면서 난청뿐만 아니라 기술적 노하우와 초기 자금을 한번에 얻었다. 그는 이러한 두 가지 토대를 바탕으로 기술의 역사상 최초로 진짜 연구실을 차리고 맨 먼저 당대의 두 가지 꿈을 실현했다. 그는 포노그래프phonograph를 발명해서 기계적 음향 기록의 꿈을 이뤘고, 전구를 발명해서 완벽한 광원의 꿈을 이뤘다. 재생 가능한 '가시적 발화'로서의 포노그래프는 1877년 에디슨이 전신 신호의 전송 속도를 높이려고 실험을 하던 중에 발생한 일종의 부산물이었다. 이는 디지털 미디어와 아날로그 미디어 간의 대립이 이미 에디슨의 시대부터 시작되고 있었음을 보여준다. 한편 전구는 앞으로 오랫동안 모든 전자공학의 근간이 되는 진공관의 원형이라 할 수 있는데, 이것은 구식 초처럼 그을음과 연기, 즉 '노이즈'를 발생시키지 않는 광원으로서 처음 개발됐다. 19세기의 기존 인공조명과 비교할 때, 전구는 탄소아크등처럼 수명이 짧지도 않았고 가스등처럼 치명적으로 위험하지도 않았다.

여기서 영화의 직계 전신인 에디슨의 키네토스코프가 앞의 두 가지 발명과 직결됐다는 사실은 대단히 중요하기 때문에 찬찬히 살펴볼 필요가 있다. 일단, 전기傳記적 측면의 연관성이 있다. 포노그래프와 전구는 에디슨에게 완전히 새로운 명성을 안겨 주었다. 말하자면, 그는 뭐든 말만 하면 다 만들 수 있는 사람처럼 여겨졌다. 베를린의 위대한 물리학자이자 시각 및 청각 생리학의 창시자인 헤르만 루트비히 페르디난트 폰 헬름홀츠Hermann Ludwig Ferdinand Helmholtz는 미국인 동료들보다 훨씬 먼저 이 특별한 역량을 알아보고 경의를 표했다. 덕분에 에디슨은 미국에서도 머이브리지와 친분을 쌓았고, 1881년 프랑스 여행 중에는 (아쉽게도 과학소설 작가 빌리에 드 릴라당comte de Villiers de L'Isle-Adam 은 못 만났지만[27]) 시인 대신에 마레 같은 동료 연구자들을 만났다. 이들을 접한 후, 에디슨은 과학적 실험을 통해 돈벌이가 되는 오락매체를 만들겠다는 확고한 비전이 생겼다.

그리하여 에디슨은 포노그래프와 전구 다음으로 상업적 영화 시스템을 개발했다. 그리고 오락매체는 전 세계로 판매·유통할 수 있어야 했기 때문에, 에디슨은 콜트 대령이 연발 권총을 최초의 연쇄 살인 무기로 표준화했던 것과 똑같은 방식으로 과학자 머이브리지와 마레의 연쇄 사진을 교묘하게 표준화했다. 그는 파리에서 마레를 만난 후 이스트먼 코닥사의 셀룰로이드 필름을 구입했다. 당시 마레는 필름 동기화 문제를 아직 풀지 못하고 있었는데, 에디슨은 오늘날까지 쓰이는 35mm 포맷의 필름 롤을 골라 오늘날까지 시행되는 표준화된 천공 처리를 함으로써 이 문제를 단숨에 해결했다. 그리하여 에디슨은 영화 시스템의 하위 장치로서 '키네토그래프kinetograph'라는 동영상 촬영기를 만들고, 그것에 맞게 표준화된 또 다른 하위 장치로서 '키네토스코프'라는 필름 재생기를 만들게 됐다.

에디슨은 몇 년간의 연구 끝에 결국 또 다른 미국인에게 소위 '탈진기escapement'라는 장치의 특허를 얻었다. 이것은 필름의 각 프레임이 1/16초 동안 멈춰서 촬영 또는 재생됐다가 정확히 중간 휴지기에 다음 프레임으로 넘어가도록 움직임을 조절하는 장치였다. 늦어도 이 획기적 해법이 도입된 다음부터 극영화는 연속적인 아날로그 프레임을 불연속

---

[27] 빌리에 드 릴라당(1838~1889)은 프랑스의 작가로, 에디슨을 모델로 『미래의 이브L'Eve future』(1886)라는 소설을 썼다.

적인 디지털 시퀀스와 조합하는 혼성적 미디어로 확립됐다. (이에 관해서는 나중에 TV와 관련해서 더 상세히 다루겠다.) 1888년, 에디슨은 이 디지털-아날로그 장치를 통째로 상자 안에 집어넣어 키네토스코프를 만들었다. 그것은 18세기 장터에서 흥행하던 핍 박스의 전기화된 버전이었다. 후방에 전기 조명이 켜진 상태에서 전기 모터가 필름 롤을 돌리면, 동전을 넣은 관객이 (원칙상 한 번에 한 명만) 확대경을 통해 움직이는 필름을 보면서 연속적 운동의 환영을 경험할 수 있었다.[28] 이 장치는 엄청나게 팔려나갔고, 그리하여 오락실의 전신인 소위 '니켈로디언Nickel-Odeon'이 아메리카 전역에서 솟아올랐다. 훗날 유성 뉴스영화 〈무비톤 뉴스Movietone News〉를 발명하는 윌리엄 폭스William Fox도 이 사업으로 돈을 벌었다(Zglinicki, 1979, p.208).

하지만 이 새로운 환영은 금전적 효과뿐만 아니라 기술적 기반 면에서도 눈여겨볼 점이 있다. 원래 에디슨은 전신 신호의 음향이 겉보기에는 연속적이지만 실제로는 인간의 힘으로 통제할 수 없는 불연속성에 기반을 둔다는 데서 포노그래프를 착안했다. 따라서 그는 다음과 같이 타당하게 추론할 수 있었다. "포노그래프가 귀에 작용하듯이 그렇게 눈에 작용하는 장치를 개발할 수 있을 것이고, 두 장치를 조합하면 모든 운동과 소리를 동시에 기록하고 재생할 수 있으리라는 생각이 떠올랐다."(Clark, 1977, p.171) 그래서 에디슨의 키네토스코프는 '광학적 포노그래프'라고 불리기도 했다. 이러한 사실은 에디슨의 실제 키네토스코프와 관련해서도 중요하지만 좀 더 일반적인 이론적 수준에서도 결정적인 의미를 지닌다. 앞서 드므니의 예가 잘 보여주듯이, 멀티미디어를 향

---

28) 엄밀히 에디슨이 처음 키네토스코프의 기본 개념을 세운 것이 1888년이고, 그의 연구팀이 여기 묘사된 세부 요소들(탈진기, 동전 삽입 장치 등)을 더해서 키네토스코프를 완성한 것은 1892년으로 알려져 있다.

한 최초의 실험은 이미 19세기 말부터 그 윤곽을 드러내고 있었다. 각각의 감각적 영역이 생리학적 계측 과정과 기술적 대체 과정을 거치고 나면, 이제 모든 미디어를 하나로 통합하는 멀티미디어 시스템이 창출되기 시작한다. 가능한 모든 영역에 동시에 도달하는 시뮬레이션, 요새 말하는 '가상현실'이 출현하는 것이다.

에디슨은 바로 이런 목적에서 소위 '블랙 마리아Black Mary'라는 미디어 역사상 최초의 영화 스튜디오를 세웠다. 블랙 마리아는 마치 카메라 옵스큐라를 기념하는 듯한 거대한 상자 형태로, 1) 영화 조명을 위해 태양 방향으로 회전해서 개폐구를 열 수 있었고, 2) 같은 이유로 전구도 설치되어 있었으며, 3) 내부 벽이 검게 칠해져 있어서 영화의 역사상 처음으로 영화배우라는 사람들이 균질한 배경 앞에서 조명을 받으며 짧은 허구적 장면을 실제로 연기하는 모습을 촬영할 수 있었다. 미디어는 예술과 달리 언제나 노이즈를 배경으로 작동한다. 에디슨의 경우, 광학적 측면에서는 검은색 페인트가 그 부분을 담당했지만 음향적 측면에서는 상황이 그리 좋지 않았다. 에디슨은 한 장면의 영상과 음향을 동시에 기록하고 싶어했는데, 마이크로폰 없이 배우의 입에서 나는 소리를 포노그래프의 집음기로 담자니 어쩔 수 없이 음향적 노이즈가 전면에 부각됐다. 게다가 에디슨이 벌써 '영화movie'라고 부르던 이 미디어를 포노그래프 실린더와 시간적으로 동기화해서 재생하기도 어려웠다. 확실히, 시청각적 총체–미디어–작품Gesamtmedienwerk이 등장하기에는 역사적으로 아직 때가 무르익지 않았다. 에디슨도 몇 번의 키네토스코프 실험 끝에 이 사실을 인정했다. 그래서 그는 학생들과 만난 자리에서 (축음기는 빼고) 영화와 시각적 관찰을 통한 수업이 책을 통한 수업을 대체할 거라고 말했다.

다시 말해서, 영화는 적어도 기술적으로는 무성영화로서 출발했다. 영화, 전구, 포노그래프라는 에디슨의 세 가지 혁신을 조합하려는 시도는 일단 무산됐다. 책의 역사를 말소하면서 등장하는 미디어 기술들은 어떤 역사적 규칙 같은 것을 보이는데, 그것은 바로 각각 고립된 감각적 장이 충분히 시험된 다음에야 비로소 서로 다른 장들의 전반적 접속을 생각할 수 있게 된다는 점이다. 그리하여 처음에는 키네토스코프와 전구의 멀티미디어만 확립됐다. 1895년 11월 1일, 스클라다노브스키 형제Brüder Skladanowsky가 베를린에서 최초로 영화를 상영했지만 별 반응이 없었다. 그리고 며칠 지나지 않은 1895년 12월 28일, 오귀스트와 루이 뤼미에르 형제가 파리 카퓌신가街 그랑 카페의 앙디앙 살롱에서 최초로 영화를 유료 공개 상영해서 전 세계적인 파장을 불러일으켰다.

두 형제의 성이 하필 '뤼미에르'라는 사실은 이미 수천 번이나 논평됐지만, 하여간 이 두 명의 뤼미에르는 실제로 필름에 빛을 가져왔다. 방법은 간단했다. 에디슨에게 구입한 장치와 에디슨이 확립한 필름 표준을 조금 개량하고 확대하기만 하면 됐기 때문이다. 그들은 구식 극장처럼 다수의 유료 관객이 같은 장면을 함께 볼 수 있도록 필름을 대형 영사막에 확대 상영했다. 그렇지만 뤼미에르 형제가 선도한 혁신의 핵심은 역시 동영상을 촬영·복제·재생할 수 있는 장치인 '시네마토그라프cinématographe', 또는 줄여서 '시네마'를 개발했다는 데 있었다. 시네마토그라프는 카메라 옵스큐라처럼 렌즈로 필름에 영상을 기록하는데, 렌즈를 그냥 태양광으로 대체하면 필름을 복제하고, 태양광을 필름 롤 뒤편의 전구로 대체하면 포지티브 필름을 스크린에 영사했다. 모든 관객은 1프랑만 내면 다른 관객들과 동시에 같은 것을 볼 수 있었다. 포노그래프의 경우는 인간이 귀를 여닫을 수 없으므로 이런 배급 방식이 비교적 자연스러웠지만, 영화의 경우는 특별한 세팅이 필요했다. 일반적으로 뤼미에르 형제는 셀룰로이드 필름 뒤편에서 강력한 조명을 쏴서 투과광으로 화면을 영사하는 방식을 썼다. 그렇지만 한번은 파리 만국박람회에서 투과광과 반사광을 동시에 시험해서 성공한 적도 있었다. 대형 홀을 가득 메운 모든 관객이 영화를 제대로 볼 수 있어야 했기에, 그들은 상영 전에 물에 한번 담갔다 꺼낸 스크린을 홀의 정중앙에 걸었다. 그래서 관객의 절반은 스크린에 반사된 빛으로, 나머지 절반은 물에 젖은 스크린을 투과한 빛으로 영화를 볼 수 있었다.

이렇게 투과광과 반사광이 전환되는 것을 보면 어떤 사람이 딱 떠오를 것이고, 그럼 이제 영화사의 논리적 정합성도 명쾌하게 파악이 될 것이다. 전직 화가 다게르의 디오라마도 바로 이런 방식으로 그림이 그려진 캔버스의 앞뒷면을 오가며 베수비오 화산의 밤과 낮 풍경을 번갈아 보여주었다. 그러므로 에디슨이 미국에 있었는데도 영화가 미국에서 탄생하지 않은 것은 우연이 아닐지도 모른다. 재현적 예술에서 광학적 미디어로의 전환이 일어난 곳은 예술을 잘 알았던 나라, 그러니까 『롤랑의 노래_La Chanson de Roland_』를 빌어 말하자면 "감미로운 프랑스"였다. 다게르와 마찬가지로, 뤼미에르 형제의 아버지 역시 원래 화가였다가 사진가로 전업했다. 하지만 그는 자신의 옛 수작업을 기술화한 전력이 있었기 때문에, 기술이 합리화되면 사람들이 직접 사진을 찍을 것이고 그러면 전문 사진사로서 자신의 입지가 줄어들 것을 염려했다. 그래서 뤼미에르는 자신과 아들들의 활동 영역을 사진 촬영에서 사진용 소재 생산으로 전환했다…….

한 세대에 걸친 미디어의 발전사는 그 아들들에 의해 계속됐다. 뤼미에르의 아들들은 더 이상 사진만 찍는 것이 아니라 아버지를 비롯한 사진업계 전반에 더욱 향상된 사진 촬영용 네거티브를 공급했다. 그들은 과학자이자 사업가로서, 살아 움직이는 사람을 영사할 수 있도록 저장하는 기술뿐만 아니라 특히 시체를 포름알데히드 처리해서 부패하지 않도록 저장하는 기술도 처음 개발했다. 아마 19세기 미디어 기술과 생리학의 연관성을 이보다 더 잘 보여주는 사례도 없을 것이다.

카퓌신가의 유료 관객이 본 영화의 내용 또한 뤼미에르 형제의 직업에서 비롯됐다. 사적으로 상영된 최초의 영화는 (필름은 현존하지 않는다고 알려져 있는데) 프랑스 사진협회 연례회의에 공개된 것으로, 여기서 회장 마레와 다른 모든 과학자들은 다름 아닌 자신들의 모습이 찍힌 영상을 봤다고 한다(Zglinicki, 1979, p.171). 반면, 공적으로 상영된 최초의 영화는 이러한 과학을 위해 고용된 사람들, 뤼미에르 가문의 노동자와 고용인들이 교대 시간에 리옹의 공장에서 나가는 장면을 보였다. 이는 미디어와 예술의 전형적인 차이를 드러낸다. 에디슨의 영화는 미성숙하긴 해도 (그것이 미국식 코믹함일 수도 있지만) 미리 계획하고 구성한 플롯을 선보였던 데 반해, 뤼미에르의 영화는 그런 것 없이 순수하게 일상 속에서 실제로 벌어지는 우발적 사건들을 드러냈다. 뤼미에르 형제는 블랙 마리아로 허구를 구현하는 것이 아니라 처음부터 야외촬영만 했고, 그래서 기록영화의 창시자가 됐다.

하지만 이국적인 체험을 위해 마련된 장소였던 그랑 카페의 '앙디앙 살롱Salon indien'에 더 잘 어울리는 '대면'은 따로 있었다. 관객 35명이 앙디앙 살롱에서 열린 〈시오타 역에 도착하는 기차L'arrivée d'un train à la ciotat〉의 첫 번째 공식 상영에 참석한 것이다. 이 유명한 영화는 뤼미에르 형제의 기록영화 중 하나로, 프랑스의 지중해 연안에 있는 한 도시의 기차역에서 기차가 들어오는 장면을 보여 준다. 처음에는 19세기에 유행한 장난감 기차 같은 것이 스크린 상에 보이다가, 옛 르네상스 투시도법의 전형적인 작용으로 기관차가 갈수록 커지면서 거칠게 돌진해 온다. 당시 이것을 본 관객들은 생명의 위협을 느끼고 카페에서 뛰쳐나갔다고 한다. 계획한 것은 아니었지만, 뤼미에르 형제는 관객을 고정된 카메라의 표적이 아니라 (비릴리오의 말을 빌자면) 상상적인 기관차의 표적으로 탈바꿈했다. 훗날 미국의 그리피스^{D. W. Griffith} 감독은 영화 카메라 자체를 눈에 띄게 움직여 배우에게 직접 들이댐으로써 이러한 충격 효과를 한층 배가시켰다. 관객들은 인간의 얼굴이 커다랗게 스크린을 가득 채운 것을 보고, 그리피스가 말 그대로 배우의 목을 쳤다고 생각했다.

무성영화 제작자는 이런 충격과 살인을 전혀 의도하지 않았다. 하지만 그가 모르는 새에, 이렇게 현혹된 관객의 눈 속에서 이미 영화관은 환영적 미디어로 변하고 있었다. 머이브리지의 과학적 실험은 인간의 눈 속에서 상상적·형태적인 것을 실재적인 것으로 대체한다고 했고, 포노그래프는 누군가 개입하거나 편집할 가능성이 없으므로 실재의 노이즈를 고스란히 복제할 수 있다고 했지만, 지금 출현한 것은 새로운 상상계, 그것도 낭만주의의 문학적 상상계가 아니라 기술적 상상계였다. 그러니 프로이트의 정신분석이 문학적 환상계를 낱낱이 해명해서 결국은 죽이고 말았다는 츠베탕 토도로프^{Tzvetan Todorov}의 이론도 절반은 틀린 셈이었다. 환상적인 것은 극영화에서 의기양양한 부활을 경험했다.

이를 가장 극명하게 보여주는 사례로, 뤼미에르 형제에게 시네마토그라프를 구입한 고객들 중에 조르주 멜리에스라는 로베르 우댕 극장의 전직 감독이 있었다. 엔첸스베르거^{Hans Magnus Enzensberger}의 시집 『영묘^{Mausoleum}』에도 등장하는 로베르 우댕^{Robert Houdin}은 극작가나 연출자가 아니라 19세기의 유명한 마술사 겸 탈출 전문가였다. 정해진 수순에 따라, 우댕의 손자는 마술 쇼를 근대적 관광 상품으로 탈바꿈해서 〈송 에 뤼미에르^{Son et lumière}〉라는 프랑스 특산품을 발명했다. 이것은 고성 같은 옛 권력의 장소에서 펼쳐지는 현란한 시청각적 스펙터클로서, 관광산업을 절대주의 시대 조명 기술의 유구한 계승자로 자리매김한다. 마찬가지로 정해진 수순에 따라, 멜리에스는 우댕의 계승자로서 기록영화를 근대적 환상극으로 이행했다. 멜리에스는 수많은 영화 기법을 발명했지만, 여기서는 '시간 역행' 기법과 '스톱 모션' 기법이라는 기초적인 두 가지 기술만 강조해서 설명하겠다.

멜리에스의 시간 역행 기법이 가장 성공적으로 사용된 예로 〈기계식 정육점Charcuterie mécanique〉이라는 영화가 있다. 그는 돼지 정육점에서 돼지 도축, 해체, 완제품 소시지 생산에 이르는 일련의 장면을 연이어 촬영했다. 그런데 상영할 때는 이 장면들의 첫 프레임이 마지막 프레임이 되고 마지막 프레임이 첫 프레임이 되도록 순서를 뒤집었다. 그리하여 마법에 걸린 관객의 눈에는 완성된 소시지가 돼지 시체로, 그 시체가 다시 살아 있는 돼지로 변하는 것처럼 보였다. 세계 역사상 최초로 육신의 부활이라는 이천 년 묵은 공언이 실재적으로 나타난 것이다. 광학적으로 겉보기 연속성을 창출하는 영화의 역량이 이보다 더 성공적으로 표명된 사례도 다시 없을 것이다. 이 영화는 살아 있는 운동을 뻣뻣하게 굳은 낱낱의 이미지들로 토막 내는 영화의 작동 원리를 기계식 정육점의 형태로 드러내는 동시에, 그 과정을 상상적 차원에서 다시 역행시킨다. 영화는 예술과 달리 물리적 시간에서 작동하기 때문에 이 시간을 조작할 수 있다. 그리고 물리학자 에딩턴Arthur Eddington의 멋진 말에 따르면, 우리는 〈기계식 정육점〉처럼 시간이 역전하는 영화를 보면서 그 불가능성을 깨닫는 순간 비로소 물리적 시간의 비가역성, 즉 열역학 제 2 법칙에 따른 엔트로피의 지속적 증가를 인식하게 된다.

그렇다면 영화 대신 원반이나 원통 형태의 사운드 레코딩으로도 시간 역행 기법을 구사할 수 있을 것이다. 실제로 벌써 에디슨이 소리나 음성을 역행하는 실험을 한 적이 있었다. 하지만 멜리에스가 도입한 두 번째 기법은 마그네틱테이프가 등장하기 이전의 음향 저장매체로는 따라잡을 수 없는 유형이었다. 멜리에스는 스톱 모션 기법이라고 불리는 이 기술을 우연히 발견했다고 한다. 그는 카메라 삼각대를 설치해 놓고 (마술사였던 멜리에스는 삼각대 위치를 언제나 관객의 위치, 즉 눈속임을 경험할 수 있는 특정한 위치로 상정했다) 파리의 한 거리에서 영구차가 지나가는 장면을 찍고 있었다. 그런데 19~20세기 전환기에는 롤 필름이 극영화를 촬영할 만큼 충분히 길지 않아서, 장면 중간에 필름 한 롤이 다 돌아가 버렸다. 그는 카메라를 삼각대에서 내리지 않고 새 필름을 끼운 후 촬영을 재개했다. 그런데 이렇게 완성된 영화를 상영했더니, 놀랍게도 관객은 중간에 시간이 누락된 것을 깨닫지 못했다. (만약에 음반을 듣는 데 갑자기 중간에 몇 초가 누락된다면 절대 이렇게 모른 채 지나칠 수 없었을 것이다.) 거리의 행인과 차들이 필름 속 거리에서 마술처럼 사라지고 다른 위치의 다른 행인들로 대체됐다. 멜리에스는 이 우연한 사건을 발견한 즉시 그 원리 또는 마술적 눈속임 기법을 써서 다음 영화 〈사라지는 여인L'escamotement d'une dame〉을 만들었다. 그것은 미디어 기술의 조건 아래서 로베르 우댕이 더 이상 인간을, 정확히 말해 여성을 무대 위에서 마술로 사라지게 할 필요가 없음을 보여주는 영화였다. 그리고 고전주의-낭만주의 문학 식으로 여성을 '어머니 자연'으로 해석한다면, 영화의 이 같은 눈속임은 앞으로 모든 자연이 녹아 없어진다는 의미에서 '여성이 희생된다'는 것을 뜻한다. 영화는 스톱 모션 기법을 통해 절단된 쇼트들을 시퀀스로 배열해서 플롯을 형성하는 고유한 작동 원리를 획득했다. 이제 남은 과제는 멜리에스의 기술적 발견을 특정 직종의 업무로 확립하는 것뿐이었다. 그렇게 해서 '영화 편집자Cutter'가 탄생했다.

여기까지 무성영화의 출발점을 살펴보았다. 무성영화는 우발성의 리얼리즘(기록영화)과 환영의 극장(극영화)으로 나뉘는 분기점에서 처음부터 가능성의 전 범위를 다양하게 짚고 넘어갔다. 하지만 모든 가능성을 살피는 와중에도 딱 하나 빠진 것이 있었으니, 그것이 바로 이동식 카메라였다. 에드윈 포터Edwin S. Porter나 그리피스 같은 미국 감독이 나타나기 전까지 카메라는 계속 고정 상태였다. 한번은 츠글리니츠키도 맞는 말을 한 적이 있는데, 이동식 카메라로 피사체에 접근해 클로즈업하거나 다른 움직이는 대상을 따라갈 수 있게 되면서 서부영화라는 원형적 영화 장르가 촉발됐다는 것이다(Zglinicki, 1979, p.492). 달리는 짐마차의 시점에서 적을 바라보는, 특히 말을 타고 질주하는 인디언을 바라보는 고전적인 서부극 장면은 멜리에스의 고정된 연극 관객 시점을 완전히 폐기한다. 물론 시점을 고정하지 않으면 스톱 모션 기법으로 관객의 눈을 속일 수 없다. 하지만 그런 가능성을 희생함으로써, 이 장면은 공교롭게도 당시(1905년) 아인슈타인이 특수 상대성 이론에서 묘사한 것과 같은 운동의 환영을 획득한다. 서로 스쳐 지나가는 두 열차처럼 서로 상대적인 두 운동이 있을 때 어느 것이 가상적 운동이고 어느 것이 실재적 운동인지 결정할 수 없다는 것, 바로 여기서 아인슈타인의 이론이 출발했던 것이다.

그리하여 영화라는 이름의 운동적 환영은 사람의 생각과 느낌까지 변화시켰다. 문학을 다시 아무런 시청각적 환영도 없는 벌거벗은 문자 24개로 되돌렸던 시인 스테판 말라르메Stéphane Mallarmé는, '그림책을 어떻게 생각하느냐'는 질문에 아무 생각 없다고 답했다. 말라르메의 독자는 호프만의 독자처럼 환각에 빠지는 것이 아니라 그냥 문자를 읽는다. 그림이 필요한 사람은 책을 치우고 기꺼이 영화관에 가야 하지 않겠는가(Mallarmé, 1945, p.878). 이런 말라르메가 '예술이 어떻게 기술을 향상시킬 수 있을까'라는 또 다른 질문에 다음과 같은 제안을 내놓았다. 최신 발명품인 자동차의 운전석을 후방으로, 그러니까 (당시 상류층에 속하는) 자동차 소유주의 뒤쪽으로 옮기고 전면 유리창을 가능한 확장하면 어떻겠는가. 그러면 운전수 같은 장애물이 시야를 가리지도 않고 자신의 움직임이 감지되지도 않는 상태로, 거리와 주변 풍경이 눈앞에서 스스로 펼쳐지고 쑥 커지면서 스쳐 지나가는 듯한 환영을 즐길 수 있을 것이다(Mallarmé, 1945, p.880). 그리하여 말라르메는 이 자동차를 '스스로 노 저어 움직이는 배'라는 시적인, 너무나 시적인 형상으로 위장하는 산문시를 써서 그 존재를 불멸에 봉했다. 시 속에서, 배는 발뱅Valvins에 위치한 말라르메 고향 집 근처 개울을 따라 (시의 제목을 제공한) 하얀 수련 사이로 미끄러지듯 내려간다. 처음에 말라르메는 친분이 있는 숙녀를 방문한다는 실용적인 목적을 앞세우지만, 흘러가는 시점에서 본 시각적 스펙터클이 시인의 마음을 너무나 설레게 하기에 결국 방문을 포기하고, 그 대신 원래 만나려던 숙녀를 (말라르메가 가장 애호하는 시적 범주인) '부재자'로서 찬미한다(Mallarmé, 1945, pp.283-6). 그러니까 말라르메의 시는 (아마도 그의 이웃이었을) 메소니에가 정원에서 운전 가능한 철도용 썰매로 했던 바로 그 일을 하고 있다. 이는 최초의 이동식 촬영이 실현되기 15년 전에 이미 그에 대한 꿈이 존재했음을 암시한다. 영화의 동적 이미지는 새로운 자동차나 그보다 조금 오래된 철도 여행과 밀접하게 연대한다. 오늘 강의에서는 이를 입증하는 다른 증거들을 더 살펴볼텐데, 여기에는 총알 궤적 사진을 촬영한 에른스트 마흐나 정신분석을 창시한 지그문트 프로이트가 또 등장할 것이다.

하지만 일단은 광학적 이동성의 계통도가 더 중요하다. 먼저, 정적인 카메라에서 동적인 카메라로 이행하면서 영화라는 미디어는 연극이라는 고대 예술과 전혀 다른 것이 됐다. 플라톤의 동굴에서 핍 박스형 극장에 이르기까지, 예나 지금이나 극장 관객은 지정된 자리에 고정된다. 이는 옛 유럽의 사디즘 때문이 아니라, 컴퓨터가 발명되기 전에는 주어진 연산 능력을 총동원해도 움직이는 시선을 계산하기에 역부족이었기 때문이다. 거시적으로 보면, 영화가 등장한 다음에도 사람들이 신체적으로 고정된다는 사실은 변하지 않은 것 같다. 하지만 미시적으로 보면 사람의 눈을 대신하는 어떤 장치가 임의로 커트되거나 움직이고 있으며, 영화관의 어둠 속에 놓인 관객은 다른 광학적 통제 가능성이 없기 때문에 그 움직임에 전혀 거리를 두지 못한다. 그래서 에드가 모랭Edgar Morin의 탁월한 표현에 따르면, 관객은 "자신의 두뇌와 원격 통신하는 외재화된 망막"에 반응하듯이 영화에 반응한다(Morin, 1956, p.139)

영화 자체의 역사로 진입하기 전에, 내가 끝까지 추적해 보고 싶은 또 다른 실마리가 있다. 뤼미에르 형제가 파리 카퓌신가에 설치했던 것 같은 그런 영화관은 단순히 시네마토그라프와 영사막으로 구성된 장치가 아니라 어린이를 유혹하던 하멜른의 수많은 유괴범들 중 하나였다. 그렇다면 영화관이 어떻게 극장의 오랜 갈망을 뛰어넘어 '피리 부는 사나이'로 성장했을까 하는 의문이 생긴다. 그리고 이 의문이 우리를 다시 조명 기술의 역사로 이끈다.

매직 랜턴을 바로크식으로 해석한 핍 박스형 극장은, 밀랍 초를 썼기 때문에 빛과 열기와 연기로 가득 찼을 뿐만 아니라 특히 작품당 상연 시간이 절대적으로 제한됐다. 그래서 화학자들이 발화성 기체 생산에 성공하고 (앞서 언급했듯이) 로베르송이 특수 효과용 탄소아크등을 찾아내자 더 밝고 깨끗한 광원을 도입하자는 목소리가 높아졌다. 그리하여 19세기부터 극장에 가스등이 설치됐는데, 덕분에 극장 화재와 사망자 수가 역사상 유례없이 급증했고, 이러한 재난은 극장에 '철의 장막'이 설치된 다음에야 가까스로 진정됐다. 하지만 가스등의 영향은 거기서 그치지 않았다. 그것은 새로운 이론적 문제를 일으켰다. 이제 조명 때문에 쩨쩨하게 굴 필요 없이 원하는 대로 무대를 밝힐 수 있게 됐는데, 수 세기 동안 객석을 지켰던 저 유명한 샹들리에식 광원을 앞으로도 계속 유지해야 할까? 이제는 그런 조명이 없어도 연극이나 오페라를 보는 데 아무 문제 없지 않는가? 여기서 유명한 건축가 샤를 가르니에Charles Garnier가 파리에 새 오페라하우스를 지으면서 전형적인 대답을 제시한다. 이미 몇몇 이탈리아 오페라하우스에서 시행하는 대로 객석을 어둡게 하는 것이 가능하긴 하겠지만 그렇게 할 수는 없다는 것이다. 첫째, 오페라 관객이 플롯을 어느 정도 이해하려면, 현란하고 알아듣기 어려운 노래가 나올 때 오페라 대본집을 읽을 수 있어야 한다. 둘째, 극장에 가는 것은 사교 행사이며, 여기에는 공연을 보는 것뿐만 아니라 자신을 드러내 보이는 것도 포함된다. 특히 군주들은 원칙적으로 박스석에서 조명을 받았는데, 왜냐하면 그들은 부르주아의 환영이 아니라 궁정의 표상과 조명에 모든 것을 의존했기 때문이다. 셋째, (가르니에의 주장에 따르면) 배우들이 예술적으로 우수한 공연을 하려면 반드시 관객의 모든 반응을 볼 수 있어야 한다. 다시 말해서, 배우들이 광학적 피드백 루프 안에서 공연해야 한다는 것이다. 마지막으로 넷째, 조명을 어둡게 하면 객석을 구석구석까지 통제할 수 없다는 문제가 생긴다. 오페라 관객들이 사랑의 아리아가 나올 때 더 이상 대본집을 넘겨볼 수 없으니 전혀 다른 생각이나 행동에 열중할 수도 있다.

가스등 극장의 도덕성에 관해서는, 잠시 후에 영화관의 새로운 도덕성 또는 비도덕성과 대조해 보기로 하고 일단 여기서 마무리 짓겠다. 여하간 새로운 기술적 광원은 맨 처음에 객석에서는 아무 변화도 이끌어내지 못했지만, 무대에서는 새로운 특수 효과의 실험에 동원됐다. 이와 관련해서 특별히 장엄한 두 가지 사례를 살펴보자. 이 사례들은 영화적 응시가 벌써 그때부터 훈련되고 있었음을 입증한다.

19세기 영국에 찰스 배비지라는 아주 실용주의적인 수학자가 있었다. 그는 1830년에 컴퓨터의 전신이라 할 수 있는 최초의 장치를 만들었다. 이 장치는 실제로 완성되지는 못했지만, 영국의 정밀기계 분야가 콜트 대령 식의 산업적 표준화 단계로 발전하는 데 기여했다. 그리고 1846년, 배비지는 런던의 독일 오페라하우스에서 모자를 쓴 어떤 부인의 옆자리에 앉았다. 그런데 무대와 객석의 가스등이 켜지자 부인의 모자와 공연 안내 책자가 약간 분홍색으로 물들었다. 이 우연한 기술적 현상을 본 배비지의 머릿속에 혁명적인 발상과 혁명적인 극장 조명 장치가 동시에 떠올랐다. 그리하여 배비지는 다름 아닌 마이클 패러데이, 스트로보스코프 효과를 발견하여 영화의 가능성을 한 걸음 더 진전시켰던 바로 그 인물과 합심해서 완전히 새로운 발레를 창조했다. 이들은 원래 영국의 한 중위가 군사 신호를 전달하기 위해 발명한 번쩍이는 라임라이트 조명을 무대에 설치하고, 각각의 조명등 앞에 여러 색깔의 회전식 유리 필터를 달았다. 그리고 배비지는 자연과학 연구와 무지개에 관한 발레를 썼다. 그는 모든 발레 무용수들에게 하얀색 트리코트 천으로 만든 옷을 입히고 객석을 어둡게 한 후에, 플롯의 진행에 따라 조명 색깔을 바꾸어 가며 하얀 무용복을 빛으로 물들였다. 여러분은 그 결과를 상상할 수 있을 것이며 반드시 그래야만 한다. 무용수들은 의상을 교체하지 않고도 빨주노초파남보로 반짝일 수 있었다. 이렇게 해서, 전구 조명 설비가 달린 에디슨의 영화 스튜디오 '블랙 마리아'가 등장하기 훨씬 전에 스포트라이트 기반의 첫 번째 극작품이 출현했다. 그리고 아쉽지만, 배비지의 발레는 그저 상상해볼 수밖에 없는 작품이다. 극장주 측에서 화재로 관객이 불길에 휩싸일 것을 우려해 초연 직전에 공연을 취소했기 때문이다.

원原영화적인 가상적 운동을 극장에 도입한 스포트라이트 효과의 역사는 독일에서 명맥을 이어 나갔다. 독일에 어떤 극작가 겸 오페라 작곡가가 살았는데, 그는 아나키즘에 경도되어 다른 무엇보다 불타는 극장과 극장 관객을 상상하기 좋아했다. 그러니까, 리하르트 바그너 말이다. 그에 관한 수많은 세부 사실들은 아쉽지만 건너뛰겠다. 짧고 간단히 말하자면, 바그너는 바이로이트에 새로운 극장을 세우면서 진짜로 전통적 예술의 단계에서 미디어 기술의 단계로 이행했다. 나는 〈니벨룽의 반지Der Ring des Nibelungen〉 시리즈에서 지시문 몇 군데만 언급하겠다. 극작가는 무대 위 장면이 영화처럼 부드럽게 전환될 것을 요구하며, 삼부작의 마지막 장면에서는 배비지의 방법을 응용해서 극적으로 꾸며진 신의 성 '발할' 전체를 불길로 감싼다. 〈라인의 황금Rheingold〉의 마지막 장면에서 바그너의 신들이 무대 천장에 무지개를 피워 올리는 것도 배비지에 가깝다. (이 무지개가 등장하기 직전에, 신들은 형이상학적 연기에 파묻혀 아주 무시무시하고 치명적인 잿빛 속에 잠긴다. 이 장면이 함축하는 것이 바로 〈신들의 황혼Götterdämmerung〉이다.) 바이로이트 극장에서는 이미 1876년 초연 때부터 스포트라이트로 장면을 채색했을 뿐만 아니라 가상적인 '자가 운동성Automobilität'도 구현했다. 대본집에는 새로운 발퀴레가 고대 독일의 구식 말을 탄다고 적혀 있었지만, 실제 기술적 차원에서는 발퀴레의 자가 운동적 환영이 이동식 매직 랜턴으로 뒤편 배경막에 영사됐다. 이와 동일한 일이 〈발퀴레Walküre〉 제2막에서도 벌어진다. 서로 싸우는 지그문트와 훈딩의 머리 위로, 보탄과 브륀힐데가 파노라마식 배경막 상에 그림자로 출현하는 것이다(Ranke, 1982, p.47. 이 장면은 1876년 《일루스트리르테 차이퉁Illustrirte Zeitung》에 도판으로 수록됐다). 이 같은 환각적 장면을 보면 극장의 조명 제어 능력이 얼마나 발전했는지 알 수 있다. 가스등이 등장하면서 처음으로 무대 조명을 통제할 수 있게 됐다면, 이제는 매직 랜턴 효과를 통제할 수 있는 수준에 다다른 것이다 (Ranke, 1982, p.42).

바그너는 극장의 광학 효과와 음향 효과를 똑같이 극단까지 밀어붙였다. 덕분에 바이로이트의 푸른 언덕에 마치 거대한 예술공예 공장처럼 솟아오른 바그너의 '축제극장Festspielhaus'은 19세기를 넘어서, 특히 가르니에의 파리 오페라하우스를 넘어서 결정적인 한 걸음을 내딛었다. 당시 〈반지〉 초연을 눈으로 직접 본 (또는 눈으로 직접 보지는 않은) 사람의 말을 들어보자.

> 바이로이트에서는 공간을 캄캄하게 만들었다. 당시 그것은 극히 놀라운 양식적 수단이기도 했다. '극장 안이 캄캄한 밤처럼 되어 바로 옆 사람도 알아볼 수 없었다. 그리고 심연 속에서 경이로운 오케스트라 연주가 시작됐다.'(Wieszner, 1951, p.115)

미디어 기술이 먼저 각각의 감각 채널을 분리하고 낱낱이 계측한 후에야 비로소 각각을 조합해서 멀티미디어 시스템을 만들 수 있는 것이라면, 바그너의 바이로이트 극장은 역사상 최초로 이 원칙을 실제로 구현했다. 그는 〈라인의 황금〉 전주곡을 완벽하게 연출하기 위해, 우선 무대와 객석에서 사람이나 물건이 전혀 보이지 않도록 조치했다. 당연히 오페라 연주자들도 전혀 보이지 않았는데, 이는 오케스트라가 밖에서 보이지 않도록 움푹 꺼진 '오케스트라 피트'를 설치한 덕분이었다. (이 설비는 1770년경 클로드-니콜라 르두Claude-Nicolas Ledoux가 브장송에 독창적인 극장을 세우면서 처음 도입한 것을 바그너가 바이로이트에서 차용한 것이다.) 그리고 가스등으로 조명한 거대한 무대 위로 커튼이 올라간 후에도 객석 조명은 그대로 꺼져 있었다. 오늘날까지도 바이로이트에서는 객석에 조명을 켜지 않는다. 예외적으로 가끔 바이로이트 티켓을 구입하는 현대 영화 관객은 여기에 더 이상 충격을 받지 않지만, 1876년에는 이것이 충분히 스캔들을 일으킬 수 있었다. 초연을 보러 온 관객들 중에는 새로 설립된 독일제국의 황제 빌헬름 1세도 있었는데, 그는 바그너의 무정부주의로 인해 박스석에서의 절대주의적 자기 표상을 저지당한 최초의 군주가 됐다. 민주주의의 시대, 제대로 말하자면 '문맹이 지배하는 시대'가 시작됐다. 바그너는 가르니에 식으로 계속 오페라 대본집을 읽고 싶어하는 완고한 관객을 위해 초연 전에 책자를 나눠줘야 했지만, 공연 중에는 너무 어두워서 읽으려면 이미 늦으니까 미리 텍스트를 읽어 놓으라고 주의를 주었다. 따라서 〈니벨룽의 반지〉는 옛 무성영화처럼 중간에 자막 화면이 끼어들어 흐름이 끊기는 일이 없는 일종의 총체영화로서 상연됐다. 그러니 바그너의 악명높은 사위 휴스턴 스튜어트 체임벌린Houston Stwart Chamberlain[29]이 교향곡도 바이로이트의 캄캄한 암흑 속에서 연주해야 한다고 말했던 것도 놀랄 일이 아니다. 결국 이 말은, 바그너의 악극에서는 아직 완전히 비가시화 되지 않았던 배우들을 싹 치우고 〈발퀴레〉 식의 대형 매직 랜턴 효과만 쓰자는 소리였다. 이렇게 경험적인 인간 신체가 모두 제거됨으로써 멀티미디어 쇼가 출현했다.

이렇듯 배비지와 바그너가 이미 구식 핍 박스형 극장에서 연극을 능가했다는 사실을 알았으니, 이제는 에디슨의 전구와 뤼미에르의 필름 영사 시스템을 좀 더 밝은 빛으로 조명할 수 있을 것이다. 전기적 빛이 도입되면서 전반적으로 빛과 어둠의 차이에 대한 통제력이 강화된 것, 특히 영화 쪽에서 조명을 완벽하게 통제할 수 있게 된 것은 확실하다. 또한 그 덕분에 극장이나 영화관의 화재 위험이 최소화된 것도 확실하다. 『중력의 무지개』의 마지막 장면을 무시한다면,[30] 이제 영화관에는 화학적으로 폭발물과 유사한 셀룰로이드 필름이 영사기 전구의 열기로 불타면서 발생하는 폭발과 재난만이 남았다. 하지만 전기적 빛의 가장

---

29) 휴스턴 스튜어트 체임벌린(1855~1927)은 영국 출신의 독일인으로, 아리아족의 순혈을 지키는 데 앞장섰던 강경한 인종주의자였다.
30) 핀천의 『중력의 무지개』 마지막 장면에서, 영화관에 미사일이 떨어진다.

중요한 효과는 결국 한밤중처럼 캄캄한 공간도 환히 밝힐 수 있게 됐다는 것이다. 그것은 영화적 측면에서 새로운 미학과 사회병리학을 확립했고, 군사적 측면에서도 새로운 세계 인식을 창조했다. 1900년경 클리그 조명이 개발되면서, 비로소 에디슨의 블랙 마리아를 본뜬 영화 스튜디오가 등장해서 야외 촬영에 종언을 고했다. 이렇게 영화의 조명 시스템이 바뀌면서 비로소 연극 쪽에서도 영화를 따라 기존 조명을 가상적 특수 효과와 클리그 조명으로 대체했는데, 특히 베를린의 막스 라인하르트Max Reinhardt가 이런 식으로 극장을 혁신한 것으로 유명하다. 그러므로 오늘날 연극배우들이 거의 원칙적으로 스포트라이트 조명 아래 서는 것은 영화를 흉내 낸 것이다. 그리고 마지막으로, 전기식 스포트라이트 기술은 전쟁도 근대화했다. 러일전쟁에서 차르의 군대가 동東시베리아의 마지막 요새였던 뤼순 항을 철벽 수비하면서 스포트라이트를 처음 활용했다. 일본군이 야간 공격을 감행하는 순간, 스포트라이트는 전장을 치명적인 영화 스튜디오로 변형시켰다(비릴리오, 2004, p.57). 앞서 말했듯이, 광휘는 원래 절대주의 군주와 권력자가 신민을 비천하게 만드는 데 사용하는 특권이었다. 하지만 1904년부터는 광휘가 '무장한 능동적 눈'으로 변모해서, 망원경이나 현미경처럼 단순히 지각을 최적화하는 것이 아니라 적의 지각을 전면 무력화했다.

전쟁과 영화의 결합에 관해서는 나중에 또 살펴보기로 하자. 무성영화의 역사적 국면에서는 일단 이렇게 무장한 능동적 눈의 미학과 그에 복속된 자들의 사회학을 연구하는 것으로 충분하다. 시간이 없으니까 게오르그 루카치Georg Lukács에서 벨라 발라즈Béla Balázs에 이르기까지 무성영화에 관한 온갖 견해들은 다 생략하고, 후고 뮌스터베르크Hugo Münsterberg가 1916년에 발표한 아주 초창기의 무성영화 이론에만 논의를 국한하겠다. 당시 그가 뉴욕에서 출간한 『광학적 연극Photoplay』이라는 책은 여태껏 내가 영화, 연극, 조명에 관해 질문한 것들을 아주 우아하게 종합한다. 그는 이 책을 통해 (앞서 인용한) '영화 관객이 영사면 상에서 가늠할 수 없이 크게 확대된 자신의 망막을 본다'는 에드가 모랭의 아포리즘을 입증한다.

후고 뮌스터베르크를 간단히 소개하자면, 그는 브라이스가우의 프라이부르크에서 실험심리학 강사로 일했으며, 따라서 영화가 탄생하는 데 참여했던 페히너, 헬름홀츠, 마레의 동료뻘 되는 인물이었다. 그는 (당시 분트Wihelm Wundt 덕분에 과학을 선도하는 도시로 통하던[31]) 라이프치히에서 열린 심리학 학회에서 소설가 헨리 제임스Henry James의 형인 윌리엄 제임스William James 교수를 만났다. 제임스는 뮌스터베르크에게 매료되어, 하버드대학교에 새로 설립된 심리학 실험 연구실의 실장직을 그에게 제안했다. 세기 전환기의 대학들은 자수성가한 에디슨의 선례를 따르고 있었다. 이 연구실에서 뮌스터베르크가 했던 일 중에는, 이를테면 유명한 작가가 되려면 아직 20년이나 남은 어린 거트루드 스타인Gertrude Stein에게 초현실주의식 자동기술법과 유사한 것을 시켜보는 실험도 있었다. 하지만 글쓰기라는 문화적 기술은 심리학과 생리학의 매개변수를 총동원해서 계측한 수많은 것들 중 하나에 불과했다. 실제로 이 연구실의 목표는 모든 문화적 기술을 인체공학적으로 최적화하는 것이었다. 헨리 포드Henry Ford가 제1차 세계대전 중에 주창한 '조립 라인assembly line' 방식의 새로운 작업 공정은 모든 신체적 움직임의 최적화를 요구했으며, 여기에는 글쓰기처럼 눈에 띄지 않는 활동도 예외가 아니었다. 나는 그저 뮌스터베르크의 미국인 동료 길브레스 부부Frank and Lillian Gilbreth가 고속도촬영 영화로 그런 류의 인체공학적 계측 연구를 수행했다는 점만 지

---

31) 빌헬름 분트(1832~1920)는 실험심리학의 창시자로 알려진 독일의 생리학자 겸 심리학자로서, 1875년부터 1917년까지 라이프치히대학교에서 활동했다.

적하겠다. 그런데 프라이부르크 출신의 이 과학자는 그렇게 실용적인 성격이 아니어서 기껏해야 영화 스튜디오에나 드나들었다. 당시 영화 스튜디오는 할리우드의 태양 아래가 아니라 뉴욕에 있었는데, 뮌스터베르크는 미국에서 유명인사였기 때문에 예외적으로 스튜디오에 출입할 수 있었다. 하지만 그의 성공은 이렇게 영화계와 교류하며 『광학적 연극』을 출간하는 것으로 끝났다. 책이 나온 지 1년 후에 독일제국과 미합중국이 전쟁에 돌입했던 것이다. 뮌스터베르크가 윌슨 대통령과 면담하여 전쟁은 안된다고 설득했지만 헛수고였다. 1918년, 그는 이제 어떤 대통령, 어떤 교수, 어떤 미국인도 더 이상 그에게 인사를 건네지 않는다는 데 슬퍼하다가 강의 중에 심장발작으로 사망했다.

뮌스터베르크의 영화책은 그가 '심리기술psychotechnics'이라고 명명한 최신 과학을 응용한 연구서다. 그는 근대적 미디어 기술을 설명하기 위해 옛날 핍 박스형 극장을 영리하게 반례로 끌어왔다. 둘을 미학적으로 비교한 결과, 연극은 관객에게 몇 가지 환영을 유발할 수 있지만 생리적 환영은 결코 만들지 못하는 것으로 밝혀진다. 연극 무대는 사건이 벌어지는 물리적 장소나 물리적 시간을 뒤흔들지 못하고 그냥 따라가야 한다. (그런 까닭에, 저 세 가지 요소가 연극의 이론적 문제가 된다.) 반면 광학적 연극, 즉 극영화는 엄밀한 의미의 기술적 수단을 동원하여 영화 관객의 무의식적 심리 상태를 공격하고 변화시키는 진정한 심리기술이다.

이 가설을 입증하는 실제 사례는 당시 개발된 영화 기법들과 몽타주에서 나온다. 영화의 '몽타주'와 포드식 공장의 '부품 조립'이 말로만 비슷한 게 아니라 실제로 연관성이 있음을 입증하려는 듯이,[32] 최초의 영화 이론은 클로즈업, 플래시백, 플래시포워드, 리버스 쇼트 등이 관객

---

[32] 독일어로는 영화의 쇼트 연결와 공장의 부품 조립이 둘 다 'Montage'로 통한다.

에게 가하는 효과를 검토한다. 그에 따르면, 통제 불가능한 무의식적 관람 중에 발생하는 각각의 효과는 모두 특정한 심리적 행위에 호응한다. 제일 알기 쉬운 예로 뮌스터베르크가 제시하는 클로즈업의 사례를 보자. 영화 속 주인공이 다른 인물을 쏘려고 콜트 대령의 연발 권총을 움켜쥔다. 하지만 연발 권총의 역사적 후손인 영화 카메라는 주인공을 그냥 바라보는 데 만족하지 않는다. 연극이라면 다른 가능성이 없겠지만, 영화라는 '무장한 능동적 눈'은 주인공에 접근해서 연발 권총을 움켜쥔 그의 손을 렌즈에 가득 담는다. 뮌스터베르크에 따르면, 바로 이것이 무의식적 집중이 기능하는 방식이다. 정신은 주어진 이미지에서 관심이 없는 부분을 자기도 모르게 전부 걸러낸다. 마찬가지로 플래시백은 (당시 프루스트Marcel Proust가 탐구했던) 무의식적 기억 행위를, 플래시 포워드는 미래에 대한 상상을, 시공간적으로 분리된 장면들의 몽타주는 무의식적 연상 작용을 실현 또는 실행한다. 이런 식으로, 뮌스터베르크는 뤼미에르, 멜리에스, 그리피스가 유발했던 저항 불가능하고 통제 불가능한 각종 충격 효과를 심리기술적으로 설명한다.

    뮌스터베르크의 이론은 적어도 우리의 시점에서 과학사의 접점들을 하나의 큰 원으로 완성한다. 거듭 강조하지만 미디어 기술은 19세기에 새롭게 나타난 학문적 추세, 즉 선험적 인간이 아니라 경험적 인간의 심리와 생리에 관한 연구를 바탕으로 출현했다. 그런데 뮌스터베르크가 이 책을 쓰던 1916년에는, 이 미디어 기술이 이미 생리학과 심리학에 모델을 제공할 수 있을 정도로 완벽하게 발전했다. 무의식적 집중이 특정한 영화 기법으로 환원될 수 있다면, 우리는 인간을 더 이상 이상화해서 숭배하지 않고 직접 인간을 구축해서 최적화할 수도 있을 것이다. 핀천의 소설 속 영화감독은 '우리가 아직 완전히 영화 속에서 사는 것은 아니'라고 안심시키는 말을 했지만, 그것은 큰 착각이었다. 기술적 사실성의 차원에서, 특히 과학적 실험영화는 삶의 현실성 자체를 변화시켰다. 그리하여 조립 라인에서 일하는 사람들은 영화가 훈련시킨 대로 움직이게 된다.

그런데 뮌스터베르크의 탄복할 만한 이론은 문학사적 접점들도 하나의 큰 원으로 완성한다. 기억하겠지만, 낭만주의 문학은 단어들을 따라서 진짜 같은 시청각적 세계를 내면적으로 전개하는 (노발리스의 말을 직접 인용하자면) "바른 독자"를 요구했다. 노발리스의 놀라운 소설 『하인리히 폰 오프터딩겐Heinrich von Ofterdingen』은 이것을 직접적으로 보여준다. 맨 처음에 누군가 주인공에게 아름다운 푸른 꽃에 관해 이야기한다. 주인공은 소설이 끝날 때까지 결국 그 꽃을 보지 못한다. 하지만 그는 이야기를 따라 꿈속으로 빠져들고, 꿈은 내면의 환각적 눈앞에 푸른 꽃을 보여주며, 꿈에서 깰 무렵 푸른 꽃잎은 옷깃이 되고 꽃심은 소녀의 얼굴이 된다. 묵독의 조건 아래서는 이것으로 충분하다. 이제 주인공은 환각 속에서 출현한 자신의 연인에게 충실할 수밖에 없다. 심지어 그녀가 죽은 후에도, 낭만주의자의 인생 또는 소설 읽는 시간이 다할 때까지……

뮌스터베르크는 이러한 낭만주의적 비전에 과학적으로 응답해서 그 효력을 말소시킨다.

> 극영화는 풍부한 예술적 효과를 보증하는 반면, 무대 위에서는 모든 동화가 꼴사납게 동작하여 진정한 환영을 거의 유발하지 못한다. 우리는 극영화에서 남자가 정말로 야수로 변하고 꽃이 소녀로 변하는 것을 본다. {…} 모든 꿈이 실재가 된다. (Münsterberg, 1970, p.15)

뮌스터베르크가 단언하듯이 영화가 문학과 연극을 완전히 압도한다면, 이 새로운 미디어의 미학은 (다른 사람들의 표현을 빌자면) 소위 '사회적 결과'를 일으킬 것이다. 영화가 부상하면서 연극과 소설 출판이 대중성과 수익성 면에서 위기를 겪었던 것은 비교적 무해한 축에 든다. 영화의 눈속임 기법이 독자의 상상계뿐만 아니라 실재계에서 소녀를 푸른 꽃으로 만들 수 있다면, 모든 낭만적 저자와 독자의 이상적 연인은 멸종할 것이다. 독자를 유혹하던 노발리스의 마틸데와 호프만의 아우렐리에도 사라진다. 왜냐하면 그들은 언어적 묘사의 불가피한 흐릿함 속에서만 존재하는, 단일하고 분간할 수 없는 이상적인 인물이기 때문이다. 극적으로 간단히 말해서, 이제 그들은 경험적·통계적 여성으로 대체된다.

경험적 여성이라면 일단 맨 먼저 영화 스타를 들 수 있다. 게오르그 루카치가 이미 1913년에 눈치챘듯이, 영화 스타는 영혼이 없거나 애초에 영혼이 있을 필요가 없는, 달리 혼동할 수 없는 해부학적 신체다. 1911년, 독일의 한 선도적인 영화 잡지는 이제 막 부상하는 작은 별들을 "키노 걸^{Kinogirl}"이라 부르면서, 이들이 "1650년대부터 유럽에서 빈둥거리며 지내던 극장의 여배우들, 처음 수 세기 동안 결코 기독교식으로 매장된 적이 없는 그치들의 훌륭한 도덕적 맞수를 이룬다"고 평했다. 하지만 《키네마토그라프^{kinematograph}》라는 잡지는 그런 생각에 반대해서 이렇게 쓴다.

> 연극이나 여성에 관심이 있는 사람이라면, 젊은 여성이 어떻게 연극계에 입문하는지 다 알 것이다. 젊은 여성이 무대 위에서 어떻게 버터 나가는지 애써 걱정하고 고민하는 사람은 거의 없다. 하지만 사진이 대중의 삶에서 드라마를 뽑아내어 '보여줌으로써' 인생의 서글픈 드라마를 얼마나 많이 '저지하는지', 대중은 알아야 한다. 그러면 영화관이 연극 무대의 생

명줄을 끊고 있다는 오랜 비난은 앞으로 오래도록 들리지 않을 것이다. 오히려 영화관은 무대 위에서 스러져 가던 이들에게 구원의 밧줄을 내려 준다. (Schlüpmann, 1990, p.19에서 재인용)

이 탁월한 주장은 암묵적으로 여성 신체와 여성 신체의 이미지 사이에서 작용한다. 영화 스타는 극장 여배우만큼 에로틱하지만, 그들은 더 이상 몸이 아니라 이미지만 팔아야 한다. 그러므로 영화 스타는 미디어 기술적 이유에서 순결 또는 신성을 내포한다. 호프만의 『악마의 묘약』에서 그림 속 로잘리아는 갖지만 그의 육체적 분신인 아우렐리에는 가질 수 없었던 신성한 순결을 생각해 보라. 바로 그런 것이다. 다시 말해서, 영화의 핀업 걸은 마치 이차원 공간의 삼차원 기술처럼 손에 잡힐 듯한 느낌을 비켜 나간다. 하지만 바로 그런 까닭에, 손에 잡힐 듯한 촉각성의 경계 자체가 이제는 더 이상 성립할 수 없게 된다. 군용 비행기 제작자였던 억만장자 하워드 휴즈 Howard Hughes가 달리 혼동할 수 없는 해부학적 신체를 가진 제인 러셀 Jane Russell을 위해 특별 브래지어를 제작해서 영화를 촬영한 유명한 일화를 생각해 보라.

그런데 이보다 덜 알려져 있지만 더 중요한 사실은, 경험적·통계적 여성이 영화 관객이기도 했다는 점이다. 독일 대학에서 처음으로 여성의 입학을 허용하던 때, 그러니까 파우스트의 이상적 연인 그레첸이 역사의 뒤안길로 물러나던 바로 그때, 이미 초창기 무성영화 상영관은 여성의 오락거리로 기능하고 있었다. 하이데 슐뤼프만 Heide Schlüpmann의 교수자격논문 『응시의 언캐니함 Unheimlichkeit des Blicks』은 1913년 이전 독일 영화의 내용과 관객 통계를 바탕으로 이 사실을 설득력 있게 보여준다. 덧붙이자면, 상당수의 역사적 증언으로 추정하건대 특히 비서들이 영화관에 많이 갔던 것 같다. 타이피스트는 여학생과 더불어 여성 해방이 낳은 새로운 직업 중 하나였다. 그들은 문학적 환영이 미디어 기술의 변화로 전부 붕괴한 후에, 일반적으로 남성 문필가가 직접 하기에는 너무 사소하고 건조하다고 여겨지는 작업을 떠맡아 하루 열 시간씩 헐벗고 무의미한 문자들을 처리했다. 이런 비서들이 직접 1920년대 잡지 설문란에서 증언한 바에 따르면, 그들은 매일 저녁 남자 친구와 혹은 혼자서 무성영화를 보러 가는 것으로 문자로 가득 찬 사무실의 일상을 탈출했다. 그것은 중간 중간의 자막 화면만 빼면 문자의 위협에서 완전히 자유로운 공간이었다.

역사적으로 여성 영화 관객이 우위에 있었음을 입증하는 인쇄 문헌을 원한다면, 장 폴 사르트르의 자서전 『말 Les Mots』을 읽어 보라. 거기서 늙은 철학자는 문학적이고 또 그만큼 유치했던 사기꾼의 삶을 회상한다. 그는 1906년에 전능한 문학자 할아버지의 손자였다. 할아버지는 당연히 다른 모든 부르주아 친구들과 마찬가지로 가능한 한 자주 파리 극장에 갔다. 사르트르의 멋진 표현을 빌자면, "장차 위엄있는 자리에 오르겠다는 마음을 은근히 품으면서" 말이다. 그렇지만 사르트르의 젊은 어머니는 얼마든지 스탈린주의 혁명가가 될 수도 있었을 어린 아들을 영화에 대한 자신의 열정에 끌어들였다. 사르트르 모자만 그랬던 것이 아니라, 당시에는 여성, 어린이, 생활보호 대상자들이 영화관에 갔다. 하지만 1910년경 이러한 문학적 탈주에 두려움을 느낀 남성들이 영화 검열을 도입하거나, 혹은 (결국 같은 말인데) 남성적인 작가영화 또는 문예영화를 발명했다.

기술에 열광하던 제국의 지배 계층은 당연히 영화 팬이었지만, 도덕성을 중시하는 다양한 집단의 요구에 따라 결국 영화 검열이 제국의 법으로 규정됐다. 이러한 검열의 이유는 당연히 두 가지였다. 한편으로 영화 내용이 문제였고, 다른 한편으로 영화관이라는 사회적 장소가 문제였다. 영화관이라는 사회적 장소는 가르니에의 모든 걱정과 바그너의 모든 희망을 실현했다. 여성의 대학 입학이 허가된 지 얼마 되지 않았던 1913년, 한 여학생이 다름 아닌 막스 베버Max Weber 밑에서 당시 만하임에 있었던 한 영화관에 관한 박사논문을 썼는데, 그에 따르면 "들어오세요, 우리 영화관은 도시 전체에서 가장 어둡습니다!"가 이곳의 광고 문구였다. 그렇지만 내 임무는 여러분에게 애무의 사회사를 강의하는 것이 아니다. 나는 다만 고트프리트 벤Gottfried Benn이 (초기의 단편소설 「여행Die Reise」에서) 이 어둠에 얼마나 열광했는지만 지적하고 동시에 한 가지 경고를 하고 싶다. 낭만주의 문학과 마찬가지로, 확실히 초기 영화는 영화의 에로틱한 내용과 관객의 에로틱한 실행 간의 피드백 루프로 도식화될 수 있다. 하지만 우리는 핀천을 본받아서, 어떤 권력이 그런 루프를 프로그래밍했는지 질문해야 한다. 제1차 세계대전 이후 UFA에서 촬영한 유명한 나체주의 영화가 있는데, 이 영화는 간접적으로만 에로틱한 효과를 유발할 계획이었다고 한다. 프리드리히 폰 츠글리니츠키가 당시 프로젝트 참가자에게 직접 들은 바에 따르면, 이러한 시도의 주된 목적은 패전 직후 건강한 신체의 건강한 영혼을 보여줌으로써 "군의 건강"에 기여하는 것이었다(Zglinicki, 1979, p.576). 이 영화의 제작에는 제국군이 참여했다.[33]

그렇지만, 이렇게 말하면 나는 전쟁사에서 무성영화의 향방을 앞질러 예견하는 셈이 된다. 어떻게 UFA가 존재할 수 있었는지 이해하려면, 영화가 정부 통제 아래 놓이게 된 과정을 단계별로 되짚어야 한다.

앞서 말했듯이, 첫 번째 단계는 문예영화였다. 프랑스는 이미 예전

---

[33] '제국군Reichswehr'은 나치 이전의 독일군을 가리키는 말이다. 이후 등장하는 '국방군Wehrmacht'은 1935~45년의 나치 독일 군대를 말하며, '연방군Bundeswehr'은 1955년 이후 재무장된 서독 군대를 칭한다.

부터 국립극장 '코메디 프랑세즈Comédie Française'에서 문예영화의 새 장을 열고 있었지만, 독일은 영화를 주로 수입에 의존하다가 1913년에야 최초의 문예영화를 제작했다. 몇 년간의 격렬한 논쟁 끝에, 연극인과 소설가들은 제1차 세계대전 발발 직전에 새로운 경쟁적 미디어와 휴전하기로 결정했다. (이 논쟁은 안톤 카에스Anton Kaes가 편집한 『영화 논쟁Die Kino-Debatte』으로 재출간됐다.) 1912년, 당시 독일 최대의 영화 그룹과 극작가 연합이 인세와 저작권에 관한 공동 합의안에 서명했다(Schlüpmann, 1990, p.247). 이듬해인 1913년, 발자크와 같은 카메라 공포증 때문에 초상 사진 촬영도 거부하던 유명 배우 알버트 바서만Albert Bassermann이 오랜 설득 끝에 영화에 출연했다. 파울 린다우Paul Lindau가 쓴 독일 최초의 문예영화 〈타자Der Andere〉에서 자신의 도플갱어 또는 '타자' 역을 맡은 것이다. 이렇게 영화관을 문화적으로 고양시킨다는 것은, 거꾸로 생각하면 장터와 마술쇼에서 물려받은 영화의 내용이나 특히 바이로이트 축제극장과 오페라하우스의 '외딴 방Chambre séparée'에서 물려받은 영화관의 사회적 장소성이 근절된다는 것을 뜻했다. 먼저 뉴욕, 파리, 런던의 선례를 따라, 베를린에서도 영화관과 극장이 건축적으로 혼성된 '영화궁전Filmpalast/film palace'이 출현했다. 그리고 교양있는 부르주아와 문화계 인사들이 이 궁전에 발을 들일 수 있도록, 문필가들이 직접 시나리오를 쓰고 연극배우들이 직접 카메라 앞에 서서 적절한 영화의 내용을 공급했다. 그중에서도 유명한 두 인물을 꼽자면, 1913년에 두 번째 독일 문예영화 〈프라하의 학생Der Student von Prag〉을 만들어낸 문필가 한스 하인츠 에버스Hanns Heinz Ewers와 배우 파울 베게너Paul Wegener를 들 수 있다.

시나리오 작업은 일단 문학적 환각을 영화적 실증성으로 변환하는 것을 뜻했다. 게르하르트 하우프트만Gerhard Hauptmann은 그렇게 하지 못했지만, 에버스는 타자기로 친 원고 뭉치로 (그러니까 새로 발명된 비서들이 취급하는 부류의, 벌거벗은 문자열로 환원된 텍스트 형식으로) 훌륭하게 임무를 완수했다. 또한 여기서, 초기 여성영화에 나오는 하녀나 전락한 여성들은 되도록 학구적인 남성으로 자연스럽게 대체돼야 했다. 그리하여 역사적으로 영화를 가능하게 했던 과학 분야들이 다시 영화 속으로 끌려들어 왔다. 이를테면, 에버스의 시나리오에서 주인공 학생이 도플갱어의 환각에 시달리는 것은 (초기 정신분석이 바로 눈치챘듯이) 정신분석을 통해서만 설명할 수 있다. 〈타자〉나 〈칼리가리 박사의 밀실Das Cabinet des Dr. Caligari〉 같은 다른 문예영화도 범죄학이나 정신의학을 소재로 다루는데, 앞서 살폈듯이 범죄학은 베르티용 때부터 사진 증거 감식에 의존했던 분야이고, 정신의학은 마레가 활동하던 시기에 이미 최초의 환자 연쇄 사진을 제작한 경력이 있었다. 아마 뮌스터베르크는 〈프라하의 학생〉에서 자신의 실험심리학적 전제가 실현되고 심지어 시행되는 부분을 금세 찾을 수 있었을 것이다.

하지만 문예영화는 문학, 과학, 영화를 봉합하는 것을 넘어서 영화와 연극의 간극도 극복해야 했다. 그리하여 유명한 연극배우 파울 베게너가 〈유혹당한 자Der Verführte〉라는 멋진 제목의 영화로 카메라 앞에서 첫 번째 실험을 했다. 켐니츠 출신 사진사의 아들이었던 촬영감독 제버Guido Seeber는 조르주 멜리에스의 스톱 모션 기법과 상상할 수 있는 모든 이중노출을 체계적으로 실험해서 자칭 '절대적 영화absoluten Film'를 창조했다. 그는 1925년에 뮌스터베르크와 완전히 한목소리로 다음과 같이 썼다.

> 물론 영화 전체가 절대적인 것이 될 수는 없겠지만, 거대한 영화의 내부에서 어떤 내적 과정을, 어떤 전설 같은, 동화 같은, 환상적인 과정을 묘사하는 어떤 특정한 장면이 절대적 영화를 향한 도정에서 표명될 수는

있을 것이다. 그런 영화는 {…} 시나리오 작가에게 완전한 전향을 요구하며, (여기서 정말 '시인'이라는 말을 쓸 수 있다면) 자신의 환상을 기술로 번역할 줄 아는 시인을 진정으로 요청한다. 그는 절대적 영화의 서로 다른 부분들을 엮어낼 수 있어야 한다. 그는 과정들을 객관적으로 구체화할 수 있어야 하며, 이 과정들을 시간적으로도 고정해야 한다. 미래의 시나리오 작가는 (나는 절대적 영화의 미래를 확신하는데) 음악가가 악보를 쓰듯이 그렇게 써야 한다. 음악가가 자신의 음악적 창조를 오케스트라 악보로 만들듯이, 영화 작가는 일종의 기술적 악보를 써서 촬영감독이 그의 환상을 따를 수 있게 해야 한다. (Seeber, 1925, p.95)

절대적으로 당연한 수순에 따라, 제버의 '절대적 영화'는 〈프라하의 학생〉에서 영화로 영화 자체를 제시하기에 이르렀다. 제버는 멜리에스를 보면서 이중 노출과 스톱 모션 기법을 연구했고, 미국식 킬리그 조명에 대한 열정을 바탕으로 이런 기법들을 더욱 향상시켰다. 그는 이 모든 성과를 오로지 연극배우 베게너를 그 자신의 타자 또는 도플갱어와 대면시키는 데 쏟아 부었다. 이 '타자'는 완전히 똑같이 생겼지만 내면성이나 얼굴의 동요가 없었으며, 그렇게 백치처럼 보이는 한에만 '연극계 스타'라는 포지티브에 대한 영화적 네거티브로 작동할 수 있었다. 다시 말해서, 도플갱어 기법은 영화화한다는 것 자체를 영화화했다. 한 유명 배우가 스크린 상에 또 하나의 자기가 존재한다는 이유로 죽었다.[34] 여러분은 가르니에가 어째서 객석 조명을 끄지 않겠다고 했는지 기억할 것이다. 비가시적인 관객은 광학적인 제스처로 배우와 승인 또는 인정의 신호를 교환할 수 없기 때문이다. 하지만 기술적 미디어는 이렇게 신

---

34) 영화 속에서, 주인공은 자신의 도플갱어 때문에 곤경에 처하고 결국 사망에 이른다.

체와 그 분신 간의 피드백 루프가 완전히 단절되는 것에 의해 정의된다. 그것은 신체가 더 이상 거울 속에서, 자신의 내면에 기억된 자기 자신의 신체적 이미지 속에서, 혹은 타인의 승인하는 눈 속에서 자신의 분신을 발견하지 못하게 만든다. 사람은 카세트테이프에 녹음된 자기 목소리를 알아듣지 못한다. 후두, 유스타키오관, 내이(內耳)의 피드백 루프는 마이크로 전해지지 않고, 오로지 외부 공간의 음향만 테이프에 저장되기 때문이다. 마찬가지로, 초창기에는 사람들이 자신의 움직이는 도플갱어를 알아보지 못했다는 으스스한 증언이 줄을 이었다. 우리는 이미 말티츠의 희극 『사진과 보복』에서 카메라가 화가의 아름다운 초상화를 어떻게 범죄자 형상으로 대체했는지 보았다. 영화적 운동은 이러한 낯설게 하기 효과를 한층 강화했다. 블라디미르 나보코프나 아르놀트 브로넨Arnolt Bronnen의 소설을 보면, 주인공이 영화 엑스트라나 심지어 주인공이 됐다가 영화관에서 자신이 영화화된 모습을 보고 충격을 받는 장면이 나온다. 프로이트처럼 영화관에 가지도 않고 자기 책에 그런 소재가 들어오게 하지도 않았던 다른 남성들은 이를테면 기차 객실에서 동일한 일을 겪었다. 프로이트 교수 본인의 고백에 따르면, 언젠가 (당시에는 여전히 상류층만 쓸 수 있었던) 일등석의 개인용 화장실 거울문이 갑자기 움직이면서 초라하지만 어딘가 으쌕한 느낌의 노인이 그의 눈앞에 나타난 적이 있었는데, 그는 한참을 애써 노려본 후에야 그것이 자신의 거울상임을 알아봤다고 한다(프로이트, 2004c, p.445).

물론 이런 일화들은 과학사적으로도 시사하는 바가 있다. 하지만 다른 한편에서, 도플갱어 공포증은 다윈주의적인 사회적 선택 원리로 작용했다. 첫째, 어떤 연극배우들은 영화배우로 변신해서 살아남았다. 하지만 그러지 못한 배우들은 오늘날 그들의 미디어와 더불어 보조금을 받는 엘리트로 전락했다. 둘째, 도플갱어에 관한 스티븐슨Robert Louis

Stevenson의 단편소설 「지킬 박사와 하이드Dr. Jekyll and Mr. Hyde」는 역사상 가장 많이 영화화된 작품 축에 들었다. 셋째, 미디어 기술에 따른 선택 원리는 결코 문화계에만 국한되지 않아서, 생산자뿐만 아니라 소비자 역시 기술적으로 생성된 새로운 세계 인식 훈련의 대상이 됐다. 약에 취한 전쟁 특파원 마이클 헤르Michael Herr에 따르면, 베트남전 당시 미 해병대 소속의 한 정예 부대는 부대원 전체가 오로지 ABC, NBC, CBS에서 보내는 수많은 TV 중계팀 중 하나가 전장에서 촬영 준비를 마치면 언제든 전투에 투입되어 논에서 쓰러져 죽을 수 있도록 준비했다고 한다.

도플갱어의 아름다운 죽음이 석간신문에서 찬양되고, 그것을 본 노부모는 충격을 받는다. 이미 제1차 세계대전 당시 발명된 이 수법은 영화가 집 안으로 들어오는 두 번째 단계를 표시한다. 말이 나온 김에 문학 전공자들을 위해 한 가지만 지적하겠다. 에른스트 윙어Ernst Jünger 중위는 전쟁 일지와 전쟁 소설을 쓸 때, 극히 드물게 참호 안에서 적과 마주치는 경우가 있으면 언제나 이 적군을 자신의 도플갱어로 칭했다. 여기서 중요한 것은 이런 환각이 발생한 역사적 이유다. 제1차 세계대전은 참호전에 투입된 수백만의 군인들을 최초의 남성 대중 영화 관객으로 (또한 최초의 남성 대중 라디오 청취자로) 만들었다. 윙어는 그중 하나일 뿐이었다. 이제 여성 영화의 시대는 끝났다. 제1차 세계대전 당시 삼중 참호망 바로 뒤에 있는 병참 지대는 군인들이 오락영화를 볼 수 있는 자유 지대이자 휴양 지대였고, 덕분에 헤니 포르텐Henny Porten 같은 영화 스타들은 참호의 핀업 걸이 됐다(비릴리오, 2004, p.79). 영화가 아니었다면, 4년 내내 (그렇게 오래 살아남았다면 말이지만) 참호 위의 한 조각 하늘만 바라봐야 했던 군인의 감각적 박탈은 대단히 영화적인 정신이상을 불러일으켰을 것이다. 수백만 군인의 사기를 끌어 올리고 그것을 유지하려면, 오로지 인공적인 동영상을 저장해서 공급하는 수밖에 없었다.

따라서 클라우스 테벨라이트Klaus Theweleit가 '남성 환상Männerphantasien'이라고 불렀던 이 새로운 에로티시즘의 이면에는 새로운 전쟁 기술이 있었다. 모든 참전국들은 적어도 공적인 수준에서라도 전 세계적 여론을 얻지 못하면 세계대전에서 승리할 수 없다는 사실을 금세 명확히 깨달았다. 그리고 이러한 세계대전의 홍보 전략적 측면에서는 연합국이 우위에 있었다. 영국, 프랑스, 이탈리아(1916년 이후), 선도적 영화 제작국이었던 미국(1917년 이후)이 모두 동맹국에 맞서 싸웠기 때문이다. 그래서 전 세계적 여론을 형성하기 위해 모든 중립국에 수출된 선전 영화를 보면, 빌헬름 2세는 매일같이 세계를 파괴하고 젊은 여성들을 강간하는 모습으로 그려졌다. 프로이센의 건전한 기상으로 충만했던 독일제국의 제1차 육군총사령부는 여기에 별로 신경을 쓰지 않았지만, 1916년에 교착 상태에 빠진 전쟁 상황을 반전시키라는 명을 받은 제3차 육군총사령부의 루덴도르프Erich Ludendorff와 힌덴부르크Paul von Hindenburg는 달랐다. 이들은 기술적으로 의식화된 사람들이어서 문제의 심각성을 이해했다. 참모장 루덴도르프는 전 세계적으로 황제와 제국을 알리는 선전 영화가 필요하다고 주장하는 한 라이프치히 출신 사업가의 말을 고맙게 받아들였다. 이 사업가는 벌써 수년째 독일 제품의 브랜드 가치와 자신의 《일루스트리르테 차이퉁》을 위해 독일을 선전해야 한다고 주장하고 있었다(Zglinicki, 1979, p.389). 아쉽지만 루덴도르프가 성공한 문필가이자 시나리오 작가였던 에버스의 말도 들었는지는 알 수 없다. 에버스는 제1차 세계대전이 발발할 무렵 미국을 여행하고 있다가 결국 억류됐는데, 아직 미출간된 그의 타자본을 보면 독일의 해외 선전을 순전히 바보짓이라고 비난하는 긴 글이 있었다. 하여간 1917년에는 상황이 급반전했다. 샤른호르스트Gerhard Johann David von Scharnhorst와 그나이제나우August Graf Neidhardt von Gneisenau이래 가장 신성한 프로이센의 군사적 전통이라 할 수 있는 독일 육군총사령부 내에 사진영화국Bild-und-Film-Amt이 설립된 것이다. 그런데 제1차 세계대전기에는 축약어를 만드는 것이 전 세계적인 유행이어서, 이 조직은 간단히 'BUFA'라는 이름을 얻었다. 벨기에 기지의 윙어 중위를 즐겁게 했던 그 모든 영화, 영사기, 영사기사들을 징발해서 900여 전선 영화관으로 보낸 것이 바로 이 BUFA의 업적이었다.

하지만 그것만으로는 불충분했다. 1917년 7월 4일, 루덴도르프는 참모장의 이름으로 BUFA를 (영화가 등장하면서 더 이상 중요하지 않게 된 한 글자만 빼서) UFA로 바꿀 것을 요청하는 공식 서한을 썼다. 그는 참모다운 명료한 말투로 "베를린 왕립 전쟁부"에 다음과 같은 탄원서를 보냈다.

> 전쟁은 사진과 영화가 계몽과 선전의 도구로서 압도적인 힘이 있음을 보였습니다. 안타깝게도, 우리의 적들은 이 분야에서 한발 앞서 있다는 점을 최대한 활용해서 우리에게 심각한 손실을 입혔습니다. 앞으로 전쟁이 계속되는 동안에도 영화는 정치적, 군사적 개입의 수단으로서 그 중요성을 잃지 않을 것입니다. 바로 그런 까닭에, 전쟁이 행복한 결말에 이르기 위해서는 독일이 아직 영향력을 행사할 수 있는 모든 곳에서 영화의 효과를 최대한 활용해야 할 무조건적인 필요가 있습니다. {…} 어떤 수단을 쓰면 되겠습니까? 실제로 기업에 개입하려면 절대다수만으로 충분하므로, {기업의} 지분을 전부 매입할 필요는 없습니다. 하지만 정부가 구매자라는 사실이 알려져서는 안 됩니다. 재정적 거래 전체는 반드시 노련하고 영향력 있고 믿을 만하고 정부에 무조건 충성하는 사적인 손{은행}을 통해 진행돼야 합니다. 거래인들이 대리인 이면의 실제 의뢰인에 관해 어떤 식으로든 알지 못하게 해야 합니다. (Zglinicki, 1979, p.394)

윙어의 세계대전 소설들이 광란적으로 지껄여대는 것과 달리, '전쟁의 행복한 결말'이라는 루덴도르프의 전략적 목표는 알다시피 결코 달성되지 못했다. 그러나 육군총사령부의 전술적 목표는 달성됐다. 정부가 배후 조종자라는 사실이 알려지지 않은 채, 두 군데의 사설 기관이 독일과 덴마크의 사설 영화사들을 모아 그룹을 형성하는 데 성공했던 것이다. 이를 주도한 것은 도이치은행Deutsche Bank과 린트스트룀Lindström이라는 그래머폰 회사였다. (여기 이 린트스트룀은 카프카의 불멸의 연인 펠리체 바우어Felice Bauer가 일개 타이피스트에서 회사의 법적 대리인 직급까지 수직 상승했던 바로 그 회사였다.) 이들이 만든 그룹은 '우니베르줌 영화사Universum Film-Aktiengesellschaft' 또는 줄여서 'UFA'라고 명명됐다. 이렇게 해서 군산복합체는 스스로 변신에 성공했다. 참모본부의 부속 기관이었던 BUFA가 서류상으로는 대규모 사설 산업체인 (사실 절반은 정부에 소속되는) UFA로 바뀐 것이다. 이때부터 UFA는 베를린 남쪽에 있는 바벨스베르크에서 전쟁과 평화를 선전하는 영화를 계속 내놓다가 1945년 3월에 활동을 중단했다. 알다시피 그때는 러시아 사령관 주코프Georgy Konstantinovich Zhukov가 오데르 강 전선에서 최후의 공격을 감행할 무렵이었다. 주코프는 새벽 어스름 속에서 대공 탐조등을 원래 목적과 전혀 다르게 (러일전쟁을 연상시키는 방식으로) 사용해서 전선을 방어하던 독일군의 눈을 멀게 했다. 하지만 적군赤軍이 바벨스베르크로 진군한 후에도, UFA는 글자 두 개를 또 바꿔서 'DEFA'라고 개명한 다음에 독일민주공화국을 위한 선전 영화를 제작하기 시작했다. 이렇듯 국가 권력은 오래간달까, 혹은 그저 맥없이 이어져 간다…….

1989년 11월에야 비로소 종결됐던 저 전쟁의 겉모양이나 선전에 관해서는 이쯤 해 두자.[35] 우리는 1662년 교황청 산하 기관에서 1917년 군사 당국에 이르기까지 선전의 역사를 충분히 살폈지만, 그것만으로는 전쟁과 영화의 진짜 문제가 해명되지 않는다. 일반적으로 참호의 군인들에게 오락을 제공하고 중립국에 영향력을 행사할 필요가 있었다는 것은 진실을 소극적으로 에둘러 표현한 것일 뿐, 진짜 문제는 근대 전쟁이 더 이상 이미지화될 수 없다는 데 있었다. 발사된 총알만큼 빠른 운동도 이미지화할 수 있게 된 역사적 시점에서, 영화 자체를 가능하게 했던 기술들이 전략적 비가시성 속으로 사라졌다. 제1차 세계대전기에 이러한 비가시성이 강제됐던 것은 여러분도 잘 아는 기관총 때문이었다. 콜트의 연발 권총을 일반화한 이 연쇄 살인 기계는 원래 홍인, 흑인, 황인만 겨냥하도록 개발됐고 실제로 그렇게 사용되고 있었지만, 이제는 그 무기를 발명한 백인도 사격 대상이 되었다. 그래서 참호 속 군인들은 머리에 총을 맞을 즉각적인 위험 때문에 한 조각의 하늘과 아마도 성모마리아나 핀업 걸의 환각을 제외하면 전선과 전선 사이에서 더는 아무것도 볼 수 없게 됐으며, 본인들도 위장, 방공호, 참호의 비가시성 속으로 사라져야 했다. 따라서 무성영화의 시대는 수백만의 관객뿐만 아니라 수백만의 비가시적 존재들로 구성됐다. 세계대전은 전 세계의 사람들을 겨냥하는, 그러니까 글을 못 읽는 사람들에게도 전달돼야 하는, 그러니까 무성영화를 동원한 선전을 소리 높여 요구했지만, 이 전쟁은 그런 선전에 쓰일 소재를 전혀 제공하지 않았다. 당시에 물질적인 전투 장면을 촬영하려면 화이트 노이즈도 촬영할 수 있어야 했을 것이다.

그래서 미국의 유명한 그리피스 감독은 좌절할 수밖에 없었다. 그는 유럽에 와서 선전 영화의 군중 장면을 촬영하려는 계획을 세우고 참호 전선에 갔다. 하지만 전장에는 아무도, 아무것도 보이지 않았다(비릴리오, 2004, p.54). 그래서 그리피스는 어쩔 수 없이 대형 스튜디오를

---

35) 베를린 장벽이 무너지고 동·서독이 통일한 것이 1989년 11월이다.

세워서 완벽하게 촬영 가능한 대규모 참호를 만든 후에, 마치 국제전이나 내전이 매일 벌어지는 것처럼 세계대전을 시뮬레이션했다. 그리피스가 옛날 식으로 야전 사령관의 파노라마형 시점에서 촬영한 허구적 전투 장면은 애초부터 슐리펜Alfred von Schlieffen의 판결 아래 있었다. 독일 육군 참모총장이었던 슐리펜은 이미 1909년에 동시대 전쟁에서는 더 이상 아무것도 볼 것이 없으리라고 예언했다. 첫째, 전선이 더 이상 가늠할 수 없을 정도로 끝없이 연장됐고, 둘째, 야전 사령관이 안전상의 이유로 둔덕을 벙커로 대체해야만 했기 때문이었다.

독일 쪽에서도 츠글리니츠키가 "영화 기술의 옛 거장"이라고 너무나 옛 거장답게 표현했던 어떤 감독이 똑같은 일을 당했다. 그는 바로 베를린 출신의 사업가 겸 영화감독인 오스카르 메스터Oskar Messter였다. 메스터는 (우리의 맥락에 딱 떨어지게도) 군대 행렬 및 극장용 전기 스포트라이트를 만들던 정밀 기계공 겸 안경 제작자의 아들로 태어나 영화에 입문했다. 원래 메스터는 자외선 너머의 비가시적 빛을 촬영하는 최신 엑스선 장치 제작 분야에서 경력을 시작했다가, 뤼미에르의 장치를 알게 되면서 독일 영화산업 건설에 뛰어들었다. 또한 그는 인공조명 공방을 차려서 70여 건의 특허를 획득하고 이를 상용화하기 위해 다양한 회사를 세웠는데, 이 회사들은 모두 1918년에 UFA에 합병됐다. 뿐만 아니라 메스터는 초당 24프레임을 영화 촬영과 재생의 표준으로 확립하자고 투쟁하기도 했다. 무성영화 시대에는 필름을 매우 천천히 돌리면서 영화를 촬영했다가 상영할 때는 시간을 아끼려고 초당 60~70 프레임으로 돌리는 것이 보통이었는데, 메스터는 이에 반대했던 것이다. 하지만 그의 요구는 결국 유성영화 시대에야 관철됐다(Zglinicki, 1979, pp.256-66).

공교롭게도 오스카르 메스터 영화사는 역사적으로 제1차 세계대전과 대면했고, 그래서 메스터의 회사들은 모두 BUFA 산하로 들어갔다. 전쟁 부상자나 전쟁 노역자의 사기를 높이려는 정부 시책 덕분에, 이들은 거의 독점적으로 전쟁 뉴스영화를 촬영해서 후방에서 상영할 수 있었다. 그렇지만 이러한 임무를 수행하려면 그리피스의 경우와 유사한 문제에 봉착할 수밖에 없었다. 참호에 볼거리나 촬영할 거리가 없기도 했지만, 애초에 군부는 적군에게 정탐 정보를 공짜로 제공하지 않기 위해 실제 참호의 촬영을 전면 금지했다. 그래서 메스터는 그리피스처럼 기지에서 전투 장면을 시뮬레이션하는 것으로 뉴스영화를 채워야 했는데, 아쉽게도 이 영상은 기대했던 선전 효과를 내지 못했다. 한 군수병원장은 루덴도르프에게 이렇게 썼다. "독일 전쟁 뉴스영화는 부상병의 중요한 치료 수단으로 여겨집니다. 우리 직원이 보고하기를, 참호와 (인용 부호를 달자면) '전선에서' 촬영한 영화 이미지를 틀어줄 때면 여태껏 들어본 적이 없는 떠들썩한 웃음이 터진다고 합니다. 하지만 웃음은 중요한 치료 수단입니다."(Zglinicki, 1979, p.390)

그렇지만 메스터는 그리피스와 달리 선전 영화의 크나큰 실패에서 실험영화적 교훈을 얻었다. 참호 전선이 단순히 광학적으로 지각될 수 없는 것이 아니라 군사적으로 지각되면 안 되는 것이라면, 영화로 통하는 길은 수직으로 내리꽂는 길뿐이었다. 이미 마른^{Marne} 전투의 패배로 슐리펜 계획이 실패로 돌아갔던 1914년 8월에 프랑스의 조프르$^{Joseph-Jacques-Césaire\ Joffre}$ 사령관이 정찰기로 촬영한 사진 기록을 바탕으로 반격에 성공한 적이 있었다. 이 전투 이후로 적군이 참호 안에 숨으면서 공중 정찰대의 필요성이 더욱 커졌다. 오로지 수직적으로 촬영한 사진 및 영화 기록만이 눈에 보이지 않는 군인들, 위장된 포의 위치, 알아보기 어려웠던 후방과의 연계 상황을 적게 노출할 수 있었다. 그런 까닭에, 제1차 세계대전기의 정찰기 조종사는 폭격기나 전투기보다 훨씬 먼저 등장해서 이후 모든 공군의 출발점이 되었다.

메스터는 (비록 상대편이긴 하지만) 바로 이런 조종사들을 위해 1916년에 "사진 기록을 이용해서 이탈을 감지하는 조준 장치"를 제작해서 특허를 냈다(독일 제국특허국 특허문서 309108번, 분류코드 72f, 그룹 7, 1916년 7월 18일자). 특허증에 따르면, 이 장치는 전투용 항공기에서 정확히 기관총 자리에 설치됐고, 실제로 그 목적은 매 발사 시에 기체에 탑승한 기관총 사수가 정확히 발사하는지 확인할 수 있도록 하는 것이었다. 메스터가 멋지게 표현했듯이, 이것은 "기계 장치로 구동되는 영화 촬영 장치"로서, "시야에 십자선이 표시되고 여기에 기관총 방식의 조준기가 시각 축에 평행하게 설치된다." 보다시피, 투시도법과 탄도학의 구조적 상동성은 늦어도 제1차 세계대전기에 전쟁 기술로 실현됐다. 메스터의 교묘한 장치는 수백만km의 롤 필름으로 적어도 720만 km^2의 전장을 담았고(Zglinicki, 1979, p.273), 거기서 기술을 더 향상시키려면 연쇄 살인과 연쇄 사진을 단일한 행위로 통합하는 수밖에 없었다. 결국 프랑스의 한 정찰기 조종사가 기관총의 탄도학적 축과 영화 카메라의 광학적 축을 프로펠러의 축으로 재정위해서 그런 경지에 다다르는 데 성공했다(비릴리오, 2004, p.67).

그런데 독일 측에서도 이러한 통합이 이뤄졌다. 하필이면 귀도 제버, 1911년 바벨스베르크 스튜디오를 세우고 1913년 〈프라하의 학생〉을 촬영했던 바로 그 인물이 2년 뒤인 1915년 바르네뮌데의 (페네뮌데가 아니라) 수상비행기 연구소에 징집됐던 것이다.[36] 그는 거기에 가자마자 바로 교육용 사진영상센터를 세웠다. 영화학적 관점에서 그들의 첫 번째 성공 사례는, 목재 프로펠러에 균형추로 넣던 납 구슬이 수많은 비행

---

36) 페네뮌데는 V-2 로켓 연구기지가 있었던 곳이다.

기 추락 사고의 원인이었음을 밝혀낸 것이었다. 엑스선으로 촬영한 결과, 납 구슬들은 속도가 높아지면 살짝 떠올라서 마치 총알처럼 기체를 꿰뚫는 것으로 나타났다.

말하자면 이처럼 부정적인 시험 결과를 긍정적으로 역전시킨다는 의미에서, 제버는 기관총 발사 명중률을 최적화하기 위한 전투기용 기관총 조준기를 만들었다. 그리고 제버는 그 프랑스 조종사와 동일한 방식으로, 기관총 조준기를 소형 영화 카메라와 결합해서 기관총이 발포될 때마다 한 프레임씩 촬영되도록 했다.

그리하여 촬영과 비행이 전략적으로 통합됐다. 매클루언은 『미디어의 이해Understanding Media』에서 이를 다음과 같이 간결하게 요약했다. "새의 비행에 숨겨진 비밀을 알아내고 인간을 이륙할 수 있게 한 것도 바로 사진이었다."(매클루언, 2011, p.344) 마레가 운동 계측 기법으로 새의 날갯짓을 연구했던 것이나, 열기구에서 항공사진을 촬영했던 사진가 나다르가 체펠린형 비행선보다 (당시 말로) '공기보다 무거운 유형의' 새 모양 비행기 제작을 열정적으로 옹호했던 것은 전부 그럴 만한 이유가 있었다. 이미 1909년에, 데카당파 소설가이자 전투기 조종사였던 가브리엘레 단눈치오Gabriele D'Annunzio는 공중에서 활공하는 것만으로 이탈리아의 대성당과 성채들을 멋대로 확대·축소할 수 있다는 것, 다시 말해 광학적으로 파괴할 수 있다는 것을 조종석 옆자리에 탄 숙녀에게 확인시켜 주었다. 이러한 발견은 단눈치오가 소설가로 변신하는 데도 기여했을 뿐만 아니라, 세계대전 직전에 전 세계적으로 흥행한 최초의 사극 영화 〈카비리아Cabiria〉에서 트래킹 쇼트가 등장하는 데도 영향을 끼쳤다. 단눈치오는 이 영화에 조언자 겸 시나리오 작가로 참여하다가, 세계대전이 터지자 자신의 유격대 '라 세레니시마La Serenissima'와 함께 베네치아에서 알프스를 넘어 빈Wien을 공격했다. 당시에는 알프스 횡단 비행 자체가 위험한 일이었는데, 단눈치오가 이런 위험을 무릅쓰고 빈에 가서 한 일은 폭탄을 투하하는 것이 아니라 선전 전단을 뿌리는 것이었다. 이 전단에 쓰여 있었다시피, 단눈치오는 오스트리아인들을 살려주면 그들이 직접 자신들의 황제를 끌어내리는 데 힘을 보탤 거로 생각했다.

빈과 베네치아의 공중전 시나리오가 단눈치오보다 반세기 먼저, 그러나 역전된 방향으로 예행연습 되었다는 사실은 역사의 아이러니라 할 만하다. 여러분도 기억하겠지만, 육군 원수 부관 우하티우스 남작은 1841년에 활동원판 드로잉을 영사하기 시작했고 얼마 후에는 우하티우스 화약을 제조하는 데도 성공했다. 그런데 시민혁명이 당시 오스트리아-헝가리 제국의 이탈리아인과 특히 베네치아인에게 자유와 기회로 해석되면서,[37] 1849년 오스트리아 야전군이 메스트레에 근거지를 마련하고 반란을 일으킨 '세레니시마'[38]를 포위했다. 그런데 석호에 둘러싸인 베네치아는 정복은커녕 포격하기도 쉽지 않았다. 야전 사령관이 분통만 터뜨리던 바로 그때, 빈 출신의 포병장교 우하티우스 형제가 세계 역사상 유례없는 공중전을 제안했다. "풍향이 적절할 때 종이로 된 열기구를 띄워서 (폭탄을) 도시 상부로 운반했다. 열기구를 띄우기 전에, 그때의 풍속에 맞추어 (시한 신관을 장착해서) 폭탄 30파운드의 폭발 시각을 조정했다. 모든 것이 뜻대로 진행되면, 예견된 지점에 폭발물의 충격이 가해질 것이었다." 왜냐하면 폭탄의 "유효사거리"가 "기존의 포를 훨씬 능가했기 때문이었다."(Kurzel-Runtscheiner, 1937, p. 48) 사실 바람은 거의 관여하지 않았지만, 1849년 6월부터 7월까지 빈에서 제조된

---

37) 1848년 프랑스 2월 혁명이 터지면서 독일, 이탈리아, 그 외 주변 지역에서도 통일, 독립, 해방을 주장하는 시민혁명이 대규모로 전개됐다.
38) 세레니시마는 옛 베네치아 공화국의 공식 명칭 '세레니시마 레푸블리카 베네타Serenisima República Vèneta'의 약칭으로, 직역하면 '가장 평화로운 베네치아 공화국'이라는 뜻이다.

우하티우스 폭탄 110개 중 몇몇은 실제로 베네치아인들의 머리 위에서 터져서 그들을 놀라게 했다. 그러니까 영상을 쏘는 기술을 개발한 육군 원수 부관이 포탄을 쏘는 기술도 개발해야만 했던 것이다.

바로 이 폭탄이나 훗날의 비행기에 사람이 탑승하면 영화의 조감鳥瞰 쇼트가 나온다. 그래서 제1차 세계대전기에는 정찰기 조종사나 폭격기 조종사 같은 새로운 직업이 생겼을 뿐만 아니라 새로운 유형의 영화감독도 등장했다. 이들은 모두 전투기 조종사 출신으로, 기술적으로 변화된 시지각을 바탕으로 영화라는 오락매체를 혁신했다. 〈위대한 환상La Grande Illusion〉의 감독 장 르누아르Jean Renoir도 한때 전투기 조종사였고, 하워드 호크스Howard Hawks도 마찬가지로 자신의 전쟁 경험을 살려 1930년 〈새벽 순찰Dawn Patrol〉을 만들었다. 그러나 공중전과 영화의 결합을 가장 명확하게 보여주는 사람은 소련의 영화감독 겸 영화 이론가이자 특히 레닌의 선전차장이었던 지가 베르토프Dziga Vertov다. 부르주아식 이미지 애호를 거부하는 베르토프의 소위 실험영화 "규칙"은 맨 먼저 "모든 기법에 적용되는 일반적 가르침: 카메라는 눈에 보이지 않는다"로 시작해서 8개 항목으로 이어진다. 1번은 다음과 같다. "불시 촬영―오랜 전투 규칙: 인식 신속 발사." 6번: "원거리 촬영." 7번: "이동 중 촬영." 마지막으로 8번: "부감 촬영."(Vertov, 1984, pp.162-3)

참모장교 베르토프의 전투수칙에 관해서는 이쯤 해두고, 이제 자기 자신의 최전방 졸병으로 전락한 베르토프의 내적 경험을 살펴보자. 그것은 (에른스트 윙어의 말을 변용하자면) '공중―영화―전투Luftfilmkampf'라고 말할 수 있다. "나는 카메라의 눈이다. {…} 오늘부터 나는 나 자신을 인간적 부동성에서 영원히 해방시킨다. 나는 영속적인 운동 속에 존재한다. {…} 나는 달리는 군인들 앞에서 달린다. 나는 등을 바닥으로 하고서 몸을 날린다. 나는 비행기들과 함께 상승한다. 나는 대기에서 낙

하하거나 상승하는 물체들과 보조를 맞추어 낙하하거나 비행한다."(비릴리오, 2004, pp.74-5)

다시 말해서, 그리피스식으로 그냥 움직이기만 하는 것이 아니라 트래킹 쇼트로 완전히 해방된 카메라가 만들어낸 실험·오락영화들은 제1차 세계대전의 지각적 세계를 단번에 대중오락으로 탈바꿈시켰다. 그런데 유럽 민영 라디오에서 1924년에 개발한 '라디오 드라마'라는 새로운 미디어 예술 장르에서도 똑같은 일이 벌어졌다. 이렇게 전쟁 통에 죽은 사람들이 전후 라디오 드라마의 음향적 탄막彈幕과 전후 영화의 광학적 공중전으로 다시 돌아오면서, 할리우드에서 베를린에 이르기까지 여기저기 건설된 대형 영화궁전들은 마치 거대한 무덤처럼 보였다. 유럽 군주정이 붕괴되면서 정부 선전과 교회 선전의 오랜 공모 관계도 이미 와해된 시점에서, 영화궁전은 더 이상 신의 은총으로 왕을 찬미하는 것이 아니라 (레닌 풍으로 말해서) 전쟁 기술과 전력 공급을 찬미하는 정부 선전의 교회가 됐다(비릴리오, 2004, p.98).

하지만 그러므로 새로운 용법보다는 새로운 전기 회로 기술이 더 중요하다는 것이 (적어도 베를린 시민이 보기에는) 미디어 역사의 법칙인 듯하다. 영화감독이 세계대전에서 얻은 교훈보다는 전기 엔지니어가 얻은 교훈이 더 대단해 보이는 것이다.

전기 엔지니어들은 세계대전에서 무성영화의 시대를 끝장낼 가능성을 터득했다. 유성영화를 이끌어낸 것은 제1차 세계대전의 기술들이었다. 이에 관해서는 다음 절에서 살펴보자.

3.2.4. 유성영화

유성영화의 역사는 무성영화가 결코 '무성'이 아니었다는 말로 시작해야 한다. 이미 에디슨은 키네토스코프와 포노그래프의 결합을 구상한 적이 있었다. 집음기에서 멀어지면 녹음이 안 되고 영상과 음향을 동기화하기 어렵다는 문제가 있었지만, 정말 필요했으면 결국은 그런 시스템을 완성했을 것이다. 제1차 세계대전이 발발하기 전까지 많은 아마추어 발명가들이 에디슨을 따라서 기계적·전기적 광학 장치를 기계적 음향 장치와 결합하려고 실험을 거듭했지만 별 성과는 없었다. 무성영화에 전자기적 음향 레코딩, 즉 발데마르 포울센Valdemar Poulsen의 텔레그라폰telegrafon을 결합하려는 실험도 있었는데, 마찬가지로 구체적인 성과는 없었지만 이 실험은 이론적 측면에서 중요했다. 덕분에 마그네틱 오디오테이프의 이론적 원리가 확립됐고, 이것이 제2차 세계대전 중에 대량 생산 가능한 수준까지 발전했기 때문이다. 오디오테이프와 카세트가 등장하면서, 음향 레코딩은 처음으로 영화와 같은 물질적 포맷을 획득했다. 포노그래프나 그래머폰 같은 기존 축음기와 달리, 오디오테이프는 롤 포맷이라서 원하는 대로 시간을 조작할 수 있었다. 에디슨식으로 시간을 역전할 수도 있었고, 멜리에스식으로 잘라붙여서 스톱 모션 기법을 구사할 수도 있었다. 알다시피, 오디오테이프로 음향을 완전히 조작할 수 있게 되면서 록 음악이 탄생했고, 다시 그것이 원하는 대로 조작할 수 있는 비디오테이프와 결합하면서 뮤직 비디오가 탄생했다.

 이 모든 것이 우리에게는 아직 미래의 음악이다. 하지만 1929년 이전의, 실험과 무관한 일상 속에서도 무성영화는 결코 무성이 아니었다. 당시 영화를 상영할 때는 항상 음향이 수반됐다. 가장 저렴한 음향은 변사의 설명이었다. 변사는 영화가 상영되는 동안 관객에게 플롯을 설명하는 일을 했는데, 보통 (당시 광고를 보면) 학계의 프롤레타리아 중에서 선발됐다. 영화 관객은 언제나 청자이자 독자였다. 그들은 본질적으로 커트와 몽타주, 즉 공백으로 구성되는 새로운 기호학을 익혀야 했다. 1913년 표현주의자 쿠르트 핀투스Kurt Pinthus가 자신의 문필가 친구들이 쓴 시나리오 제안서를 모아서 출간한 『영화책Das Kinobuch』을 보면, 무성영화가 어엿한 미디어로 발돋움하기 위해 어떤 지적 단계에 올라야 했는지 알 수 있다. 영화는 자막 장면이나 변사의 설명 없이 오로지 이미지 시퀀스만으로 플롯이 명확하게 드러나는 수준에 도달해야 했다. 하지만 이렇게 '예술을 위한 예술'을 추구하는 무성영화는 상업적으로 득세하지 못했다. 여기에는 변사보다 조금 더 비싼 음향, 즉 녹음된 음악이나 라이브 음악도 한몫했다. 영화관에서 연주자는 피아노를 연주하는 일 외에도 장면에 맞는 연극적 음향 효과를 넣는 영광을 누렸다. 그리스풍의 분위기와 미디어 기술적 노이즈라는 상호 모순적 요소들을 종합한 리하르트 바그너의 오페라는 특히 영화관에서 큰 인기를 누렸다. 바그너는 객석 조명을 끄는 기법 외에도 그 자체로 음향 효과가 되는 음악을 발명했다. 책으로 출판된 바그너 피아노 악보선집에서 특히 〈죽음에 이른 사랑Liebestod〉, 〈발퀴레의 기행Walkürenritt〉 같은 곡은 오래전부터 영화의 배경 음악으로 쓰였다. 특히 발퀴레의 노래는 나중에 코폴라Francis Ford Coppola의 〈지옥의 묵시록Apocalypse Now〉에도 등장하는데, 1876년 바이로이트 극장에서 매직 랜턴 효과와 함께 연주됐던 이 노래는 영화 속에서 베트남전의 헬리콥터 공격 장면에 삽입된다.

그럼 이제 전쟁과 그에 따른 기술 혁신의 문제로 다시 돌아가자. 간단히 말해서, 제1차 세계대전은 에디슨의 전구를 진공관으로 만들었고, 그리하여 영화관의 연주자들을 퇴물로 만들었다. 진공관은 영상과 음향이 동기화된 유성영화 시스템뿐 아니라 TV의 핵심 기술로서 오늘날까지 (비록 최근에는 LCD 디스플레이나 다른 반도체 기술에 의해 대체되고 있지만) 쓰이고 있다. 그럼 이 경이로운 기술의 개발사를 추적해 보자.

앞서 말했듯, 진공관은 에디슨의 전구에서 출현했다. 덕분에 나는 드디어 조명의 역사를 마무리할 수 있게 됐다. 에디슨은 저렴하고 안전한 조명을 발명하기 위해 대단히 계획적으로 연구했다. 그는 열대우림의 목재를 종류별로 전부 연구실에 들여와서 전구 필라멘트 소재로 쓸 수 있는지 시험했으며, 그렇게 해서 다게르가 의존했던 우연적 조합을 체계적으로 근절했다. 만약 웨스팅하우스Westinghouse사라는 더 강력한 경쟁자가 교류전기 시스템을 내세워 에디슨의 직류전기 시스템을 대체하지 않았다면, 에디슨이 그냥 몇 년 더 연구해서 미국에 전력망을 깔았을 것이다. 그런데 연구 중에 어쩌다 보니 전구에 전압이 걸리면 이온이 방출된다는 것, 즉 전구가 진공관으로도 작동한다는 사실이 밝혀졌다. 그렇지만 에디슨은 이론 물리학에 완전히 문외한이어서, 그가 할 수 있는 일이라고는 자기 이름을 따서 이 현상을 '에디슨 효과'라고 명명하는 것뿐이었다.

그래서 에디슨 효과의 사용처를 처음 밝혀낸 것은 에디슨이 아니라 다른 사람이었다. 새로 개교한 최신식 슈트라스부르크 제국대학교의 물리학 교수 페르디난트 브라운Ferdinand Braun이 그 주인공이다. 그는 1897년에 슈트라스부르크 전력망의 일반 교류 전압이 걸린 전자석으로 진공관 내부의 전자빔을 굴절시켜서 인광물질이 발린 일종의 스크린 쪽으로 향하게 했다. 그러면 (무장한 능동적 눈의 최종 형태이자 가장 정밀한 형태라고 말할 수 있을) 이 통제된 전자빔은 스크린 상에 교류 전력을 눈으로 볼 수 있는 그래픽적인 사인 곡선으로 그려냈다. 브라운이 오실로스코프Oszilloskop를 발명한 것이다. 훗날 브라운의 조수가 전자빔으로 수학적 함수 말고 아름다운 이미지를 영사하자고 제안했을 때, 브라운은 음극선관으로 TV 수상관을 만들자는 최초의 제안을 거절한 셈이었다. 그는 웨스팅하우스의 교류 전력망이 흉측한 지그재그나 사각형 모양이 아니라 "이상적인 사인 곡선"을 생성하는 데 "개인적으로 놀랐다"고 한다(Kurylo, 1965, p.137). 오실로그라프Oszillograph는 말 그대로 '진동 기록계'를 뜻하며, 따라서 스코트Édouard-Léon Scott de Martinville에서 마레에 이르기까지 음향·영상 기록 기술의 출발점이 되었던 그 모든 운동 기록계들의 전자적 완성형이라 할 수 있다. 보다시피 TV는 페르디난트 브라운과 함께 위대한 첫걸음을 내딛는 순간에 영화 속 인물이 아니라 방정식을 재생했다. 아마 마지막 발걸음을 내려놓을 때도 마찬가지일 것이다.

그렇지만 영화와 라디오 기술에 결정적인 영향을 끼친 것은 브라운관이 아니라 소위 '트라이오드triode'라고 불리는 삼극진공관이었다. 팔로알토의 리 디 포리스트Lee de Forest와 빈의 로베르트 폰 리벤Robert von Lieben이 거의 동시에 고안한 이 장치는, 진공관 하나가 회로 두 개로 구성되어 한 회로가 다른 회로를 제어하는 형태를 취한다. 이 진공관은 입력이 두 개에 공통접지가 하나 필요하므로, 그리스어를 짜깁기해서 '다리 세 개'라는 뜻으로 '트라이오드'라고 한다. 이처럼 1906년에 제어 회로와 출력 회로가 분리되면서, (핀천의 멋진 표현을 빌자면) '20세기의 근본 문제'였던 제어 문제가 해결됐다. 트라이오드는 1947년부터 그 자리를 대신했던 트랜지스터에 비하면 덩치도 크고 열에 민감하고 요구 전압도 더 높았지만, 경제성 면에서는 당할 자가 없었다. 다시 말해서, 이 장치는 브라운의 전자석을 작동시킬 수 있을 정도의 적은 제어 전류를 흘려보내는 것만으로 상당량의 출력 전류를 끄거나, 켜거나, 감쇠하거나, 증폭할 수 있었다. 그리하여 진공관은 처음으로 물리적 비용의 개념과 파워의 개념을 분리시켰다. 하지만 푸코의 학설에 따르면 파워가 네거티브한 효과만 있는 것은 아니기 때문에, 진공관의 경제성만 논해서는 중요한 것을 빠뜨리게 된다. 요컨대, 연합국 측의 디 포리스트와 동맹국 측의 알렉산더 마이스너Alexander Meißner는 제각기 제1차 세계대전 발발 직전에 진공관이 파워를 증폭할 뿐만 아니라 피드백이라는 새로운 유형의 파워를 제공한다는 사실을 알아냈다. 트라이오드의 출력 회로를 제어 그리드와 반대 주기로 움직인다고 하자. 그러니까 제어 그리드의 전압이 증가할 때 출력 회로의 전압이 감소하는 식으로 움직이는 것이다. 그러면, 출력 신호는 원래 물리적인 이유로 언제나 마이크로초 단위로 약간 지체되어 나오는데, 이것이 다시 제어 그리드로 돌아가면서 음의 피드백이 발생한다. 이 피드백은 최대 전압과 최소 전압 사이에서 진동하기 시작해서 끊임없이 계속된다. 다시 말해서, 고주파 송신기가 탄생한 것이다. 이것으로 라디오나 TV 신호를 전송하려면 저주파 증폭기를 달아야 했다. 일단 시청각 데이터 신호를 변환기를 통해 전기 신호로 바꾼 후에 저주파 증폭기를 통해 원하는 만큼 증폭시킨다. 그 다음에, 변조기를 통해 이 신호를 고주파대로 끌어올리면 원하는 거리만큼 무선으로 전송할 수 있게 되는 것이다.

마이크로폰과 무선 송신기의 기본 원리를 담은 이러한 회로는 이미 1913년부터 밝혀져 있었다. 하지만 이 새로운 기술을 활용할 수 있는 장이 열리고 그것을 대량 생산할 수 있게 된 것은 제1차 세계대전 덕분이었다. 참호전이 되면서 참모부가 더 이상 원거리에서 시청각적 신호를 보내 병사를 지휘할 수 없게 됐기 때문에, 비가시적인 전방과 마찬가지로 비가시적인 사령부 간에 전자적 피드백 시스템이 필요해졌다. 육군 무선기사가 최초의 무선 송신기로 전방 오락용으로 음악을 트는 일은 예외적인 경우에 속했고, 그나마 결국 '군수품 오용' 명목으로 공식적으로 금지됐다. 무선 송신기의 주된 기능은 지상 근무자와 정찰기 조종사 간에 피드백 루프를 제공하는 것으로, 상공에서만 보이는 적진 내 기물 중에서 어떤 것을 사진이나 영화로 촬영해야 하는지 조종사에게 알려 주는 역할을 했다.

이러한 군사적 고주파 기술 덕분에 전 세계적으로 전자회사가 폭증했고, 5년 후에는 '군수품 오용'이 재발하면서 유럽과 미국에 각각 국립 라디오 방송국과 상업 방송국들이 생겨났으며, 약 10년 후에는 최초의 TV 송신기가 뒤따라 등장했다.

하지만 군사적 저주파 기술도 오락용 전자 기술에 영향을 미쳤다. 증폭기가 성공 가도를 달리면서, 전자회사들이 에디슨이나 베를리너식의 낡은 기계식 축음기를 혁신할 수 있게 됐다. 미국의 AT&T나 독일의 지멘스운트할스케Simens&Halske 같은 회사들은 음반 입력부에 신호를 변환하는 픽업pickup을 달고 출력부에 전기식 스피커를 달았다. 또한 증폭기 덕분에 에디슨이 블랙 마리아 스튜디오에서 해결하지 못했던 녹음 문제도 단숨에 풀렸다. 구식 축음기는 집음부가 배우의 입 바로 앞에 있을 때만 작동했기 때문에 촬영된 화면 속에 어울리지 않게 끼어들기 십상이었다. 그런데 증폭기가 등장하면서, 음향매체도 원격 감각에 합류하여 카메라라는 또 다른 원격 감각에 보조를 맞출 수 있게 됐다.

유성영화는 제1차 세계대전 직후 미국과 독일에서 거의 동시에 개발됐는데, 적어도 미국의 경우에는 어느 한 사람을 유성영화의 발명자로 지목하기가 사실상 불가능하다. 여러분은 그냥 워너브러더스Warner Brothers가 타사와 경쟁을 벌이다가 심각한 재정 위기에 빠져 허우적대던 끝에 유성영화의 구세주에 손이 닿았다는 것, 그러니까 미국의 선도적인 전자공학 연구소였던 AT&T의 벨 연구소가 기술적으로 별로 아는 것이 없었던 샘 워너Sam Warner에게 도움의 손길을 내밀었다는 것만 알면 된다. 축음기가 전기화되면서, AT&T는 워너브라더스에 특별한 영화 제작의 기회를 제공할 수 있게 됐다. 영화관에서 거대한 레코드판을 무성영화와 동기화해서 재생하고 그 음향을 스피커와 확성기로 내보내는 복잡한 시스템을 이용해서 유성영화를 만드는 것이다. '바이타폰Vitaphone'이라는 이 시스템은 원래 웨스턴일렉트릭Western Electric사의 특허 기술이었고 이후에도 계속 그 이름을 달고 있었다.[39]

그러니 유성영화를 해석하려고 하는 것은 거의 의미가 없다. 한 미디어의 내용은 언제나 또 다른 미디어이므로, 유성영화는 그 시스템을 개발한 전자회사의 영광을 소리 높여 외칠 뿐이다. 1929년에 나온 최초의 유성영화 제목이 〈재즈 싱어 The Jazz Singer〉인 것은 우연이 아니다.[40] 뉴욕 유대교회에서 경건한 현자들과 함께 노래하던 성가대 출신의 한 유대인 소년이, 사춘기가 지나자 미국의 미디어 업계로 건너가서 (당시 백인들이 하는 말로) '재즈 싱어'가 된다. 뉴욕이라는 다문화의 도가니에서 독실한 유대교 신앙을 고수하던 그의 아버지는 그저 심장이 찢어질 것만 같다. 그런데 이 재즈 싱어가 공연 중에 아버지가 (말하자면, 심장마비가 와서) 죽어간다는 소식을 듣는다. 그는 갑자기 유대 민요를 부르기 시작하고, 객석은 눈물바다가 된다. 다시 말해서, 이제 막 전기식 음향 레코딩 시스템으로 개편하고 객석 뒤편에서 먹잇감을 노리던 음반사가 음반 판매로 대성공을 거둔다. 따라서 〈재즈 싱어〉는 유성영화가 도입되면서 할리우드가 웨스턴일렉트릭이나 제네럴일렉트릭 General Electric 같은 전자회사에 종속됐음을 함축한다. 그리고 이런 전자회사들은 음반사와 라디오 방송국을 소유하고 있었으므로, 결국 록펠러 John D. Rockefeller 나 모건 John Pierpont Morgan 같은 물주들에게 종속됐다(Faulstich, 1979, p.160).

독일에서 유성영화 개발은 더 소규모로, 그래서 더 체계적으로 진행됐다. 패전 이후 돈은 없었지만, 1919년 당시 전국 각지에 동원 해제된 군용 라디오 장비가 널려 있었다. 통신대는 고작 4년 만에 3천 명에서 거의 30만 명으로 급증했다. 이렇게 '오용된 군수품'뿐이었지만, 그것

---

39) 웨스턴일렉트릭은 AT&T의 제조 부문을 담당하던 회사로, AT&T의 엔지니어링 부서와 웨스턴일렉트릭의 엔지니어링 부서가 합병해서 만들어진 것이 바로 벨 연구소다.
40) 원래 〈재즈 싱어〉는 미국에서 1927년에 개봉했고, 독일, 프랑스 등의 유럽 대륙 지역에서 1929년에 개봉했다.

만으로도 음반 형태의 음향매체를 쓰지 않고 최초의 유성영화 시스템 개발이 진행될 수 있었다. (그리고 훗날 여기저기서 특허 분쟁이 터지게 된다.)

그 개발자들은 이 놀라운 위업을 '트리에르곤Triergon'이라고 명명했다. 언뜻 트라이오드를 연상시키지만, 실은 그냥 한스 포크트Hans Vogt, 요제프 마졸레Joseph Masolle, 요제프 엥글Joseph Engl이라는 세 개발자의 이름을 익명으로 한데 묶어 "세 사람의 작업"이라고 압축한 것뿐이었다. 요행히, 프로젝트 지휘자였던 포크트가 남긴 회고록이 뮌헨의 독일 박물관에 보관되어 있다. 그는 1905년 "무성영화와 처음 만났다." 15살짜리 시골 소년이 시네마토그라프로 촬영한 러일전쟁의 기록영화를 보았던 것이다. 그리고 "8년 후", 소년은 키엘의 무선전신시험소에서 복무하는 독일제국 해군이 됐고, 시네마토그라프 포맷의 기록영화는 독일 문예영화로 대체됐다. 포크트는 에버스와 제버가 이제 막 촬영한 〈프라하의 학생〉을 즐겁게 감상하고, "아름답고 매우 극적인" 영화라고 평했다. 하지만 최신 AEG 진공관에 익숙해진 젊은 무선기사 포크트는 영화의 두 가지 측면이 심히 거슬렸다. 하나는 "클로즈업된 배우의 입술이 유령처럼 움직였다"라는 것이고, 다른 하나는 "변사의 논평이 분위기를 망쳤다"는 것이었다(Vogt, 1964, p.7). 자서전이 보통 그렇듯이, 포크트는 제1차 세계대전이 터지지만 않았으면 그때 바로 새로운 미디어 시스템을 발명했으리라 주장한다. 포크트는 4년 동안 무선 기술의 전쟁에 참전하여, 한동안은 전선에서, 또 한동안은 자이프트Georg Weibt 박사라는 사람의 베를린 고주파 연구소에서 복무했다.

> 나는 육해공군의 최전선에 잠깐 있다가, 또 잠깐 베를린 연구소에서 활약했다. 지하 참호들 간의 통신 수단을 만들어서 시험해야 했다. 일기 변

화에 취약한 체펠린식 비행선을 위한 무선방향탐지기와 무선송신국. 전쟁의 슬픈 결말이 도래했다. (Vogt, 1964, p.7)

포크트는 전후 베를린에서 실업자로 지내다가 예전에 영화를 보면서 꿈꾸었던 일을 되살려 슬픔을 이겼다. 세계대전의 기술과 노하우를 동원하면, 전쟁 전에 음향 없는 영상과 영상 없는 음향으로 제각기 존재하던 두 미디어를 유성영화라는 멀티미디어로 틀림없이 한데 묶을 수 있을 듯했다. 그래서 트리에르곤 팀은 일단 체계적으로 명확하게 기술명세서를 준비했다.

우리는 다음과 같은 원리를 우리 작업의 기초로 삼는다.
1. 이미지 매개체인 필름이 음향의 매개체도 되어야 한다.
2. 음향은 사진 기록 방식으로 저장, 복제되어야 한다.
3. 음향 녹음, 증폭, 전송, 고정, 복제, 재생에 필요한 모든 장비가 원 녹음분을 훼손하지 않아야 한다. (Vogt, 1964, p.11)

이 프로젝트의 최대 난제는 당연히 증폭 문제였다. 처음 발생한 상태 그대로의 음향 신호는 너무 약해서, 스코트의 포노토그라프 phonautograph처럼 돼지 털을 진동시키는 것이 고작이었다. 따라서 트리에르곤 팀은 먼저 "그리드 전압이 1볼트 변할 때마다 양극 전류가 6mA 정도 변할 정도로 반응 폭이 크고 그 반응이 안정적으로 반복되는" 진공관 증폭기를 개발해야 했다(Vogt, 1964, p.16). 그런데 위대한 쇼트키 Walter H. Schottky 박사, 트랜지스터 기술의 효시라 할 수 있는 쇼트키 다이오드를 개발한 바로 그 인물이 이미 지멘스에서 거의 흡사한 진공관 증폭기를 개발했기 때문에 더 이상 이 기술로 특허권을 등록할 수 없다는 사실이 밝혀졌다. 하지만 트리에르곤 팀이 해결해야 할 근본 문제는 아직 남아 있었다.

이제 트리에르곤 프로젝트는 에디슨의 극장·거리·주택 전력화 사업에 맞먹는 시스템 건설 프로젝트였다. 즉, 그것은 더 이상 개별 발명 수준이 아니라 신개발의 연쇄 반응을 통해서만 다룰 수 있는 문제였다. 증폭기 문제가 해결된 후에도, 송수신기 쪽에서 음향 신호를 필름과 호환되는 광학 신호로 변환하는 일이 남아 있었다. 포크트, 마졸레, 엥글은 음향 기술과 TV 기술의 융합을 벌써 예견하는 방식으로 이 문제를 해결했다. 이제는 전기가 가능한 모든 미디어 또는 '감각 채널'의 매개체였으므로, 우선 마이크로폰을 통해 음향 신호를 전류로 변환했다. (이때 쓰인 마이크로폰은 새로 개발된 것으로, 수신율이 높고 전기적 관성이 없어서 구식 탄소 마이크로폰에 비해 노이즈를 최소화할 수 있었다.) 그다음에, 이 전류를 신형 진공관을 통해 증폭해서 글로우 방전등으로 보내면, 100kHz에 이르는 고주파라도 가시적인 깜빡거림으로 변환해서 필름으로 촬영할 수 있었다(Vogt, 1964, p.20). 이처럼 유성영화의 사운드트랙은 그 이름이 무색하게도 브라운관과 극단적으로 유사하다. 그것은 소리 그 자체가 아니라 소리를 이루는 물리적 진동을 얼룩덜룩하고 넓어졌다가 좁아졌다 하는 이미지로 변환한 것이기 때문이다.

그리고 섀넌의 정보 이론에 따르면 미디어 시스템의 수신기 쪽은 송신기 쪽의 역함수를 실행해야 하므로, 트리에르곤의 세 개발자는 빛을 전기로 되돌리는 영사기용 셀렌전지를 만들었다. (그런데 이 기술도 TV에 결정적이었다. 미할리$^{Dénes\ Mihály}$나 카롤루스$^{August\ Karolus}$ 같은 초창기 TV엔지니어들이 유성영화 엔지니어이기도 했던 데는 이런 역사적 이유가 있었다.) 셀렌전지에서 나온 전기는 영화관에서 음향으로 전환돼야 했다. 여기서 포크트, 마졸레, 엥글은 최초의 정전식 스피커를 만들어서 그들의 기술 명세서에 명시된 모든 요구 사항을 아주 우아하게 충족했다. 이 장치는 당시에도 영화관 전체를 소리로 가득 채울 수 있었고 오늘날에도 헤드폰과 오디오 장비에 이상적으로 부합한다. 정전식 스피커가 등장하면서, 에디슨의 기계식 축음기 시스템은 전자 제어식에 떠밀려 완전히 사라졌다.

여기까지는 좋다. 트리에르곤 팀은 작업을 마치고 일련의 새 발명품들을 연결해서 미디어 시스템을 만들었다. 그리하여 1920년 2월 22일, 처음으로 필름이 돌아가면서 하모니카 소리가 울렸고 특히 "'밀리암페어'라는 말"이 들렸다(Vogt, 1964, p.37). 그로부터 일 년 후 자정이 조금 지난 시각부터, 고상하지는 않지만 멋진 기술 용어를 말하던 기술자의 목소리는 "클로즈업 상태로" "요한 볼프강 괴테의" "'한 소년이 장미를 보았네'라는 시구를 말하는" 여성의 목소리로 바뀌었다(Vogt, 1964, p.38). 고전주의-낭만주의가 제공하던 그 모든 관능의 대체물들, 이를테면 여러분도 알다시피 꺾이기 직전의 처녀성을 나타내는 저 장미의 가상현실 같은 것들이 영화에 의해 전부 기술적으로 용해된다고 주장했던 뮌스터베르크라면, 이러한 변화에 환호로 답했을 것이다.

하지만 이런 식으로 성공했다고 해서 새로운 멀티미디어 시스템이 바로 상업적으로 성공할 수는 없었다. 이를테면, 트리에르곤 팀이 그들의 기술적 '총체예술'을 대형 전자회사 (내 생각에는 지멘스) 간부에게 선보인 적이 있었다. 그들은 증폭기, 마이크로폰, 스피커로 이루어진 최신 시스템으로 유성영화뿐 아니라 민영 무선전화방송(오락용 라디오)도 구현할 수 있다고 주장했다. 물론 그 말은 전적으로 옳았지만, 전자회사 측은 "공기나 빛처럼 무료로 집에 들어오는 것에 비싼 돈을 지불할" 청취자는 없다고 반론하며 이들의 주장을 기각했다. 그러니까 아무도 지멘스를 위해 라디오 수신료를 내지는 않으리라는 것이었다(Vogt, 1964, p.47).

1922년 9월에 최초로 유성영화 시스템을 공개 실연했을 때도 무성영화 산업은 이와 유사한 반응을 보였다. 《베를리너 뵈르젠차이퉁Berliner Börsenzeitung》은 재정적 역량의 측면에서 다음과 같이 간략히 논평했다. "하지만 유성영화가 실제로 어느 정도나 영화의 미래를 거머쥘지는 앞으로 더 지켜봐야 한다. 유성영화는 국제성이 없으므로 소품에만 국한될 수밖에 없다는 점, 그리고 대작만이 세계 시장에서 투자금을 회수할 수 있다는 점을 잊어서는 안 된다."(Vogt, 1964, p.44)

한스 포크트가 이 반론을 아내에게 이야기하자, 아내가 아이디어를 하나 냈다. 그리고 이것이 트리에르곤 팀에게 유일하게 돈을 벌어 주었던 '기젤라 특허'로 이어졌다. 기젤라 포크트Gisela Vogt가 "제안"한 아이디어는, "앞으로 모든 유성영화는 각각의 장면마다 스튜디오에서 여러 가지 언어로 (주로 교양 있는 언어로) 녹음해서 언어적 어려움을 극복하자"라는 것이었다(Vogt, 1964, p.44).

이렇게 한 여성이 새로운 동기화의 원리를 생각해 냄으로써 드디어 진짜 멀티미디어 시스템이 완성됐다. 당연히 기존 영화관 장비는 싹 쓸어내야 했다. 하지만 세 명의 아마추어는 수십억에 이르는 교체 비용을 댈 능력이 없었다. 무성영화에서 유성영화로 이행하는 기나긴 여정의 첫 단계는 명백히 전 세계의 기존 미디어 시스템을 운영이나 수익 상의 중단 없이 기술적으로 완전히 갈아엎는 것이었다. 이는 TV 시스템과 기술 일반을 둘러싼 분쟁에서 항상 반복되는 일로, 예전에도 그랬고 앞으로도 계속 그럴 것이다.

유성영화의 경우, 이렇게 엄청난 자본이 필요하다면 어떤 결과가 초래될지는 쉽게 예측할 수 있다. 미국과 마찬가지로 독일 영화산업도 지멘스나 AEG 같은 전자회사의 손에 떨어졌다. 이들은 미국 특허권 보유자와 몇 년 동안 법정 공방을 벌였는데, 결국 늘 그렇듯 세계 시장은 분할되고 UFA는 도이치은행과 후겐베르크Alfred Hugenberg[41]에게 넘어갔다. 그리고 하찮은 트리에르곤 특허 따위는 이미 스위스로 매각된 지 오래였던 어느 화창한 날, 한 미국인 영화 사업가가 초대형 레코드판으로 무장한 워너브라더스를 상업적으로 능가하겠다고 결심했다. 그가 바로 앞서 언급했던 윌리엄 폭스다. 에디슨의 키네토스코프 기계로 초기 자본을 모았던 이 사업가는 트리에르곤 특허를 사서 완벽하게 자기 지시적인 형태의 영화 홍보 장치로 개조했다. 다시 말해서, 그는 최초의 유성 기록영화인 폭스 〈무비톤 뉴스〉를 만들었다.

그렇지만 기업과 은행, 취리히와 할리우드의 국제 네트워크도 유성영화가 무성영화와 달리 국제적 미디어를 구성하지 않는다는 사실을 바꿀 수는 없었다. 기젤라 특허는 일단 궁지에서 벗어나기 위한 타개책일 뿐이지 그 이상은 아니다. 사람들이 알골, C언어, 에이다처럼 전 세계적으로 표준화된 컴퓨터 언어에 투항하지 않고 계속 영어나 독일어 같은 언어를 쓰는 한, 유성영화가 소위 '국어'로 제작되어 계속 국가적 선전 수단으로 쓰이는 한에는 어쩔 수 없다. 이제는 영화의 황금기도 지나고 바야흐로 컴퓨터 시대이기 때문에 컴퓨터 언어가 중요하지 국가별 언어는 별 의미가 없다. 하지만 당시는 영국인들이 할리우드의 캘리포니아 사투리를 영어로 인정하지 않겠다고 버티던 때여서(Zglinicki, 1979, p.612), 유성영화는 당대의 라디오 방송과 마찬가지로 국민 형성에 기여했다. 하지만 그래서 첫 번째 세계대전 이후 유성영화 관련 기업들은 언어의 국경선 아래 들어갔고, 따라서 두 번째 세계대전의 가능성에 단단히 발이 묶였다. 그러므로 우리도 영화사적으로 이 세계대전을 향해 나아갈 수밖에 없다.

---

41) 알프레드 후겐베르크(1865~1951)는 바이마르 독일의 대표적인 미디어 재벌로, 나치당을 금전적으로 지원해서 히틀러 집권을 도왔다.

하지만 그전에, 유성영화의 음향과 영상을 동기화하는 까다로운 문제에도 그 나름의 기술적·미학적 측면이 있음을 먼저 지적해야 한다. 광학적 음향 프로세스가 음향, 전기, 영상을 넘나드는 여러 번의 변환을 요구한다는 것은, 음향 신호와 광학 신호가 원래는 거의 호환이 안 된다는 사실을 단적으로 드러낸다. 바로 그런 까닭에, 유성영화는 TV가 등장하기 훨씬 전부터 멀티미디어 시스템의 첫 번째 모델이 됐다. 물론 여기서 '멀티미디어'는 서로 다른 감각 채널 간의 자연적, 생리적 연합이 아니라 기술적 연합을 말한다. 따라서 유성영화는 광학과 음향학의 두 가지 근본적 차이를 매개해야 했는데, 이는 섀넌의 이론으로 간단히 설명할 수 있다.

첫째, (일단 스테레오 효과를 무시하자면) 일반적으로 음향 신호는 시간이라는 단일 독립 변수에 의거한다. 모든 음악 신호는 결국 복잡하지만 단일한 진동의 순간적 진폭이 시간 축에 따라 전개되는 식으로 구성된다. 영화나 TV 같은 동영상도 시간에 의거하지만, 동영상은 전체 픽셀의 가로 세로에 해당하는 두 개의 공간 좌표에도 의거한다. (일단 삼차원 입체 동영상의 경우는 무시한다. 음향 레코딩에서 스테레오 효과를 뺄 수 있듯이 동영상에서도 세 번째 공간 좌표는 뺄 수 있다.) 그래서 음향 레코딩은 일차원적인 선형의 진동으로 충분하지만, 광학적 미디어는 원칙적으로 이차원적인 신호 처리를 요구한다. 그런데 기술적·경제적 계산을 해야 하는 엔지니어의 관점에서, 이는 처리할 정보량이 제곱으로 늘어난다는 것을 뜻한다. 유성영화에서 이미지는 셀룰로이드 필름 전체를 가득 채우는 반면, 광학적 사운드트랙은 프레임 끄트머리의 가는 띠로 충분한 것은 바로 그 때문이다. 사운드트랙은 이론상 그냥 한 줄의 선으로도 실행된다.

둘째, 하지만 음향 레코딩은 에디슨 때부터 아날로그 미디어로 작동하면서 이런 단순성을 상쇄하는 또 다른 면모를 드러냈다. 매 순간 저장되는 기술적 신호는 녹음된 음향 신호의 진폭에 해당하는데, 이처럼 연속적 진동을 연속적으로 이미지화하는 아날로그 방식으로는 음향 신호를 필름 몽타주 하듯이 낱낱이 잘라서 원하는 대로 이어 붙이는 것은 생각할 수도 없고 실행할 방도도 없었다. (앞서 언급했듯이 이 문제는 마그네틱 오디오테이프가 등장한 다음에야 비로소 해결됐다.) 브라슬라우 지역에서 라디오 드라마를 처음 시작했던 프리드리히 비쇼프$^{Friedrich\ Bischof}$의 말에 따르면, 최초의 라디오 드라마 감독들은 새로운 예술 형태를 발명하라는 방송국의 이상한 주문에 따르기 위해 어쩔 수 없이 극영화를 모델로 삼았다. 하지만 영화를 흉내 낸 라디오 드라마는 기껏해야 영화의 느린 페이드인/페이드아웃 기법을 새로운 음향 예술로 이식하는 데 그쳤다. 앙드레 말로$^{André\ Malraux}$가 영화의 작동 원리라 칭했던 돌연한 커트와 몽타주는 라디오 드라마에 진입하지 못했다.

역으로 영화와 TV는 개별 프레임이나 픽셀 같은 불연속적 단위만 취급하는데, 그 까닭은 현재까지도 광학적 저장이 불가능의 영역으로 남아 있기 때문이다. 물리적 수준에서 다양한 주파수의 혼합으로 나타나는 빛을 저장하고 처리하기에는 전기 회로의 동작 속도가 너무 느리다. 알다시피 가청음은 약 25Hz~16kHz라서 저주파 기술로 쉽게 포획되지만, 가시광은 그보다 100억 배나 빨라서 최고점은 700THz가 넘고 최저점도 거의 380THz에 달한다. 이것은 0이 14개나 붙는 숫자로, 현재 전자공학의 표준 스위칭 시간보다 0이 8개나 더 많다. 그래서 영화와 TV는 빛 자체가 아니라 (여태껏 상세히 논의했듯이) 빛의 광화학적 효과를 저장하는데, 이러한 광화학적 효과는 초당 25회의 저주파대로 추출, 저장, 재생해도 아무 문제가 없다. 하지만 오디오 CD가 평소처럼 음향을 초당 4만 회 추출하지 않고 영화나 TV처럼 느리게 돌아간다면, 그야

말로 독특한 청각적 재앙이 발생할 것이다.

　미디어 기술의 이러한 물리적 토대는 TV뿐만 아니라 유성영화를 이해하는 데도 대단히 중요하다. 트리에르곤 프로세스는 영화 프레임을 불연속적으로 덜컥거리며 움직이는 동시에 광학적 사운드트랙을 연속적으로 아날로그하게 해독해야 했기 때문이다.

　디지털과 아날로그의 이러한 충돌에 말 그대로 '쿠션을 대기 위해서' 트리에르곤 팀은 새로운 필름 구동 시스템을 개발했다. 매 프레임이 광학적으로 영사되기 전후로 필름이 대기 루프를 돌면서 영상이 매 프레임마다 순간적으로 정지한 만큼의 시간을 벌충하는 방식이었다. 따라서 두 번의 대기 루프를 거치고 나면 필름 롤은 끊김 없이 전체 시간을 채우는 셈이 됐고, 덕분에 사운드트랙도 끊김 없이 연속적으로 해독할 수 있었다.

　이것은 주어진 문제를 푸는 기계적 해법이었을 뿐만 아니라 전체 시스템과 연관되는 측면도 있었다. 유성영화는 1/1000초 단위의 정확도로 이미지와 소리를 결합함으로써, 메스터가 제안한 시스템 표준화를 처음으로 실현했다. 이제는 영상 쪽에서도 촬영 및 재생 속도를 엄밀히 고정해야 했다. 그렇지 않으면, 소프라노 톤의 여배우 목소리가 베이스 톤으로 들리거나 베이스 톤의 남자 배우 목소리가 내시처럼 들릴 수도 있었다. 여러분 모두 카세트테이프를 너무 빨리 돌리거나 느리게 돌려서 음향이 변조되는 것을 한 번쯤 들어본 적 있을 것이다.

　그런데 여러분도 기억하겠지만, 무성영화 시대에는 재생 속도를 늦추거나 높이는 것이 예외적인 기술적 실험이 아니라, 유료 관객에게 가능한 많은 양의 필름을 팔기 위한 일상적 실행이었다. 그렇다면 유성영화는 처음으로 실험영화와 극영화의 절대적 차이를 열어젖힌 셈이다. 관객은 귀에 들리는 소리를 통해 눈에 보이는 것 역시 실시간 프로세싱

되고 있음을 처음으로 확인할 수 있게 됐다. 이런 점에서 유성영화는 영화 미학의 혁명을 불러왔다.

첫째, 전 지구적인 경제 위기 속에서도 특히 어떤 직종의 실업 문제가 불거졌다. 1929년, 여전히 '빛의 극장Lichtspieltheater'이라는 멋진 이름으로 통하던 독일의 여러 영화관에 다음과 같은 선전 문구가 굵게 인쇄된 전단이 배포됐다. (작은 글씨는 생략했다.)

관객이여!
주의하라! 영화의 위험을!
유성영화는 키치다!
유성영화는 일방적이다!
유성영화는 경제적, 정신적 살인이다!
유성영화는 고가의 보수적인 저질 연극일 뿐이다!
그러므로:
양질의 무성영화를 요구하라!
연주자들의 오케스트라 반주를 요구하라!
예술가들의 무대 공연을 요구하라!
유성영화를 거부하라! (Greve et al., 1976, p.287에서 재인용)

독일공산당이나 나치당 스타일의 이 사회 혁명적 책자에는 물론 국제 공연인 협회와 독일 연주자 조합의 서명이 박혀 있었다. 실업의 위협에 시달리던 조합원들의 말이 아주 틀리지는 않았다. 실제로 연극과 문학이 아무 문제 없이, 그래서 아무 재미도 없이 영화화되는 시대가 시작되고 있었다. 하지만 이들은 기술이 수용이나 거부, 필요나 불안 없이도 잘 돌아간다는 것을 전혀 이해하지 못했다. 따라서 서커스 예술가와 오락용 연주자들의 지적 수준은 딱 뮌스터베르크에서 벨라 발라즈에 이르는 여러 이론가들과 동급이었다. 이 이론가들은 무성영화를 자기 완결적인 예술 형태라고 격찬하면서, 거기에 소리를 입힐 가능성은 생각할 수도 없다고 맹렬하게 비난했다. 적어도 그때는 이론가들의 실업 문제가 좀 덜했다.

둘째, 유성영화가 유명한 무성영화 스타들에게 무슨 짓을 했는지 보여주는 실제 역사적 일화가 있다. 존 길버트 John Gilbert는 11년 동안 미국의 은막과 여성들을 매혹했지만 자기 목소리는 절대 공개하지 못했다. 그런데 1929년에 길버트의 첫 번째 유성영화가 제작되면서, 내가 아까 음향 기술의 유희적 가능성으로 소개했던 것이 말 그대로 생리적으로 실현됐다. 길버트의 목소리는 빨리 돌리거나 느리게 녹음하지 않아도 마치 미키마우스나 내시처럼 들렸다. 영화 시사회가 끝난 직후부터 스타는 평생 죽은 사람이나 마찬가지였다. 유일하게 그레타 가르보 Greta Garbo가 그의 무덤에 장미 몇 송이를 던졌을 뿐이었다(Zglinicki, 1979, p.607).

멀티미디어 시스템으로 총체적인 법의학적 접근이 가능해지면서 역으로 사람들도 신체적 영향을 받았다. 유성영화는 목소리의 표준뿐만 아니라 운동의 표준도 눈에 띄게 변화시켰다. 알다시피, 무성영화 배우가 말의 결핍을 힘겹게 메우면서 중간에 삽입되는 자막을 힘겹게 시뮬레이션하기 위해 30년 동안 구사해 왔던 표현주의적 제스처가 전부 사라졌다. 유성영화는 얼굴의 표현과 제스처 면에서 완벽한 진짜 일상성을 요구했다. 그리하여 거친 소인배의 시대, 다시 말해서 할리우드 영화의 시대가 시작됐다. 말소리가 안 들리던 과거 무성영화 시대와 달리, 이제는 사람이 말하는 중이라면 중간에 끼어들어 자를 수가 없었다. 이것은 민주주의의 문제라기보다는 기술의 문제였다. 지금도 우리는 스크린과 모니터 앞에 앉아서, 영화 스튜디오의 모든 사람들이 더 이상 할 말이 없어질 때까지 인내심을 갖고 끝까지 보고 듣는다. 표현주의적 제스처는 배우들이 촬영분 커트, 대역의 사용, 애니메이션의 충격에 맞서 개발한 최후의 방어 수단이었다. 하지만 음향적 사건의 커트 불가능성이 광학적 사건까지 지배하게 되면서, 그것은 새로운 운동의 스타일로 대체됐다.

그런데 이러한 변환의 과정에서 흥미로운 일이 벌어졌다. 유성영화 시대에 촬영된 거의 최후의 독일 무성영화가 두 미디어의 차이를 영화 속에 등장하는 두 세대의 차이로 형상화한 것이다. 그것은 프리츠 랑이 1929년에 만든 〈달의 여인Frau im Mond〉이라는 영화다. 여기서 달나라 로켓을 이론적으로 꿈꾸기만 하는 가난한 노교수는 표현주의적인 무성영화의 제스처를 쓰지만, 진짜 베르너 폰 브라운Wernher von Braun[42]과 동시대에 이론을 바탕으로 전격전의 기술을 개발하는 젊은 엔지니어는 유성영화, 신즉물주의와 독일 국방군의 절제된 제스처를 보인다.

이로써 우리는 유성영화의 내용을 그냥 내버려둘 수 있게 됐다. 매클루언의 법칙에 따르면 한 미디어의 내용은 언제나 또 다른 미디어라고 하지 않는가. 그리고 사드Marquis de Sade처럼 말하자면, 영화사는 이제 '마지막 한 번만 더 애쓰면 끝'이다. 그럼 이제 로켓 기술과 독일 국방군 같은 키워드로 다음 절을 시작하자. 푸코의 책을 조금 변용하자면 제목을 이렇게 붙일 수도 있겠다. '미디어 기술의 탄생에서 세계대전의 컬러까지.'

---

[42] 베르너 폰 브라운(1912~77)은 독일 출신의 공학자로, 제2차 세계대전 중에 독일의 V-2 로켓을 개발했고 전후에는 미국으로 이주해서 각종 미사일과 우주발사체 개발에 참여했다.

3.2.5. 컬러영화

요컨대, 제2차 세계대전은 컬러였다. 그리고 그 까닭은, 국민계몽선전성 장관이자 독일 영화산업의 최고 후견인이었던 요제프 괴벨스 박사가 흑백영화에 대해 전쟁을 선포했기 때문이었다. 아주 추상적으로 말하면, 제2차 세계대전은 총력전 또는 '총체적 시뮬레이션'의 미명 아래 허구와 현실의 마지막 남은 차이를 무효화하는 것을 뜻했다. 까마득한 옛날부터 소위 경험주의와 소위 예술작품을 나누던 모든 벽이 평평해지는 것이다. 이를테면, 독일 전차 승무원들은 연합군 공군의 우세로 더 이상 낮에 전차를 몰 수 없게 되면서, 1944년부터 야간 투시경을 착용했다. 허셜이 발견한 적외선을 실용화한 이 장비는 천일야화의 각종 꿈들을 실현했다. 역으로, 왓슨와트Robert Watson-Watt는 영국 공군에 세계 최초의 실용적 레이더 시스템을 제공했는데, 여기서 리터가 발견한 비가시적인 자외선은 더욱 고주파대의 빛을 향해 전진했다. 이렇게 가시적인 색채 스펙트럼 너머의 색채, 즉 적외선이나 레이더파 같은 것도 볼 수 있게 됐는데 가시적 색채가 뒤에서 주춤거릴 수는 없었다. 그리하여 제1차 세계대전의 결과로서 무성영화의 시대가 끝난 데 이어, 제2차 세계대전을 예비하며 컬러영화가 개발됐다. 1960년대에 나온 어떤 멋진 책 제목을 빌자면, "테크니컬러 빨간색의 빨강Die Röte des Rots von Technocolor"은 런던, 드레스덴, 히로시마를 뒤덮었던 바로 그 빨강이기도 했다.

전쟁이 터지고 얼마 지나지 않아, 가내수공업식으로 제작된 아그파 컬러 필름으로 〈아름다운 외교관Frauen sind doch bessere Diplomaten〉이라는 영화가 제작됐다. 하지만 이 영화는 금세 상영 금지됐는데, 괴벨스가 보기에 컬러가 "치욕적"이라는 것이 그 이유였다. 독일 국방군, 정확히 말하면 독일 제국해군이 연합국 선박을 나포했다가 미국 테크니컬러 극영화를 발견해서 선전성에 전리품으로 보낸 적이 있었다. 당연히 그중에는 〈바람과 함께 사라지다Gone with the Wind〉도 있었다. 그것은 미국 남북전쟁에 관한 영화였고, 옛 남부 노예주의 목재 저택에 불이 붙으면서 멋진 빛깔로 타오르는 불꽃에 관한 컬러영화였다. 그것은 컬러영화를 광고하는 컬러영화였다.

독일 아그파컬러 필름은 이 눈부신 사례를 따라서 바람과 함께 사라졌다. 전쟁 지휘부는 당시 전쟁에 관련된 중요 화합물과 독극물을 공급하는 업체였던 이게 파르벤IG Farben사와 접촉해서, 결국은 테크니컬러로 정의되는 총천연색의 기준을 충족하도록 최적화된 아그파컬러를 탄생시켰다. 이처럼 총천연색을 둘러싼 전쟁은 1939년부터 시작해서[43] 1965년 컬러TV가 등장하기까지 광학적 미디어의 전체 역사를 결정했다. 하지만 이미 1942년에 파이트 하를란Veit Harlan은 〈황금 도시Goldenen Stadt〉라는 컬러영화(를 광고하는 컬러영화)로 셰르부르Cherbourg에서 키에프Kiev에 이르기까지 요새화된 유럽 전역에 오락을 공급할 수 있었다. 완벽하게 제작된 오락만이 전쟁의 사기를 끌어올릴 수 있다는 선전성의 전략은 이렇게 또 한 번 실행에 옮겨졌다.

여기까지가 전리품으로서의 컬러영화에 관해 비릴리오가 논의하는 내용이다(비릴리오, 2004, pp.36-7). 그런데 이 논의는 파이트 하를란뿐만 아니라 에이젠슈타인Sergei Eisenstein에게도 적용할 수 있다. 그의 영화 〈폭군 이반Ivan Grozniy〉은 전리품으로 획득한 독일 아그파필름으로 어찌어찌 만든 것이 분명했다. 이때부터 미국에서 유럽으로, 다시 유럽에서 서아시아로 기술이 유포되는 두 단계 패턴은 거의 고전적인 것이 되었다. 그러니까 고르바초프Mikhail Gorbachov가 등장하기 훨씬 전부터 말이다.

하지만 컬러영화는 이 같은 역사적 측면뿐만 아니라 기술적, 시스

---

43) 1939년에 제2차 세계대전이 발발했다.

템적 측면에서도 반드시 짚고 넘어가야 할 점이 있다. 여기서도 나는 사태를 아주 일반화해서 컬러TV에도 적용할 수 있도록 논의를 전개하겠다. 이렇게 하기는 아주 쉽다. 기술적 관점에서 보면, 흑백TV는 제2차 세계대전에서 직접 도출됐고 거기에는 이미 컬러TV의 요소들이 들어 있었기 때문이다.

내가 괴테와 경쟁하면서 역사학적 색채론을 내놓을 수는 없겠지만, 그래도 컬러사진, 컬러영화, 컬러TV로 향하는 가장 중요한 단계들은 꼭 언급해야 한다. 화가는 이미 언제나 색채를 다루는 직업이며, 시간에 따른 색채의 외관상 변질이 포지티브화를 거쳐 사진이 되었다는 이야기는 벌써 했다. 그런데 회화에는 색채의 경제가 없었다. 그런 것은 컬러인쇄와 컬러사진이 등장하기 전까지는 필요하지 않았다. 다시 말해서, 화가는 팔레트 상에서 몇 가지 물감을 혼색할지 순전히 자기 마음대로 정했다. 그런데 1611년, 뉴턴이 빛의 스펙트럼을 분석하기 한 세기 전에, 베네치아의 안토니우스 데 도미니스Antonius de Dominis가 빨간색, 녹색, 보라색의 삼원색을 섞어서 모든 색을 만들 수 있다는 결정적인 원리를 확립했다. 이러한 혼색의 원리를 이용하면 동판인쇄할 때 더 이상 구텐베르크나 그의 동료 쇠퍼Peter Schöffer처럼 낱낱의 색면을 이어 붙이는 대신에 서로 겹치게 인쇄할 수 있었다. 그래서 (전단에서 흔히 볼 수 있는) 단순하고 또렷한 색면은 무제한의 그라데이션으로 완벽하게 이어지는 색상값으로 대체됐다. (이게 파르벤의 근간이었던 화학적·인공적 아닐린 염료가 개발된 후,[44]) 19세기 후반에는 이러한 색상값도 모두 표준화됐다.) 아무리 늦어도, 제네펠더가 석판인쇄를 도입한 이후에는 어떤 색

---

44) 이게 파르벤은 바스프BASF, 바이어Bayer, 아그파Agfa, 회히스트Hoechst 등 독일 화학회사들이 모여서 만든 대규모 화학공업 카르텔이었는데, 상당수 구성 업체가 19세기 중반에 인공 염료 제조업체로 출발했다.

채든 원하는 대로 종이 위에 구현할 수 있었다. 나중에는 4색 인쇄가 기술 표준이 됐지만 여기서도 실제로 사용하는 색상은 세 가지다. 네 번째 판은 색상값이 없는 검은색이나 회색으로, 색상이 아니라 명도값을 구별하는 (이를테면 동일한 색조의 밝은 빨간색과 어두운 빨간색을 구별하는) 용도로 쓰인다.

이러한 재료의 경제는 처음으로 예술이 아니라 기술적 미디어를 정의했으며, 생리적 광학에도 결정적인 영향을 끼쳤다. 괴테가 시적·미학적 색채론을 꿈꾸었던 바로 그때, 영국의 토머스 영은 빛의 간섭 이론 외에도 눈이 삼색인쇄처럼 동작한다는 가설을 발전시켰다. 무제한으로 다양한 각각의 색상을 담당하는 수용체들이 전부 눈 속에 들어 있을 리가 없으므로, 빨간색, 녹색, 보라색을 담당하는 생리적 센서를 가정할 수밖에 없다는 것이었다. 내가 아는 한, 이 가설이 살아 있는 인간의 눈에서 타당한 근거를 가지고 입증된 적은 없다. 하지만 1967년 세 명의 의사들이 인간 같은 척추동물의 원추세포는 (기술용어로) RGB만 인식하고 간상세포가 명암을 구별한다는 사실을 입증해서 노벨 생리학상을 받은 적이 있다. 따라서 생리적 차원에서 모든 색상 신호는 서로 다르게 혼합된 삼원색에 명도값 또는 채도값이 더해진 것으로 나타난다. 이에 따라 기술적 차원에서 컬러TV는 색차(색상값)와 휘도(명도값)를 분리하는 일종의 전기식 4색 인쇄로 나타난다.

새로운 색채 생리학을 다시 기술로 변환한 최초의 인물은 다름 아닌 제임스 클라크 맥스웰이었다. 그는 일반 전자기장 이론을 확립해서 모든 무선통신의 기본 원리를 세웠을 뿐만 아니라, 가시광이 탄성파가 아니라 전자기 스펙트럼의 특별한 경우라는 사실을 밝힌 인물이다. 그런데 이 맥스웰이 1861년에 동일한 대상의 흑백사진을 몇 장 촬영해서 각각 삼원색을 칠한 후 한데 겹쳐서 영사하는 실험을 했다. 훗날 컬러영화와 컬러TV의 원리를 보여주는 이 실험은 화가와 기술자들에게 영향을 끼쳤다.

우선 기술자에 끼친 영향을 먼저 살펴보는 것이 옳겠다. 1868년, "독창적인 {사진가} 뒤코 뒤 오롱$^{Ducos\ du\ Hauron}$"이 영(과 헬름홀츠의) 생리학을 맥스웰의 미디어 기술과 조합했다(Bruch, 1967, p.35). 그는 말 그대로 이렇게 제안했다. "빨간색, 녹색, 파란색의 삼원색으로 된 점과 선을 한 판에 충분히 촘촘하게 배열하면, 이들은 모두 함께 백색으로 혼합된다. 세 가지 색상 요소가 똑같이 밝으면 제각기 평면상에서 똑같은 비율을 점하지만, 한 가지 색이 조금 어두우면 그 색상 요소가 더 많이 필요하고 그래서 비율이 늘어난다."(Bruch, 1967, p.35)

독창적인 청사진은 조용히 점진적으로 등장하지 않는 법이다. 첫째, 여기서 뒤코 뒤 오롱은 회화의 작업 원리를 완전히 거꾸로 뒤집었다. 그는 색을 전부 다 섞으면 검은색이 되는 화가용 팔레트의 감산혼합 대신에, 색을 전부 다 섞으면 흰색이 되는 뉴턴과 맥스웰의 가산혼합을 선택했다. 미리 앞질러 말하자면, 1930년부터 흑백 스크린 상에 보이는 흰색은 기술적 실재로서만 존재한다. 자연적으로 존재하는 흰색의 천연 인광 물질은 아직 알려진 것이 없기 때문에, 가산혼합으로 흰색을 이루는 보색들을 정교한 비율로 섞어서 흰색을 만드는 것이다. 둘째, 어쩌면 이게 더 중요할 수도 있는데, 여기서 뒤코 뒤 오롱은 컬러 이미지의 디지털화를 시작했다. 당시의 최신 기술이었던 전신 시스템처럼 색면을 '점과 선'으로 만들어서 그것들이 눈 속에서 가시적인 연속적 색면의 환영으로 녹아들도록 처리한 것이다. 원래 영의 모델이 눈을 간상세포와 삼원색을 수용하는 원추세포로 불연속하게 분해했다면, 이제 그것은 어떤 이미지 또는 미디어로 옮겨와서 역으로 작용했다. 그리고 이제 그 미디어는 (마르크스처럼 말하자면) 인간의 눈이 부르는 '노래'를 시뮬레이션하면서 심지어 그 노래가 진짜라고 거들먹거릴 수도 있었다.

화가들은 (슈브뢸Michel-Eugène Chevreul [45])이라는 사람의 매개를 통해) 이러한 기술적 시각 모델을 화폭에 옮기기만 하면 됐다. 그리하여 유럽 최후의 대상 지향적 예술 운동이 탄생했다. 쇠라Georges Seurat, 시냐크Paul Signac, 피사로Camille Pissarro등의 소위 점묘파는 실제로 삼원색의 점을 찍어서 풍경화를 그렸다. 이 색점들은 먼저 눈 속에서, 그다음에 감각적 차원에서 서로 녹아들어 가산혼합을 일으켰다. 이는 조형예술이 광학적 미디어와 겨루었던 최후의 경쟁이었고, 그 이후에는 추상회화만 남았다.

당시 이렇게 디지털화된 색채로부터 미학적 결론이 아니라 기술적 결론을 도출한 유일한 예술가가 바로 시인 겸 화가 겸 보헤미안 겸 아마추어 발명가였던 샤를 크로스Charles Cros였다. 그는 에디슨보다 조금 먼저 축음기의 메커니즘을 정확히 기술했으며, 컬러사진의 프로세스를 맨 처음으로 밝힌 것도 이 사람이었다. 영과 뒤코 뒤 오롱 이후, 색채 저장 기술은 이제 눈처럼 삼원색을 감지하는 수용체들이 통계적으로 균질하게 분포하는 유제를 개발하는 단계만 남겨두고 있었다. 그리고 바로 이것이 크로스가 제안한 계획이었다. 하지만 에디슨의 말을 빌자면 크로스는 "산만해서, 때로는 시인으로서 불멸을 얻고자 했고, 또 때로는 화가의 월계관을 탐했다. 이렇듯 그는 집중과 내적 평정이 결핍되었기에 위대하고 영속적인 것을 창조할 수 없었다."(Eder, 1905, II, p.943) 간단히 말해서, 컬러사진으로 돈을 번 것은 다른 사람이었다.

이제 우리는 TV의 역사로 진입해야 하므로, 1941년 아그파컬러 필름의 대량 생산에 이르는 길고 지루한 역사는 추적하지 않겠다. 간략히

---

45) 미셸외젠 슈브뢸(1786~1889)은 프랑스의 화학자로, 인접한 색의 변화에 따라 동일한 색이 다르게 보이는 현상을 발견하고 이를 바탕으로 『동시적 색상 대비의 법칙De la loi du contraste simultané des couleurs』을 써서 인상파의 탄생에 기여했다.

말하면 그 역사는 그냥 앞서 소개한 이론과 실험들이 상업화되는 과정이었다. 여기서도 맨 처음에는 무성영화 쪽에서 이미 진술한 규칙이 똑같이 적용됐다. 다시 말해서, 무성 흑백영화는 무성도 아니었지만 흑백도 아니었다. 첫째, 맥스웰의 실험을 바탕으로 소위 '필름 채색'이 유행했다. 흑백 필름을 그냥 한 가지 색깔로 염색하는데, 에로틱한 장면은 핑크색, 자연에 대한 갈망은 푸른색으로 처리하는 식이었다. 둘째, 많은 돈을 들여서 정교하게 영화 전체의 수천 프레임을 일일이 손으로 채색하는 경우도 가끔 있었다. 그것은 마치, 인상파 화가가 하루 종일 다채롭게 변화하는 사르트르 성당의 색채를 일일이 그리는 것과 같았다. 셋째, 베를린의 헤르만 이센제Hermann Issensee가 1897년에 특허를 낸 '컬러 키네마토그라피' 기술이 있었다. 이는 점묘파 식으로 세 가지 다른 색깔의 부분적 이미지를 연이어 보여주는 방식인데, 아쉽게도 120Hz라는 극단적인 속도로 필름을 돌려야만 혼색이 이뤄졌다(Bruch, 1987, p.19). 마지막으로 넷째, 흑백필름이 결코 완벽하지 않았음을 염두에 둬야 한다. 가시광 스펙트럼 전체에 고르게 감광되는 필름이 개발되기 전까지는, 유제가 삼원색에 제각기 다른 강도로 반응했기 때문에 값비싼 탄소 아크등이나 태양광을 써야만 색조를 고르게 맞출 수 있었다(Monaco, 1977, p.96).

　이제 여러분도 유성영화가 도입된 이후 시뮬레이션과 현실의 마지막 차이까지 없애는 데 얼마나 긴 시간이 필요했는지 확실히 알았을 것이다. 앞서 말했듯, 제2차 세계대전에 이르러 전쟁은 처음으로 컬러가 되었다. 제1차 세계대전 때와는 달리, 전군에 체계적으로 확립된 선전대는 무기를 가지고 전투에 참가하라는 명을 받았고, 그래서 그리피스나 메스터 때와 달리 전투 장면을 재구성하는 것도 금지됐다. 그리고 전쟁이 막바지에 접어들 무렵, 선전대는 처음으로 컬러영화를 제작할 수 있는 재료를 지급받았다(Barkhausen, 1982). 그리하여 라디오 송신기에 의존했던 전쟁 보도 음향이나 타자기에 의존했던 전쟁 보도 기사와 달리(Wedel, 1962), 색채와 음향, 말과 소리의 멀티미디어 쇼를 창출하는 전쟁 보도 영화가 탄생했다.

그러므로 전쟁이 끝난 후 컬러영화에 스테레오 사운드와 와이드스크린이 도입되어 눈과 귀에 공간적 깊이의 환영을 제공할 수 있게 된 것은 그냥 사소한 발전에 불과하다. 제1차 세계대전기에 물리학과 음악학을 비롯한 다양한 분야의 교수들이 청력이나 시력을 인공적으로 확장해서 비가시적인 적진의 포 위치를 투시도법적으로 알아내기 위한 연구를 시행한 적이 있었다. 거기 참가했던 프랑스 물리학자 앙리 크레티앵 Henri Chrétien이 자신의 군사용 탐지 프로세스를 민간용 기술로 변환했다. 그것은 영화 촬영 중에 이미지를 수평 방향으로 압축했다가 재생할 때 다시 압축 해제하는 기술로, 이를 이용하면 에디슨의 표준 포맷 필름에 실질적으로 더 넓은 가시각을 저장할 수 있었다(비릴리오, 2004, p.221; Monaco, 1977, p.87). 이렇게 와이드스크린 영화가 탄생했다. 그것은 영화와 TV의 경쟁이 과열되기 직전에 도달한 영화관의 마지막 구세주였다. 소위 '슬리퍼 영화관'에서 수평 방향의 이미지 가시각은 아직 형편없는 수준이었기 때문이다. 하지만 와이드스크린, 시네마스코프, 스테레오 사운드로도 드높은 목표를 향해 나아가는 영화의 시대가 끝났다는 사실을 바꿀 수는 없다. 매클루언의 법칙에 꼭 맞게도, 영화는 TV라는 또 다른 미디어의 저녁 프로그램 채우기용 콘텐츠로 전락했다.

3.3. 텔레비전

영화의 경우는 이미지의 복잡성이 그냥 부록으로 주어지지만, TV의 경우는 하이테크로 그런 복잡성을 창출해야 한다. 따라서 우리는 앞에 나온 수많은 기술적 설명들을 TV와 연관 지을 수 있으며 반드시 그렇게 해야 한다. 하지만 TV를 문학이나 환상과 연관 지을 수는 없다. 영화와 달리, TV가 개발되기 전에 TV를 꿈꾼 사람은 아무도 없었다. 1880년 대영제국의 유머 잡지 《펀치 Punch》에 TV를 보는 미래 인간의 캐리커처가 실렸을 때는 TV의 기술적 원리가 이미 확실해진 상태였다. 그리고 라파엘 리제강 Raphael Eduard Liesegang이 1899년 『전기 텔레비전의 문제에 대한 기여 Beitäge zum Problem des electrischen Fernsehens』를 발표함으로써 이 미디어에 이름을 붙였을 때에는 이미 그 원리가 기본 회로로 변환된 상태였다. 예나 지금이나 TV는 소위 인간이 소망한 것이 아니다. 그것은 넓은 의미에서 전쟁용 전자공학에서 파생된 민간용 부산물이다. 이 점은 확실히 해야 한다.

마찬가지로 확실히 해둬야 할 것은, TV의 개발 과정이 곧 섀넌의 정보 이론에서 명명된 모든 기능이 줄줄이 전자식으로 처음 실현되는 과정이었다는 사실이다. TV의 기능은 1) 완전 전자식 이미지-전류 변환기, 즉 TV 송신부, 2) 완전 전자식 전송로, 즉 TV 채널, 3) 완전 전자식 전류-이미지 변환기, 즉 TV 수상기로 구성됐다. 한참 후의 일이지만 나중에는 여기에 4) 전자적 이미지 저장 기능도 추가됐다. 게다가 TV는 이차원의 광학적 신호를 디지털 방식으로 처리하므로 축음기나 라디오 방송보다 곱절이나 많은 데이터양을 감당할 수 있어야 한다. 이러니 기술 명세서가 방대해질 수밖에 없었다.

그런데 당시에는 1840년 모스가 표준화한 전신 시스템이 유일한 전기식 뉴스 채널로 군림하고 있었다. 전신 시스템은 선형적인 채널이었고, 그런 점에서는 자기가 밀어낸 알파벳이나 인쇄기 같은 기존 미디어와 다를 바 없었다. 사람이 문자를 읽을 때와 마찬가지로, 모스 부호의 점과 선은 고립된 구리선을 따라 하나씩 연이어 움직였다. 1809년 전쟁 중에 자무엘 죔머링Samuel Thomas von Sömmerring이 문자 26개, 숫자 10개를 전선 36줄로 나란히 전송하려고 시도한 적이 있었지만, 이런 방식은 너무 복잡하고 잔고장도 많은 것으로 밝혀졌다. 당시 나폴레옹 사령관은 죔머링의 전신 시스템을 "독일적 발상"이라 평했다고 한다. 그러므로 TV는 영화와 달리 처음부터 다음과 같은 문제를 해결해야 했다. 어떻게 이미지의 이차원을 채널의 일차원으로 만들 것인가? 어떻게 변화무쌍한 평면을 단일한 시간의 변수로 만들 것인가?

이 질문의 원론적 해답을 찾아낸 인물은 공교롭게도 스코틀랜드의 철학자 겸 인쇄업자였던 알렉산더 베인Alexander Bain이었다. 베인은 인쇄업자로서 텍스트를 인쇄할 때는 데이터 흐름이 선형적으로 처리되지만 이미지를 인쇄할 때는 평면을 점으로 해체하는 것을 알고 있었기 때문에, 이미지를 원칙적으로 사각형 격자망으로 간주하고 그 격자를 이루는 낱낱의 점을 하나씩 전송하자고 제안할 수 있었다. 여기서 이미지는 원칙적으로 전보 같은 불연속적 데이터양이 됐다. 자연과의 닮음을 자랑스럽게 내세우는 사진과는 정반대로, 또 아날로그 사진의 불연속적 시퀀스를 이루는 영화와는 반쯤 반대로, TV는 어떤 급진적인 '잘게 썰기'의 프로세스에서 출발했다. 그것은 시간 축뿐만 아니라 너비와 높이의 두 축을 기준으로 관계들과 형태들을 낱낱의 점으로 해체했다. 한때는 상상계가 시지각과 회화에서 지배하던 곳에서 이제는 상징계가 승리를 구가했다. 그리고 오늘날 이 낱낱의 점이 그림의 기본 요소라는 뜻에서 '화소pixel'라고 불린다는 점을 고려하면, TV는 이미 영이나 뒤코 뒤

오롱의 색점 이론에 근접하고 있었음을 알 수 있다. 이제 TV는 그냥 실현되기만 하면 됐다.

때는 바야흐로 1883년, 극영화가 아직 개발되기도 전이었다. 물리학을 공부하던 23세의 한 학생이 베인의 원리를 바탕으로 실제로 작동하는 TV의 기본 회로를 만들어서 특허를 받았다. 파울 니프코브 Paul Nipkow라는 이 학생은 여기 베를린에서 헬름홀츠의 가르침을 받고 있었다. 헬름홀츠는 소리, 음성, 색채에 관한 결정적인 실험들을 통해 전화와 축음기의 토대를 제공했고, 그래서 전신 사업가 베르너 폰 지멘스 Werner von Siemens에게 제국물리기술연구소 전체를 선물로 받았다. 하지만 그의 학생이었던 니프코브는 메클렌부르크의 고전적인 빈곤에 허덕이고 있었다. 그래서 그는 1883년 크리스마스 이브를 좁은 기숙사 방에서 촛불을 꽂은 작은 전나무, 싸구려 석유등 하나, 그리고 얼마 안 되는 친구 중 하나가 개인적인 선물로 슬쩍 갖다 준 제국우편국 소속 전화기 한 대만 놓고 보냈다. 원한다면 그가 세계사의 마지막 크리스마스로 향하는 시간을 보내고 있었다고 말할 수도 있을 것이다. 여하간 그때 이렇게 제국의 기물을 오용한 결과 무언가 탄생했다. 우리는 종종 오락매체로 오해하지만, 그때 만들어진 것은 엄밀히 클로드 섀넌이 말하는 '채널'이었다. 니프코브가 특허 명세서에 쓴 말을 빌자면, "여기 기술된 장치의 목적은 위치 A에 있는 어떤 대상을 임의의 위치 B에서 볼 수 있게 만드는 것"이었다(Rings, 1962, p.37).

니프코프는 크리스마스 트리의 깜빡이는 촛불을 보다가, 혹은 알렉산더 그레이엄 벨이 처음 발명한 전화를 보다가 문득 이미지를 전송할 생각을 했을 것이다. 인간의 음성을 전송할 수 있다면, 그에 상응하는 얼굴도 전송할 수 있지 않을까? 베인의 원리를 엄격히 따르자면, 이미지는 1) 실제로 낱낱의 점으로 쪼개지고, 2) 전화선을 통해 수신기로 전송된 후, 3) 깜빡이는 이미지로 재조합돼야 했다. 하지만 니프코브는 헬름홀츠의 훌륭한 학생으로서 눈의 관성이나 눈의 무의식적 통합 능력, 이를테면 생리적 수준에서 일어나는 (이미 영화 쪽에서 사용되는) 잔상 효과나 그보다 더 일반적이고 수학적인 수준에서 일어나는 화소 통합 효과에 관해 알고 있었다.

니프코브는 이런 시스템의 송신기 부분이 자신의 마음의 눈앞에 (TV 앞에서 '마음의 눈'이라는 시적 표현이 이미 구태의연해지지 않았다면) '자동으로' 펼쳐졌다고 말했다. 그것이 바로 '니프코브 원반'이라고 불리는 장치로, 이미지 송신부와 전송 채널 사이에서 고정된 축을 중심으로 회전하는 금속제 원반이었다. 이 원반의 기능은 구멍이 몇 개 있다는 것뿐이었다. 이 구멍들은 원반에 나선형으로 배열돼 있는데, 원반이 회전하면 이미지의 서로 다른 지점들에서 나온 광선이 연속적으로 구멍을 통해 고정된 셀렌전지에 닿도록 배치됐다. (유성영화에 관해 강의하면서 이미 강조했듯이, 셀렌전지는 빛의 변동에 대해 전류의 변동으로 반응하는 특성이 있다.) 클라우스 짐머링Klaus Simmering의 설명을 빌자면, 니프코브 원반의 구멍 수는 TV 이미지의 주사선 수에 해당한다. "원반이 회전하면, 화면의 한 화소에서 다음 화소로 거의 정확히 선형으로 움직이면서 한 줄의 주사선이 그려진다. 한 점이 화면의 왼쪽 끝에서 사라지면, 나선 상에서 {원반의} 중심점 쪽으로 한 줄 간격 정도 더 들어온 위치의 다음 점이 화면의 오른쪽 끝에 닿고, 거기서 바로 다음 주사선이 그려지기 시작한다. 따라서 구멍 간 거리가 화면의 너비에 해당하며, 원반 중심에서 첫 번째 구멍까지의 거리와 마지막 구멍까지의 거리 차이에 의해 화면의 높이가 정해진다. 그러므로 화면은 불가피하게 약간 사다리꼴 형태가 된다(Simmering, 1989, p.13). 간단히 말해서, 니프코브는 책이나 전신 부호에서 볼 수 있는 불연속적인 선의 형태를 이미지에 부과해서 대성공을 거뒀다.

　이 발명가는 수신기 쪽에서는 별로 성공하지 못했다. 첫째, 광전지에서 생성된 약한 전류를 다시 가시광으로 변환하는 기술이 부족했다. 둘째, 이렇게 변환된 가시광을 니프코브 원반으로 절단해서 이차원 이미지로 영사해야 하는데, 나프코브는 수신기 쪽으로 들어온 전기적 화소의 연속적 흐름을 어떻게 처리해야 송신기 쪽과 똑같은 주사선으로 형성시킬 수 있을지 전혀 생각해둔 바가 없었다. 이를테면 20선짜리 TV에서 1번 선이 19번 선으로, 2번 선이 20번 선으로, 3번 선이 1번 선으로 재생됐다면, 니프코브식 '화상 전화'의 핵심이라 할 수 있는 형태 인식의 상상계가 크게 훼손됐을 것이다. 요컨대, 1884년 1월 6일 베를린 제국특허국에서 획득한 특허에는 동기화 문제의 해법이 들어 있지 않았다. 이는 송신기와 수신기가 서로 맞지 않는다는 것이므로, 유성영화의 이미지-소리 간 동기화 문제보다 훨씬 심각했다.

　셋째, 니프코브 시스템은 기계적으로 이미지를 스캐닝하고 재구성한다는 약점이 있었다. 전자식 채널은 광학적 데이터와 동일한 절대 속도로 간다는 강점이 있었고, 셀렌전지도 훗날 개발된 커 셀$^{Kerr\ cell}$에 비하면 느렸지만 그래도 채널의 속도에 맞출 수 있었다(Simmering, 1989, p.15). 그에 반해서 시스템 양 끝의 회전 원반은 절망적으로 느린 구식이었다.

　그래서 니프코브는 그해 크리스마스의 아이디어를 완전히 잊고 지냈다. 그는 독일제국 라디오 방송국이 자신을 독일 기술의 선구자로 추켜세우며 베를린 라디오 쇼에 불러내자 그제야 기억을 더듬었다. 그는 특허를 낸 뒤 1년 후 베를린 철도신호회사에 디자이너로 취직해서 30년 동안 보안기와 신호기만 만들었다. 그는 기술적으로 아직 가능하지 않았던 TV의 전자식 고주파 신호를 철도의 기계식 신호로 대체했고,

이러한 퇴행의 시간 동안 자신이 TV 특허를 냈다는 사실 자체를 망각했다(Rings, 1962, p.37).

다른 사람들이라고 그보다 나을 것도 없었다. 누구도 니프코브 원반을 써서 실시간으로 동영상을 처리하는 데 성공하지 못했다. 나중에 성공적으로 활용된 예가 있긴 했지만 그나마 실시간 처리 기능이 전혀 중요하지 않은 경우였다. 연방범죄수사국이 컴퓨터 감시 시스템을 도입하기 훨씬 전인 1928년, 제국경찰 산하 범죄수사국이 지명수배서와 지문을 느릿느릿 스캐닝해서 전기의 속도로 발송했다가 멀리 떨어진 경찰서에서 느릿느릿 이미지로 다시 변환하는 시스템을 구축했다. 독일에서 TV는 오락 방송으로 시작하지 않았다. 먼저 정부가 TV 시스템을 이용한 전국적인 원격 범죄 수사법을 배웠고, 이것이 괄목할 만한 검거 성과로 이어졌다.

하지만 니프코브의 특허로 돌아가자. 여러분도 이미 예상했겠지만, 진공관이 개발되면서 그의 세 가지 약점도 전부 해결됐다. 첫째, 진공관을 쓰면 셀렌전지가 이미지를 스캐닝해서 방출하는 저주파 전류를 원하는 만큼 증폭할 수 있었다. 둘째, 진공관을 쓰면 적어도 이론상으로는 니프코브의 '유선 화상전화'를 라디오 방송과 유사한 방식의 고주파 무선 TV 방송 시스템으로 바꿀 수 있었다. 안테나로 송출할 수 없는 저주파 화상 신호를 고주파 신호로 변조하면 TV 송신기가 되기 때문이다. 마지막으로 셋째, 진공관은 앞서 언급한 증폭 기능과 피드백 기능도 있지만 원래 맨 처음 발견된 용도는 '브라운관'의 기능이었다. 브라운의 오실로스코프는 전류를 직접 빛으로 전환할 수 있었기 때문에 니프코브 시스템과 달리 전구가 전혀 필요 없었고, 발광하는 전자빔을 전자석으로 굴절시켜 스크린 상의 임의의 지점으로 조준할 수도 있었다. 그러므로 브라운관을 이용하면 오로지 빛의 점으로 구성된 진정한 디지털 이미지를 만드는 것이 가능했다.

브라운은 1897년 오실로스코프로 교류 전력망을 가시화했지만, 앞서 말했듯 이미지 전송에는 관심이 없었다. 그런데 1908년, 앨런 캠벨스윈튼Alan Archibald Campbell-Swinton이 송수신부 양쪽에 브라운관이 달린 혁명적인 TV 시스템을 제안했다. 송신기 쪽 브라운관 스크린은 전기적 관성이 발생하지 않는 광전지로 촘촘히 덮여 있어서, 촬영할 이미지를 영사하면 광전지들이 주어진 광학적 상태에 해당하는 전하를 발생시킨다. 그러면 브라운관의 전자빔이 이 전하를 읽어들여 전류의 진동으로 변환하고, 이것을 수신기 쪽 브라운관이 받아서 다시 가시적 영상으로 역변환한다(Simmering, 1989, p.25). 이것이 그가 제안한 전체 시스템의 메커니즘이었다.

하지만 니프코브 전송 시스템의 기계적 약점이 완전히 제거되는 데는 시간이 오래 걸렸다. 정보 시스템 전체의 효율은 그 시스템의 가장 비효율적인 요소에 의해 결정된다. 이런 점에서 TV 기술 개발의 발목을 잡았던 것은 제1차 세계대전기에 널리 쓰였던 중파 라디오 방송의 좁은 대역폭이었다. 오늘날의 초단파와 달리, 중파 송신기는 실제로 소리 같은 일차원 신호를 전송하기에는 충분한 주파수 대역폭을 제공했다. 하지만 TV의 브라운관은 정보량이 그보다 곱절로 많았다. 크리스티안 모르겐슈테른Christian Morgenstern 식으로 말하자면 중파 송신기는 '그를 위해 만들어진 것이 아니었으니', TV는 중파 전송기의 채널 용량을 거의 폭파시킬 지경이었다. 그래서 초당 12.5프레임이라는 (극영화의 절반 수준인) 애처로운 속도로 4×4cm 크기의 스크린에 주사선이 딱 30개 들어가는 기계식 니프코브 원반이 1920년대까지도 계속 쓰였다. 독일 제국 우편국에서 (유성영화의 역사에서 잠깐 등장했던) 미할리와 카롤루스가 TV를 실험했을 때나, 영국방송협회British Broadcasting Corporation, BBC에서 스코틀랜드의 열정적인 딜레탕트 존 로지 베어드John Logie Baird의 지휘 아래 TV 실험이 시행됐을 때도 전부 이 표준을 썼다. 하지만 망점 처리한 신문 사진을 20배 확대한 것 같은 흐릿한 이미지는 보통 사람들에게 아무 의미도 없었다. 오로지 몇몇 아마추어만이 개인 소유의 니프코브 원반을 손끝으로 돌려서 송신기 쪽 니프코브 원반과 맞춰 보는 방식으로 TV라는 새로운 기술적 장난감을 갖고 놀았다(Simmering, 1989, p.17).

그래서 1930년대에는 TV의 두 가지 측면이 최적화됐다. 첫째, 선전 전문가들은 주민들을 TV에 몰입시킬 수 있는 이미지의 흐름을 발명해야 했다. 이런 노력은 1936년 베를린 올림픽의 스펙터클과 나치 전당대회에서 최고의 결실을 보았다. 둘째, 기술자들은 무선 방송 시스템으로 TV 채널을 전기화한 후에 니프코브 원반도 진공관으로 교체해야 했다. 진공관을 이용한 영상 재생에 처음 성공한 사람은 나치당과 독일민주공화국의 역사에 선도적인 역할을 했던 만프레드 폰 아르데네Manfred von Ardenne였다. 그리고 진공관을 이용한 영상 촬영은 러시아 황제의 관료 출신으로 미국에 귀화했던 블라디미르 즈보리킨Vladimir Kosma Zworykin이 맨 먼저 성공했다.

1931년, 이상하지만 또 크리스마스에 폰 아르데네가 초당 16프레임에 1만 화소짜리 섀도 마스크 수상관을 소개하여 기자들을 놀라게 했다. 그의 수상관은 기계식 니프코브 원반이나 당시의 무선 방송 주파수 대역폭이 감당할 수 없는 이미지 품질을 제공했다. 아데르네의 TV 이미지가 채널 용량을 더 이상 폭파시키지 않게 된 것은, 독일 국방군의 압력으로 초단파 무선 방송 기술이 개발된 다음부터였다. (독일 국방군은 1939년 당시 초단파 무선으로 원격 제어되는 전차부대를 이끌고 전격전에 나선 세계 유일의 군대였다.) 한 BBC 특파원의 글을 빌자면, "독일 방송국 총재 오이겐 하다모프스키Eugen Hadamovsky가 일천구백삼십오년 삼월

이십이일 금요일 세계 최초 정규 고해상도 텔레비전 방송을" 시작했다 (Simmering, 1989, p.12).

하지만 제국우편국의 첫 번째 정규 고해상도 TV는 오늘날 소니 고해상도 TV에 비할 바가 아니었고, 심지어 그에 걸맞은 송신관도 없었다. 그래서 TV의 내용은 또 다른 미디어로 채워질 수밖에 없었다. 방송국에서는 당시의 최신 발명품이었던 유성영화를 영상과 음향으로 분리해서 전송했다. 이때 음향은 무선으로 아무 문제 없이 전송할 수 있었지만, 영상은 니프코브 원반으로 아주 힘겹게 스캔해야 했고 처음에는 심지어 실시간으로 처리되지도 않았다. 그러니까 매클루언의 법칙이 아주 딱 들어맞는 셈이다. TV가 극영화 공급을 끊고 생방송 미디어가 되려면 어떤 끝없는 영화를 개발하는 수밖에 없었다. 현상되는 즉시 TV로 스캔되고, 그 영상이 다시 새 감광제에 노출되고, 그 영상이 다시 스캔되고, 다시 그렇게 끝없이 이어지는 회로 덕분에 TV의 실시간 전송이 가능해졌다. 이는 라디오 방송국에서 오디오테이프가 개발되기도 전에 소위 마르코니-슈틸레 녹음기Marconi-Stille recorder를 이용해서 자체적으로 값비싼 음향 통조림을 제작했던 것과 마찬가지였다.

그리하여 제3의 혁신이 일어났다. 영화 기술의 간섭 없이 진짜 TV 스튜디오가 출현한 것이다. 스튜디오는 속칭 '사우나실'로 통했다. 니프코브 원반이 (심지어 개량된 후에도) 촛불이나 전구처럼 자가발광하는 대상 말고 외부적으로 조명을 받은 대상만 스캐닝할 수 있었기 때문에, 최초의 TV 배우는 가능한 한 가장 강렬한 조명이 내리쬐는 완전히 캄캄한 상자 속에서, 다시 말해 엄청난 열기 속에서 연기해야 했다. (여담이지만, 당시의 TV 아나운서는 1900년 이후의 전화교환수와 마찬가지로 여자밖에 없었다.) 그리하여 에디슨의 블랙 마리아 이후 역사상 최후의 대규모 카메라 옵스큐라가 실현됐다.

송신기 쪽의 이런 결함들이 처음으로 사라진 것은 1936년 올림픽 때였다. 그것은 나치당이 연출한 스펙터클한 스포츠의 세계대전이었다. 베를린 올림픽 스타디움에 특별히 만들어진 비가시적 참호 또는 'TV 벙커'에서, 발터 브루흐Walter Bruch라는 새파랗게 젊은 엔지니어가 참가 선수들에게 전자식 카메라를 들이댔다. 이 '아이코노스코프iconoscope'라는 카메라를 개발한 즈보리킨의 말에 따르면, 원래 이 장치는 로켓 머리 부분에 장착해서 군사적 원격 정탐을 실현할 목적으로 발명됐다고 한다(비릴리오, 2004, p.239). 그런데 즈보르킨의 소속사였던 아메리카라디오회사Radio Corporation of America, RCA는 그걸로 폰 아데르네가 개발한 수상관의 쌍둥이 형제 같은 것을 만들었다. 그것은 캠벨스윈튼이 꿈꾸었던 가벼우면서도 전기적 관성이 없는 송신관이었다. 아이코노스코프는 니프코브의 셀렌전지 대신에 순수하게 감광자로 구성된 스크린을 써서 광출력을 4만 배나 높였고, 덕분에 초기 TV 스타들도 '사우나실'에서 해방될 수 있게 됐다.

전송 채널은 초단파 무선, 송신관은 아이코노스코프, 수상관은 섀도 마스크 수상관, 이렇게 (섀넌 이론에서 말하는) 전 기능이 기계공학에서 전자공학으로 전환되면서 드디어 TV라는 하이테크 정보 시스템이 완성됐다. 하지만 유성영화 때와 마찬가지로 대가가 뒤따랐다. 완전 전자식 TV 시스템에 자금을 댈 수 있는 것은 기술 전쟁에 뛰어든 국가나 전 지구적 거대 기업뿐이었다. 그래서 이를테면, 미국이 흑백 수상관에 쓰이는 인광 물질이 필요해서 독일 제국우편국의 인광 물질 특허 기술을 받고, 그 대가로 RCA의 아이코노스코프 특허 기술을 주는 일이 벌어졌다.

이 새로운 시청각 미디어의 정치적 효과는 유성영화 때와 똑같았다. TV는 전국적인 국내 정치의 미디어가 됐다. 왜냐하면, 1) TV는 국어로 전송됐고, 2) TV의 극고주파로는 (위성이나 케이블TV가 개발되기 전이어서) 가청 범위가 60~70km에 불과했기 때문이다. 그래서 아직 죽지도 않은 발명가를 기념하여 명명된 '파울 니프코브' TV 방송국이 즉각 정치적 기능을 획득한 것은 당연했다. 히틀러와 괴벨스는 앞으로도 소설가들이 인쇄매체처럼 비효율적인 미디어를 계속 쓸 수 있도록 허용하겠지만, 이미지와 소리는 정부가 완전히 독점하겠다고 대놓고 밝혔다. 하지만 나치 정부는 그들 자신과 그 적들이 주장한 바와 달리 전체주의적인 한 덩어리가 아니라 하위권력체계들의 무질서한 집적이었고, 그래서 TV는 세계대전이 터지기 전부터 전쟁에 휩싸였다. 제3제국이라는 작은 혹이 자라난 실질적 근간이었던 하위권력체계들은 길고 지루한 투쟁을 벌이다가 1935년 12월에야 합의안을 발표했다. 즉, 제국우편국은 민간 영역의 기술 개발권을 보유하고, 선전성은 "국민 계몽과 선전을 목적으로 하는 재현적 구성물"에 대한 권리를 보유하며, 항공성은 "항공 교통 관제와 국가적 대공 방어에서 TV가 특별히 중요하다는 점을 고려하여" 모든 TV 기술의 제조 허가 및 유통권을 보유한다는 것이다(Bruch, 1967, p.53). 이렇게 민간 기술, 프로그램 내용, 군사적 무장의 세 부문으로 분할될 수 있었다는 것은, 제2차 세계대전 이전의 TV가 아직 매스미디어가 아니었음을 뜻한다. 다시 말해서, 그것은 오늘날처럼 이미지 포맷, 프로그램, 수용 방식의 친밀성에 힘입어 역설적으로 대중적 효과를 발휘하는 그런 미디어가 아니었다.

사태가 진행되는 양상은 오히려 라디오 방송과 훨씬 비슷했다. 베를린과 모스크바의 독재자들은 라디오 시스템을 바탕으로 녹음용 마이크로폰과 실내용 스피커의 친밀함에 의존하는 한편으로, 전당대회장과 붉은 광장에서 야외용 스피커의 대중적 영향력을 시험했다. 마찬가지로, 전자업계는 기존의 국민 자동차나 국민 라디오를 본떠 500제국

마르크짜리 '국민TV' E1 모델을 개발했지만, 베를린 우체국과 그 외 공공 기관들에서는 많은 시청자들이 동시에 볼 수 있도록 이 '세계 최초의 사각형 수상관'에서 나오는 영상을 스크린에 영사했다(Bruch, 1967, p.71). 이 '대형 영상 센터'는 방문객에게 입장료를 받지는 않았으나 사람이 너무 몰리지 않도록 영화관처럼 표를 발급했다. 그리하여 TV 방송은 1939년에 전쟁이 터졌을 때부터 훗날 거의 모든 독일 송신기가 폭격으로 파괴될 때까지 거의 끊이지 않고 계속됐다. 많지는 않지만 실제로 제작된 (원래 1만 대 생산할 계획이었으나 50대만 생산된) TV 수상기는 베를린과 점령기 파리의 군수 병원에 설치됐고, 1944년 파리에서는 프랑스 국립 TV에서 독일 국방군으로 직접 접속할 수도 있었다.

하지만 이러면 벌써 제2차 세계대전으로 들어와 버린 셈이 된다. 잠시만 멈춰 보자. 투시도법이라는 광학적 미디어는 르네상스 때부터 확실히 총기와 탄도학에 쓰였다. 사진이라는 광학적 미디어는 범죄학과 암호학에 응용됐다. 영화라는 광학적 미디어는 제1차 세계대전 때 정찰용 항공기 상에서 기관총과 결합했으며, 심지어 전쟁 기술을 바탕으로 유성영화로 거듭났다. TV는 하이테크 미디어지만 결국은 자체적 원리에 따라 무기로 기능하는 광학적 미디어의 일종이다. 그런 까닭에, 제2차 세계대전이 없었다면 TV도 전 세계로 세력을 확대하지 못했을 것이다.

먼저 프랑스에서 제2차 세계대전의 TV 기술을 개괄하기 시작해 보자. 전후 프랑스에서는 독일 국방군 TV를 기초로 하는 '세캄SECAM' 방식의 컬러TV가 보급됐다. 세캄 시스템을 개발한 앙리 드 프랑스Henri de France의 회사는 1930년부터 "주 고객이 전쟁성, 해군성, 항공성이었고, 주 종목은 레이더 분야였다. 1934년, 앙리 드 프랑스는 무선 탐지 시스템으로 첫 번째 특허를 냈다. 그는 프랑스 해군의 주문으로 대서양 제2함대의 무장 순양함용 TV 방송 시스템을 개발했다. 양극선관을 이용했고, 해상도는 240선이었다. 1936년, 그는 공해 상의 전함과 브레스트항을 TV 방송으로 접속시키는 데 성공했다."(Bruch, 1987, p.63)

그러니까, 제1차 세계대전 때 눈이나 귀 같은 자연적 감각에 기반을 두는 아날로그 미디어 형태로 위치 탐지 기술이 시작되었고, 그것이 전자식으로 완벽하게 발전해서 레이더 기술이 되었으며, 바로 이 레이더 기술을 바탕으로 전후 프랑스에서 TV가 등장한 것이다. 영국의 상황도 마찬가지였지만 사태가 좀 더 체계적으로 전개됐다. 독일 국방군이 초단파를 이용한 전차 부대로 공격에 나섰던 것과 달리, 영국군은 방어전을 대비해야 했다. 독일 물리학자 크리스티안 휠스마이어 Christian Hülsmeyer는 이미 1904년 5월 18일에 전자적 반향을 얻는 데 성공했다. 그가 송전한 무선 임펄스는 광속으로 공간을 주파하다가 적당한 표면에서 반사되어 다시 송신기 위치에서 수신됐다. 이때 신호 지연 시간을 반으로 나눠서 광속을 곱하면 송신기와 반사 대상 간의 거리가 나왔다. 그러니까 비릴리오의 탁월한 표현을 빌자면, 레이더는 "볼 수 있게 만드는 비가시적 무기"다(비릴리오., 2004, p.227). 그것은 보이거나 탐지되지 않으려고 하는 대상이나 적들을 억지로 발신기로 탈바꿈시킨다. (물론 미 공군의 최신 스텔스 폭격기는 예외다.) 영국의 왓슨와트가 이미 전쟁이 발발하기 전에 휠스마이어의 기본 메커니즘을 바탕으로 실제 작동하는 레이더 네트워크를 개발한 것은 전쟁에 중대한 이점으로 작용했다. 잉글랜드 남부 전역에 레이더 감시망이 구축되면서, 독일 공군의 메서슈미트나 하인켈 전투기가 공격에 나서면 이들이 시야에 들어오기 전에 이미 감지하여 보고할 수 있었다. 그래서 BBC는 1936년부터 시작한 민간 TV 방송을 전쟁 발발 첫날부터 바로 중단해야만 했다. TV 송신기로 쓰이던 바로 그 고주파관이 레이더 감시소로 이송됐고, TV 수상기로 쓰이던 바로 그 스크린이 비가시적인 적을 레이더 스크린 상에 가시화하는 데 쓰였다. 오락매체가 아무런 마찰이나 그에 따른 손실 없이 전쟁 기술로 전환된 것이다. 그리고 왓슨와트는 중대한 전략적 요인인 레이더 이미지의 품질이 발송 신호의 파장에 반비례한다는 사실을 알고 있었기 때문에, 영국에서는 더 고주파대의 진공관을 개발하려는 노력이 계속됐다. 그런데 주파수대가 높아지면 진공관 크기도 작아진다는 이점이 있어서, 나중에는 전체 레이더 설비가 항공기 안에 설치할 수 있을 정도로 소형화됐다. 이렇게 엄격하게 군사용으로만 연구되고 사용되던 초단파와 극초단파 기술은 전후 민영 TV가 전 세계를 호령하는 근간을 제공했다. 하지만 그전에, 이 기술은 영국 공군 전투기에 제2의 전자적 비전을 제공했다. 공수 레이더는 맨 처음에 독일 공군 소속의 눈먼 적들을 가시화했지만, 1943년부터는 독일제국의 강, 거리, 도시들도 가시화했고, 덕분에 이것들은 전투기의 지원을 받는 장거리 폭격기의 융단폭격으로 완전히 파괴됐다.

　처음에 독일 공군은 기껏 레이더와 대공 탐조등을 결합한 방어망을 쳐서 공포의 폭격에 대응했다. 이 방어망은 훗날 독일 연방군의 영웅이 되는 당시 독일 공군의 장군 이름을 따서 '캄후버 라인Kammhuberlinie'으로 통했다. 무장한 능동적 눈, 러일전쟁의 전선에서 빛나던 저 스포트라이트를 다시 보는 것도 이번이 마지막이다. 그것은 제1차 세계대전 때 이미 대공 탐조등으로 변신했고, 훗날 폭스 〈무비톤 뉴스〉의 회사 로고에서 빛을 발하기도 했으며, 1935년에는 나치 전당대회에서 알베르트 슈페어Albert Speer에 의해 오용되어 최초의 진정한 비물질적 건축으로 변모했다.[46)] 바로 이 슈페어는 1943년 불타는 베를린에서 영국 폭격기, 독

---

46) 알베르트 슈페어(1905~1981)는 나치당의 대표적인 건축가로, 1935년 나치 전당대회장 주변에 130대의 대공 탐조등을 설치하고 하늘을 향해 빛을 쏘아올린 '빛의 성당'은 그의 대표작이다.

일 대공 탐조등, 불타오르며 추락하는 적기의 "장엄한 스펙터클"에 "매혹되었다"고 썼다. 하지만 그는 자기가 전당대회장에 만든 '빛의 성당Lichtdom'이 이미 그 모든 것을 불러일으킨 적이 있다는 사실은 깜빡 잊고 덧붙이지 않았다. 독일 국방군의 방어 체계에서, '사물을 가시화하는 가시적 무기'로서의 대공 탐조등은 '사물을 가시화하는 비가시적 무기'로서의 레이더와 피드백 루프를 이뤘다. 레이더는 독일 공군 항공기뿐만 아니라 대공 탐조등이 어디를 겨냥해야 하는지 알려 주는 역할을 했다. 그러니까 우리 식으로 말하자면 레이더는 '전자 기술로 무장한 능동적 눈'이라고 불러야 마땅할 것이다.

그보다 더 효과적인 피드백 무기는 아직 개발 단계였다. 베를린 올림픽에서 아이코노스코프로 TV 영상을 촬영했던 발터 브루흐를 기억할 것이다. 훗날 '팔PAL' 방식의 독일 컬러TV 시스템을 개발하게 되는 이 엔지니어는 전쟁 당시 페네뮌데에 잠시 있다가 다시 뮈겔제로 옮겼다. 그가 페네뮌데에서 한 일은, TV 카메라 두 대로 최초의 자가유도식 로켓이 발진하는 순간을 촬영하는 것이었다. 이 영상은 케이블을 통해 콘크리트 벙커에 바로 전송됐다. 엔지니어들이 만에 하나 오발진으로 폭발 사고를 입지 않도록 V-2 로켓 발진을 벙커 안에서 원격 조정하고 있었던 것이다. 여기서 TV는 수학적 시뮬레이션의 기본 임무, 즉 피드백 루프를 통해 실재적인 것을 차폐하는 역할을 처음으로 실행하게 된다.

AEG사 소속의 이 엔지니어는 뮈겔제로 옮긴 후에 더욱 유망한 피드백 시스템 개발에 성공했다. 브루흐 본인의 말을 빌자면, 폭격기가 접근해서 유람선을 겨냥하는 데도 유람선 "승객들이 당연히 아무도" 호수의 흔들림을 느끼지 못하게 만들었다. 하지만 이러한 탄도학적 기능은 더 이상 폭격기 조종사의 몫이 아니었다. 브루흐는 폭탄 안에 TV 카메라를 설치해서, 적이 아무리 도망치려고 해도 폭탄이 스스로 적을 추적해서 결국 폭파시킬 수 있도록 했다. 이렇게 제2차 세계대전은 피드백 루프를 이용한 최초의 자가유도식 무기 체계를 탄생시켰고, 그때부터 모든 근대 철학의 주체인 '인간'은 그냥 잉여가 되었다.

　이처럼 주체가 종언을 고하면서 전쟁 이후 TV 시청자가 출현할 수 있게 됐고, 레이더가 승리를 구가하면서 컬러TV 기술이 등장할 수 있게 됐다. 미국은 유일하게 공습을 두려워할 필요가 없는 참전국이었기 때문에 레이더에 치중해서 TV 개발을 중단할 필요가 없었다. 뿐만 아니라, 전쟁 중에 확립된 레이더 이론은 디지털 신호 처리 이론 전반에 결정적인 영감을 제공했다. 섀넌을 비롯한 미국의 물리학자와 수학자들은 처음으로 통신 기술 전체가 연속적 진동이나 파동이 아니라 순수하게 불연속적인 레이더 임펄스에 기반을 둬야 한다는 결론에 도달했다. 레이더 반향은 송출된 신호가 짧고 가파를수록 확실히 더 정확하게 나타났다. 그래서 레이더 분야에서 발견된 사각형 임펄스는 근대식 전화망, 컴퓨터 회로, 심지어 TV 표준의 근간이 됐다. 따라서 미국이 제2차 세계대전을 통해 TV 기술의 선진국이 된 것은 당연한 일이었다. 하지만 기술적, 경제적 차원에서 전쟁이 계속되는 것, 다시 말해 TV라는 매스미디어의 세계 표준을 다투는 전쟁이 심지어 오늘날까지 결판이 나지 않고 계속되는 것도 마찬가지로 당연한 일이다. 왜냐하면 TV가 예술이냐 아니냐 하는 질문에 클라우스 짐머링이 답한 것처럼, "TV는 국제무선통신자문위원회 보고서 407-1에 의거하여 국제적으로 표준화된 시각의 한 방식"이기 때문이다(Simmering, 1989, p.3).

　아쉽지만 오늘은 TV 표준을 둘러싼 전쟁의 그 모든 승리와 패배들을 다 살펴볼 시간이 없다. 다만 이론적 측면에서 첫 시간에 논했던 양식과 표준의 차이가 무엇이었는지 기억하고, 경제적 측면에서 하이테크 미디어의 표준을 바꾸는 문제가 언제나 수십억 달러가 걸린 게임이라는 사실을 되새겨 주길 바란다. 간략하나마 그 역사를 살펴야 한다면, 일단 미국이 오늘날까지 결정적인 영향을 끼치고 있는 선도적인 흑백TV 표준을 도입했던 1941년에서 시작해 보자. 당시 정해진 미국 표준은 주사선 수가 525선, 인터레이스 방식에 초당 30프레임이었는데, 훗날 유럽 표준으로 정해진 초당 25프레임과 차이가 나는 까닭은 당시 미국의 전력망 주파수가 50Hz가 아니라 60Hz였기 때문이다. (전력망 주파수와 TV 진동수를 동기화하지 않으면 광학적 노이즈가 발생한다.) 이 표준은 삽시간에 영화의 죽음을 일으켰을 뿐만 아니라 라디오를 부차적 미디어로 전락시켰다. 루스벨트Franklin D. Roosevelt 대통령은 세계대전 중에 〈노변담화Fireside Chats〉라는 라디오 방송으로 통치를 계속할 수 있었지만, 존 F. 케네디는 1960년 대통령 선거에서 단 한 번의 TV 토론으로 냉혹한 전사 리처드 닉슨Richard Nixon을 누르고 승리했다. 알다시피 케네디가 TV에서 더 멋져 보였다는 이유 하나로 말이다.

    TV는 영화와 경쟁하는 와중에도 영화로부터 더 배울 것이 있었다. 세계대전을 통해 혁신된 컬러 기술을 따라잡아야 했던 것이다. 당연하지만 세계 시장에서 흑백TV가 포화 상태에 달한 후에야 컬러TV가 등장하기 시작했는데, 맨 처음 나온 것은 미국의 컬럼비아방송사Columbia Broadcasting System, CBS에서 출시한 모델이었다. 불행히도 이 회사는 하이테크의 세계대전에서 아무것도 배우지 못했는지 니프코브 원반보다 더 원시적인 기계식 컬러TV를 내놓았다. 스크린 앞에서 3개의 부채꼴 모양으로 나뉜 조리개가 회전하면서 적·녹·청 이미지를 연이어 방출하는 방식이었다. 이것은 미국 표준위원회와 미국 사람들의 소박한 표준에 비해 너무 과하거나, 혹은 너무 적었다. 그래서 정부와 (아이젠하워 대통령이 고별 연설에서 '군산복합체' 문제를 거론하며 예언했듯이) 군수산업이 개입했다. 이들의 목표는 더 향상된 컬러TV를 창조하고, 특히 흑백과 컬러의 호환 가능성을 확립하는 것이었다. 흑백 스크린도 컬러 방송을 색깔만 빠진 상태로 수신할 수 있어야 했고, 컬러 스크린도 흑백 방송을 그럭저럭 제대로 재생할 수 있어야 했다(Bruch, 1967, p.91). 이런 목표 아래, 30개 전기회사 엔지니어들이 국립텔레비전방송규격심의회 National Television System Committee, NTSC를 설립했다. NTSC가 구축한 시스템은 그동안 영화와 TV에서 인체 누드와 폭력적 행동을 정량적으로 통제하는 일이나 하던 중앙 정부의 연방통신위원회에 의해 1954년부터 표준으로 선정됐고, 그리하여 엄청난 규모의 사업으로 성장했다. 하지만 이 시스템은 기술적 실현 가능성보다 경제적 이윤 확보에 더 치우쳐 있었다.

논리적으로 생각하면, 완벽한 컬러 방송을 하려면 적·녹·청 이미지 세 장이 있어야 하므로 흑백 방송보다 세 배 많은 데이터를 송출해야 했을 것이다. 하지만 그렇게 하면 TV 프로그램 하나로 방송 송신용 주파수대를 가득 채우게 된다. 그래서 NTSC는 색상 정보를 절충적으로 손상 또는 축소시켜야 했다. 이는 가능한 일이었고 또 적절한 조치였다. 인간의 눈은 운동 수용체보다 색상 수용체가 더 적기 때문이다. 그래서 NTSC는 협소한 주파수대로 불명확한 색상 정보를 전송하고 나머지 공간을 흑백 방송과 호환해서 사용했다. 컬러TV의 신호는 휘도(명도)와 색차(색상)로 나뉘었는데, 흑백 수상기는 휘도만 나타내고 컬러 수상기는 색차도 해독해서 구현했다. 그리하여 NTSC의 기술자들은 휘도에 5MHz, 색차에 1MHz, 부가 음향에 극미량의 대역폭을 할당해서, 전체 TV 프로그램을 초단파 또는 극초단파 채널에 집어넣는 데 성공했다. 이렇듯 TV 신호는 라디오 신호처럼 원래의 아날로그 진동에 상응하는 것이 아니라 극단적으로 복합적인 구성물이다. 한 글자씩 써내려 간 문장처럼, 그것은 올바른 구문법적 규칙도 있고 다양한 구성 요소를 가지며 심지어 동기화 신호를 나타내는 전자적 구두점도 있다.

하지만 이렇게 복잡한 NTSC 신호의 구문법은 수상기까지 전해지지 않았다. 전송 과정에서 위상편이가 발생하는 바람에 NTSC가 'Never The Same Color(완전히 다른 색상)'의 약어라는 말이 나돌 정도였다. 컬러TV 신호에 [왜곡을 수정하는 기준점이 되는] 척도가 내장되지 않았던 탓에 수신된 색조는 일일이 수작업으로 보정해야 했다. 그래서 세계대전에 관여했던 유럽의 두 엔지니어, 프랑스의 앙리 드 프랑스와 독일연방공화국의 발터 브루흐가 문제 해결에 나섰다. 이들은 섀넌 때부터 사용됐던 모든 통신 기술의 고전적 방법을 동원해서 안정적인 색상 재생을 보장했다. 수신된 주사선 신호를 바로 재생하지 않고 전자적 임시기억장치에 보류해 두었다가, 1/25초 후 다음 주사선 신호가 수신되면 저장된 신호와 새로 받은 신호를 나란히 놓고 수학적으로 보정해서 최종적으로 색상값을 안정화하는 것이다. 그렇지만 세계 시장은 이렇게 안정화되지 못했다. 현재까지도 컬러TV의 세계는 (소위 '세계'라는 것은 근대 통신 기술이 개발되면서 비로소 존재하게 된 것이지만) 세 가지 표준으로 분할되어 있다. 북미와 일본은 NTSC 방식, 프랑스와 이제 분해되고 있는 동구권 블록은 SECAM 방식, 그리고 웃기는 말이지만 "그 외에 TV를 쓰는 지역"은 PAL 방식이다(Faulstich, 1979, p.93).

마찬가지로, TV 이미지를 저장하는 기술 쪽에서도 경쟁이 불타올랐다. 처음 30년간은 에디슨의 구식 필름이 TV 이미지를 저장하는 유일한 방법이었다. 그런데 제2차 세계대전기에 AEG사와 BASF사가 익스트림 하이파이 품질의 고주파 마그네틱 오디오테이프를 개발하면서 변화가 찾아왔다. 마그네틱테이프는 독일 라디오 방송, 무선 정탐, 심지어 훗날의 컴퓨터 분야에 품질의 새로운 척도를 확립했을 뿐만 아니라 아날로그 방식의 광학적 저장 장치를 상상할 수 있도록 새로운 길을 열었다. 1958년에 미국의 AMPEX사가 BASF사보다 조금 먼저 전문가용 비디오테이프를 내놓으면서, 적어도 기관들은 당시의 생산 표준이었던 필름에서 약간 거리를 둘 수 있게 됐다. 하지만 비디오는 오디오보다 극적으로 (그러니까 곱절로) 많은 대역폭을 요구했기 때문에, 일본이 선도적인 전자강국으로 부상한 후에야 비로소 진짜 휴대용 비디오 장비가 제작됐다. 소니Sony사의 첫 번째 비디오 레코더는 원래 가정용이 아니라 쇼핑센터, 감옥, 그 외 권력 핵심부의 감시 목적으로 개발됐다. 하지만 최종 소비자는 이 군수품을 오용함으로써 스스로 TV 리포터와 편집자로 변신하는 데 성공했다. 그때부터 TV는 영화나 음악과 마찬가지로 데이터를 한번에 처리, 저장, 전송할 수 있고 각종 편집이나 조작도 가능한 전자식 폐쇄 시스템이 됐다. 모든 뮤직 비디오는 음악과 광학 매체가 자체적인 비법을 이용해서 극영화의 템포를 얼마나 능가할 수 있는지 보여준다. 하지만 그 쾌락에 빠져서 두 가지 중요한 사실을 잊어서는 안 된다. 첫째, TV는 항상 첩보위성을 통해 전 세계적 감시 구조를 유지하고 있다. 둘째, TV는 이제 폐쇄된 통신 시스템으로 변모하여 다른 광학적 미디어를 총공격할 채비를 마쳤다.

 TV의 총공격이라는 주제를 논하기 전에, 소위 비디오 아트에 관해 하나만 짚고 넘어가자. 대개 비디오 아트라고 하면 유독 이미지 품질이 나쁜 유독 비상업적인 TV를 가리킨다. (이런 저질 이미지가 오늘날의 TV 표준에 아주 딱 맞긴 하지만 말이다.) 최근 노르베르트 볼츠Norbert Bolz는 어째서 비디오 아트가 일반적인 TV 이미지보다 저품질의 이미지를 보여주느냐는 질문에 대한 유일한 답변을 찾았다. 전 세계적으로 손꼽히는 비디오 아트 기술자('예술가'라는 말을 굳이 안 쓰자면) 백남준은 카를 오토 괴츠Karl Otto Götz라는 사람 밑에서 배웠다. 괴츠는 제2차 세계대전 당시 독일 국방군 치하의 노르웨이에 주둔하면서 레이더 스크린의 간섭 이미지를 탐구하라는 명을 받았다. 그래서 괴츠는 노이즈가 많은 미디어인 레이더 스크린을 마찬가지로 노이즈가 많은 미디어인 필름으로 촬영했고, 이렇게 증대된 노이즈 속에서 형태의 변이 또는 구조적 진행 같은 것을 발견했다. 따라서 의도적으로 TV 표준에 미달하는 간섭 이미지의 미학을 표방하는 백남준의 미디어 아트는 또 하나의 '군수품 오용' 사례로 정의할 수 있다(볼츠, 2000).

오늘날의 컬러TV 같은 전자식 폐쇄 시스템은 영화 같은 전기·기계식 폐쇄 시스템과 비교도 되지 않는다. 특히 영화의 이미지 품질이나 이미지가 주는 매혹은 TV보다 수십 년 앞서 있다. 알다시피, 마셜 매클루언은 이러한 품질 차이를 뜨거운 미디어와 차가운 미디어라는 두 가지 속성으로 기술했다. 극영화는 와이드스크린의 환영을 통해 관객의 활동을 감소시킨다는 점에서 뜨거운 미디어지만, TV는 모아레 무늬가 어른거리는 화소들만 제공하고 시청자가 직접 그것들을 바탕으로 능동적이고 거의 촉각적인 방식으로 형태를 재구성해야 하므로 차가운 미디어라는 것이다. 매클루언은 역사적 조건을 분석할 때면 확실히 논점을 짚어낸다. 하지만 아쉽게도, 그는 이 구별을 두 미디어의 본질적 차이로 읽어낸다. 본인이 미디어 이론가인데도 지각적·미학적 특성은 기술적 실현 가능성에 의존하는 변수이기 때문에 새로운 실현 가능성이 대두되면 금세 밀려난다는 사실을 충분히 숙지하지 못한 모양이다. 알다시피, 1949년부터 작은 트랜지스터가 진공관을 대체했고, 1965년부터 집적회로가 트랜지스터를 대체했다. 집적회로는 원래 미국에서 대륙간 탄도미사일에 사용할 목적으로 개발한 것으로, 기존 방식보다 공간을 조금 절약하는 것이 기능의 전부인 반도체 기술이다. 하지만 집적회로가 등장한 다음부터 오락용 전자기기를 포함한 전자공학의 전 분야가 차례로 혁신됐고, 결국 최근에는 TV가 모든 35mm 필름 표준을 공격할 수 있는 수준에 이르렀다.

아쉽게도, 어쩌면 당연한 일이지만, 이러한 변화는 미국이나 유럽에서 시작되지 않았다. 구미 지역은 최근까지도 AT&T, 필립스^{Philips}, 지멘스 등이 구식 TV의 승리에 안주하고 있었기 때문이다. 반면 일본은 워크맨과 비디오 레코더를 만든 소니사와 악명높은 통상산업성이 합작해서 이미 십여 년 전에 고해상도 TV, 즉 HDTV라는 새로운 표준을 확립했다. 일본 국영방송국에서 이미 송출하고 있는 이 새로운 표준을 개발한 목적은 명백하다. 그것은 매클루언이 말하는 미디어의 차가움을 없애고 그 대신에 '원격현존'을 부여한다는 것이다. 원격현존은 일단 화면 크기를 거의 곱절로 키우는 것을 뜻한다. 와이드스크린 영화처럼 두 눈의 시야를 가득 채우거나 적어도 시야를 점유할 수 있도록 화면의 너비를 늘려서, 기존 TV의 '핍 박스' 같은 성격을 제거하는 것이다. 하지만 원격현존은 이렇게 화면이 커지는 것뿐만 아니라 개별 화소의 양이 늘어나는 것을 의미하며, 그러면 '안락의자'와 '슬리퍼 영화관' 사이에 요구되는 거리도 상당량 줄일 수 있게 된다. 다시 말해서, 여태껏 흔히 그랬듯이 샘플링 이론의 기본 규칙에 위배됐거나 혹은 그저 모아레 효과가 발생하는 바람에 두 눈이 얼얼해지지 않고도 TV 앞에 더 가까이 다가갈 수 있게 되는 것이다. 따라서 영상이 망막에 떨어질 때의 시야각이 상당히 넓어진다. 이런 의미에서 원격현존은 인공 낙원을 이용한 망막의 침공 또는 정복이라고 말할 수 있다.

이러한 인공 낙원은 미학적 결과와 특히 기술적 결과를 낳는다. 짐 머링은 HDTV가 등장하면 가족 구성원이나 정치가의 얼굴을 클로즈업해서 스크린 가득 채우는 현재의 TV 표준이 깨끗이 사라질 것이라고 추측한다. 단순히 기술적 약점의 효과였던 '시뮬레이션된 친밀함' 대신에 극영화와 똑같은 총체성이 부각되리라는 것이다. 이러한 미학적 결과로 TV 프로그램은 일대 혁명을 맞이할 것이다. 하지만 HDTV의 기술적 결과로, TV는 영화와 TV 시네마의 공식적 생산 표준인 35mm 필름을 따라잡고 경쟁 관계를 형성하게 될 것이다. 그 정도로 대등해지면, 아직 논의가 덜 된 전자식 이미지 처리 방식이 기존의 필름 편집 방식보다 훨씬 효율적이고 저렴하므로 결국 모든 셀룰로이드 필름이 멸종하게 된다. 영화는 HDTV 테이프를 대형 스크린에 영사하는 것이 되고, TV는 동일한 테이프를 가까이서 보는 것이 된다. 제작 비용은 급격히 감소하겠지만, 이 세상의 TV와 영화 시스템을 전부 대체하는 데는 수십억 달러의 비용이 들 것이고 그 돈은 모두 일본 전자산업으로 흘러들 것이다. 여태까지 나온 광학적 미디어의 표준 중에서 HDTV의 요구치를 충족하는 것은 하나도 없다. 바로 그것이 HDTV 시스템이 구미권의 모든 저항을 가볍게 꺾어버리는 이유다. 내가 여러분 중에 영화나 TV를 연구하는 사람이 있으면 셀룰로이드 필름에 장래를 걸지 말라고 맨 첫 시간부터 경고했던 것도 같은 이유에서다.

따라서 HDTV의 미학은 정답이 명확하게 나오는 반면, HDTV의 기술은 해결해야 할 문제만을 안겨줄 뿐이다. HDTV 송신기 한 대가 주사선 1,125선에 초당 60프레임으로 휘도 신호 20MHz, 색차 신호 7MHz, CD 품질의 스테레오 음향을 송출한다고 하면, 여러분도 쉽게 계산할 수 있겠지만 줄잡아 30MHz의 채널 용량이 필요하다. 다시 말해서, 초단파나 극초단파 채널을 쓴다고 해도 이 송신기 한 대가 수용 범위 내의 주파수대를 전부 다 채우게 된다. 하지만 소니사 같은 일본 대기업은 제2차 세계대전 당시 일본제국이 구축했던 '대동아공영권'의 직계 후손이 아니라서 민주주의적인 은혜를 베푼다. 이들은 HDTV 신호를 발송하기 전에 수학적으로 처리해서 그 용량을 압축하는데, 공교롭게도 이 압축 프로세스 이름이 'MUSE'라고 한다. 하지만 이제 여러분은 이 단어에서 시, 음악, 역사 등 전통적인 예술 일반을 관장하는 그리스의 뮤즈 여신 대신에 AT&T사의 엔지니어 해리 나이키스트Harry Nyquist와 섀넌이 함께 개발한 샘플링 이론을 떠올려야 한다. 소니사의 MUSE는 '멀티플 서브-나이키스트 인코딩Multiple Sub-Nyquist Encoding'의 축약어로서(Simmering, 1989, p.76), TV 채널 대역폭을 30MHz에서 그럭저럭 견딜 만한 수준인 7MHz로 압축하는 수학적 기교를 부린다. 그래서 소니사의 뮤즈를 이용하면 송신기 한 대로 수용 범위 하나를 꽉 채우지 않고도 HDTV 프로그램을 일반 무선 송신기로 방출할 수 있게 된다. 만약 이 하이테크 뮤즈가 없다면 무선 송신에서 케이블로 돌아가는 길밖에 없을 것이다. 하지만 이제는 케이블도 훨씬 발전해서 옛날 전신망과 달리 고주파 광섬유로 만들어진다. 알다시피, 광섬유 케이블은 레이저 빛을 기반으로 작동한다. 송신부와 수신부를 잇는 튜브 내부는 상상을 초월하게 얇은 거울막으로 처리돼 있는데, 레이저는 여기서 상상을 초월하게 빠른 속도로 계속 반사되어 나간다. 따라서 이것은 도체의 저항 때문에 속도가 상당히 감소하는 전기식 송신 방식을 처음으로 뛰어넘을 수 있는 중대한 대안을 제공한다. 다시 말해서, 광섬유 케이블은 미디어 역사상 최초로 전기가 아니라 빛을 통해 광학적 신호를 전달하기 때문에 HDTV 방송의 막대한 데이터양도 처리할 수 있다. 빛 자체가 빛의 전달 매체가 되는 것이다. 이러한 동어반복은 충격적이지만, 그렇다고 빛의 속도가 다른 모든 신호 전달에도 도움이 될 가능성이 배제되지는 않는다. 오히려 그 반대다. 광섬유는 TV 신호 외에도 전자적으로 변환된 음향, 텍스트, 컴퓨터 데이터를 전달할 수 있다. 그리하여 빛은 헤겔이 찬양한 대로 '일반적 미디어'로 격상된다.

4. 컴퓨터

　　　　오래전부터 계획된 광섬유 기반의 종합정보통신망 건설 사업은 현대 미디어 시스템의 전송 방식뿐만 아니라 데이터 처리 방식 자체를 바꿀 것이다. HDTV와 ISDN이 도입되면, TV는 영화 같은 구식 미디어뿐만 아니라 '모든 미디어들의 미디어'인 컴퓨터 시스템과 결합할 것이다. 이미 MUSE 같은 데이터 압축 기술에서 확연히 드러나듯이, 이제 TV는 (구식 회화 용어로 말하자면) 드로잉, 채색, 에칭 같은 고유한 광학적 처리 기법과 전혀 무관하다. MUSE는 광학적 신호에 특정한 연산 규칙 또는 알고리즘을 적용시키는데, 이 알고리즘은 음향이나 암호 분야에도 얼마든지 적용 가능하다. 왜냐하면 1) 알고리즘은 미디어의 내용이 어떤 감각적 장에 속하든지 전혀 상관하지 않으며, 2) 결국은 모든 것이 앨런 매디슨 튜링$^{\text{Alan Mathison Turing}}$이 1936년 발명한 '불연속적 보편 기계', 즉 컴퓨터로 귀결되기 때문이다. 처음에 이 컴퓨터는 1943년부터 독일 국방군의 암호화된 초단파 무선 통신을 해킹한다는 중요한 전쟁 임무를 수행했다. 그리고 팍스 아메리카나$^{\text{Pax Americana}}$가 모든 첨단기술의 전 세계적 토대가 되면서, 컴퓨터는 지식을 지구와 그 거주민들로부터 분리해서 우주 저편으로 전송할 수 있도록 하는 임무를 맡았다. 그러므로 광학적 미디어에 대한 강의를 마무리하는 이 시점에서, 가시적 광학은 회로의 블랙홀 속으로 사라질 수밖에 없다.

일단 컴퓨터 기술은 디지털 원리가 진정으로 실현되는 것을 의미한다. 영화에서 프레임이 분할되던 것, TV에서 니프코브 원반이나 섀도 마스크 스크린을 통해 화소가 분할되던 것도 처음부터 끝까지 전부 다 디지털 신호 처리 방식으로 바뀐다. 그러면 모든 미디어 또는 감각적 장場의 차이가 무효화된다. 디지털 컴퓨터가 음향이나 영상을 외부로 전송한다고 해도, 컴퓨터 내부에서는 전압으로 표시되는 끝없는 비트의 흐름만이 처리되고 있을 뿐이다. 수신부가 소위 인간-기계 인터페이스 Human-Machine Interface, HMI든 아니든 컴퓨터로서는 전혀 상관이 없다. 이렇게 개별 음소나 화소를 일일이 출력하려면 매우 많은 요소들을 처리해야 한다. 하지만 수학자 존 폰 노이만John von Neumann이 최초의 원자폭탄을 보면서 직감했듯이, 비트를 충분히 빠르게 처리할 수만 있다면 이진법적으로 연산할 수 있는 모든 것은 실제로 구현할 수 있게 된다. 지금은 표준 속도가 초당 1천만~7천만 비트 수준이지만, 근 미래에 광학적 회로가 도입되면 이 숫자가 몇백만 배 증가할 것이다. 그러면 멜리에스의 〈기계식 정육점〉처럼 초 단위로 프레임을 쪼개고 분 단위로 돼지고기를 쪼개던 시절은 완전히 끝난다. 컴퓨터라는 절단기가 시청각 데이터를 처리하고 출력할 때는, (다른 모든 아날로그 미디어처럼) 우리의 지각 시간을 난도질하는 데 그치지 않고 소위 사유의 시간까지 해체할 것이기 때문이다. 그리하여 가능한 모든 데이터 조작의 가능성이 열리게 된다.

영화와 달리, TV는 이미 광학적 장치가 아니다. 필름 릴을 햇빛에 비춰 보면 매 프레임을 눈으로 볼 수 있지만, TV 신호는 전자적 상태로 존재할 뿐이라서 중간에 가로채도 맨눈으로는 볼 수 없다. 눈이 뭔가 먹잇감을 찾을 수 있는 곳은 전송 시스템의 출발점(스튜디오)과 종점(스크린)뿐이다. 결국 디지털 이미지 처리 방식은 상상적인 것의 마지막 하나까지 전부 용해시킨다.

이유는 간단하다. 컴퓨터는 제2차 세계대전 중에 처음 등장했을 때부터 지금까지 이미지 처리 장치로서 설명된 적이 거의 없었다. 오히려 컴퓨터의 발전사는 빌렘 플루서Vilém Flusser 식으로 말하자면 '모든 차원이 철폐되는 과정'으로 이해할 수 있다. 플루서의 모델에 따르면, 선사시대에 불현듯 시작된 인류 최초의 상징적 행동은 사차원의 시공간 연속체에서 삼차원 기호를 추출하는 것이었다. 이것은 사차원 연속체를 가리키는 기호였지만 그보다 한 차원이 압축됐기 때문에 임의로 조작할 수 있었다. 이를테면 오벨리스크, 비석, 피라미드를 떠올려 보면 된다. 같은 논리로, 두 번째 단계는 삼차원 기호 자체를 이차원 기호로 나타내는 것이었다. 이를테면 비석이 피에타piètè 회화[1]로 변모하면서 조작 가능성이 한 단계 더 높아졌다. 세 번째 단계에서는 텍스트나 인쇄물 같은 소위 일차원적인 것이 이차원적인 것을 지시하는 대체물로서 등장했다. 사실 11세기부터 우리가 보는 책의 페이지는 모두 이차원 평면으로 구조화됐지만, 매클루언의 미디어 이론에서도 텍스트는 일차원적인 것으로 취급된다. 이 문제를 심도 있게 다루려면 강의 하나를 통째로 새로 개설해야 할 것이므로, 일단은 그냥 넘어가자.

이 모든 압축에서 공통적으로 일어나는 현상은, n-1차원의 기표가 n차원을 은폐하고 숨기고 왜곡한다는 것이다. 그리스 철학자들이 신神의 살과 피를 두고 논쟁을 벌였던 것도 그 때문이고, 성상파괴를 주장하는 종교개혁자들이 교회에 그려진 이미지에 맞서 싸웠던 것도 그 때

---

[1] 피에타는 죽은 예수를 떠받치고 슬퍼하는 성모 마리아의 모티프로, 기독교 미술에서 반복해서 등장하는 주제다.

문이고, 마지막으로 근대의 자연과학과 기술이 텍스트 기반의 현실 개념에 맞서 전쟁을 벌였던 것도 그 때문이다. 플루서는 이 마지막 전쟁에서 일차원적 텍스트가 영차원의 숫자나 비트로 대체됐다고 보고, 이제는 차원이 없기 때문에 무언가 은폐될 위험도 없음을 강조한다.

이런 관점에서 컴퓨터는 모든 차원을 영차원으로 완전히 압축하는 기술이다. 그래서 1943년부터 처음 10년간 컴퓨터의 입출력 값은 단순한 숫자의 행렬로 구성됐다. 1960년대에 처음으로 유닉스^{UNIX} 같은 컴퓨터 운영 체제에 일차원의 명령어 창$^{command\ line}$이 도입됐고, 이것이 다시 1970년대에 애플 매킨토시에서 이차원의 그래픽 유저 인터페이스로 대체됐다. 하지만 이렇게 차원을 증대한 것은 시각적 리얼리즘을 추구해서가 아니라, 사용자가 튜링 기계의 행동을 조금이나마 프로그래밍할 수 있도록 하기 위해서였다. 프로그래밍의 가능성이 상상을 초월하게 다양했기 때문에 되도록 많은 차원이 요구됐던 것이다.

오늘날 '가상현실$^{virtual\ reality}$'이라는 슬로건 아래 이차원의 사용자 인터페이스가 삼차원으로 (또는 시간도 매개변수에 넣는다면 사차원으로) 이행하는 것도 당연히 조작 가능성을 더 확장시키는 것으로 이해할 수 있다.[2] 하지만 가상현실이 적어도 눈과 귀라는 두 가지 원격 감각을 통해 (언젠가는 오감을 총동원해서) 문자 그대로 '몰입'할 수 있는 공간을 뜻한다면, 가상현실의 역사적 기원은 컴퓨터의 개발사가 아니라 영화와 TV에서 찾아볼 수 있을 것이다.

이미 1930년대에 프레드 월러$^{Fred\ Waller}$라는 미국인이 일반적인 필름 포맷으로는 두 눈의 시각장을 전혀 채울 수 없다는 사실을 깨닫고

---

[2] 가상현실은 실제 또는 허구의 공간을 컴퓨터로 시뮬레이션하여 사용자가 상호작용할 수 있도록 구축한 가상의 공간을 가리킨다. 이 개념은 1980년대 후반부터 1990년대 후반까지 미디어 업계에서 차세대 디지털 미디어의 패러다임으로 각광받았다.

'시네라마Cinerama'라는 장치를 개발했다. 월러의 시네라마 시스템은 전쟁을 대비한 비행 시뮬레이션용으로 만들어졌는데, 카메라와 영사기를 각각 3~5대씩 연이어 설치하고 반원형 스크린으로 관객을 감싸서 시각장이 영상에 완벽하게 몰입할 수 있도록 했다. 1950년대에는 모튼 L. 하일리그Morton L. Heilig가 월러의 필름 영사기를 바로 눈 앞에 장착하는 소형 TV 카메라로 대체했고, 그래서 영화관의 대중 소비자는 고독한 사이버 항해사로 대체됐다. 이처럼 가상현실은 감각을 폭격하는 것으로서, 특히 폭격기 조종사 훈련생의 감각을 폭격하는 것으로서 탄생했다(Halbach, 1993).

하지만 이처럼 시각적 리얼리즘을 획득하려는 노력이 있었다고 해서 컴퓨터 그래픽의 기본 원리도 그와 같다고 오해해서는 안 된다. 하일리그의 시스템과 오늘날의 가상현실은 근본적으로 다르다. 시네라마도 결국은 뉴욕 브로드웨이를 촬영한 것에 불과했지만, 컴퓨터는 애초부터 차원이 없고 따라서 이미지도 없기 때문에 모든 시청각 데이터를 자체적으로 연산해야 한다. 따라서 이제 벌써 TV 수상기만큼 늘어난 컴퓨터 모니터는 어떤 외재적 사물, 표면, 공간의 이미지를 그려 보이는 것이 아니다. 컴퓨터는 단지 수학적 연립 방정식을 처리해서 그 결과를 모니터 표면에 띄운다. 기존의 TV 수상기는 니프코브 원반이 처음 발명됐을 때부터 지금까지 연속적인 선을 수직 방향으로 불연속하게 쌓아서 이미지를 구성하지만, 컴퓨터 모니터에서는 애초부터 각각의 점 또는 '화소'가 사각형 매트릭스를 이루기 때문에 수평 방향으로도 완전히 불연속하다. 그래서 컴퓨터라는 미친 편집자Cutter는 이미지 처리 알고리즘이 움직이는 대로 (현재 지배적인 모니터 표준인 슈퍼 VGA가 장착된 경우) 640×480화소와 256색상으로 뭐든 주어진 것을 주무르고 난도질한다. 스크린에 나타나는 것이 실수값인지 복소수값인지는 수학적 관행의 문제일 뿐이다. 여하간 컴퓨터는 비서들이 구식 타자기를 버리고 대신 쓸 수 있는 개량형 타자기 같은 것이 아니라, 방정식과 (자연 전체는 아니더라도) 감각적 지각을 중개하는 일반적 인터페이스로 기능한다. 1980년, 수학자 베노이트 만델브로트는 아주 간단한 복소변수 방정식을 컴퓨터 스크린 상의 픽셀에 대응시켜서 해석하기 시작했다. 방정식 자체는 1917년부터 알려진 것이었지만, 그것은 수학자들이 종이와 연필로 계산하려면 잘해야 수백 일이나 걸리는 문제였다. 컴퓨터 스크린은 다른 미디어로는 구현할 수 없었던 방정식의 다채로운 모습을 처음으로 보여주었고, 그 이미지들은 '애플 맨', '칸토르의 먼지', '해마' 같은 멋진 이름을 얻었다. 그것들은 구름, 파도, 스폰지, 해안선의 질서, 여태껏 인간의 눈이 질서로 인식한 적이 없었던 자연을 생산했다. 이렇듯 디지털 이미지 처리 방식은 관습적 예술과 달리 이미지를 본뜨려 하지 않기 때문에 실재계에 호응한다. 길가의 자갈과 동일한 성분으로 구성된 실리콘 칩은 실재계를 디지털화하는 상징적 구조를 연산하고 그 결과를 이미지화한다.

그러므로 데이터를 처리하고 저장하는 실리콘 칩과 데이터를 전송하는 금·구리선으로 이뤄진 현재의 시스템이 광학적 회로와 광섬유 케이블로 이뤄진 새로운 시스템으로 대체된다면, 디지털 이미지의 계산 속도도 더 빨라지겠지만 만델브로트가 발견한 자기 유사성의 수학적 구조도 더 강력해질 것이다. 이를테면 유리가 입사광을 회절시키면서 프레넬이 발견한 간섭 효과와 색상 모아레 작용을 일으킬 때, 자연은 폰 노이만 컴퓨터 몇 대를 붙여서 아주 오랫동안 연산해야 하는 수학적 해석을 이미 수행하고 있는 셈이다. 이렇게 빛이 그 자체로 순식간에 연산할 수 있는데 대체 왜 빛을 전기적 정보로 번역해서 연쇄적으로 처리하느라 애를 쓰겠는가? 이제 광학적 미디어가 끝나는 곳에서 새로운 시스템이 수립될 것이다. 그러므로 광학적 미디어에 관한 내 강의도 그 시스템에 관한 예언으로 마무리하겠다. 그것은 빛을 빛으로 전송할 뿐만 아니라 빛으로 저장하고 처리하는 시스템이 될 것이다. 저 '빛의 행위와 고난'은 마지막으로 극적인 변화를 겪게 될 것이며, 그리하여 더 이상 연속적인 전자기파로서 존재하지 않게 될 것이다. 그것은 다시 뉴턴이 말하던 입자로서, 그 이중적 본성 하에서 기능하게 될 것이며, 그리하여 오늘날의 전자식 컴퓨터처럼 보편적이면서 불연속적이면서 조작 가능한 것으로 존재하게 될 것이다. 진공에 가까운 우주 공간이 이러한 조작 가능성을 극대화할 수 있는 최적의 조건이라는 것은 수학적으로 자명한 사실이다. 이러한 최적의 조건 아래서 하나의 광학적 화소는 하나의 데이터 비트와 호응하게 될 것이다. 하지만 이 화소는 더 이상 컴퓨터 모니터나 TV 스크린 상의 수많은 형광 물질 분자들이 아니라 단일한 광량 또는 광자로 이뤄질 것이다. 그리하여 물리적으로 더 이상 능가할 수 없는 정보의 최대 전송 속도는 $C=3.7007*\sqrt{(P/h)}$라는 간단한 방정식을 따를 것이다. 말로 풀어서 설명하자면, 정보로서의 빛 또는 빛으로서의 정보의 최대 전송 속도는 광자 에너지를 플랑크 상수로 나눈 몫의 제곱근에 경험적 계수를 곱한 값과 같을 것이다.

    방정식은 상상을 초월하기 위해서, 그러니까 광학적 미디어와 그에 관한 강의에 포획되지 않기 위해서 저기 저렇게 존재한다. 그러니 마지막으로 삽화 한 장을 그리도록 허락해 주길. 진공 속에 광자가 하나 있는 것을 상상해 보라. 무한히 넓은 텅 빈 저녁 하늘에 첫 번째 별이 딱 하나 떠오른 것처럼, 그 별 하나가 일 초도 안 되는 짧은 시간에 하나의 정보로 출현하는 것을 생각해 보라. 그리고 핀천의 위대한 세계대전 소설에 나오는 다음의 대목에 귀를 기울여라. 페네뮌데의 늙은 로켓 담당관은 최초의 우주 로켓 여행에 참가하는, 두 번 다시 돌아오지 못할 젊은이에게 이렇게 말한다.

> 저녁의 경계 {…} 맨 처음 떠오른 별을 향해 소원을 비는 사람들의 긴 커브 {…} 수천 마일의 바다와 대륙을 따라 이어진 남자와 여자들을 언제나 기억해라. 그림자의 진정한 순간은 네가 하늘의 빛나는 점을 바라보는 순간이다. 단 하나의 점, 그리고 너를 단숨에 거두는 그림자 {…} 언제나 기억해라. (Pynchon, 1973, pp.759-60)

이미지 영역에서 임의적인 디지털 데이터를 처리하는 알고리즘에 관해서는 여기까지 하겠다. 나는 미국 국가안전보장국National Security Agency, NSA이 여태껏 공개한 알고리즘들에 관해서만 이야기할 수 있을 뿐이다. 이미 오래전에 더 효과적인 알고리즘이 나왔는데 참모본부나 정보기관에서 극비에 부쳤을 수도 있다. 1989년 11월 9일 이후로 모든 전쟁이 끝났다고 상상할 수는 없다. 동구권은 확실히 패배했다. 그것은 소비자 수준에서는 선전용 TV가, 생산자 수준에서는 컴퓨터 수출 금지가 효력을 발휘한 결과다. 하지만 남반구에는 '정보냐 에너지냐, 알고리즘이냐 자원이냐'라는 최소한 이백 년은 된 문제가 여전히 남아 있다.

이렇게 알고리즘과 자원이 서로 충돌하는 세계대전 속에서, 이천 년이나 묵은 알고리즘과 알파벳 간의 전쟁, 숫자와 문자가 서로 충돌하는 오랜 전쟁은 거의 망각 속으로 빠져든다. 그러니까 마지막으로 한마디만 하겠다. 광학적 미디어에 관한 14번의 강의를 진행하면서, 나는 나 자신의 컴퓨터 그래픽 프로그램을 코딩하고 싶다는 유혹과 싸웠다. (알고리즘 분야에서 '나 자신의 것'이라는 개념이 대체 무엇을 의미하든 간에 말이다.) 그 대신, 나는 WORD 5.0이라는 텍스트 처리 프로그램이 지시하는 대로 길고 지루한 강의 원고를 만들었다. 유럽의 대학들이 모든 강의실과 기숙사에 고성능 데이터 회선을 깔지 않는다면 앞으로도 다른 선택의 여지는 없을 것이다. 하지만 첨단기술의 비호 아래 지금까지의 강의는 전부 시간 낭비나 다름없다. 나는 여러분 세대가 고주파 광섬유 케이블을 깔고 극비의 세계대전 알고리즘을 해킹하리라는 희망에서 위안을 얻는다. 이제 내게 남은 일은, 여러분에게 오래된 구식 귀가 뚫려 있다는 데 감사하고, 마찬가지로 오래된 25년 전의 구식 록 음악으로 강의를 마무리하는 것뿐이다. 이것은 아주 옛날 노래지만, 우리 세대의 귀를 꿰뚫었던 노래다. 그리고 알다시피 어느 무엇도, 누구도 귀를 막을 수는 없다.

〈한 무리의 고독한 용사들 A Bunch of Lonesome Heroes〉
— 레너드 코헨 Leonard Cohen

나는 군대를 위해 노래한다
나는 당신의 아이들을 위해 노래한다
그리고 나를 필요로 하지 않는 모든 이들을 위해.

옮긴이 후기

이 책은 2002년 독일 메르페 출판사에서 나온 프리드리히 키틀러의 『광학적 미디어: 1999년 베를린 강의 Optische Medien-Berliner Vorlesung 1999』를 완역한 것이다. 이 독일어판 외에 2010년 폴리티 출판사에서 나온 영역판을 참고했고, 존 더럼 피터스가 쓴 영역판 해제를 덧붙였다. 비록 영어권 독자를 겨냥한 글이지만, 피터스의 해제는 키틀러를 처음 접하는 독자에게 유용한 길잡이가 될 것이다. 그의 글은 키틀러라는 인물의 성격(또는 저자로서 그의 페르소나), 그가 놓인 지역적·문화적 맥락, 그의 미디어 이론과 이 책에 관한 전반적인 소개를 포함하고 있다.

나는 이 책을 마무리하는 시점에서, 역자로서 그저 한 가지 주의 사항을 덧붙이고 싶다. 여러분은 이제 이 책을 다 읽었을 것이고, 키틀러가 "여태까지의 강의는 전부 시간 낭비"라며 레너드 코헨의 노래를 따라 부르는 마지막 페이지도 지나쳐 왔을 것이다. 물론 그런 말은 노인이 '이제 그만 죽어야 하는데'라며 이불을 끌어올리고 돌아눕는 것과 똑같은 반어적 제스처로 해석할 수도 있다. 하지만 어느 정도는 그 말을 문자 그대로 받아들일 필요가 있다. 키틀러는 이 책에서 반복적으로 자신의 한계를 토로하고 자신의 유효 기간이 끝났음을 상기시키는데, 그것은 단순히 고색창연한 겸양의 수사법에 그치지 않으며, 어떤 의미에서는 그것 자체가 이 책의 또 다른 주제이기도 하다.

  이 책은 지난 세기말에 유행했던 소위 '역사의 종말' 담론의 독특한 변종이다. 대개 그런 담론이 동류의 다른 사람들을 향해 '우리가 알던 세계는 끝났다'고 외치던 데 반해, 이 책에서의 키틀러는 바로 그 종말 이후의 젊은이들을 향해 '이것이 우리가 알던 세계이고, 이제 그것은 끝났으며, 너희는 그 끝 너머에 있다'고 말한다. 그는 역사의 종말을 말하는 것이 자기 무효화를 선언하는 행위임을 명확하게 인식한다. 이 책에서 역사의 종말은 정말로 세상이 끝나거나 또는 변화의 시간이 정지하는 것이 아니라 그저 기존의 세계관이 효력을 상실하는 것, 일종의 집단적 시력 상실로 나타난다. 키틀러는 지혜로운 맹인—시인이 되는 것이 견딜 수 없다는 듯이, 하지만 어쩔 수 없다는 듯이, 자신의 ("옛 유럽"의) 눈이 어떻게 만들어졌고 그 눈이 무엇을 보았으며, 이제 새까맣게 암전이 드리운 시야로 무엇이 보이는지 노래한다. "진공 속에 광자가 하나 있는 것을 상상해 보라. 무한히 넓은 텅 빈 저녁 하늘에 첫 번째 별이 딱 하나 떠오른 것처럼, 그 별 하나가 일 초도 안 되는 짧은 시간에 하나의 정보로 출현하는 것을 생각해 보라."

  이 책의 마지막 장은 컴퓨터나 기술에 관한 것이 아니다. 그것은 예언도 아니고 차라리 소망에 가깝다. 시인은 설령 자신의 눈이 영영 빛을 잃었다고 해도 자기가 볼 수 없는 형태로 빛의 치세가 계속되기를 기원한다. 빛이 그대와 함께하기를. 그것이 이 책에서 저자의 페르소나가 전하는 마지막 인사다. 불 꺼진 극장을 돌아보지 마라. 그것이 "여태까지의 강의는 전부 시간 낭비"라는 퉁명스러운 말의 또 다른 의미다.

  재미있는 것은 키틀러가 옛 유럽의 마지막 늙은이가 되기에는 너무 어리다는 사실이다. 그가 영혼의 단짝인 양 수없이 인용하는 폴 비릴리오는 1932년생, 토머스 핀천은 1937년생인데 반해 키틀러는 1943년생으로, 사실상 전후 세대나 마찬가지다. 그는 제2차 세계대전과 그 이전의 세계, 즉 (그의 말을 빌자면) "모든 근대 철학의 주체인 '인간'"이 "그냥 잉여"로 완전히 탈바꿈하기 이전의 세계를 맨눈으로 본 적이 없다. 그는 종말을 예감하는 늙은이이기 이전에, 종말 이후에 성장한 어린이다. 그가 (윈스롭영의 말로) "전쟁 신경증에 걸린 이니스"라면, 그 질병은 전쟁의 적나라한 체험에서 온 것이 아니라, 전쟁과 단절하기 위해 발버둥치던 전후 독일의 탈역사적 풍토 속에서 배양된 것이다.

따라서 광학적 미디어의 역사, 또는 '옛 유럽'의 흥망성쇠를 자연사적 관점에서 정리한 이 이야기는 마지막 옛 유럽인의 회고담이라기보다는 옛 유럽의 유령들과 애증 어린 가족 로맨스를 펼치던 한 어린이의 후일담으로 파악해야 한다. 이 어린이를 해석하려는 시도는 적어도 저자의 사후로 미루도록 하자.[1] 여기서 요지는 이 책의 화자가 어떤 실재하던 옛 유럽의 내부자일 수 없다는 것뿐이다. 오히려, 이 책이 형상화하는 '옛 유럽'은 실질적으로 제2차 세계대전 이후 미국과 소련을 중심으로 하는 냉전 체제가 확립되고, 제3세계가 등장하고, 근대주의와 탈근대주의가 충돌하는 가운데 나타난 하나의 유령, 하나의 수수께끼로 이해해야 한다.

유럽이 무엇이었는지 질문하는 것은 지역 정체성의 문제가 아니라 어떤 보편적 역사의 문제였다. 유럽을 (더 정확히 말하자면 서유럽의 일부 제국들을) 기준으로 인류 전체가 보편적 발전 단계 또는 합목적적 여정을 거친다는 생각은, 실제 세계사에 엄밀히 부합하지 않는 왜곡된 개념이기 이전에 실제 세계사로 엄밀히 실현되지 못한 불완전한 기획이었다. 전후의 세계는 지난 수백 년 동안 유럽을 중심으로 일어난 과학기

---

[1] 이 글을 완성하고 나서, 2011년 10월 18일 프리드리히 키틀러가 사망했다. 향년 68세였다.

술, 정치 제도, 문화와 사상의 격변이 낳은 직접적인 산물이었지만, 두 차례의 세계대전은 기존의 세계를 말 그대로 불태웠고, 특히 유럽의 심장부를 잿더미로 만들었다. 복구된 유럽은 결코 예전과 같을 수 없었다. 적어도 그것은 더 이상 세계의 선도자 또는 '주인'임을 주장하기가 어렵게 되었는데, 여기서 '옛 유럽'이라는 유령이 하나의 과제로서 출현했다.

일차적으로, 그것은 전후 유럽이 당대를 이해하고 미래를 구상하기 위해 시급히 처리해야 하는 문제였다. 어떻게 된 것인가? 무엇이 문제였나? 무엇이 제거해야 할 병폐이고 무엇이 계승해야 할 유산인가? 무엇이 애초에 불가능한 것이었고 무엇이 단순히 실패한 것인가? 하지만 앞서 말했듯이 유럽 중심적인 보편적 역사(또는 적어도 '세계 시장')의 기획이 이미 수백 년에 걸쳐 시행된 상태에서, '옛 유럽'의 문제는 비단 유럽 내부의 지역적 문제로만 한정되지 않았다. 그것은 수많은 매개와 굴절의 과정 끝에 유럽식 모델의 변종이 토착화된 다른 모든 지역들이 늦든 빠르든 적어도 한번은 고민해야 하는 과제로 남겨졌다.

어떤 의미에서, '옛 유럽'에 대한 투쟁은 미국과 구소련 간의 투쟁만큼이나 제2차 세계대전 이후의 세계를 좌우했던 주요 요인이었다. 수많은 사람들이 다양한 위치와 각도에서 전투적으로 이 문제를 논하면서 세계사를 새로 그렸다. 그리고 키틀러도 그중 한 사람이다. 그런데 적어도 이 책에서, 그는 (1999년의 시점에서) '옛 유럽'이라는 문제의 당대성을 부정하는 제스처를 취한다. 그것은 애초에 죽은 것이었고, 이제는 그 유령조차 수명이 다했다는 것이다. 키틀러가 거의 헤겔을 패러디하는 태도로 그려내는 옛 유럽의 역사가 오래된 유령과 환영들, 환각과 신화들로 가득 차 있는 것은 우연이 아니다. 키틀러는 그것을 마치 폐가가 꾸는 마지막 꿈처럼 상연한다. 그는 '옛 유럽'을 일종의 유령 생산 공장으로 형상화하면서, 옛 유럽에 관한 자신의 이야기 자체가 그 공장의 남은 자재를 그러모아 만든 최후의 걸작인 것처럼 판을 짠다.

키틀러가 '옛 유럽' 문제의 당대성을 의심하는, 적어도 그런 제스처를 취하는 요인은 여러 가지가 있을 것이다. 실제로 구소련이 붕괴하고 아시아 지역이 부상하는 등 전후 체제가 크게 재편됐고, 기술적·제도적으로 전 세계의 네트워크화가 가속되면서 '옛 유럽'을 포함하는 장기적인 역사적 인과 관계보다 거의 동시적으로 발생하는 공간적 상관관계의 중요성이 상대적으로 더 부각되기도 했다. 하지만 이 책의 형태를 결정한 가장 중요한 요인은 '옛 유럽'의 유령을 불러일으켰던 미디어 자체가 돌이킬 수 없이 퇴락했다는 것이다.

그는 강의라는 낡은 미디어의 한계, 말과 글의 한계, 말이 된다는 것 자체의 한계를 적극적으로 인정한다. 이는 크게 두 가지 의미가 있는데, 하나는 서사적인 역사 또는 서사시적인 역사가 개인 또는 집단적 수준에서 더 이상 해석의 뼈대나 행동의 각본으로 작동하지 못한다는 것이고, 다른 하나는 (비단 역사뿐만 아니라) 문어적 전통에 기반을 둔 이론 전반의 효력과 그 정당성이 이미 오래전부터 위기에 처했다는 것이다. 이론은 믿음을 불러일으키는 스펙터클의 장치로서, 그 정체가 폭로되는 순간 이미 제구실을 다할 수 없게 된다. (이는 탈구조주의의 그 모든 연극적 스펙터클이 이미 암묵적으로 전제하는 바였을 것이다.) 문헌학과 철학, 문학을 공부하고 미디어사를 연구한 노학자로서, 키틀러는 이렇게 역사적 세계관이 무력해지는 상황을 역사적으로 이해한다는 불가능한 임무를 상연하기 위해 옛 유럽의 역사를 한 줄로 꿰는 액자 형식의 환상소설을 (또는 환상영화를) 연출한다.

이 극장에서 '옛 유럽'은 유령이 들끓는 세계로 나타난다. 이때 유령은 지상으로 돌아온 영혼도 아니고 억압된 것의 귀환도 아니다. 키틀러를 엄격히 따르자면, 유령은 만들어진 스펙터클이며 커튼 뒤에는 유령을 발생시키는 다른 외재적 장치가 숨어 있다. 이를테면 사유하는 정신이란 그 자체가 고대 그리스에서 표음문자와 글쓰기 판이라는 기술적 장치에 의해 창출된 유령적 효과다. 그는 계몽에의 요구가 언제나 새로운 기술적 빛의 발명을 수반했으며, 새로운 기술적 빛이 언제나 기존의 유령을 색출해서 무력화하는 동시에 새로운 유령을 불러일으켰음을 보인다. 그렇다면 '옛 유럽'의 역사는 결코 플라톤이 말한 '동굴의 비유'를 넘어선 적이 없다고 해야 할 것이다. 키틀러가 애호하는 삼원적 도식을 쓰자면, '옛 유럽'은 기술적 미디어-유령-인간의 피드백 회로로 환원된다. 여기에서 인간은 키틀러적인 의미에서 기술적 미디어의 '어머니'이자 플라톤적인 의미에서 유령에게 홀리는 '관객'으로 나타난다. 요컨대 기술적 미디어가 유령을 창출하고, 유령이 인간을 임신시키며, 인간이 기술적 미디어를 출산한다. 이것이 키틀러가 고쳐 그린 '옛 유럽'의 기본 회로다.

이 도식은 어떤 필연이나 운명이 아니라 한시적으로, 사후적으로 관찰되는 단순한 패턴일 뿐이다. 하지만 그것은 인간이 아버지 창조주로서 과학과 기술을 발전시켜 지상에 들끓는 유령들을 일소하고 자신의 왕국을 건설했다는 또 다른 버전의 옛 유럽 신화에 대한 급진적인 반反서사의 틀을 제공한다. 키틀러가 그리는 옛 유럽은 투시도법적으로 탁 트인 평원이 아니라 자연물과 인공물들이 빽빽하게 들어찬 밀림이다. 그는 그 속에서 인간, 기술, 유령이 서로 뒤엉켜 싸우고 번식하는 순간들을 영화적인 점프 컷의 연쇄로 이어붙여 희미한 서사를 불러일으킨다. 그것은 부득이 독자의 도움을 받아야만 의미나 감각의 유령을 발생시킬 수 있는 읽기와 쓰기의 기술이 독자의 도움 없이도 더 강력한 환각을 불러일으키는 광학적 미디어 기술에 의해 본래의 마법을 잃어버리는 이야기이고, 광학적 미디어가 다시 가시광에 의거하지 않는 디지털 미디어 기술에 의해 본래의 마법을 잃어버리는 이야기다. 굳이 인간의 관점에서 사태를 재평가하자면, 그것은 인간이 사태의 전말을 관조할 수 있는 초월적 시점을 찾았다가 잃어버리기를 반복하는 이야기이기도 하다.

전후 체제가 차근차근 역사의 뒤안길로 접어들고 있는 현시점에서, 유령들의 머리 위에 돌 뚜껑이 내려앉기를 기원하는 이 유령 이야기는 약간 뒤늦게 도착했기에 더 시기적절해진 것인지도 모르겠다. 어둠 속에서 새로운 빛과 새로운 계몽의 기획을 소망하는 키틀러의 모노드라마는 참을 수 없이 극적이고 또 그만큼 정직하다. 이 책이 온전히 전달되도록 번역 과정에서 최선을 다했지만 결과에 미흡함이 있을까 걱정스럽다. 흥미로운 책을 번역할 기회를 주신 현실문화연구의 김수기 대표님과 편집을 맡으신 여임동 씨, 그 외 이 책이 여러분의 손에 들어가기까지 수고하셨을 다른 모든 분들께 감사드린다. 그리고 지금 이 책을 쥐고 있는 당신에게 감사를 표한다. 이 책과 우리 모두에게, 행운이 있기를.

2011년, 서울
윤원화

참고문헌

괴테, 요한 볼프강 폰.『색채론』. 권오상, 장희창 역. 서울: 민음사. 2003.
니체, 프리드리히.『유고 (1870-1873년)』. 이진우 역. 서울: 책세상. 2001.
라캉, 자크.『자크 라캉 세미나11: 정신분석의 네 가지 근본개념』. 맹정현, 이수련 역. 서울: 새물결, 2008.
레싱, 고트홀트 에프라임.『라오콘: 미술과 문학의 경계에 관하여』. 서울: 나남출판. 2008.
루만, 니클라스.『대중매체의 현실』. 김성재 역. 서울: 커뮤니케이션북스. 2006.
매클루언, 마샬.『미디어의 이해: 인간의 확장』. 서울: 커뮤니케이션북스. 2011.
바르트, 롤랑.『라신에 관하여』. 남수인 역. 서울: 동문선, 1998.
벤야민, 발터.『기술복제시대의 예술작품/사진의 작은 역사 외』. 최성만 역. 서울: 길, 2007.
볼츠, 노르베르트.『구텐베르크-은하계의 끝에서』. 윤종석 역. 서울: 문학과지성사, 2000.
비릴리오, 폴.『전쟁과 영화』. 권혜원 역. 서울: 한나래. 2004.
사르트르, 장 폴.『말』. 정명환 역. 서울: 민음사, 2008.
쉬벨부쉬, 볼프강.『철도 여행의 역사』. 박진희 역. 서울: 궁리. 1999.
스위프트, 조너선.『걸리버 여행기』. 신현철 역. 서울: 문학수첩. 1992.
아도르노, 테오도르, M. 호르크하이머.『계몽의 변증법』. 김유동 역. 서울: 문학과지성사. 2001.

알베르티, 레온 바티스타.『회화론』. 김보경 역. 서울: 기파랑, 2011.
옹, 월터 J..『구술문화와 문자문화』. 이기우, 임명진 역. 서울: 문예출판사. 1995.
이니스. 해럴드 A.『제국과 커뮤니케이션』. 서울: 커뮤니케이션북스. 2007.
칸트, 임마누엘.『판단력 비판』. 백종현 역. 서울: 아카넷. 2009.
크래리, 조나단.『관찰자의 기술』. 임동근 역. 서울: 문화과학사, 2001.
포, 에드가 앨런.『우울과 몽상』. 홍성영 역. 서울: 하늘연못. 2002.
푸코, 미셸.『담론의 질서』. 이정우 역. 서울: 새길. 2011.
프로이트, 지그문트.『꿈의 해석』. 김인순 역. 서울: 열린책들. 2004(a)
_____.『문명 속의 불안』. 김석희 역. 서울: 열린책들. 2004(b)
_____.『예술, 문학, 정신분석』. 정장진 역. 서울: 열린책들. 2004(c)
플로베르, 귀스타브.『감정 교육』 총 2권. 김윤진 역. 서울: 펭귄클래식코리아. 2010.
하이데거, 마르틴.『세계상의 시대』. 최상욱 역. 서울: 서광사. 1995.
호프만, E. T. A..『악마의 묘약』. 박계수 역. 서울: 황금가지. 2002.
_____.『세라피온의 형제들』. 김선형 역. 부산: 경남대학교출판부. 2009.

Abramson, Albert. "110 Jahre Fernsehen. Visionen vom Fern-Sehen." *Vom Verschwinden der Ferne. Telekommunikation und Kunst*. Edith Decker und Peter Weibel (hrsg.). Köln: DuMont, 1990.

Alewyn, Richard. *Das große Welttheater: die Epoche der höfischen Feste in Dokument und Deutung*. Hamburg: Rowohlt, 1959.

Amelunxen, Hubertus von. *Die aufgehobene Zeit. Die Erfindung der Photographie durch William Henry Fox Talbot*. Berlin: Nishen, 1989.

Amelunxen, Hubertus von und Andrei Ujica (hrsg.). *Television / Revolution. Das Ultimatum des Bildes*. Marburg: Jonas, 1990.

Ardenne, Manfred von. *Ein glückliches Leben für Technik und Forschung. Autobiographie*. Zürich-München: Kindler, 1972.

Arnheim, Rudolf. *Kritiken und Aufsätze zum Film*. Helmut Diederichs (hrsg.) München-Wien: Hanser, 1977.

Barkhausen, Hans. *Filmpropaganda für Deutschland im Ersten und Zweiten Weltkrieg.* Hildesheim: Olms, 1982.

Baumann, Carl-Friedrich. "Von der Macht des Lichtes im Theater." *Licht.* Museum für Gestaltung Basel (hrsg.) Basel: Museum für Gestaltung Basel, 1991.

_____. *Licht im Theater. Von der Argand-Lampe bis zum Glühlampen-Scheinwerfer,* Stuttgart: Steiner. 1988.

Baxandall, Michael. *Löcher im Licht. Die Schatten und die Aufklärung.* München: Fink, 1998.

Beltung, Hans. *Bild-Anthropologie. Entwürfe für eine Bildwissenschaft.* Münschen: Fink, 2001.

_____. *Bild und Kult.* Münschen: Beck, 1993.

Bergk, Johann Adam. *Die Kunst, Bücher zu lesen, nebst Bemerkungen über Schriften und Schriftsteller.* Jena: Hempel, 1799.

Bexte, Peter. *Blinde Seher. Die Wahrnehmung von Wahrnehmung in der Kunst des 17. Jahrhunderts.* Dresden: Verlag der Kunst, 1999.

Bidermann, Jacob. *Cenodoxus.* Stuttgart: Reclam, 1965.

Blumenberg, Hans. *Die Legitimität der Neuzeit.* Frankfurt/M.: Suhrkamp, 1966.

Boltzmann, Ludwig. *Populäre Schriften.* Engelbert Broda (hrsg.). Braunschweig-Wiesbaden: Vieweg & Sohn, 1979.

Bolz, Norbert, *Eine kurze Geschichte des Scheins.* Münschen: Fink, 1991.

Bom, Max und Emil Wolf. *Principles of Optics.* New York: MacMilan, 1964.

Bosse, Heinrich. *Autorschaft ist Werkherrschaft. Über die Entstehung des Urheberrechts aus dem Geist der Goethezeit.* Paderborn-Münschen-Wien-Zürich: Schöningh, 1981.

Braunmühl, Anton von. *Von den ältesten Zeiten bis zur Erfindung der Logarithmen,* Bd. l. Leipzig: Teubner, 1990.

Bruch, Walter. *Kleine Geschichte des deutschen Fernsehens.* Berlin: Hande & Spender, 1967.

_____ und Heide Riedel. PAL – das Farbfernsehen. Berlin: Deutsches Rundfunk-Museum, 1987.

Brunelleschi, Filippo. *Das Gesamtwerk*. Eugenio Battisti (hrsg.). Stuttgart: Belser, 1979.

Brusatin, Manlio. *A History of Colors*. Boston-London: Shambhala, 1991.

Büchner, Georg. "Leonce und Lena." *Sämtliche Werke und Briefe*. Werner R. Lehmann (hrsg.). Hamburg: Wegner, 1967.

_____ . *Leben, Werk, Zeit. Ausstellung zum 150. Jahrestag des "Hessischen Landboten"*. Katalog. Marburg: Jonas, 1985.

Buddemeier, Heinz. *Panorama, Diorama, Photographie*. München: Fink, 1970.

Busch, Bernd. *Belichtete Welt. Eine Wahrnehmungsgeschichte der Fotografie*. Münschen: Hanser, 1989. Nachdruck 1995.

Clark, Ronald Williams. *Edison: The Man Who Made the Future*. New York: Putnam, 1977.

Coy, Wolfgang. "Aus der Vorgeschchte des Mediums Computer." *Computer als Medium*. Norbert Bolz, Friedrich Kittler, und Christoph Tholen (hrsg.). München: Fink, 1993.

Decker, Edith und Peter Weibel (hrsg.). *Vom Verschwinden der Ferne. Telekommunikation und Kunst*. Köln: DuMont, 1990.

Dürer, Albrecht. *Schriften und Briefe*. Ernst Ullmann (hrsg.). Leipzig: Reclam, 1989.

Eder, Josef Maria. *Ausführliches Handbuch der Photographie*. Mehrere Bände, v.a. Band 1: *Geschichte der Photographie*, Halle: Knapp, 1905.

Edgerton, Samuel, Jr.. *The Heritage of Giotto's Geometry: Art and Science on the Eve of the Scientific Revolution*. Ithaca: Cornell University Press, 1991.

_____ . *The Renaissance Rediscovery of Linear Perspective*. New York: Basic Books, 1975.

Eisner, Lotte. *Die dämonische Leinwand*. Frankfurt/M.: Kommunales Kino.

1975.

Faulstich, Werner. (Hrsg.) *Kritische Stichwörter zur Medienwissenschaft.* München: Fink, 1979.

Foley, James D., Andries Van Dam, Steven K. Feiner, and John F. Hughes. *Computer Graphics: Principles and Practice.* 2nd Edition. Boston: Addison-Wesley Professional. 1993.

Foucault, Michel. *La peinture de Manet suivi de Michel Foucault, un regard.* Paris: Seuil. 2004.

Frese, Frank und M. V. Hotschewar. *Filmtricks und Trickfilme.* 2. Aufl. Düsseldorf: Knapp, 1965.

Giesecke, Michael, *Der Buchdruck in der frühen Neuzeit. Eine historische Fallstudie über die Durchsetzung neuer Informations- und Kommunikationstechnologien.* Frankfurt/M.: Suhrkamp, 1991.

Glassner, Andrew S. (ed.). *An Introduction to Ray Tracing.* London: Academic Press, 1989.

_____. *Principles of Digital Image Synthesis.* 2 Vols. San Francisco: Morgan Kaufmann, 1995.

Goethe, Johann Wolfgang, *Kunst und Handwerk,* Manuskript 1797.

Gréard, M. O.,. *Jean-Louis-Ernest Meissonier, Ses souvenirs – ses entretiens.* Paris: Librairie Hachette, 1897.

Greve, Ludwig, Margot Pehle und Heide Westhoff (hrsg.). *Hätte ich das Kino! Die Schriftsteller und der Stummfilm.* Marbach: Deutsche Schillergesellschaft, 1976.

Halbach, Wulf R., "Reality Engines." *Computer als Medium.* Norbert Bolz, Friedrich Kittler, und Christoph Tholen (hrsg.). München: Fink, 1993.

Hammond, J. H.. *The Camera Obscura.* Bristol: Adam HIlger, 1981.

Hanstein, Adelbert von. *Wie entstand Schillers Geisterseher?* Berlin: Duncker, 1903.

Heidenreich, Stefan. *Was verspricht die Kunst?* Berlin: Berlin, 1998.

Herr, Michael. *Dispatches*. London: Picador, 1978.

Hoffmann, ETA. *Fantasie- und Nachtstücke*. W. Müller-Seidel (hrsg.). München, 1961.

Holmes, Oliver Wendell. "The Stereoscope and the Stereograph." *The Atlantic Monthly* 3 (1859): 738-48.

Jauß, Hans Robert. "Nachahmungsprinnzip und Wirklichkeitsbegriff in der Theorie des Romans von Diderot bis Stendhal." *Nachahmung und Illusion*. Jauß, Hans Robert (hrsg.) 2. Aufl. München: Eidos. 1969.

Jay, Paul. *Lumière et images, la photographie: Histoire sommmaire des techniques photographiques au XIXe siècle*. Chalon-sur-Saône: Musée Nicéphore Niépce., 1981.

Kaes, Anton. *Die Kino-Debatte. Texte zum Verhältnis von Literatur und Film 1909-1929*. München-Tübingen: Niemeyer, 1978.

Kemp, Martin. *The Science of Art: Optical Themes in Western Art form Brunelleschi to Seurat*. New Haven-London: Yale University Press, 1990.

Kittler, Friedrich. *Grammophon Film Typewriter*. Berlin: Brinkmann und Bose, 1986.

Kroker, Arthur. *Technology and the Canadian Mind: Innis/McLuhan/Grant*. New York: St. Martin's Press, 1984.

Kurzel-Runtscheiner, Erich. *Franz Freiherr von Uchatius*. Wien: Österreichischer Forschungsinstitute für Geschichte der Technik, 1937.

Lacan, Jacques. *Das Seminar, Buch II: Das Ich in der Theorie Freuds und in der Technik der Psychoanalyse*. Olten-Freiburg/Brg: Walter. 1980.

_____. *Schriften*. Norbert Haas (hrsg). Olten-Freiburg/Brg: Walter. 1971-80.

Lambert, Johann Heinrich. *Neues Organon oder Gedanken über die Erforschung und Bezeichnung des Wahren und dessen Unterscheidung vom*

Irrtum und Schein. Günter Schenk (hrsg.). 3 Bde.. Berlin: Akademie, 1990.

_____. *Schriften zur Perspektive*. Max Steck (hrsg.). Berlin: Luttke, 1943.

Lasswitz, Kurd. *Gustav Theodor Fechner*. 3. verb. Aufl. Stuttgart: Frommann, 1910.

Leclerc, Hélène. "Au théatre de Besançon(1775-1784)" und "Claude-Nicolas Ledoux, Réformateur des moeurs et Précurseur de Richard Wagner." *Revue d'histoire du theatre*. No.2. 1958.

Lindberg, D. C.. *Theories of Vision from Al-Kindi to Kepler*. Chicago and London: University of Chicago Press, 1976.

Loiperdinger, Martin (hrsg.). *Oskar Meester – Filmpionier der Kaiserzeit*. Katalog zur Ausstellung des Filmmuseums Potsdam und des Deutschen Museums München. Basel-Frankfurt/M: Stroemfeld. 1994.

Lorenz, Thorsten. *Wissen ist Medium*. München: Fink, 1988.

Loyola, Ignacio de. *Die Exerzitien und aus dem Tagebuch*. München: Matthes & Seitz, 1991.

Mallarmé, Stéphane. *Œuvres complètes*. Henri Mondor et G. Jean-Aubry (ed.). Paris: Gallimard, 1945.

Marey, Étienne-Jules. *La machine animale, Locomotion terrestre et aérienne*. Paris: Baillie, 1873.

_____. *Le Mouvement*. Paris: Masson, 1894.

Mayr, Otto and Robert C. Post (eds.). *Yankee Enterprise*. Washington D.C.: Smithsonian, 1982.

Mitry, Jean. "Le cinéma des origines." *Cinéma aujourd'hui*. No.9. 1976.

Monaco, James. *How to Read a Film: The Art, Technology, Language, History and Theory of Film and Media*. New York: Oxford University Press, 1977.

Morin, Edgar. *Le cinema ou l'homme imaginaire*. Paris: Minuit, 1956.

Münsterberg, Hugo. *The Photoplay: A Psychological Study*. New York:

Appleton, 1916.

Nadar (Félix Tournachon). *Quand j'étais photographe*. Paris: Flammarion, 1899.

Peucker, Brigitte. *Incorporating Images: Film and the rival arts*. Princeton: Princeton University Press, 1995.

Pinthus, Kurt (hrsg.). *Das Kinobuch*. Zürich: Arche, 1963.

Plumpe, Gerhard. *Der tote Blick. Zum Diskurs der Photographie in der Zeit des Realismus*. München: Fink, 1990.

Pöpsel, Josef, Ute Claussen, und Rolf-Dieter Klein. *Computergrafik. Algorithmen und Implementierung*. Berlin: Springer, 1994.

Pynchon, Thomas. *Gravity's Rainbow*. New York: Viking Press, 1973.

————. *V*. New York: Harper & Row, 1990.

Rabiner, Lawrencce R. and Bernhard Gold. *Theory and Application of Digital Signal Processing*. Englewood Cliffs: Prentice Hall, 1975.

Racine, Jean, *Phèdre*. Oeuvres complètes, Vol. 1. Bibliothèque de la Pléiade. Paris: Gallimard, 1950.

Ranke, Winfried. "Magia naturalis, physique amusante und aufgeklärte Wissenschaft." *Laterna magica: Lichtbilder aus Menschenwelt und Götterwelt*. Detlev Hoffmann und Almut Junker (hrsg.). Berlin: Frölich & Kaufmann, 1982.

Rings, Werner. *Die 5. Wand. Das Fersehen*. Wien und Düsseldorf: Econ, 1962.

Ritter, Johann Wilhelm. *Entdeckungen zur Elektrochemie, Bioelektrochemie und Photochemie*. Hermann Berg und Klas Richter (hrsg.) Leipzig: Geest & Portig, 1986.

Rotman, Brian. *Signifying Nothing: The Semiotics of Zero*. New York: St. Martin's Press, 1987.

Schiller, Friedrich. *Sämtliche Werke*. Eduard von der Hellen (hrsg.). Bd. 11. Stuttgart und Berlin: Cotta, 1904-5.

Schlüpmann, Heide. *Unheimlichkeit des Blicks. Das Drama des frühen* deutschen Kinos. Basel und Frankfurt/M.: Stroemfeld und Roter Stern, 1990.

Schmeiderer, Ernst. "Alle Macht geht vom Bild aus." *Ars Electronica '98. Information. Macht. Krieg.* Gerfried Stocker und Christine Schöpf (hrsg.). Wien und New York: Springer, 1998.

Schmitz, Emil-Heinz. *Handbuch zur Geschichte der Optik.* Bonn: Wayenborgh, 1981-95.

Schnelle-Schneyder, Marlene. *Photographie und Wahrnehmung am Beispiel der Bewegungsdarstellung im 19. Jahrhundert.* Marburg: Jonas, 1990.

Seeber, Guide. *Filmtechnik.* Halle: Knapp, 1925.

Segeberg, Harro (hrsg.). *Die Mobilisierung des Sehens. Zur Vor- und Frühgeschichte des Films in Literatur und Kunst.* München: Fink, 1996.

Sellenriek, Jörg. *Zirkel und Lineal. Kulturwissenschaft des konstruktiven Zeichnens.* München: Callwey, 1987.

Shannon, Claude and Warren Weaver. *The Mathematical Theory of Communication.* Urbana: University of Illinois Press, 1949.

Siegert, Bernhard. *Relais. Geschicke der Literatur als Epoche der Post 1751-1913.* Berlin: Brinkmann und Bose, 1993.

Simmering, Klaus. *HDTV – High Definition Television. Technische, ökonomische und programmliche Aspekte einer neuen Fernsehtechnik.* Bochum: Brockmeyer, 1989.

Simon, Gérard. *Le regarde, l'être et l'apparence dans l'optique de l'Antiquité.* Paris: Seuil, 1988.

Spengler, Oswald. *Der Mensch und die Technik. Beitrag zu einer Philosophie des Lebesn.* München: Beck, 1931.

Starobinski, Jean. *1789. Die Embleme der Vernunft.* 2. Aufl. Friedrich Kittler (hrsg.). München: Fink, 1989.

Stiftung deutsche Kinemathek (hrsg.). *Das wandernde Bild. Der Filmpionier Guido Seeber.* Berlin: Elefanten, 1979.

Suetonious. *The Twelve Caesars.* Trans. Robert Graves. London: Penguin,

1979.

Todorov, Tzwetan. *Einführung in die phantastische Literatur*. München: Hanser, 1972.

Tsuji, Shigeru. "Brunelleschi and the Art of the Camera Obscura: The Discovery of Pictorial Perspective." *Art History* 13 (1990): 276-92.

Vasari, Giorgio. *Leben der ausgezeichnetsten Maler, Bildhauer und Baumeister von Cimabue bis zum Jahre 1567*. Julian Kliemann (hrsg.). Darmstadt: Wernersche Verlagsgesellschaft, 1983.

Vogt, Hans. *Die Erfindung des Lichttonfilms*. München: Deutsches Museum, 1964.

Wagner, Richard. *Die Musikdramen*. Joachim Kaiser (hrsg.). München: Deutsche Taschenbuch, 1978.

Wasserman, G. S. *Color Vision: A Historical Perspective*. New York: John Wiley & Sons, 1978.

Watt, Alan. *Fundamentals of Three-Dimensional Computer Graphics*. Wokingham: Addison-Wesley, 1989.

Wedel, Hasso von. *Die Propagandatruppen der deutschen Wehrmacht*. Neckargemünd: Vowinckel. 1962.

Wenzel, Horst. *Hören und Sehen. Schrift und Bild. Kultur und Gedächtnis im Mittelalter*. München: Beck, 1995.

Wieszner, Georg Gustav. *Richard Wagner, der Theater-Reformer: Vom Werden des deutschen Nationaltheaters im Geiste des Jahres 1848*. Emsdetten: Lechte, 1951.

Zglinicki, Friedrich von. *Der Weg des Films. Die Geschichte der Kinematographie und ihrer Vorläufer*. Hildesheim: Olms Presse, 1979.

⸺. *Die Wiege der Traumfabrik. Von Gukkästen, Zuberscheiben und bewegten Bildern bis zur UFA in Berlin*. Berlin: Transit, 1986.

Zielinski, Siegfried. *Archäologie der Medien. Zur Tiefenzeit des technischen Sehens und Hörens*. Reinbek: Rowohlt, 2002.